ALASKA

Zentral- und Südalaska

Mit Anchorage, Fairbanks, Denali National Park, Kodiak Island und Kenai Peninsula

Dennis Hartke

Für Magdalena

TRESCHER VERLAG

1. Auflage 2023

Trescher Verlag
Reinhardtstr. 9
10117 Berlin
www.trescher-verlag.de

ISBN 978-3-89794-517-3

Herausgegeben von Bernd Schwenkros und Detlev von Oppeln

Reihenentwurf und Gesamtgestaltung:
Bernd Chill
Gestaltung, Satz, Bildbearbeitung: Ulla Nickl
Lektorat: Katja Tegler
Stadtpläne und Karten: Henriette von Bodecker, Dorit Hahnewald, Martin Kapp
*unter teilweiser Verwendung von Daten von © OpenStreetMap-Mitwirkende/ www.openstreetmap.org

Gedruckt auf chlorfrei gebleichtem Papier

Printed in Germany

Alle Angaben in diesem Reiseführer wurden sorgfältig recherchiert und überprüft. Dennoch können Entwicklungen vor Ort dazu führen, dass einzelne Informationen nicht mehr aktuell sind. Gerne nehmen wir dazu Ihre Hinweise und Anregungen entgegen. Bitte schreiben Sie an **post@trescher-verlag.de**.

Titel: Blick über den Kashwitna Lake zum Mount Denali (→ S. 242)
Vordere Umschlagklappe: Am Hatcher Pass in den Talkeetna Mountains (→ S. 127)
Hintere Umschlagklappe: Elch

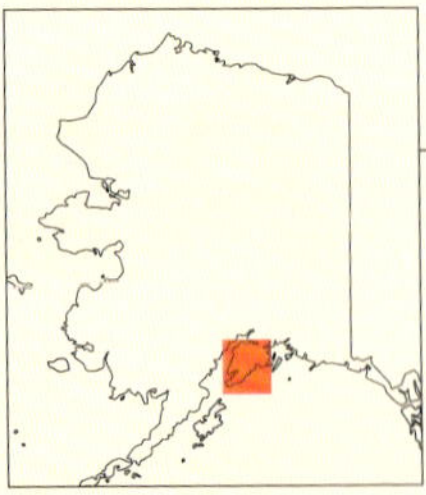

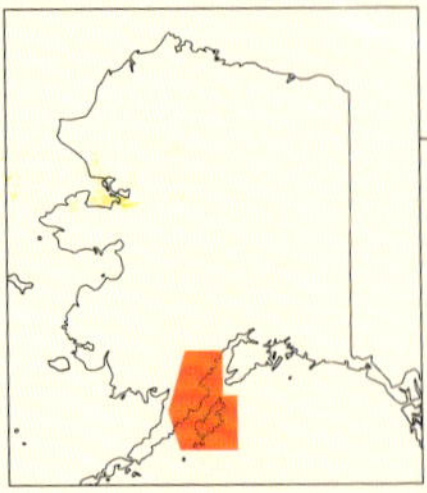

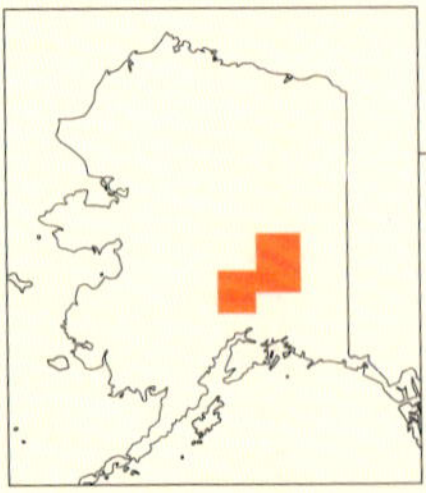

LAND UND LEUTE

ANCHORAGE UND UMGEBUNG

KENAI PENINSULA

KODIAK ISLAND, LAKE CLARK UND KATMAI NATIONAL PARK

PRINCE WILLIAM SOUND UND WRANGELL-ST. ELIAS NATIONAL PARK

ZENTRAL-ALASKA

REISETIPPS VON A BIS Z

SPRACHFÜHRER

ANHANG

The Last Great Race
1049 miles
IDITAROD TRAIL
RACE
08
START

ANHANG

EXTRAS

Hatcher-Pass

Vorwort

»To the lover of wilderness, Alaska is one of the most wonderful countries in the world.« (John Muir)

Beim Wort »Alaska« denken wohl die meisten an endlose Wälder, schroffe Gebirgsketten, Vulkane und krachende Gletscher. An ein wildes Land, wo zwischen karger Tundra, fruchtbaren Ebenen und reißenden Flüssen Elche und Karibus weiden, Bären und Wölfe die unendliche Weite durchstreifen. Von der eisigen Kälte des Winters mit seinen Polarlichtern über die kurze Blüte im Sommer bis zur farbenfrohen Kulisse des Herbstes verkörpert Alaska das Bild erhabener Natur in Vollendung und weckt Assoziationen von Freiheit und Abenteuer.

Und wissen Sie was, liebe Leserinnen und Leser? All dies ist wahr. »Das große Land« ist für viele ein Sehnsuchtsort seit Kindheitstagen, und so mancher träumt von einem romantischen Leben als Fallensteller in einer Blockhütte. Doch Alaska bietet weit mehr als nur Stille und Einsamkeit. Es ist ein Land zwischen zukunftsorientiertem Größenwahn und reicher Tradition. Und der nördlichste, westlichste und größte Bundesstaat der USA zeigt sich auch modern mit der pulsierenden Hauptstadt Anchorage, mit charmanten Städtchen wie Seward, Homer und Fairbanks und nostalgischen Orten wie McCarthy und Cordova. Aber keine halbe Stunde außerhalb der Städte wartet schon wieder das Lagerfeuer unterm Sternenhimmel oder der gemütliche Kamin in der hölzernen Lodge. Alaska ist vielseitiger, als man glaubt, seine Landesfläche, die fünfmal größer ist als Deutschland, bietet eine Menge Platz für Aktivitäten.

Während im Winter Schneemobile und Hundeschlitten die Landschaft durchkreuzen, geht man im Sommer auf Wildnistour, fährt mit dem Boot zum Angeln und trifft die Familie zum gemeinsamen Grillen. Im Herbst geht es mit dem Pick-up-Truck und den darauf geladenen Quads zur Jagd, um Vorräte für den Winter zu beschaffen. Und Touristen wie Einheimische lieben das Radfahren, Kajaken und Surfen. Wer Alaska bereist, lernt aber nicht nur malerische Landschaften kennen und beobachet Wildtiere aus nächster Nähe, sondern steht auch in direktem Kontakt mit den Alaskanern. Abseits der heutigen »Ich-zuerst-Mentalität« sind sie unübertroffen, wenn es um Höflichkeit und Hilfsbereitschaft geht, und jederzeit zu einem Plausch aufgelegt. Sie sind ein stolzes Volk in einem stolzen, von Ureinwohnern, Europäern, Goldsuchern, Aussteigern, Geschäftsleuten und Kindern geprägten Bundesstaat, der hinter seiner rauen Fassade einen liebevollen Kern verbirgt. »The Last Frontier«, das letzte Grenzland, empfängt jeden Besucher mit offenen Armen. Und so dynamisch wie seine Bewohner ist auch das Land selbst; die Aktivität der Kontinentalplatten entlädt sich zuweilen in Erdbeben und Vulkanausbrüchen.

Aufgrund der enormen Größe – nicht umsonst benutzt man häufig einfach das Wort »Land« – wurden in diesem Buch nur die touristisch relevanten Orte und Themen in Zentral- und Südalaska aufgenommen. Sie werden im Folgenden nicht zuletzt mein ganz persönliches Alaska finden, denn das Alaska-Fieber hat auch mich erfasst. Es wird Zeit, sich bereit zu machen. Dem Norden gehört die Zukunft!

Die schönsten Reiseziele

1 Matanuska Glacier

Mit beiden Beinen und ohne Ausrüstung auf einem Gletscher zu stehen, scheint undenkbar, ist aber möglich. Mit seiner Länge von vierzig Kilometern und einer Eisfront von vier Kilometern ist der Matanuska-Gletscher das spektakulärste Ausflugsziel zwischen Palmer und Glennallen. → S. 132

2 Exit Glacier und Harding Icefield

Auf der Kenai Peninsula entlang des Exit-Gletschers hinauf zum Harding Icefield zu wandern, ist eine der schönsten Tagestouren in Südalaska. An den mit roten Beeren gespickten Sträuchern und arktischen Weideröschen vorbei, gerät immer wieder der Gletscher ins Blickfeld. Und nach dem anstrengenden Aufstieg eröffnet sich der Ausblick über ein scheinbar endloses Eisfeld. → S. 168

3 Bootsexkursion im Kenai Fjords National Park ▲

Nicht nur die Blicke Richtung Festland lassen die Passagiere an Bord des Ausflugsbootes staunen. Auch die große Chance, Wale, Seelöwen, Otter, Weißkopfseeadler und unzählige Seevögel sowie die Gletscherwelt aus nächster Nähe zu betrachten, ist ein Naturerlebnis der besonderen Art. → S. 171

4 Bärenbeobachtung im Katmai National Park

Bereits der Flug mit Aussicht auf Berge, Vulkane und Gletscher ist ein Highlight für sich. Die unvergesslichen Eindrücke von Grizzlybären in der reinen Wildnis, zum Beispiel beim Lachsfischen, krönen jede Alaskareise. → S. 186

5 Valley of Ten Thousand Smokes ▲

Der gewaltige Ausbruch des Novarupta im Jahr 1912 hinterließ ein landschaftlich bizarres, rauchendes Trümmerfeld. Daraus ergab sich wenig später der treffliche Name des etwa 20 Kilometer langen Tals. Die entstandenen Gebirgszüge, gewaltigen Flüsse, noch heute rauchenden Fumarolen und Schlote zählen zu den beeindruckendsten Erlebnissen der vulkanischen Landschaften Alaskas. → S. 189

6 Kodiak Island

Der zerklüftete Archipel mit dem zweitgrößten Hafen Alaskas lässt sich sowohl auf organisierten Tagestouren als auch individuell erkunden. Eines der schönsten Erlebnisse ist ein geführter Ausflug zur Beobachtung der majestätischen Kodiakbären. → S. 192

7 Prince William Sound

Die Bucht im Golf von Alaska, wo unzählige Meeressäuger und Seevögel heimisch sind, erkundet man am besten zu Wasser – per Kajak oder Fähre zwischen den Orten Whittier, Valdez und Cordova. Beeindruckende Gletscherfronten prägen die Landschaft, besonders der mächtige Columbia-Gletscher ist sehenswert. → S. 205

8 Wrangell-St. Elias National Park

Der größte Nationalpark der USA ist größer als die Schweiz. Er hat die höchste Dichte an Gletschern und einige der größten Eisfelder der Welt. Neun der sechzehn höchsten Berge der USA, darunter der berühmte Mount St. Elias, thronen über reißenden Strömen, einer reichen Tier- und Pflanzenwelt sowie geisterhaften Siedlungen. → S. 220

9 Kennicott ▲

Am Ende der holprigen McCarthy Road, jenseits des Flusses, erhebt sich eine gigantische rote Mühle in der Landschaft. 1905 war Kennicott eine lebendige Ortschaft, die im Zuge der Entdeckung reichhaltiger Kupfervorkommen von Minenarbeiten und deren Familien besiedelt worden war. Nach Schließung der Gruben wurde sie 1938 zur Geisterstadt. Auf den Spuren der alten Zeiten macht ein geführter Rundgang mit ein wenig Gruselfaktor Spaß. → S. 227

10 Denali Highway

Schotter, Schlaglöcher und endlose Weite: Auf dem Denali Highway wird das Reisetempo deutlich verlangsamt. Wer sich viel Zeit lässt, kann die Landschaft in vollen Zügen genießen und stößt dabei mit etwas Glück auch auf wilde Tiere, die sich in aller Ruhe beobachten lassen. → S. 234

11 Denali National Park ▼

Wer ihn nicht besucht hat, war auch nicht in Alaska. Der Denali National Park mit dem gleichnamigen Berg ist das Herzstück des Landes. Neben Wanderungen und Busausflügen bietet sich hier die Möglichkeit, Bären, Elche, Karibus und Wölfe zu sehen. Besonders zum Indian Summer ist die Farbenpracht der gigantischen Landschaft eine Augenweide. → S. 238

Polarlichter ▼

Es ist ein einmaliges und mystisches Spektakel, das sich zwischen September und April am Himmel darbietet. Zwischen Anchorage, Talkeetna und Fairbanks bis hoch über den Polarkreis erleuchtet die Aurora Borealis mit ihrem farbigen Schauspiel den nächtlichen Himmel. Wer einmal Polarlichter gesehen hat, möchte sie immer wieder erleben. → S. 32

Die vorangestellten Nummern beziehen sich auf die Verweise in der vorderen Umschlagkarte.

Das Wichtigste in Kürze

Das erste Kapitel dieses Reiseführers beschreibt **Land und Leute.** Hier finden sich einführende Informationen zu Alaskas Natur, Einblicke in Geschichte und Gesellschaft von den Anfängen bis in die Gegenwart. Einige alaskanische Kochrezepte sorgen bereits zu Hause für eine Einstimmung mit allen Sinnen.

Die anschließenden **Regionenkapitel** stellen die Orte, Nationalparks und Wildnisgebiete Zentral- und Südalaskas vor, die individuell oder organisiert in Gruppen bereist werden können. Zudem werden ausgewählte Wanderungen in grün unterlegten Kästen beschrieben und viele Touranbieter für weitere Aktivitäten wie Paddeln oder Radfahren aufgelistet. Tipps zum Verhalten bei **Begegnungen mit wilden Tieren** und die generellen **Vorbereitungen von Wanderungen** in die Wildnisgebiete werden eingehend erläutert. Des Weiteren werden Einblicke in Regionen geliefert, die aufgrund ihrer Abgeschiedenheit infrastrukturell nicht oder kaum für den Tourismus ausgebaut und zum Teil nur beschwerlich erreichbar sind. Einige Essays beleuchten darüber hinaus schlaglichtartig Eigenheiten der alaskanischen Gesellschaft und Kultur.

Im Anhang finden sich ein **Sprachführer,** ausführliche **Reisetipps von A bis Z,** ein **Glossar** sowie **Literatur- und Internethinweise.**

Alle **Preise** sind in US-Dollar und alle Entfernungen in Meilen angegeben. Zu den jeweiligen Ausflugspunkten finden sich Angaben, an welcher **Meile** sich das Ziel von Anchorage (A), Fairbanks (F) oder einem anderen Ort aus befindet, sofern man mit einem eigenen Fahrzeug unterwegs ist. So befindet sich der Beluga Point beispielsweise an Mile A 16.7. **Wanderdistanzen** und geografische Maße hingegen werden in Kilometern beschrieben.

In den USA ist es üblich, Straßennamen abzukürzen. So wird aus »Street« häufig »St«, aus »Avenue» einfach »Ave«, aus »West« »W« und aus »East« dann »E«. Diese **Abkürzungen** finden sich auch in diesem Buch.

Nur einer von rund 100 000 Gletschern in Alaska: der Aialik Glacier

Sehr lange Namen von Institutionen oder Organisationen werden im Textverlauf einmal vollständig genannt und danach abgekürzt, beispielsweise das Alaska Wildlife Conservation Center als AWCC. Verfügen Restaurants oder sonstige Einrichtungen statt einer Webseite über eine informative Facebook-Seite, zeigt dies der Vermerk »Fb« im Adressteil an.

Anreise

Von Europa aus ist **Anchorage,** die größte Stadt Alaskas, zwischen Mai und Oktober per Nonstop-Flug in rund zehn Stunden zu erreichen. Im übrigen Jahr bieten mehrere Fluggesellschaften Verbindungen mit mehreren Zwischenstopps an. Einige Fluggesellschaften fliegen zudem von Seattle aus mehrere Orte in Alaska an.

Einreise

Voraussetzung für die Einreise in die USA (Alaska) ist ein noch mindestens sechs Monate gültiger **Reisepass** und eine **ESTA-Reisegenehmigung,** welche vorab online beantragt werden muss: https://esta.cbp.dhs.gov

Geld

Die Landeswährung der USA ist der **US-Dollar ($).** Ein Euro entspricht 0,92 US-Dollar (Stand: Feb. 2023). In Alaska ist es üblich, auch kleine Beträge mit der **Kreditkarte** zu bezahlen. Gängige Kreditkarten sind American Express, Mastercard und VISA. **Geldautomaten** (ATM) finden sich in allen Banken, nahezu jedem Supermarkt, an jeder Tankstelle und sogar in Krankenhäusern.

Reisezeit

Zentral- und Südalaska sind zu jeder Jahreszeit eine Reise wert. Die besten Reisemonate sind die **von Mai bis Ende September.** In dieser Zeit sind die meisten Aktivitäten wie Wandern, Radtouren und Kajakfahren möglich und alle touristisch relevanten Anbieter verfügbar. Ab Oktober schließen bereits viele Unterkünfte und touristische Zentren, und im Winter sind zudem viele Straßen gesperrt. Dennoch ist der Winter allein wegen des Schauspiels der Polarlichter oder für eine Hundeschlittentour sehr reizvoll.

Telefon

Internationale Vorwahl: 001 (+1)
Vorwahl für Alaska (Area Code): 907
Notruf für Polizei, Feuerwehr und Krankenwagen: 911
In den USA werden Mobiltelefone nicht Handy genannt, sondern *mobile phone* oder *cell phone*. Amerikanische **SIM-Karten,** am günstigsten sind PrePaid-Karten, kann man in vielen Supermärkten oder an Tankstellen kaufen. Der **Handyempfang** ist in allen Ortschaften und Städten gut, in abgelegenen Gebieten ist mit Erreichbarkeit hingegen nicht zu rechnen. Und je weiter man in die Wildnis vordringt, desto dünner wird das Mobilnetz.

Unterkunft

In Anchorage, Fairbanks, Homer, sogar in Healy und allen anderen Touristenorten ist die **Vielfalt** der Unterkünfte groß. Von den einfachsten Motels, kleinen Bed & Breakfasts, Lodges und Cabins bis hin zu großen internationalen Luxushotelketten ist für jeden Geschmack und Geldbeutel etwas dabei. Bitte bedenken Sie, dass die angegebenen **Preise** für Unterkunft, Unternehmungen und Ähnliches derzeit starken, kaum vorhersehbaren Schwankungen unterworfen sind.
Wer mit dem **Wohnmobil oder Zelt** unterwegs ist, findet eine Vielzahl von öffentlichen und privaten Campingplätzen. Dabei sind die privaten Campingplätze häufig besser ausgestattet als die öffentlichen, aber auch teurer. In der **Wildnis** zu übernachten, ist möglich, aber in manchen Regionen mit Anmeldung oder einer Genehmigung verbunden. Dass man sein Zelt dabei nicht auf privaten Ländereien aufschlägt, sollte selbstverständlich sein.

Unterwegs mit dem Auto

Das **Straßennetz** ist in ganz Alaska recht dünn ausgebaut, und man muss sich auf recht viele Straßenschäden, Baustellen und öfter auch mal Schotterstraßen einstellen. Es gibt nur einige abweichende Verkehrsregeln. Die erlaubte **Höchstgeschwindigkeit** liegt bei 55 Meilen pro Stunde, was etwa 89 Kilometern pro Stunde entspricht. Die weiten, oft einsamen Strecken über Land erfordern mit einem Kleinwagen eine gute Vorbereitung.

Wilde Tiere

Alaska ist ein wildes Land mit wilden Tieren. Bären, Elche, Karibus, manchmal auch Vielfraße kreuzen regelmäßiger die Straßen als Menschen. Sogar in **Städten** wie Anchorage trifft man zuweilen auf Schwarzbären, Grizzlys oder Elche. Für die Alaskaner ist das normal, Kinder laufen morgens auf dem Weg zur Bushaltestelle selbstsicher an Wildtieren vorbei. Für Touristen ist es ratsam, sich über das richtige **Verhalten bei einer Begegnung mit der Tierwelt** Alaskas zu informieren (→ S. 36).

Ausführliche reisepraktische Hinweise finden Sie in den »Reisetipps von A bis Z« ab → S. 273.

Unterwegs mit Kindern

Kinder sind in Alaska sehr willkommen, und die Nähe zur Natur und zu allerlei Wildtieren sorgt auch beim Nachwuchs für nachhaltige Eindrücke und Erlebnisse. In vielen Museen ist der Eintritt für Kinder vergünstigt oder sogar frei. Auch die Nationalparks bieten Programme für Kinder an. In vielen Unterkünften ist die Übernachtung für Kinder vergünstigt, teilweise sogar kostenfrei. Auch in Restaurants finden sich immer Kindermenüs, und nicht selten werden Malutensilien verteilt.

Hier einige Empfehlungen für familiengerechte Unternehmungen: Die Musk Ox Farm (→ S. 130) am Glenn Highway lädt zu einem Besuch bei Moschusochsen ein, und in Seward wartet das Sea Life Center (→ S. 167) mit Einblicken in die maritime Umwelt Alaskas. Eine Schifffahrt im Kenai Fjords National Park (→ S. 171) ist ein unvergessliches Erlebnis, und eine organisierte Busfahrt in den Denali National Park (→ S. 238) zählt zu den Highlights einer jeden Alaskareise – für Groß und Klein.

Beachten sollte man als Autofahrer, dass Kinder unter vier Jahren einen staatlich geprüften Kindersitz benötigen, der beim Autoverleih mitbestellt werden kann.

Im Sea Life Center in Seward kann man Stellersche Seelöwen bestaunen

Entfernungstabelle

	Anchorage	Denali NP	Delta Junc.	Fairbanks	Glenallen	Homer	Seward	Talkeetna	Valdez	Whittier
Anchorage		237	333	360	179	226	126	113	328	60
Denali	237		217	125	343	458	363	153	463	239
Delta Junc.	333	217		95	153	552	457	368	268	391
Fairbanks	360	125	95		248	578	483	273	363	417
Glenallen	179	343	153	248		399	304	217	120	238
Homer	226	458	552	578	399		168	333	*	185
Seward	126	363	457	483	304	168		238	**	88
Talkeetna	113	153	368	273	217	333	238		337	172
Valdez	328	463	268	363	120	*	**	337		***
Whittier	60	239	391	417	238	185	88	172	***	

Entfernungsangaben in Meilen

* *Fährverbindung Valdez-Whittier, von Whittier 185 Meilen nach Homer*

** *Fährverbindung Valdez-Whittier, von Whittier 88 Meilen nach Seward*

*** *Fährverbindung Valdez-Whittier (ca. 2,5 Std.)*

Alaska itself is an unusual state.

Fareed Zakaria, US-amerikanischer Journalist

LAND UND LEUTE

»Living Our Cultures, Sharing Our Heritage: The First Peoples Of Alaska« – eine Ausstellung im Anchorage Museum

Zentral- und Südalaska im Überblick

Name: *Alyeska* bedeutet in der Sprache der aleütischen Ureinwohner »Land, in dessen Richtung das Meer strömt« oder einfach das »Das große Land«.

Flagge: Bereits 1927 war die blaue Flagge mit den acht Sternen in Gebrauch, sie wurde jedoch erst ab 1959 offiziell verwendet. Die Hintergrundfarbe Blau symbolisiert das Meer, den Himmel, die Berge und die Wildblumen. Darauf sind das Sternbild des Großen Wagens (Großer Bär) und der Polarstern (Nordstern) dargestellt.

Bundesstaat: Am 3. Januar 1959 wurde Alaska zum 49. Bundesstaat der USA erklärt. Es ist der größte, nördlichste und westlichste Bundesstaat. Die **Hauptstadt** ist Juneau.

Einwohner: 738 000 (Stand: 2022), das sind 0,22 % der Gesamtbevölkerung der USA.

Bevölkerungsdichte: 0,4 Einw./km²

Größe: 1,72 Mio. km², das entspricht der fünffachen Fläche Deutschlands.

In Alaska leben rund 40 000 Braunbären

Gletscher: Es gibt 100 000 Gletscher in Alaska, wovon nur 616 einen offiziellen Namen haben. Der größte ist der Beringgletscher (190 km) im Wrangell-St. Elias National Park. Das größte zusammenhängende Eisvolumen abseits der Polkappen hat das Bagley Icefield (5200 km²) im selben Nationalpark.

Küstenlinie: 54 500 km, inklusive aller Inseln, Meerengen und Buchten sogar 75 000 km.

Seen und Flüsse: Es gibt mehr als 3 Mio. Seen und 12 000 Flüsse in Alaska. Der 3185 km lange Yukon River zieht sich von British Columbia bis in die Beringsee an der Westküste Alaskas. Der alaskanische Abschnitt des Yukon ist 2036 km lang.

Höchster Berg: Der Mount Denali («Der Hohe«) ist der höchste Berg Alaskas und auch der USA. Seine Höhe wurde bis 2015 mit 6194 m angegeben. Neueste Messungen haben ergeben, dass es »nur« 6190 m sind.

Vulkane: Mount Wrangell (4317 m) im Wrangell-St. Elias National Park ist der höchste aktive Vulkan Alaskas. Insgesamt hat Alaska 40 aktive Vulkane, was 80 % der vulkanischen Aktivität der USA entspricht.

Bären: Drei Arten von Bären leben in Alaska: 100 000 Amerikanische Schwarzbären, 40 000 Braunbären (dazu zählen Grizzlys und Kodiakbären) und – im äußersten Norden von den kanadischen Territorien der Beaufortsee bis zur Beringsee – etwa 900 Eisbären. Das entspricht rund 70 % der nordamerikanischen Bärenpopulation.

Elche: Der Alaska-Elch ist eine Unterart der Elche und die größte nordamerikanische Elchart. Von ihnen leben rund 175 000 Exemplare in Alaska. Er ist zugleich das Staatstier.

Staatsfossil: Wollmammut
Staatsbaum: Sitka-Fichte
Staatsblume: Vergissmeinnicht
Staatsfisch: Königslachs
Staatsmineral: Gold
Staatssportart: Hundeschlittenfahren
Motto: North to the Future!

Geografie

Landschaft, so weit das Auge reicht. Die offenen Flächen der Tundra lassen den Himmel näherrücken, während dichte Wälder von den Küsten bis ins Landesinnere reichen und schroffe, schneebedeckte Gipfel der Bergketten jeden Besucher in Staunen versetzen. Alaska bietet viele Superlative: Zwischen majestätischen aktiven Vulkanen, den höchsten Bergen Nordamerikas, Tausenden von reißenden Flüssen und still daliegenden Seen lassen sich, wenn auch nur für kurze Zeit im Jahr, farbenfrohe Blumen und Pflanzen entdecken. Mensch und Tier werden hier auf eine harte Probe gestellt. Ausdauer, Willenskraft und Stärke sind die Grundvoraussetzungen, um in diesem Land der unberührten Wildheit und erbarmungslosen Winter zu überleben. Trotz dieser harschen Bedingungen hat sich eine unvergleichliche Vielfalt entwickelt. Alaskas Natur gleicht einem Gemälde, wie es kein Maler erschaffen kann.

Das Land liegt zwischen 54 und 71 Grad nördlicher Breite und 130 bis 173 Grad westlicher Länge. Es umfasst eine Fläche von 1,72 Millionen Quadratkilometern. Der größte Bundesstaat der USA ist 1300 Kilometer breit und 2380 Kilometer lang. Alaska lässt sich in fünf geografische Bereiche unterteilen: Südosten, Südwesten, Südzentral-, Zentral-Alaska und Norden. Die folgenden Beschreibungen konzentrieren sich vorwiegend auf den zentralen und südzentralen Bereich Alaskas. Die Kodiak-Insel und die Alaska-Halbinsel ragen zwar in den Südwesten hinein, werden aber auch behandelt. Aber um die Zusammenhänge zu verdeutlichen, wird auch immer wieder auf Alaska allgemein Bezug genommen.

Über die Entstehung Alaskas

Lange Zeit glaubte man, Alaska sei eine Fortsetzung der Nordamerikanischen Kontinentalplatte. Inzwischen ist jedoch bewiesen, dass Alaska geologisch gesehen ein sehr junges Land ist. Zudem besteht es aus einem Mosaik von 50 größeren und kleineren Platten. Diese Platten werden »Terrane« genannt und bestehen aus Resten des Urkontinents Pangea (Laurentia), ozeanischer Kruste, vulkanischem Gestein und anderen Tiefensedimenten. Hinzu kommen Graphite, Quarzite, Sandstein, Korallen, Chert, Rhyolite, Basalt und Kalkstein. Ein sehr altes Gestein – 600 bis 800 Millionen Jahre alt – in Zentral-Alaska ist der Birch-Creek-Schiefer, der sich von Fairbanks bis ins Yukon-Gebiet findet. Noch älter sind die Gesteine im Westen und Südwesten. Die dortigen Gneise gehen auf das Präkambrium, die Erdfrühzeit, zurück und sind rund zwei Milliarden Jahre alt.

Die Erdkruste und die obere Schicht des Erdmantels bilden zusammen die Lithosphäre. Im darunterliegenden Erdmantel lassen Konvektionsströmungen heißes Gesteinsmaterial aufsteigen und kaltes absinken. Durch diese Strömungen sind die sechs sehr unterschiedlich großen Platten der Lithosphäre in ständiger Bewegung aufeinander zu beziehungsweise voneinander weg. Treffen zwei Kontinentalplatten aufeinander, schiebt sich eine unter die andere, taucht tief in die Asthenosphäre ab und wird aufgeschmolzen. An der sogenannten Subduktionszone bei Alaska trifft die unter dem Ozean liegende und nach Nordosten schiebende Pazifische Platte auf die nach Westen driftende Nordamerikanische

Sogar für alaskanische Verhältnisse ausgesprochen archaisch – die Aleutenkette

Platte und schiebt sich unter diese. Durch dieses Zusammentreffen wandern nicht nur riesige Krustenblöcke von Süden nach Norden, die so entstehende Krustenspannung entlädt sich auch in gewaltigen Erdbeben und Vulkanausbrüchen. Beim Eintauchen am Kontinentalrand werden Teile der Kruste abgeschabt und Inselbögen und Krustenteile übereinandergeschoben. Auf diese Weise sind die Gebirge Alaskas entstanden. Man findet in Süd- und in Zentral-Alaska also ehemals ozeanisches Krustenmaterial und vulkanische Inselbögen, die sich stellenweise 5000 bis 6000 Meter hoch aufgefaltet haben. Der beschriebene Prozess ist bereits seit 600 Millionen Jahren im Gange und hält weiterhin an.

In seiner letzten Phase der Entstehungsgeschichte war Alaska in der Eiszeit des Pleistozän, das vor rund 2,5 Millionen Jahren begann und vor etwa 11 700 Jahren endete, größtenteils eisfrei. Nur das westlich von Fairbanks gelegene Yukon-Tanana-Gebiet wurde vergletschert. Vor rund 20 000 Jahren sank der Meeresspiegel zwischen Sibirien und Alaska um 125 Meter ab. So entstand in der heutigen Beringstraße eine bewachsene Mammutsteppe. Über diese Landbrücke (Beringia) konnten Menschen und Tiere von Sibirien nach Nordamerika wandern. Vor ungefähr 11 000 Jahren trennte der steigende Meeresspiegel die sibirische wieder von der nordamerikanischen Landmasse. Vor 3000 Jahren begann eine erneute Kälteperiode, welche bis 1750 die Gletscherwelt Alaskas in ihrer finalen Größe formte. So, wie die Gletscher zurückgehen, so ist auch mit weiteren Bewegungen der Terrane zu rechnen.

Am 1. Dezember 2018 ereignete sich, nur 13 Kilometer von Alaskas größter Stadt Anchorage entfernt, in 43 Kilometern Tiefe ein Erdbeben. Bei einer Stärke von 7,0 auf der Richterskala wurden mehrere Menschen verletzt, entstanden Risse in den Straßen und schwankten Gebäude. Der Flughafen von Anchorage wurde zeitweise geschlossen und 10 000 Bürger hatten für Stunden keinen Strom. Vorsorglich wurde auch die Öl-Pipeline abgestellt. Alaskas Einwohner hatten früher bereits ein noch gewaltigeres Erdbeben erlebt. Am 27. März 1964 ereignete sich im südlichen Zentral-Alaska ein Beben der Stärke 9,2. Das sogenannte Karfreitagsbeben forderte 125 Menschenleben, vorwiegend durch Tsunamis, welche mit einer Höhe von fast 70 Metern die Fjorde vom Prince William Sound und der Kenai-Halbinsel fluteten. Alaska wird täglich von Erdbeben erfasst, rund tausendmal pro Monat bebt die Erde. Die meisten dieser Beben geschehen jedoch unbemerkt tief im Erdinnern.

Gebirge

»Thousands of tired, nerve-shaken, over-civilized people are beginning to find out that going to the mountains is going home; that wildness is a necessity; and that mountain parks and reservations are useful not only as fountains of timber and irrigating rivers, but as fountains of life.« (John Muir)

Alaska durchziehen 39 Bergketten mit 17 der 20 höchsten Gipfel der USA. Die drei wichtigsten Bergketten sind die Brookskette (Brooks Range) im Norden, die zentrale Alaskakette (Alaska Range) und die südwestliche Alëutenkette (Aleutian Range). Charakteristisch sind neben Gletschern die aus der Plattentektonik resultierenden Erdbeben und vulkanische Aktivitäten. Die Brookskette ist eine Fortsetzung der Rocky Mountains und reicht 1000 Kilometer von der Tschuktschensee bis über die kanadische Grenze hinaus. Benannt wurde die größte Bergkette jenseits des Polarkreises nach dem Geologen Alfred H. Brooks. Ihre Gipfel erreichen im Westen zwischen 900 und 1200 Meter und ragen nahe der kanadischen Grenze bis zu 2749 Meter (Mount Chamberlin) auf.

Die Alëutenkette erstreckt sich über 1000 Kilometer Länge vom südlichen Ende der Alaskakette bis zum Cook Inlet. Die Alëuten bilden bis zur Insel Unimak die Verlängerung der Alaskakette und besitzen mächtige Vulkane wie den Mount Katmai (2047 Meter) und den Mount Redoubt (3108 Meter). Die 1869 noch zur Alaskakette zählenden Chigmit Mountains wurden später den Alëuten zugerechnet. Sie verlaufen über 220 Kilometer entlang der Westküste des Cook Inlet.

Die Alaskakette zieht sich als bogenförmiges Gebirge vom Lake Clark im Südwesten bis zur Grenze des Yukon-Territoriums im Süden Alaskas. Sie erstreckt sich über 650 Kilometer und ist Teil der 7250 Kilometer langen Pazifischen Bergkette, des Pazifischen Feuerrings. Hier befinden sich die höchsten Berge Alaskas: Der Mount Denali (6190 Meter) und sein Massiv dominieren das Gebirge; er ist zugleich der höchste Berg der USA. Der Name »Denali« stammt aus der Sprache der Athabasken und bedeutet »der Hohe«. Unmittelbar daneben ragt der Mount Foraker (5304 Meter), der dritthöchste Berg Alaskas empor. Große Teile der Alaskakette, wie der Lake Clark National Park and Preserve, der Denali National Park and Preserve und der Wrangell-St. Elias National Park and Preserve, stehen unter Schutz. Letzterer weist mit dem Mount St. Elias (5489 Meter) auch den zweithöchsten Berg Alaskas auf. Der Schildvulkan Mount Wrangell (4316 Meter) ist nach wie vor aktiv. Mit dem massiven Bering-Gletscher, dem Malaspina- und dem Nabesna-Gletscher nahe der kanadischen Grenze hat die Alaskakette die größte Dichte an Gletschern.

Südlich der Alaskakette erstrecken sich die 500 Kilometer langen Chugach Mountains vom Knik und Turnagain Arm bis westlich des Bering-Gletschers und des Flusses Tana. Ihr höchster Punkt ist der Mount Marcus Baker mit 4016 Metern.

Nördlich von Anchorage zwischen den Chugach Mountains im Osten und der sie im Halbbogen umschließenden Alaskakette liegen die Talkeetna Mountains. Sie erreichen eine Ausdehnung von 178 Kilometern in Nord-Süd- und 278 Kilometer in Ost-West-Richtung. Insgesamt bedecken sie eine Fläche von 26 538 Quadratkilometern.

Die Kenai Mountains erstrecken sich auf der gleichnamigen Halbinsel rund 230 Kilometer von Nord nach Süd und über 430 Kilometer von Ost nach West. Der Truuli Peak (2015 Meter) ist ihr höchster Gipfel.

Gletscher

Knapp fünf Prozent der Fläche Alaskas sind mit Gletschern und Eisfeldern bedeckt. Dies entspricht einer Fläche von 75 000 Quadratkilometern. Es gibt ungefähr 100 000 Gletscher in Alaska. Ganz genau kann die Zahl jedoch nicht bestimmt werden: 2011 wurden laut einer Studie des USGS (United States Geological Survey) gerade einmal 27 000 Gletscher erfasst. Da sich in Alaska sehr große und lange Gletscher befinden und diese sich in mehrere Teilstücke gliedern, ist die Spanne der Anzahl also groß. Nur 616 von ihnen tragen auch einen Namen.

Es ist ein Mythos, dass ganz Alaska während der letzten Eiszeit (vor 10 000 Jahren) im Jungpleistozän mit Gletschern bedeckt war. Zentral-Alaska war zu dieser Zeit eine Grassteppe mit einer Vielzahl an Pflanzen und Tieren. Auch die Aussage, dass die Gletscher Überbleibsel der letzten Eiszeit seien, ist nur zum

Der Matanuska-Gletscher ist ein Talgletscher in den Chugach Mountains

Teil korrekt. Die Schneegrenze (die Höhe, ab welcher der Schnee konstant liegenbleibt) liegt in Alaska zwischen 1000 und 1500 Metern. Ein Gletscher entsteht in den Bergen, wenn Schnee auf einer gewissen Höhe zurückbleibt und durch neuen Schneefall und dessen Gewicht komprimiert wird. Die komprimierten Eiskristalle wachsen unter Einschluss von Sauerstoff zu einer immer größeren Masse heran und üben enormen Druck auf das darunterliegende Gestein aus. Die dadurch entstehende Reibung lässt Schmelzwasser entstehen, das den Gletscher in Bewegung setzt. Das Gewicht des Eises ist so groß, dass sich der Gletscher langsam Richtung Tal bewegt. Wie ein Fluss sucht sich auch ein Gletscher seinen Weg. Das in seiner Fließrichtung liegende Gestein wird dabei zu feinem Sand zermalmt. Wenn die Gletscherzunge tiefere und wärmere Ebenen erreicht, beginnt die Eisschmelze beziehungsweise die Kalbung: Riesige Eisbrocken spalten sich ab.

Es gibt diverse Gletschertypen, wovon acht in Alaska vorkommen: Eisfelder oder Eiskappen, wie das Harding Icefield mit 780 Quadratkilometern Fläche, haben verschiedene Gletscherzungen und bewegen sich in mehreren Richtungen hangabwärts. Talgletscher, wie der Matanuska- oder der Valdez-Gletscher, bewegen sich erst einen weiten Weg ins Tal, bevor die Schmelze einsetzt. Vorlandgletscher, auch Piedmont-Gletscher genannt, breiten sich in Richtung eines Tals ring- oder fächerförmig aus. Der Malaspina-Gletscher ist ein Beispiel dafür. Hinzu kommen noch Gezeitengletscher, Auslassgletscher, Kargletscher, Hängegletscher und Eisstromnetze.

Die Gletscher Alaskas existieren seit der Eiszeit, jedoch wird durch die Fließeigenschaft des Gletschers das Eis innerhalb von rund 100 Jahren neu genährt und geformt. Demnach sind die heutigen Gletscher in Alaska nicht älter als 100 Jahre. Die dickste Gletscherschicht beträgt 1477 Meter. Der längste Talgletscher der Welt ist der Nabesna-Gletscher im Wrangell-St. Elias National Park and Preserve mit 85 Kilometern Länge. Der flächenmäßig größte Gletscher ist der Malaspina-Gletscher mit 60 Kilometern Breite, 45 Kilometern Länge und einer Fläche von 3900 Quadratkilometern. Zudem besitzt Alaska die größten Eiskappen der Erde außerhalb der Polregionen. Auch wenn die Gletscher Alaskas zusammengefasst noch größer sind als der Bundesstaat West Virginia, so ziehen sich über 90 Prozent von ihnen zurück. Diese Entwicklung ist zurückzuführen auf den allgemeinen Klimawandel.

Vulkane

80 Prozent der vulkanischen Aktivität der USA ereignen sich im Bundesstaat Alaska. Als Teil des Pazifischen Feuerrings liegen über 130 Vulkane in Alaska, wovon heute noch 40 aktiv sind. Viele der Vulkane sind mit Schnee bedeckt oder vergletschert. Die vulkanische Aktivität Alaskas kann bis auf zwei Millionen Jahre zurückdatiert werden. Von den 130 Vulkanen sind rund 90 seit 10 000 Jahren und 50 seit 1760 aktiv gewesen. Die Vulkankette reicht von der Alaska Peninsula bis zu den Aleuteninseln hinunter. Östlich davon befindet sich der Wrangell Volcanic Belt, welcher (nur) einen aktiven Vulkan aufweist. Vulkane entstehen durch Brüche und Risse in der Erdkruste, durch die geschmolzenes Gestein,

Vom Ausbruch des Novarupta geformt: das Valley of Ten Thousand Smokes

Asche und Gase an die Oberfläche steigen. Die drei wichtigsten Vulkantypen in Alaska sind Stratovulkane, Schildvulkane und Aschekegel. Stratovulkane wie der Mount Katmai oder der Mount Redoubt auf der Alaska Peninsula sind kegelförmig mit steilen Hängen und wurden durch langsam fließende Lava und Asche geformt. Schildvulkane wie der Mount Wrangell, welcher 4316 Meter hoch aufragt, werden durch dünnflüssige und schnell fließende Lava sehr breit geformt und haben eine ausgedehnte Kuppelform. Während Strato- und Schildvulkane durch Krater und verschiedene Spalten und Öffnungen entstehen, werden Aschekegel durch nur einen Spalt in der Oberfläche von geronnener Lava, Aschepartikeln und pyroklastischem Material gebildet und entstehen infolge kleiner Eruptionen. Ihre Höhe ist dadurch geringer als bei anderen Vulkanen. Das sieben Kilometer lange vulkanische Feld der Ingakslugwat Hills des Yukon-Kuskokwim-Delta im Westen Alaskas ist ein Beispiel dafür.

Der massivste Ausbruch der Neuzeit ereignete sich zwischen dem 6. und 8. Juni 1912 im heutigen Katmai-Nationalpark. Eine vulkanische Explosion des Novarupta hielt 60 Stunden an und setzte 15 Kubikkilometer Magma und 17 Kubikkilometer Flugasche frei. Während des Ausbruchs kollabierte die Kuppe des Mount Katmai und ein 23 Kilometer langer pyroklastischer Strom floss bis in das Ukak River Valley. 103 Quadratkilometer Land wurden mit Asche bedeckt. Der Ascheregen ging auch auf der Kodiak-Insel und sogar in Vancouver nieder. Als Folge der Explosion bildete sich eine 600 Meter tiefe und drei mal vier Kilometer große Caldera heraus. Die Explosion endete mit der Entstehung eines Lavadoms, welcher durch seine sehr dickflüssige Lava den Schlot verstopfte. Bei der Explosion entstand auch das Valley of Ten Thousand Smokes (→ S. 189) mit einer Unzahl von Schloten und Fumarolen. Die Fumarolen sind bis heute aktiv und stoßen heiße Gase und Wasserdampf aus. Das Alaska Volcanic Observatory überwacht als seismologisches Institut die vulkanische Aktivität Alaskas.

The Bush – im Reich der Trapper und Abenteurer

Laut Nationalparkbehörden und U.S. Forest Service sind 25 Millionen Hektar der Fläche Alaskas Wildnis, was rund der Hälfte aller Wildnisgebiete der gesamten USA entspricht. Von den Alaskanern wird diese Wildnis *The Bush* genannt: endlose Tundra, dichte Wälder, bizarre Bergkulissen, reißende Flüsse und Dörfer, die oft Hunderte Kilometer voneinander entfernt sind. Diese Ecken des Landes sind nicht an das nordamerikanische Straßennetz angeschlossen und auch nicht per Fährschiff zu erreichen. Die einzigen Möglichkeiten, in diese extrem abgelegenen Gebiete zu gelangen, sind, mit dem Buschflugzeug, einem Boot auf den Flüssen und im Winter mit dem Hundeschlitten oder dem Schneemobil zu reisen. Zu den Busch-Regionen zählen, um nur einige zu nennen, der Alaska North Slope, das Northwest Arctic Borough, die Baldwin- und die Seward-Halbinsel, die Bristol Bay, die Alaska-Halbinsel und auch der zentral-alaskanische Bereich *(Interior)*. Keine Umgebung für einen *cheechako*, einen Grünschnabel, wie die Alaskaner sagen.

Bis heute leben die Ureinwohner Alaskas in kleinen Dorfgemeinschaften und Trapper in einsam gelegenen Blockhäusern von Subsistenzwirtschaft, Jagd, Fischfang und Fallenstellerei. Der kurze Sommer wird zur Vorratsbeschaffung vor allem von Fleisch und Fisch genutzt. Nicht wenige kämpfen jeden Winter ums Überleben, andere mit dem gefürchteten *cabin fever*, einer Art Winterdepression.

Auch wenn es vielen Menschen nicht gefällt, dass die Alaskaner ihre Jagdausflüge mit großkalibrigen Waffen für das Internet filmen und stolz sind auf den Abschuss eines Elchs oder Bären, darf man nicht vergessen, dass die Jagd tief in der Kultur der Einheimischen verwurzelt ist. Erweckt es für viele auch den Anschein, dass aus reiner Trophäengier gejagt wird, so sollte man bedenken, dass ein geschossener Elch oder ein Karibu eine ganze Familie über lange Zeit ernährt. Buschpiloten bringen Menschen, Equipment und Güter an entlegene Orte und versorgen so die wenigen Dörfer. Buschflugzeuge sind das schnellste und effektivste Transportmittel. Oft sind sie auch die einzige Möglichkeit, im Notfall die Zivilisation zu erreichen.

Die einsamen Wälder, schroffen Berge und unendlichen Seenplatten ziehen auch Aussteiger an, die sich ein Leben in Abgeschiedenheit versprechen. So zog es Richard »Dick« Proenekke 1968 im Alter von 52 Jahren hinaus zu den Twin Lakes im Lake Clark National Park, wo er sich eine Hütte baute und vom Fischen, Jagen und Sammeln lebte. Trotz anfänglicher Skepsis blieb er am Ende 30 Jahre in der Wildnis und bekam gelegentlich Besuch und Güterlieferungen von einem Buschflugzeug.

Das harte Leben im Busch ist heute populär in Film und Fernsehen. Wovon früher niemand Notiz nahm, ist mittlerweile in TV-Dokumentationen wie *Alaskan Bush People* oder *The Last Alaskans* (als *Nordalaska – Überleben in der Wildnis* auch im deutschen Fernsehen) zu sehen. Darin werden meist einzelne Familien einige Zeit im Alltag begleitet, um zu zeigen, welche Entbehrungen sie ertragen, aber auch, welche Schönheit sie jeden Tag umgibt. Die Buschbewohner betonen gerne, welches Glück ihnen widerfahren sei, in der Natur leben zu dürfen. Wie hart dieses Leben auch scheinen mag, niemals würden sie es eintauschen wollen.

Feuchtgebiete und Moore

43 Prozent der Landesfläche Alaskas sind Feuchtgebiete, wovon 44 Millionen Hektar torfhaltige Moore (*muskeg*) darstellen. Das Netzwerk der Feuchtgebiete besteht aus Flüssen, Seen und Bächen an der Oberfläche und Grundwasser sowie periodischen Untergrundströmungen. Der Chena und der Tanana River in Zentral-Alaska sind mit ihrem sauerstoffarmen, dunklen Erdreich gute Beispiele dafür. Hinzu kommen noch riesige Feuchtgebiete in Küstenregionen, an Flussdeltas und auch in Wäldern. Charakteristika für Moore sind mehrere Meter dicke Torflagen, sauerstoffarmes und saures Wasser und eine dicke grüne Moosschicht. Moore brauchen kaltes und nasses Klima, um sich zu erhalten. Schwarzfichten, Birken und Zwergbäume bedecken 60 Prozent der Moorareale. Die fragilen Ökosysteme binden sehr viel Kohlenstoff, was der Regulierung des globalen Klimas dient. Während Torfmoore Tausende Jahre brauchen, um zu entstehen, können sie innerhalb weniger Tage durch menschliche Eingriffe zerstört werden.

Flüsse und Seen

In Alaska befinden sich 40 Prozent des gesamten Oberflächenwassers der USA. Dieses verteilt sich auf über 12 000 Flüsse, 3,5 Millionen Seen und unzählige Bäche und Teiche. Die mächtigsten Ströme sind der 3185 Kilometer lange Yukon River und der Kuskokwim, welcher über 1165 Kilometer von Zentral-Alaska in den Südwesten fließt. Flüsse sind nicht nur Lebensraum der Lachse, die auf ihrer jährlichen Wanderung wiederum Bären, Weißkopfseeadlern, Wölfen und Menschen als Nahrung dienen. Sie sind zudem Transportwege für Mensch und Tier in einem komplexen Netzwerk aus Wasser im gesamten Bundesstaat. Die Flüsse Alaskas sind ein wichtiger Bestandteil des Ökosystems der borealen Wälder – Lebensraum für Fische, Vögel und terrestrische Tiere an ihren Ufern.

Herbstlich gefärbte Blaubeerpflanzen in der Tundra

Entlang des Denali Highway erstreckt sich eine Tundra-Landschaft

Die Flusssysteme erzeugen Erosion und transportieren zahlreiche Sedimente, welche sich an anderen Stellen wieder sammeln und Sand- und Schotterbänke bilden. Da viele Pflanzen diese neuen Areale wiederum kolonisieren, entsteht weiterer Lebensraum für Insekten, welche verschiedenen Singvögeln im Sommer als Nahrung dienen.

Tundra

Der südwestliche Landesteil sowie der Norden und Westen werden von Tundra bestimmt. Die Tundra Zentral-Alaskas hingegen integriert auch borealen Wald. Der schleichende Übergang vom borealen Wald in eine baumlose Steppe eröffnet eine Szenerie von Sträuchern, Büschen, Moosen und Flechten unter einem scheinbar endlosen Himmel. Tundra wird von kurzen, kühlen Sommern und langen, kalten Wintern beherrscht. Die zu kurze Blütezeit, das überwiegend kalte Klima, Schneefall und Niederschlag, starke Winde und die von Permafrost geprägten Böden lassen keine Bäume gedeihen. Lediglich die Zwerg-Birke hat sich hier etablieren können, weil sie flach über den Boden kriechend wächst. 85 Prozent der Landesfläche Alaskas bestehen aus Permafrostboden. Teilweise reicht er bis zu 600 Metern Tiefe. Dennoch ist die Tundra Alaskas durch den im Sommer schmelzenden Permafrostboden in den oberen Bodenschichten ein Feuchtgebiet.

Tiere wie Pflanzen haben es nicht leicht und brauchen eine dicke Isolationsschicht. Den extremen Bedingungen mit einem kurzen, explosiven Frühling, luxuriösem Sommer mit nie enden wollendem Sonnenlicht (Mitternachtssonne) und einem erbarmungslosen Winter sind hier ganzjährig nur Schneehasen, Polarfüchse, Moschusochsen, Karibus, Schneeeulen und Schneehühner gewachsen. Saisonale Besucher sind Schneegänse, Pfuhlschnepfen, Prachttaucher, die Spornammer und der Goldregenpfeifer. Selbst Pflanzen, wie das wollige Läusekraut, haben eine Art Pelz entwickelt, um sich gegen Wind und Kälte zu schützen.

Wandern in Alaska – nützliche Hinweise

Küstenstreifen wecken Fernwehträume. Zur wohl intensivsten Art, Alaska zu erkunden, zählt das Wandern. Die Auswahl ist schier unendlich. Von zweistündigen Spaziergängen bis zu wochenlangen Expeditionen durch die Wildnis – Alaska lässt jedes Wandererherz höherschlagen. Wer hier wandert, erlebt die Natur Nordamerikas in ihrer Vollendung und wird unvergessliche Eindrücke mitnehmen. Es kann durchaus passieren, dass man unterwegs mehr wilde Tiere zu Gesicht bekommt als Menschen.

Viele Wanderwege sind ausgeschildert und am Parkplatz per Übersichtskarte beschrieben. Dort werden immer auch die Verhaltensregeln in der Natur und Warnhinweise angezeigt. Auch Ranger sind auf manchen Wanderwegen anzutreffen. Für noch mehr Sicherheit empfiehlt es sich, eine entsprechende topographische Karte mitzunehmen. *National Geographic* gibt reiß- und wasserfeste Karten mit illustrierten Wanderungen im Maßstab 1:110 000 heraus, die in jeder Buchhandlung oder im Besucherzentrum der jeweiligen Wandergebiete oder Nationalparks erhältlich sind. Oder man bestellt die Karten bereits online von Zuhause aus.

Bärenkot

! Verhaltensregeln:

- Vorab jemanden über die geplante Route und die voraussichtliche Rückkehr informieren.
- Am sichersten wandert man immer in einer Gruppe.
- Auf Bären und Elche achten (→ S. 36).
- Nicht den Riesen-Bärenklau berühren.
- Keinen Müll zurücklassen.
- Auf den ausgewiesenen Wanderwegen bleiben.
- Das manchmal sekündlich wechselnde Wetter beobachten.

! Ausrüstung für Tageswanderungen im Sommer

- Karte und Kompass
- Ausreichend Wasser und Verpflegung, wobei man stets ein wenig mehr dabeihaben sollte für den Notfall.
- Wasser kann aus schnellfließenden, kalten Flüssen getrunken werden. Bei mehrtägigen Wanderungen empfiehlt es sich, das Wasser abzukochen oder mit Reinigungstabletten (Micropur) aufzubereiten.
- Sonnenschutz: Sonnenbrille (gletschertauglich), Kopfbedeckung, Sonnencreme (LSF 50!)
- Mückenschutz (Anti Brumm Forte), Kopfnetz
- Robuste, knöchelhohe Wanderstiefel
- Leichte, windabweisende Wanderhose (wahlweise mit Zipper für kürzere Hosenbeine)
- Langärmliger Softshell-Longsleeve
- Extra Trekking-T-Shirt
- Langärmlige Fleecejacke
- Regen- bzw. Windjacke (atmungsaktiv)
- Extra Trekkingsocken (Merinowolle)
- Wanderstöcke/Teleskopstöcke
- Kleines Erste-Hilfe-Set
- Duct-Tape (Panzerband)
- Outdoormesser oder Multitool
- Magnesiumfeuerstein (-starter)
- Bärenglocke
- Bärenspray
- Notfallpfeife

Klima

Alaska lässt sich in drei Regionen mit je eigenen klimatische Bedingungen einteilen. Nördlich des Polarkreises herrscht arktisches Klima mit kurzen, kühlen Sommern (7–12° C), in welchen die Sonne so gut wie nie untergeht, und langen, kalten Wintern (–30° C). Es gibt jährlich wenig Niederschlag (gerade einmal 300 Millimeter). Demnach ist der Norden zwar die trockenste Region, aber nicht die kälteste Region Alaskas.

Zentral-Alaska wird von einem recht kontinentalen Klima regiert. Die hohen Bergketten blockieren die feuchte Pazifikluft, weshalb es wenig Regen gibt. Die Sommertage können bis zu 26 Grad warm werden, aber die Winter sind dafür mit bis zu minus 50 Grad extrem kalt.

Der Süden des Landes wird von maritimem Klima bestimmt. Die Wetterküche des Golfs von Alaska und die großen Küstenregenwälder sorgen für recht feuchtes, stürmisches und niederschlagsreiches Wetter. Es ist häufig kühl und nass. Dennoch verzeichnet Anchorage mit 18 Stunden Sonne und manchmal 18 Grad im Sommer ein recht angenehmes Klima. Die Winter sind hier milder als im zentralen Raum, aber dafür gibt es in den Sommern mehr Niederschlag als im übrigen Land. Auch Kodiak Island wird von maritimem Klima bestimmt. Mit 3000 bis 5000 Millimetern Niederschlag im Jahr ist das Gebiet von Kodiak Island über den Prince William Sound bis nach Südostalaska die regenreichste Region des Landes. Die jemals höchste Temperatur im Sommer wurde im nördlichen Fort Yukon gemessen: Im Jahr 1915 war es dort 38 Grad heiß. Die niedrigste Temperatur wurde im Jahre 1971 erreicht: In der Prospect-Creek-Region zeigten die Thermometer minus 62 Grad an.

Trotzdem ist es ein Mythos, dass die Sommer in Alaska kalt sind. Für Reisende geht es eher darum, flexibel zu sein. Das Zwiebelprinzip mit mehreren Schichten Kleidung hat sich seit eh und je bewährt. Die wichtigste Regel lautet: Immer Kleidung für eine spätere Jahreszeit mitnehmen als für die, in der

Im Sommer 2022 wurde vor akuter Waldbrandgefahr gewarnt

man gerade unterwegs ist. Das bedeutet: Auch im Sommer ist es ratsam, bereits Kleidung für herbstliches Wetter dabeizuhaben. Besonders im Frühjahr und im Herbst sollten sich Urlauber unbedingt daran halten, denn der Herbst kann zum Beispiel innerhalb kürzester Zeit von winterlichem Wetter abgelöst werden. Wer dann keine passende Kleidung zur Verfügung hat, steht vor einer ziemlich kühlen und stürmischen Herausforderung.

Der allgegenwärtige Klimawandel macht auch vor Alaska nicht halt. In den letzten sechs Jahrzehnten ist die Temperatur hier im Sommer um durchschnittlich drei und im Winter sogar um vier Grad gestiegen Auch dieser Einfluss macht eine zuverlässige Vorhersage des Wetters schlichtweg unmöglich. Im Sommer 2019 wurde in Anchorage ein neuer Hitzerekord seit Beginn der Wetteraufzeichnung im Jahr 1952 gemessen: Die Temperatur kletterte im Juli auf unglaubliche 32,2 Grad.

Naturphänomene

Aurora Borealis

Auch unter den Namen »Polarlicht« oder »Nordlicht« bekannt, ist die Aurora Borealis ein mit hauptsächlich Protonen und Elektronen geladener von der Sonne ausgehender »Wind«, der auf Sauerstoff- und Stickstoffatome der oberen Erdatmosphäre trifft. Durch diese Reaktion – Ionisation und folgende Rekombination – entsteht Licht. In Alaska tritt das mystische und seltene Phänomen von September bis April auf. Wenn zu dieser Zeit bei Dunkelheit der Himmel wolkenlos ist, hat man bereits in den Peters Hills bei Talkeetna und Healy gute Chancen, das spektakuläre Leuchten zu sehen.

Sun Dogs

Diese Haloerscheinung wird auch »Parhelia« oder »Nebensonne« genannt. Es handelt sich dabei um Lichtflecken, die manchmal neben der eigentlichen Sonne zu sehen sind, so dass der Eindruck entsteht, es gebe zwei Sonnen. Nebensonnen treten in Alaska im Winter morgens oder nachmittags auf. Sie entstehen vorwiegend bei niedrigem Sonnenstand vor allem durch Eiskristalle in der Luft. Das Licht wird durch die in der Atmosphäre enthaltenen sechseckigen Eiskristalle gebrochen, so dass sich verschiedene Formen wie Säulen, Platten und Pyramiden ergeben.

Bore Tides

Gezeitenwellen entstehen, wenn die Flut Wasser in Flussläufe drückt. Eine oder mehrere Wellen bewegen sich dann entgegen der Strömungsrichtung flussaufwärts. An wenigen Orten der Welt gibt es eine extreme Version der Gezeitenwelle, die *bore tide* (deutsch: Boren) genannt wird. In den Wasserstraßen des Turnagain Arm und Knick Arm, die Anchorage umgeben, beträgt der Tidenhub zwölf Meter. Dies ist der höchste Tidenhub der USA. Da das Wasser bei Flut sehr

Polarlichter über den Chena Lakes bei Fairbanks

schnell wieder in die Wasserstraße hineingedrückt wird, ergibt sich eine Welle von teilweise drei Metern Höhe. Man kann diese von der Schifffahrt gefürchtete und von Surfern geliebte *bore tide* am besten entlang des Turnagain Arm beim Beluga Point, Indian oder Bird Point beobachten.

Wildfires

Wildfires (Waldbrände) können überall in Alaska auftreten. Die häufigste Ursache dafür sind Blitzeinschläge. In einigen Regionen des Bundesstaates kommen thermale Anomalien hinzu, ausgelöst durch vulkanische Aktivität und deren Gase. Jeder fünfte Waldbrand jedoch wird durch Fehlverhalten von Menschen verursacht. Obwohl die »Division of Air Quality« mit dem »Air Permit Program« deutlich regelt, was in Alaska privat, gewerblich und landwirtschaftlich verbrannt werden darf und was nicht, gibt es immer noch viele Menschen, die sich nicht daran halten oder Fehler begehen.

2019 wurden in den USA 663 Waldbrände gezählt, wovon 361 durch Blitzschlag und 291 durch Menschen verursacht wurden. In Alaska gab es 2019 mehr als 100 Waldbrände und Feuer, die eine Fläche von mehr als 10 000 Quadratkilometern zerstörten. Allerdings ist dies vergleichsweise wenig gegenüber dem Jahr 2004, als 26 000 Quadratkilometer den Flammen zum Opfer fielen. Waldbrände sind in Alaska zwar normal, doch haben sich Häufigkeit und Ausmaß der Brände in den letzten Jahren erhöht. Dies lässt sich wiederum auf die klimatischen Veränderungen zurückführen, denn steigende Temperaturen und vermehrte Feuchtigkeit verursachen häufiger Unwetter.

Tiere, Pflanzen, Pilze

Fauna

Säugetiere

Alaska ist nicht nur Bärenland. Mit einer Vielzahl an weiteren Wildtieren, Vögeln und mariner Fauna ist Alaskas Tierwelt ungeheuer reich. Mensch und Tier leben hier noch in enger Nachbarschaft. Wenn man morgens aus der Lodge im Wald tritt oder die Bewohner von Anchorage oder Kodiak Island ihre Häuser verlassen, kann es sein, dass ein Elch oder Bär im Garten steht. In Alaska leben alle drei nordamerikanischen Bärenarten (→ S. 36): der Schwarzbär (Ursus Americanus), der Braunbär (Ursus arctos horribilis), auch Grizzly genannt, und der Eisbär (Ursus maritimus). Eine Unterart des Braunbären, der Kodiakbär (Ursus arctos middendorffi) kommt nur auf Kodiak Island vor. Schwarzbären und Grizzlys sind in Küstenbereichen, auf Inseln, an Flussläufen, in Küstenregenwäldern wie auch im borealen Nadelwald und der Tundra anzutreffen. Eisbären kommen nur in der Packeiszone im äußersten Norden Alaskas vor.

Mächtige Elche durchstreifen die Weiten Alaskas genauso wie fast 800 000 Karibus. Letztere werden aufgrund ihrer enormen Wanderungen auch »Nomaden des Nordens« genannt. Eine Herde kann bis zu 80 Kilometer am Tag zurücklegen. Es gibt 32 Karibuherden in Alaska. Sitka-Hirsche sind im Osten des Staates und auf Kodiak Island heimisch.

Moschusochsen kommen in Zentral-Alaska nur auf Farmen weit im Norden und im Westen vor. Aber Bisons gibt es in Zentral-Alaska! Die majestätischen, 1600 Kilogramm schweren Tiere wurden bereits 1928 in der Delta-Junction-Region angesiedelt. Heute gibt es in Alaska vier Herden mit rund 900 Bisons.

Zwischen 7000 und 11 000 Wölfe leben derzeit in Zentral-Alaska. Man bekommt sie aber, genauso wie Luchse, Kojoten und Füchse, eher selten zu Gesicht. Des Weiteren fühlen sich Vielfraße, Stachelschweine, Marder, Nerze, Eichhörnchen, Lemminge, Fledermäuse und Hasen, zum Beispiel der Schneeschuhhase, in Alaskas Natur wohl. Zu den Landsäugetieren zählen außerdem zahlreiche Mäuse – alleine drei Arten von Wühlmäusen –, der Alaska-Pfeifhase und Ratten wie die Bisamratte. In den Gebirgsregionen leben viele Dallschafe, Schneeziegen und Murmeltiere.

Stellersche Seelöwen im Kenai Fjords National Park

An Flüssen, Ufern und in Buchten sind häufig Biber und Otter zu beobachten. Im gesamten Golf von Alaska leben 14 Walarten, darunter der Belugawal (Weißwal), der Blauwal, Orca, Minkwal, Buckelwal, Finnwal und Grauwal. Manche Wale, wie der Beluga, können bereits im Turnagain Arm, außerhalb von Anchorage, beobachtet werden. Ein großes Walaufkommen gibt es im Sommer im Kenai Fjords National Park sowie im Prince William Sound. Zudem sind in den Küstengewässern Süd-Alaskas Stellersche Seelöwen, Weißseitendelfine und einige Robbenarten heimisch.

Fische, Reptilien und Amphibien

Alaska ist Fischland! In schier unendlicher Zahl kommen Fische in den Flüssen, Seen und im Meer vor. Je nach Region organisiert das Alaska Department of Fish and Game mithilfe von Fischzäunen, Sonargeräten und Türmen Fischzählungen, vor allem von Lachs. In Alaska sind fünf Lachsarten heimisch: Buckellachs, Silberlachs, Königslachs, Sockeyelachs und Hunds-/Ketalachs. Im Meer leben Kabeljau, Stör, Butterfisch, vor Homer der gigantische Riesenheilbutt, Steinfisch, Stint, Makrele, Hering, sogar der Lachshai, Steinköhler und Neunauge, um nur einige zu nennen. Natürlich gibt es auch Forellen, Äschen, Alaska-Saugdöbel, Hechte, Stichlinge und Quappen.

Kaum zu glauben, aber auch Schildkröten gibt es in Alaska. Seit 1960 werden sie immer wieder gesichtet. Zwei Arten, die Grüne Meeresschildkröte und die Lederschildkröte, statten Alaska öfter mal einen Besuch ab. In Tümpeln, Seen und Bächen leben der Rauhäutige Gelbbauchmolch und einige Froscharten. Und auch die Große Erdkröte ist in Alaska zu Hause.

Vögel

Alaskas Vogelwelt ist aufgrund der unterschiedlichen Lebensräume und Routen für Zugvögel mit fast 500 Arten sehr abwechslungsreich. Neben den ganzjährig vorkommenden Arten gibt es auch Vögel, die hier nur brüten, überwintern oder rasten. Unterschieden wird dabei in Sing-, Raub- und See- beziehungsweise Küstenvögel. Zu den Singvögeln zählen unter anderem Blauhäher, Kreuzschnäbel, Fuchsammern, Meisen, Wanderdrosseln, Winterammern, Birkenzeisige und Kleiber. Raubvögel, wegen ihrer Bekanntheit auch die »All Stars« genannt, sind zum Beispiel Weißkopfseeadler (30 000 Exemplare), Goldadler, Steinadler, Falken, Habichte, Sumpfohr- und Schneeeulen. An den Küsten nisten und leben Silber-, Eis- und Beringmöwen, Trottel- und Dickschnabellummen, Seetaucher, Alkenvögel, Austernfänger, Albatrosse und einige wenige Gryllteisten. Natürlich bevölkern Alaska auch Auerhähne, Spatzen, Alpenschneehühner, etliche Entenarten, wie Brillen-, Kragen-, Eider- und Eisenten, Kolkraben und Pfeif- und Trompetenschwäne. Als Besonderheit gilt das im Frühling saisonale Vorkommen von 100 000 Schnepfenvögeln, die sich im Watt des Lake Clark National Park and Preserve aufhalten sowie der extrem seltene Kurzschnabelalk im Wrangell-St. Elias National Park

Beliebte Orte zur Vogelbeobachtung sind das Copper River Delta, der Denali National Park, Kodiak Island und Potter Marsh. Weitere *Birding Hotspots* finden sich hier: www.adfg.alaska.gov/index.cfm?adfg=birdviewing.hotspots

Verhalten gegenüber Bären und Elchen

Wer in Alaska unterwegs ist, hat die größten Chancen, wilde Tiere aus nächster Nähe zu erleben. Einen Bären oder Elch in freier Wildbahn zu erblicken, zählt zu den Highlights einer jeden Reise. Doch bei all der Schönheit sollten einige Sicherheitshinweise beachtet werden, damit eine Begegnung mit den majestätischen Tieren keine Gefahr mit sich bringt.

Bären in Alaska

Alaska ist Bärenland. Hier leben 70 Prozent der in Nordamerika vorkommenden Bärenpopulationen. Man unterscheidet drei Arten:

Schwarzbär: Diese kleinste Bärenart erreicht knapp anderthalb Meter Länge und 100 bis 400 Kilogramm Gewicht. Schwarzbären – insgesamt rund 100 000 – sind in den meisten Wäldern Alaskas anzutreffen. Sie fressen Nüsse, Wurzeln, im Herbst vorwiegend Pflanzen und Beeren, halten sich aber auch an Lachsflüssen auf und können sogar eine Elchkuh reißen.

Braunbär: Er wird meist als »Grizzlybär« bezeichnet. 90 Prozent aller Braunbären der USA, das sind 40 000, leben in Alaska, und zwar in allen Regionen. Sie sind Allesfresser und werden bis zu zweieinhalb Meter lang sowie 650 Kilogramm schwer. Unterarten, wie der noch größere Kodiakbär, werden sogar mehr als 700 Kilogramm schwer.

Eisbär: Er ist die größte und schwerste Bärenart. Diese Tiere kommen ausschließlich in der Packeiszone im Norden des Landes vor. Manche Exemplare werden dreieinhalb Meter lang und bringen stolze 900 Kilogramm auf die Waage.

! Begegnung mit Bären

Bären sind sehr intelligente und neugierige Tiere, die den Menschen aus dem Weg gehen. Aber sie können extrem gefährlich werden, wenn man sich ihnen gegenüber falsch verhält. Bären sind im Frühjahr meist aggressiver als im Herbst, da sie enorm hungrig aus dem Winterschlaf erwachen. Muttertiere mit ihrem Nachwuchs sollte man nur aus sicherem Abstand beobachten. Grundsätzlich darf man sich einem Bären niemals zu sehr nähern. Die Tiere reagieren darauf aggressiv und greifen an, weil sie sich bedrängt fühlen. Auf Wanderungen – alleine oder in einer Gruppe – sollte man sich immer wieder ankündigen, indem man laut ruft, lacht, singt oder sich unterhält. Eine Bärenglocke am Rucksack ist ebenfalls sinnvoll. Da man auf Wanderungen häufig Bärenpfade passieren wird, gibt man den Bären so frühzeitig Gelegenheit, das Weite zu suchen. Es versteht sich von selbst, dass man niemals auf Bärenpfaden, die aussehen wie Trampelpfade abseits des eigentlichen Wanderweges, wandert oder gar campt. Wer still und leise wandert, muss damit rechnen, dass ein Bär sich überrascht fühlt und sofort angreift.

Wenn man am Ende des Tages sein Zelt aufschlägt, so werden Lebensmittel mindestens 30 Meter abseits davon, am besten in einer speziellen Lebensmittelbox, aufbewahrt. Im Denali National Park heißen diese Boxen »Bear Resistent Food Contai-

Die Verhaltensregeln im »Bärenland« sind unbedingt ernst zu nehmen

ners«. Ebenso muss das Benzin für den Kocher abseits des Zeltes gelagert werden, denn merkwürdigerweise zieht es Bären an. Den Kocher stellt man am besten so auf, dass man die Umgebung beobachten kann, während man das Essen zubereitet. Es ist generell zu empfehlen, das Zelt auf einer gut überschaubaren Stelle aufzuschlagen. Per Gesetz ist es untersagt, Bären zu füttern. Dort, wo es Futter gibt, tauchen sie immer wieder auf und kennen irgendwann keine Grenzen mehr. Dies gilt auch für Angler! Wer einen Fisch an der Leine hat und einen Bären auftauchen sieht, sollte die Angelschnur durchschneiden und den Fisch im Wasser lassen und nicht etwa das Tier damit füttern.

Wenn sich plötzlich ein Bär nähert und man keine Möglichkeit für einen Rückzug hat, dann heißt es, stehen bleiben und warten. Während man vor Elchen davonlaufen soll, würde dies bei einer Begegnung mit einem Bären das eigene Todesurteil bedeuten. Ruhiges Sprechen wirkt besser, als das Tier anzuschreien. Wenn der Bär angreift, so legt man sich flach auf den Bauch und schützt seinen Kopf. Diese Position unbedingt halten, auch wenn der Bär den Körper in die Rückenlage bringen will. Zum Selbstschutz empfiehlt es sich, ein Bärenspray mit sich zu führen. Bärensprays kann man in Alaska für umgerechnet rund 30 Euro kaufen. Die Ein- und Ausfuhr ins Land ist verboten.

Für die Benutzung gelten folgende Regeln:

- Das Bärenspray immer griffbereit halten und den Sicherheitsverschluss vom Sprühknopf ziehen.
- Eine Hand bedient den Sprühkopf, die andere umklammert die Sprühflasche.
- Mit einem Abstand von vier Metern im Zickzack Richtung Bär sprühen.
- Nicht gegen den Wind sprühen!
- Im Anschluss zieht man sich langsam zurück.

Elche in Alaska

Elche sind die größte Art der Familie der Hirsche und sind ebenso häufig anzutreffen wie Bären. Es leben rund 175 000 Exemplare in Alaska. Die beeindruckenden Tiere werden rund drei Meter lang und bis zu 700 Kilo schwer. Sie sind in ganz Alaska, auch in den Städten, anzutreffen.

! Begegnung mit Elchen

Mit dem Auto muss immer mit höchster Konzentration und etwas langsamer als üblich gefahren werden, denn Elchunfälle gehen häufig tödlich aus. Statistisch gesehen gibt es in Alaska mehr Unfälle mit Elchen als mit Bären. Warnschilder für ein hohes Elchaufkommen im Straßenverkehr müssen unbedingt beachtet werden.

Begegnet man auf einer Wanderung einem Elch, muss man sofort stehenbleiben und das Tier beobachten. Elchkühe sind sehr aggressiv, wenn sie Kälber haben. Elchbullen sind vor allem zur Brunftzeit im Herbst (ab September) leicht reizbar. Wenn sie einen Angriff vorbereiten, stellen sie die Nackenhaare auf, legen die Ohren an und senken den Kopf. Wenn man sehen kann, wie sich der Elch die Lippen leckt, ist man definitiv zu nah dran. Geht ein Elch zum Angriff über, geschieht dies zwar häufig nur zum Schein. Es empfiehlt sich aber trotzdem, die Flucht zu ergreifen und sich hinter einem Baum, Felsen oder einer Hauswand zu verschanzen. Im Wald sollte man in dichten Baumbestand flüchten, da der Elch mit seinem massigen Körper und Geweih nicht schnell vorankommt. Generell sind Elchangriffe nur sehr kurz. Hat ein Elch jemanden zu Boden geworfen, so tritt er mit den Vorderhufen auf seinem Opfer herum. Man rollt sich dann wie ein Ball zusammen und schützt den Kopf. Nach dem Angriff sollte man noch eine Zeitlang regungslos liegenbleiben, bis der Elch in sicherer Entfernung ist und nicht erneut angreifen kann.

Die wichtigste Empfehlung aber ist es, sich der Natur gegenüber respektvoll zu verhalten und sich so eingehend wie möglich über die Wildtiere Alaskas zu informieren.

Flora

Küstenregenwald

Igelkraftwurz – sehr beliebt bei Bären

Vom Norden Kaliforniens bis an die Spitze des Kodiak-Archipels erstreckt sich über 4000 Kilometer ein einzigartiger Küstenregenwald. Auch wenn das Klima der gemäßigten Regenwälder Alaskas natürlich kühler ist als das der tropischen Regenwälder, so sind sie doch mindestens genauso feucht und regenreich. Das extrem grüne, an Moosen und Lichen reiche Ökosystem findet sich vorwiegend unterhalb von 700 Metern Höhe und in weiter Ausdehnung an Flusstälern. Die Baumbestände sind dort über 1000 Jahre alt, die Stämme erreichen teilweise Durchmesser von drei Metern und Höhen bis zu 60 Metern. Alaska-Zedern (Xanthocyparis nootkatensis), Hemlock-Tannen (Tsuga), Sitka-Fichten (Picea sitchensis), Kiefern, Erlen und Pappeln fühlen sich hier besonders wohl und machen allein rund 70 Prozent der Regenwaldfläche in Südzentral-Alaska aus. Besonders die Sitka-Fichte weist große Bestände auf. Durch die Unfähigkeit, Wasserverlust über Nadeln zu regulieren, braucht sie einen konstant feuchten Boden und regenreiches Klima.

Da die Bodenschicht im Regenwald recht flach ist, wurzeln viele Bäume nicht tiefer als 60 Zentimeter und sind somit Stürmen schutzlos ausgeliefert. Der grüne Waldboden ist bedeckt mit Buschwerk, Moosen und Farnen. Besonders im Sommer blühen Hartriegel, Nelken, Nornen (Calypso bulbosa), Schwertlilien (Iris) und Arktische Weidenröschen (Epilobium latifolium). Auch diverse Beeren wie die Pracht-Himbeere (Rubus spectabilis), die Zimt-Himbeere (Rubus odoratus) und auch Holunder kommen vor. Besonders hervorzuheben sind der endemische Amerikanische Stinktierkohl (Lysichiton americanus) mit seinen gelben Kolben und die mit ihren roten Früchten bei Bären sehr beliebte Igelkraftwurz (Oplopanax horridus).

Borealer Wald

Etwa 17 Prozent der Erdoberfläche sind von borealem Nadelwald (Taiga) bedeckt, und auch in Alaska beherrscht dieses komplexe Mosaik aus Bäumen, Sträuchern, Wiesen, Sümpfen und Seen Millionen von Hektar. Kälte, lange Winter, Permafrost und Waldbrände geben als natürliche Einflüsse dem Wald sein Gesicht. Zwischen der Brookskette im Norden und dem Küstengebirge im Süden erstreckt sich der boreale Wald Zentral-Alaskas mit Schwarz- und Weißfichten (Picea mariana), Balsam-Pappeln (Populus balsamifera), Papier-Birken (Betula papyrifera) und Espen. Weiden, Erlen, Cranberrybüsche (Viburnum opulus), Rosen, Blaubeeren, Sumpfporst (Rhododendron tomentosum), Schachtelhalme (Equisetopsida) und Sauergrasgewächse prägen seine besonders grünen und fruchtbaren Ebenen. Die Blütezeit in Zentral-Alaska beträgt 130 Tage im Jahr – nur in diesem kurzen Zeitfenster konzentrieren sich Blüte und Wachstum. Die häufig vorkommenden immergrünen Schwarzfichten wurzeln nur 50 Zentimeter tief und wachsen nicht mehr als 25 Zentimeter im Jahr. Die Fichten Alaskas haben zudem einen eigenen Wachstumszyklus, unabhängig von der »regulären« Blütezeit.

Gebirgsregionen

Eine klar definierte Baumgrenze gibt es in Alaska nicht. In vielen Teilen des Landes finden sich auch Baumbestände jenseits der eigentlichen Grenzen. Im Rahmen einer Studie des Middlebury College in Vermont wurde 2013 in den White Mountains nördlich von Fairbanks und in einem Abschnitt der Alaskakette ermittelt, dass in beiden Gebieten die Baumgrenze zwischen 760 und 945 Metern schwankt. In den Chugach Mountains liegt sie sogar bei nur knapp 600 Metern. Auch oberhalb der Baumgrenze findet man mehr als nur Fels und Schnee. Hier und da sorgen Arktische Weidenröschen, Blutblumen (Haemanthus albiflo), Akeleien (Aquilegia formosa), Butterkraut, Gänseblümchen, Sumpforchideen, die nordamerikanische Affenblume (Mimulus aurantiacus), Gemeine Schafgarbe und Geranien für bunte Tupfer. Zudem bedecken im Übergang zu Büschen und Gräsern vor allem Flechten und Moose die steinigen Flächen der Gebirgsregionen.

Wildblumen

Wenn das Land aus seinem eisigen Winterschlaf erlöst wird, blühen in der kurzen Phase des Sommers durchaus einige Blumen und schmücken die ansonsten rauen und trostlosen Landstriche mit verschiedensten Farben. Die dichten Wälder, torfigen Sümpfe, Flussufer, grassbedeckten Hänge und Wiesen erstrahlen dann in einem ganz anderen Licht. Schätzungsweise 1700 Arten von Wildblumen sollen in Alaska heimisch sein, darunter auch Hunderte eingeschleppte Arten. Zwischen Juni und September finden sich in Zentral- und Südalaska Eisenhut, Glockenblumen, Moosglöckchen, Gemeine Schafgarbe, Schatten-Schachblumen

Küstenregenwald

(Kamtschatka-Lilie), Iris, Lupinen, Arktische Weidenröschen, wilde Rosen und Orchideenarten, Indianerpinsel (Castilleja miniata), Gänseblümchen, Teichrosen, Butterkraut, Primeln, Strand-Platterbsen, Kanadische Goldrute, Sumpf-Herzblatt, Sumpfdotterblumen, Moosaugen und allen voran, Alaskas Staatsblume, das blauviolett leuchtende Vergissmeinnicht.

Die Blume wurde bereits 1907 von »Grand Igloo«, der Organisation der ersten Pioniere Alaskas als Symbol verwendet, und am 28. April 1917, also fünf Jahre nach der Anerkennung als Territorium der USA, als Staatsblume vorgeschlagen. Als Alaska im Jahre 1959 der 49. Bundesstaat der USA wurde, bekam das blaue Raublattgewächs schließlich den offiziellen Status als Staatsblume. Das Blau der Flagge Alaskas symbolisiert nicht nur den Himmel, sondern auch die Farbe des Vergissmeinnicht.

Pilze und Lichen

Von den weltweit geschätzten 50 000 Pilzarten kommen knapp 5000 im nördlichen Pazifikraum vor. Bisher wurden nur 40 Prozent dieser Pilzarten bestimmt und benannt. Besonders im Chugach National Forest finden sich viele Arten wie Grauer Seidenstreifling, Fliegenpilz, Rosaschneidiger Helmling, Wurzelmöhrling, der rötliche Lacktrichterling, der kirschrote Spei-Täubling, verschiedene Milchlinge, Reifpilze und Safranblättriger Hautkopf. Das United State Department of Agriculture hat eine Broschüre mit der Beschreibung von 51 Pilzarten herausgegeben. Für Alaskaner sind die essbaren Sorten wichtiger Bestandteil ihrer Ernährung. Es wird aber ausdrücklich davor gewarnt, ohne spezielles Wissen Pilze zu sammeln und zu verzehren. Dies gilt besonders für Reisende auf einer Tour durch die Wildnis.

Entlang der Südküste finden sich über 1000 Arten von Lichen (Flechten). Diese sind in unterschiedlichsten Formen und Größen auf der Alaska Peninsula, dem Cook Inlet, in Fichtenwäldern und in der Alaskakette zu finden. Sie dienen als Nahrungsquellen für Eichhörnchen, Bergziegen und Insekten. Einzigartig ist ihre äußerste Anpassungsfähigkeit, so dass sie in so gut wie jeder Landschaftsform vorkommen. Während im Küstenregenwald das »Hexenhaar« (Alectoria sarmentosa) mit langen, buschigen Fasern oder die von den Ureinwohnern zur Ernährung sehr geschätzte braune Flechte Wila (Bryoria fremontii) anzutreffen sind, finden Karibus den grauen Rentierlichen (Cladonia rangiferina) in der Tundra sehr schmackhaft. Sehr bekannt ist zudem die grün schimmernde Landkartenflechte (Rhizocarpon geographicum), welche sogar unweit von Gletschern zu finden ist.

Wald mit Lichen

Naturschutzgebiete

Das größte Erbe der nachfolgenden Generationen ist die wilde Natur mit all ihren Pflanzen und Lebewesen. Demnach ist es von größter Wichtigkeit, das ökologische Gleichgewicht zu erhalten und die wildromatische Schönheit der Landschaften Alaskas zu schützen. In den USA gibt es verschiedene Formen von Naturschutzgebieten, von denen mehr als die Hälfte im Bundesstaat Alaska liegt. Verwaltet werden sie vom U.S. Forest Service, dem Landwirtschaftsministerium, dem U.S. Fish and Wildlife Service und dem Bureau of Landmanagement. Eine Vielzahl von Rangern ist in den Gebieten unterwegs und sorgt für den Schutz der Natur vor Ort. Der Staat und die Bundesregierung haben die ausgedehnten Gebiete wie folgt klassifiziert: National Park, National Monument, National Forest, National Preserve, National Wildlife Refuge und State Park.

Natürlich gibt es auch einige auf Spenden basierende Schutzorganisationen. Dazu zählt The Nature Conservancy, welche den Schwerpunkt auf den Schutz von Klima, Wasser, Land, Nahrung und saubere Städte legt und das Alaska Wildlife Conservation Center, welches verletzten und verwaisten Tieren ein Zuhause bietet.

National Parks, Monuments und Preserves

Fast 15 Prozent der Fläche Alaskas sind als National Park, Monument oder Preserve ausgewiesen. Das entspricht unglaublichen 115 Millionen Hektar, aufgeteilt in acht National Parks und fünf National Monuments. Der Unterschied zwischen National Park/Monument und Preserve ist, dass in einem Preserve kontrolliert Jagd und Fallenstellerei betrieben werden darf. In Zentral- und Südalaska liegen der Lake Clark National Park (10 700 Quadratkilometer), der berühmte Denali National Park (20 000 Quadratkilometer), der Kenai Fjords National Park (2800 Quadratkilometer), der Katmai National Park and Preserve (14 900 Quadratkilometer) und der Wrangell-St. Elias National Park and Preserve (54 000 Quadratkilometer).

Park Ranger im Denali National Park

National Wildlife Refuges

Die National Wildlife Refuges umfassen mehr als 300 000 Quadratkilometer und sind Naturschutzgebiete zur Aufrechterhaltung des natürlichen Ökosystems. Damit die Natur ohne menschlichen Einfluss wild bleiben kann, wurde am 3. September 1964 vom US-Kongress der »Wilderness Act« unterzeichnet. Diesem zufolge gibt es in den Wildlife Refuges, anders als in Nationalparks, keine Infrastruktur, keine Straßen, Hinweisschilder oder ausgewiesenen Campingplätze. Nur eine Handvoll Wilderness Areas dürfen zu Fuß betreten oder mit einem Boot befahren werden. 16 Gebiete ins Alaska sind mit dem Zusatz »Wildlife Refuge« ausgezeichnet. Der Wrangell-St. Elias National Park (53 000 Quadratkilometer) umfasst auch solche besonders geschützten Gebiete. Weitere bedeutende Schutzgebiete sind das Alaska Maritime National Wildlife Refuge mit seinen 2500 Inseln (13 900 Quadratkilometer) und im Süden des Landes das Alaska Peninsula Wildlife Refuge (14 500 Quadratkilometer), das Kodiak National Wildlife Refuge (8055 Quadratkilometer), das Kenai National Wildlife Refuge (7800 Quadratkilometer).

National Forests

Alaska hat zwei Staatsforste (National Forests), die unter strengen Auflagen forstwirtschaftlich genutzt werden (→ S. 70): Der Chugach National Forest bedeckt rund 24 000 Quadratkilometer Fläche von Südzentral- bis Westalaska, während im Südosten der Tongass National Forest knapp 70 000 Quadratkilometer misst und damit der größte National Forest der USA ist. Der U.S. Forest Service und das US-Landwirtschaftsministerium sind zuständig für die Verwaltung der nutzbaren Ressourcen der Wälder und vertreten die Interessen der Bürger, wenn es um Freizeitmöglichkeiten geht.

State Parks

Die lokalen Behörden verwalten die recht kleinen Gebiete der State Parks, welche vorwiegend der Naherholung und Freizeit dienen. Zu ihnen gehören neben vielen anderen der Chugach State Park (2000 Quadratkilometer) und der Denali State Park (1300 Quadratkilometer).

Umweltprobleme

Als am 24. März 1989 der Öltanker »Exxon Valdez« im Prince William Sound auf Grund lief, löste das eine der größten Umweltkatastrophen der Seefahrt aus. Dabei liefen 37 000 Tonnen Rohöl aus und verpesteten einen Küstenbereich von 2000 Kilometern Länge. Natur und Wirtschaft wurden dadurch hart getroffen. Im März 2006 und im August 2010 kam es zu Schäden an der Trans-Alaska-Pipeline, wobei wieder tonnenweise Öl auslief und die Umwelt schädigte. Noch immer leidet die Natur unter den Folgen dieser Unfälle. Kurz nachdem dieser Schock verdaut war, begann jedoch schon die Diskussion über eine zweite Pipe-

Die Exxon-Valdez-Katastrophe hat nicht nur die Anwohner von Cordova erschüttert

line, dieses Mal für Gas. Ureinwohner und Naturschützer protestieren gegen dieses Vorhaben. Wieder einmal steht die fragile Natur Alaskas im Fokus mächtiger Industrien. Bohrungen, Bergbau und der Ausbau von Infrastruktur stellen alle Beteiligten vor immer neue Herausforderungen.

Doch im Vergleich dazu ist der voranschreitende Klimawandel für Mensch und Natur Alaskas wesentlich bedeutsamer. Am 1. Juni 2017 gab Doland Trump bekannt, dass die USA vom Pariser Abkommen von 2015 zurücktreten werden. Dieses Übereinkommen zwischen den 196 Mitgliedsstaaten dient als Nachfolge des Kyoto-Protokolls zum Schutz des Klimas. Da Kündigungen erst drei Jahre nach dem Abkommen wirksam sind, erfolgte der tatsächliche Ausstieg im November 2020. Joe Biden unterschrieb jedoch an seinem ersten Amtstag am 20. Januar 2021 ein Dekret, dass die USA dem Klimaabkommen erneut beitreten.

Die Temperaturen in Alaska sind in den letzten Jahrzehnten kontinuierlich angestiegen. Die Winter sind oftmals durchschnittlich 4 Grad wärmer als früher. Die Konsequenzen dieses Temperaturanstiegs sind Fluch und Segen zugleich: Wenn es im Winter warm bleibt, bildet sich nicht genug Meereseis. Der lukrative Schiffsverkehr für Transport und Tourismus wird daher irgendwann zunehmen, während die Tierwelt dezimiert und der Ozean durch mehr Abgase, Abfälle, Abwasser und Rußpartikel verseucht wird. Im Landesinnern frieren die Flüsse nicht mehr richtig zu, so dass die wichtigen Transportwege für den Winter unpassierbar sind. Für Menschen, die von Subsistenzwirtschaft leben, wird es zunehmend schwerer, ihre Familien zu ernähren. So ändern zum Beispiel die Karibuherden ihre Wanderrouten und der Rhythmus der Natur kommt insgesamt aus dem Gleichgewicht.

Programme zum Schutz des Klimas und der Wildnis gibt es genug, und überall erheben Menschen ihre Stimmen. Aber nur Reden hilft wenig. Solange die USA und andere Industrienationen weiterhin die Wegwerfmentalität und übermäßiges Konsumverhalten vergöttern, sieht es für eine nachhaltige Wirtschaftsweise finster aus. Bis zum heutigen Tag wird, wo eben möglich, Plastik verwendet, das sich auch in Alaskas Flüssen und Ozeanen wiederfindet. In manchen Hotels gibt es immer noch Plastikbesteck und Pappteller zur Einmalverwendung. Auch in Alaska wird, so die Kritiker, wo immer es eben geht, ein neues »Disney Land« gebaut. Alles ist in Übergröße und immer sofort verfügbar, üblicherweise auch in Plastik oder Pappe verpackt als To-go-Ware. Apropos Müll: Wer in Alaska Müll offensichtlich in der Natur entsorgt, darf sich auf Geldstrafen von über 1000 US-Dollar einstellen, in manchen Landesteilen sogar bis zu 5000 US-Dollar. Ein Ansatz zur Besserung ist also immerhin schon vorhanden.

Ein Schild markiert die Größe des Exit Glacier im Jahr 2005

Geschichte

1741 erstmals von Europäern im Auftrag des russischen Zaren betreten, vergingen noch mehr als 200 Jahre, bis Alaska zum *last frontier*, dem »letzten Grenzland«, wurde. Die US-amerikanische Geschichte Alaskas begann im Jahr 1867, als Russland das Territorium an die USA verkaufte (Alaska Purchase). Erst danach erlebte das Land eine kontinuierliche Einwanderung. Tausende Goldsucher nahmen Ende der 1880er Jahre die harten Bedingungen in Kauf, um ihr Glück zu machen. Das Jahr 1912 war in zweierlei Hinsicht einschneidend: Der Ausbruch des Vulkans Novarupta hinterließ das Valley of Ten Thousand Smokes (→ S. 189), und Alaska wurde auch offiziell US-Territorium. In den 1920er und -30er Jahren schritt die Erschließung des riesigen Gebietes mit der Fertigstellung der Alaska Railroad voran. Man versuchte, das Land für junge Familien aus dem Mittleren Westen attraktiver zu machen und veranstaltete die erste State Fair. Im Juni 1942 wurde das junge Land von den Auswirkungen des Zweiten Weltkriegs überschattet, als japanische Truppen auf den Aleuteninseln Kiska und Attu landeten. 17 Jahre später wurde Alaska zum 49. Bundesstaat der USA ernannt. Das Karfreitagsbeben im Jahr 1964 brachte große Schäden mit sich, doch Alaskaner sind zäh und voller Hoffnung: Nur vier Jahre später wurden an der Prudhoe Bay hoch im Norden große Erdölvorkommen entdeckt (→ S. 68). Mit der Ölförderung und dem Bau der Trans-Alaska-Pipeline wurde Alaska zu einem der wohlhabendsten Bundesstaaten und konnte sich bis heute den Slogan bewahren »North to the future!«.

Ureinwohner

Beringia ist manchen vielleicht bekannt als das traditionell im März abgehaltene Hundeschlittenrennen in Kamtschatka. Aber auch die einstige Landbrücke zwischen Ostsibirien und Alaska, die im Zeitalter des Pleistozän durch das Absinken des globalen Meeresspiegels freigelegt wurde, wird so genannt. Darauf entwickelte sich eine Grassteppe, über die Megafauna wie Mammuts, Moschusochsen, Riesenfaultiere, Amerikanische Bisons und eventuell auch Rentiere nach Alaska einwanderten. Ihnen folgten unweigerlich nomadische Jäger und Sammler, »Amerind« genannt, die Vorfahren der heutigen indigenen Völker (→ S. 57). Die Amerind blieben nicht nur in Nordamerika, sondern zogen auch weiter in Richtung Südamerika. Dies geschah vor 25 000 bis 15 000 Jahren.

Die zweite Einwanderung fand vor 12 000 bis 4500 Jahren statt, bevor am Ende der letzten Kaltzeit der Meeresspiegel wieder langsam anstieg und Alaska damit erneut vom heutigen Sibirien isoliert wurde. Völkergruppen wie jene des Nenana-Komplexes und die Clovis-Kultur erreichten so das Gebiet Alaskas. Lange Zeit galt Letztere als die älteste Kultur Nordamerikas, jedoch ist durch Funde von Pfeilspitzen belegt worden, dass Alaska bereits vor ihrer Ankunft besiedelt worden war. Die prähistorische Kultur des Nenana-Komplexes lässt sich archäologisch an fünf Orten nachweisen und wird auf die Zeit vor ungefähr 10 000 Jahren datiert. Die bedeutendsten Fundorte liegen am Nenana-Fluss südwestlich von Fairbanks, bei Broken Mammoth im Tanana River Valley und südöstlich von

Barabara am Anaktuvuk Pass, 1957

Fairbanks am Dry Creek. Nur am Dry Creek wurden organische Reste von Tieren, Projektilspitzen, Hammersteine und Ambosssteine gefunden. Bis um 8850 v. Chr. sind auch die Familienverbände von Großwildjägern der Clovis-Kultur nachweisbar. Die Clovis-Kultur hat sich zudem im Gebiet des heutigen Texas, von Chile und Brasilien niedergelassen.

Auf dem Seeweg aus Asien gelangten bis 8000 v. Chr. die Inuit und Alëuten in ihren Hautbooten (*umiaqs*) nach Alaska. Sie besiedelten das Land von den Inseln im Südwesten, entlang der Westküste der heutigen Seward-Halbinsel bis nach Kanadas Norden. Die Alëuten waren die Namensgeber Alaskas: »Alyeska« bedeutet »Land, in dessen Richtung das Meer strömt«, oder schlicht »Das große Land«. Während die Inselbewohner, die Alëuten, sich von dem ernährten, was das Meer ihnen bot, lebten andere Nomadenstämme nördlich des Polarkreises von der Jagd auf Eisbären, Wale und Karibus.

Die ersten permanenten Siedlungen werden durch fossile Funde von vor 4000 bis 3500 Jahren belegt. Die traditionellen Häuser (*ulax*) der Alëuten und Yup'ik wurden mit Treibholz, Fellen und Gras halb in die Erde gebaut. Einige solcher *Barabaras*, wie sie die russischen Siedler nannten, sind bis heute erhalten. Artefakte aus Obsidian liefern Zeugnis davon, dass es bis zwischen 4000 und 1000 v. Chr. regen Kontakt zwischen Ostsibirien und Alaska gab. Schätzungsweise 5000 Siedlungsstätten fanden sich aus der Zeit um 1000 n. Chr. in ganz Alaska.

Vermutlich aus Kanada wanderten die Athabasken nach Zentral-Alaska ein und besiedelten den größten und von extremen Wintern geprägten Bereich des Landes bis an den oberen Cook Inlet im Süden. Sie lebten in den dichten Wäldern und an Flüssen von der Jagd auf Karibus und Elche, vom Fischfang, dem Sammeln von Wurzeln und essbaren Pflanzen. Regionale Verbände bestimmten die Sozialstruktur. Im Sommer, während der Lachswanderung, trafen sich diese zum Beispiel an einem »Fischcamp«, da es zu dieser Jahreszeit genug Nahrung für alle gab. Kam der Winter, teilten sich die Verbände in kleinere Einheiten (*bands*) mit eigenen Gebietsansprüchen auf und versorgten sich mithilfe der Fallenstellerei. Da die individuelle Unabhängigkeit der einzelnen Gruppierungen eine große Rolle spielte, kristallisierten sich später unterschiedliche Dialekte, Glaubensinhalte und Lebensweisen heraus. Jedes indigene Volk Alaskas lebte in tiefer Verbundenheit mit der Natur und den Tieren. Bis ins 18. Jahrhundert hinein sollen schätzungsweise 90 000 Menschen in Alaska gelebt haben. Auch wenn große Teile der ersten Besiedlungsgeschichte wahrscheinlich für immer im Verborgenen bleiben werden, lässt sich annehmen, dass es im Grunde eine recht friedliche Zeit war.

Erste Entdeckungsreisen

Eines Morgens im weit entfernten London fiel den Lesern der neuesten Ausgabe des Journals *Monthly Miscellany, or Memories of the Curious* im Jahr 1708 sicherlich der darin veröffentlichte Bericht des spanischen Seefahrers Bartolomeo de Fonte auf. De Fonte hatte sich im Jahr 1640 von der peruanischen Hafenstadt Callao mit vier Schiffen auf den Weg gemacht. Im Auftrag der spanischen Krone sollte er im nördlichen Pazifik die Nordwestpassage erkunden, die Meerenge zwischen Grönland und der kanadischen Baffininsel, die Davisstraße, finden und so andere Navigatoren davon abhalten, weiter vergebens einen Seeweg von Boston, Massachusetts, aus in Richtung Pazifik zu suchen. Laut de Fontes Berichten segelte er mit seinem Schiff »St. Spiritus« in Richtung nordwestliches Amerika und ließ einige seiner Männer im St.-Lazarus-Archipel den Kings River (Rio des los Reyes) und Lake Valasco erkunden. De Fonte selbst unternahm eine Erkundung per Boot am Lake Belle durch unzählige Flüsse und Seenplatten jenseits des Lake de Fonte, als er plötzlich auf die Mannschaft unter Kapitän Nicholas Shapely traf, welche von Boston aus einen Seeweg in Richtung Westen suchte.

Wo war Bartolomeo de Fonte am Ende wirklich? Zwischen der Hudson Bay im östlichen Kanada und der Inside Passage in Südostalaska liegen sehr viele Seemeilen. Jegliche Namen und Bezeichnungen wurden von de Fonte vergeben, so dass die Zuordnung schwierig bleibt. Ist mit dem St.-Lazarus-Archipel vielleicht das Alexander-Archipel in Südostalaska gemeint? De Fonte berichtete immerhin von Vulkanen. Laut seinen geografischen Angaben mussten die Schiffe in der Bucareli Bay an Kanadas Westküste gewesen sein. Allerdings ist der nächstgelegene Vulkan Mount Edgecumbe 120 Seemeilen von dort entfernt. Vielleicht haben die Männer ja statt Vulkanausbrüchen lediglich einen Waldbrand gesehen. Es ist schwer zu sagen, ob die spanische Mannschaft überhaupt jemals in Alaska ankam. Zudem fielen die Expeditionsberichte de Fontes der damaligen Bürokratie zum Opfer. Vielleicht gerieten sie in Vergessenheit oder standen unter strenger Geheimhaltung. Jedenfalls nahm kaum jemand Notiz von seiner möglichen Entdeckung.

Viel greifbarer ist die Geschichte der Entdeckung Alaskas, wenn man in Richtung Russland blickt. Wahrscheinlich im Jahr 1605 erblickte der Pomore Semjon Iwanowitsch Deschnjow in Weliki Ustjug in der Oblast Wologda das

Licht der Welt. Im Alter von 25 Jahren wurde er im Auftrag des Staates nach Sibirien geschickt. Während Russland im Zeitalter der Expansion immer neue Gebiete östlich des Urals entdeckte, zog es Kosaken und Entdecker im Jahr 1642 in die Ortschaft Indigirka. Dort stand auch Deschnjow wenig später im Dienste des Kosaken Michail Wassiljewitsch Staduchin. Staduchin war ebenfalls geborener Pomore und Neffe eines Händlers aus Moskau.

Zur gleichen Zeit wuchs das Interesse daran, den Flüssen in Richtung Osten zu folgen. Angeblich führten diese Flüsse ins Arktische Meer, und es gäbe riesige Vorkommen von Walrössern und Pelztieren. Deschnjow brach 1645 zum ersten Mal zu einer Expedition in das unbekannte Land auf, scheiterte jedoch an der schlechten Wetterlage. Nur drei Jahre später unternahm er die nächste Expedition und segelte gemeinsam mit Fedot Alexejewitsch Popow die Tschuktschen-Halbinsel entlang. Damit waren sie die ersten Europäer, die durch die Beringstraße fuhren. Alaska haben sie nicht gesehen, aber den Beweis erbracht, dass es keine Landverbindung zwischen Russland und Amerika gibt. Da ihr Bericht jedoch erst 1736 in den Archiven von Jakutsk entdeckt wurde, gilt Vitus Jonassen Bering mit seinen Expeditionen in den Jahren 1728 und 1741 als Entdecker der nach ihm benannten Meerenge.

Die Entdeckung Alaskas

Die Vorstellung, den äußersten Rand des Zarenreiches und die Welt darüber hinaus zu erkunden, lag auch im Interesse von Zar Peter dem Großen (1672–1725). Er ergriff die Initiative, Russland nach europäischem Vorbild zu strukturieren. Unter dem Einfluss der 1689 gegründeten Akademie der Wissenschaften in Sankt Petersburg wurden große Expeditionen in Richtung Sibirien realisiert. Man stellte sich die Frage, wie Menschen ohne eine Landbrücke in die Neue Welt gelangt sein sollten und noch mehr, welche Reichtümer sich dort verbergen mochten. Während die erste Expedition 1719 unter Iwan Jewreinow und Fjodor Luschin erfolglos blieb, schickte der Zar von 1728 bis 1730 die Erste Kamtschatka-Expedition unter Leitung von Vitus Jonassen Bering auf die Reise. Auch diese sollte erfolglos zurückkehren, doch Bering gab nicht auf. Die Zweite Kamtschatka-Expedition (1733–1743) wurde von der ab 1730 regierenden Zarin Anna Iwanowa abgesegnet und war die größte Expedition aller Zeiten: Über 14 000 Kilometer reisten rund 3000 Teilnehmer, darunter viele Wissenschaftler wie der Deutsche Georg Wilhelm Steller (→ S. 49), nach Kamtschatka, um von »der Werft am Ende der Welt« per Schiff in Richtung der Neuen Welt zu segeln.

An Bord der beiden Segelschiffe erlebte man Tage der Ungewissheit. Würde man Land erreichen? Dies wäre für Bering der Höhepunkt der Reise und sein wichtigstes Bestreben. Am 25. Juli 1741 herrschte an Bord des Schiffes »St. Paul« reges Treiben. Es wurde Land gesichtet. Alaska! Als erster Europäer betrat Steller das Neuland, auch wenn Bering aufgrund des nahenden Winters auf die sofortige Rückreise drängte. Der kurze Aufenthalt von nur zehn Stunden lieferte dennoch Zeugnisse und Beschreibungen der Natur und menschlicher Existenz. Die Frage nach Vorhandensein des großen Landes war somit beantwortet. Berings Auftrag war erfüllt.

Georg Wilhelm Steller – ein Franke entdeckt Alaska

Niemals hätte Georg Wilhem Steller geglaubt, dass es zehn Jahre Vorbereitung brauchen sollte für einen nur zehnstündigen Aufenthalt. Die größte Expedition aller Zeiten, die Große Nordische oder auch Zweite Kamtschatka-Expedition, an der er teilnahm, endete mit dem Beweis, dass es einen Seeweg zwischen Sibirien und Amerika gibt. Kein Europäer vor ihm hatte Alaska je betreten. Dass es seine einzige Reise nach Alaska sein würde, hätte Steller wohl auch nicht gedacht.

Georg Wilhelm Steller wurde am 10. März 1709 im fränkischen Windsheim als Sohn des örtlichen Kantors geboren. Bereits während seiner Schulzeit lebte er in Enthaltsamkeit von karger Nahrung und arbeitete hart. Disziplin und Durchhaltevermögen wurden die Grundpfeiler seines späteren Lebens. 1729 verließ er das Gymnasium in Windsheim und reiste nach Leipzig und Halle (Saale), wo er ab 1731 Theologie und Medizin studierte. Besonders interessierten ihn jedoch Botanik, Kräuterwissenschaften, Mineralogie und Zoologie. Gleichzeitig war Halle das Zentrum der deutschen Russlandkunde, welche Steller magisch anzog. Zar Peter der Große öffnete das russische Reich nach Westen und gründete die Akademie der Wissenschaften, für die sich Steller rekrutieren ließ. Die Wartezeit betrug drei Jahre, dann wurde er als Gehilfe der wissenschaftlichen Abteilung für die Zweite Kamtschatka-Expedition unter der Leitung Vitus Jonassen Berings (→ S. 48) angeheuert. Es galt, das unbekannte Land jenseits des Urals in allen Facetten zu erforschen und schließlich den fernen Osten Russlands zu erreichen. Gab es dort Gold, Pelztiere oder einen Seeweg nach Amerika? Wie groß war das Russische Reich wirklich? Es wurde ein Feldzug im Dienste der Forschung.

Tausende Kilometer reiste die Mannschaft unter schwersten Bedingungen, bis sie Kamtschatka erreichte. Unterwegs dokumentierte Steller mit seinem großarti-

American Atlas: The Russian Discoveries, 1776

gen Entdeckergeist und -fleiß alles, was ihm auffiel. Besonderes Interesse fand er an Pflanzen, mit denen man Skorbut heilen könnte. In Petropavlovsk auf Kamtschatka ließ Kapitän Bering währenddessen Schiffe für die Seereise nach Amerika bauen und bat Steller, ihn auf der Expedition zu begleiten. Dieser zögerte nicht lange. Mit den beiden Schiffen »St. Peter« und »St. Paul« stachen sie am 15. Juni 1741 in See und segelten ins Unbekannte. Zwar sahen sie immer wieder Vögel am Himmel, jedoch kein Land. Als sich aber am 25. Juli 1741 morgens der Nebel verzog, kam plötzlich Land in Sicht, die heutige Kayak-Insel, rund 100 Kilometer von Valdez entfernt. Das war der Beweis für den Seeweg nach Amerika! Bering wollte nur Wasser auffüllen und dann sofort zurück Richtung Russland segeln, doch Steller beharrte auf einem Landgang. Bering gewährte ihm nur zehn Stunden. Steller ging also mit höchster Effizienz vor und erkundete systematisch so viel er konnte, darunter 160 verschiedene Pflanzenarten. Er stieß auch auf Zeichen menschlicher Existenz, bekam aber niemanden zu Gesicht. Da der Spätsommer die ersten Stürme brachte, drängte Bering auf die Rückkehr. Am 16. November wurde das Schiff rund 200 Kilometer vor Kamtschatka von einem Sturm auf eine unbekannte Insel gedrückt, wo sich die Mannschaft auf eine Überwinterung vorbereiten musste. Steller, der sich nie vor Arbeit scheute, half mit, Notunterkünfte aus Wrackteilen und Schwemmholz zu bauen. Danach machte er sich an die Erforschung der Insel. Die Männer nannten die Insel später nach ihrem Kapitän »Beringinsel«. Vitus Bering selbst sollte diesen Winter nicht überleben. Nach anfänglichem Spott über seine Heilpflanzen gelang es Steller, viele Besatzungsmitglieder vor dem Tod durch Skorbut zu bewahren. Im Frühjahr des Folgejahres segelten sie auf einem improvisierten Boot zurück nach Kamtschatka.

Das war das letzte Kapitel der Stellerschen Expeditionen. Steller blieb noch einige Zeit auf Kamtschatka und stellte botanische und ethnografische Studien an. 1744 machte er sich dann auf gen Westen, wurde allerdings in Irkutsk aufgehalten und der Spionage und als Sympathisant rebellischer Ureinwohner Kamtschatkas angeklagt. Nachdem er aus Mangel an Beweisen schließlich freigesprochen worden war, reiste er Ende 1745 weiter, wurde jedoch Tag für Tag schwächer. Im Alter von nur 37 Jahren war sein Körper geschunden und aufgezehrt durch die vorangegangenen Strapazen und seinen unermüdlichen Forscherdrang. Und so starb Steller am 23. November 1746 im westsibirischen Tjumen.

Bis zum heutigen Tag sind Tiere wie der Stellersche Seelöwe (→ S. 34) oder der Diademhäher (Cyanocitta stelleri) nach ihm benannt. Er beschrieb auch die Stellersche Seekuh (Hydrodamalis gigas), die allerdings schon wenige Jahre später von Pelzjägern ausgerottet wurde. Von Deutschland bis Fernost gedenkt man seiner heute als Naturforscher und Entdecker Alaskas.

Diademhäher (Cyanocitta stelleri)

Gavriil Sarychev: Die Siedlung Grigorii Shelikhovs auf Kodiak Island, 1802

Russisch-Amerika

Nur vier Jahre nach der Entdeckung Alaskas machten sich erste russische Pelzjäger auf den Weg und erreichten die westlichen Alëuteninseln. Zobelfelle und Seeotterpelze waren für das Zarenreich enorm lukrative Güter, nach denen der Markt verlangte. Jedoch erwies sich die Ausbeute der ersten Landung als wenig gewinnbringend. Erst im Jahr 1783 segelte der russische Geograf, Seefahrer und Kaufmann Grigorii Iwanowitsch Shelikhov als Leiter der Amerika-Expedition (1783–1786) mit drei Schiffen und knapp 200 Teilnehmern erneut nach Alaska. Nachdem er auf dem Weg ein Schiff verloren hatte und ihm von der Gründung einer Siedlung auf den Alëuten abgeraten worden war, wählte er für seine erste Siedlung schließlich die Three Saints Bay auf der Insel Kodiak. Sie wurde zum Hauptumschlagplatz für Felle und war gleichzeitig die Basis der Kolonisierung des Landes, welche sich bis Kalifornien fortsetzte. Durch die Fusion dreier Pelzjagdgesellschaften entstand das Monopol der Russisch-Amerikanischen Kompanie (1799–1867) an der Shelikhov bis zu seinem Tod im Jahr 1795 beteiligt war. Dies war der Beginn von »Russisch-Amerika«.

Im Jahr 1799 wurde der Gebietsleiter Alexander Andrejewitsch Baranov zum Hauptverwalter der Russisch-Amerikanischen Kompanie und förderte das Zusammenleben mit den Ureinwohnern. Unter seiner Leitung wurden Schulen gebaut und die russische Sprache verbreitet. Unter seiner Führung verbesserten sich auch die harten Lebensbedingungen seiner Gefolgsleute. Zudem liefen die Geschäfte mit dem Handelspartner China sehr gut und russisch-orthodoxe Missionare rückten mit einer für die Ureinwohner unbekannten Glaubensrichtung an. Doch Russlands einzige Überseekolonie stand unter scharfer Beobachtung von Spanien und England. Im Auftrag der spanischen Krone wurden zwischen 1774 und 1792 gleich mehrere Expeditionen entsandt, jedoch erschien den Spaniern eine konstante Kolonisierung bald zu kostspielig. Von Osten her drang die Hudson's Bay Company unter britischer Flagge immer weiter nach Alaska vor und errichtete Außenposten bei Wrangell und Fort Yukon. Im Jahre 1841 wurde das durch Russland kolonisierte Fort Ross in Kalifornien verkauft. Und wenig später musste man feststellen, dass die Anzahl der Pelztiere schon stark zurückgegangen war. Zu sehr hatte man die Bestände ausgebeutet, und es wurde für Russland immer schwieriger, den Außenposten zu halten. Der Druck durch die Ureinwohner wuchs ebenfalls, denn nicht alle waren mit der Übernahme des Landes und dem zerstörerischen Vorgehen der Russen einverstanden. Als Russland unter Kaiser Nikolaus I. und dessen Nachfolger Alexander II. zwischen 1853 und 1856 den Krimkrieg führte, stand das Land finanziell vor einem Desaster. So blieb nichts anderes übrig, als Russisch-Amerika zu verkaufen.

Großes Land für kleines Geld

In der Sommerausgabe des *United States Magazine and Democratic Review* im Jahre 1865 schrieb der damalige Redakteur John L. O'Sullivan in einem langen Essay die Worte »Manifest Destiny«, was so viel wie »offensichtliche Bestimmung« bedeutet. Im Zusammenhang mit dem im Jahr 1862 in Kraft getretenen Bundesgesetz zum Landerwerb (Homestead Acts) für 600 000 Familien, der Annektierung der Republik Texas, New Mexicos und Kaliforniens war die Expansion der USA unter dem damaligen Präsidenten Abraham Lincoln (1861–1865) unaufhaltsam vorangeschritten.

Nach Lincolns Tod übernahm Vizepräsident Andrew Johnson als 17. Präsident das Amt von 1865 bis 1869. Zu dieser Zeit bekleidete William Henry Seward das Amt des US-Außenministers. Am 29. März 1867 trat Seward mit dem Botschafter Russlands, Eduard von Stoeckl, über den Verkauf Alaskas in Verhandlung. Sie dauerte eine ganze Nacht, bis am frühen Morgen des 30. März der Verkauf Alaskas für 7,2 Millionen US-Dollar unterzeichnet wurde.

Emanuel Leutze: Signing the Alaska Treaty, 1868, Anchorage Museum

Während die breite Öffentlichkeit recht positiv auf die außenpolitische Leistung reagierte, trugen auch einige Menschen ihre Bedenken vor. Die Zeitungen *New York Tribune* und *New York World* schrieben, dass es dort nichts gebe außer gefrorener Wildnis. Laut einer Legende wurde das Land »Seward's Icebox« (Sewards Kühlschrank) genannt. Keiner dieser Kritiker wusste, dass die russischen Siedler bereits 1848/49 am Kenai River auf der Kenai-Halbinsel in Südzentral-Alaska Gold entdeckt hatten, es aber nie förderten. Weitere Funde gab es auf der Seward-Halbinsel im Jahr 1865.

Das Hope and Sunrise Museum zeigt Blockhütten aus Zeiten des Goldrauschs

Als nach dem Kauf Alaskas die ersten amerikanischen Goldsucher, Trapper und Händler ins Land kamen, wurden sie 1896 am Klondike River fündig. Dies führte in Ost-Alaska zum weltberühmten Klondike-Goldrausch (1896–1899). Hunderttausende machten sich auf den Weg, um ihr Glück zu versuchen. Insgesamt wurden im Zeitalter des Goldrausches rund 570 Tonnen Gold gefördert, aber Tausende kehrten auch mit leeren Händen nach Hause zurück, und nicht wenige ließen unter den harten Bedingungen ihr Leben. Auch in Zentral-Alaska wurde bereits in den 1880er Jahren Gold entlang des Turnagain Arm und des Resurrection Creek auf der Kenai-Halbinsel entdeckt, was einen ersten, kleineren Goldrausch zur Folge hatte. Der wichtigste Hafen der Kenai-Halbinsel lag damals in der Ortschaft Tyonek und verlor erst im Jahr 1915 nach der Gründung der Stadt Anchorage an Bedeutung. Und dies hatte einen guten Grund: Am 22. Juli 1902 entdeckte der Italiener Felice Pedroni nördlich von Fairbanks Gold, was den Fairbanks-Goldrausch auslöste. Jetzt fehlte für den Abtransport der Ressourcen nur noch eine schnellere Verbindung in Richtung Süden, denn in Alaska wurde nicht nur Gold entdeckt.

Bodenschätze und Eisenbahnbau

Nachdem in den 1880er Jahren Alaska gerade einmal 33 426 Einwohner zählte, hatte sich diese Zahl bis zum Jahr 1900 auf rund 63 592 Einwohner fast verdoppelt. Im selben Jahr entdeckten die beiden Goldsucher John Smith und Clarence Warner nördlich von Valdez einen Kupfergang, was zur Gründung der Siedlung Kennicott (→ S. 227) führte. Zudem wurden Kohlefelder im Matanuska Valley aufgetan und wenig später 1902 in Katalla, südöstlich von Cordova, das erste Mal Öl gefunden. Die Notwendigkeit eines Eisenbahnsystems zum Abtransport der Reichtümer wurde offensichtlich. Am 26. April 1904 begann unter Leitung der Alaska Central Railway der Bau der Alaska Railroad. Allerdings stellte man bis 1909 nur 82 Kilometer Strecke fertig. Während der erste Versuch kläglich in einem Konkurs endete, wurde noch im selben Jahr das Projekt von einer neugegründeten Gesellschaft fortgesetzt, und der Bau schritt weiter voran.

Im Juni 1912 ereignete sich am Novarupta auf der Aleütenkette eine der größten Vulkanexplosionen der Neuzeit. Der Ascheregen reichte bis nach Vancouver, Kanada. Nur zwei Monate später entschied die Regierung, Alaska, das bis dato nur ein Department gewesen war, offiziell zum US-Territorium zu ernennen. Aber die Ernennung zum Bundesstaat sollte noch einige Jahre dauern.

Musher Gunnar Kaasen mit Balto, 1925

Im Jahr 1915 meldete die tragende Gesellschaft der Alaska Railroad erneut Konkurs an. Dieses Mal wurde das Projekt vom Staat übernommen und Anchorage zum Hauptsitz ernannt. Niemand ahnte, dass aus der damaligen Zeltstadt eines Tages Alaskas größte Stadt werden würde. Am 15. Juli 1923 wurde die 750 Kilometer lange Eisenbahnhauptstrecke vom südlichen Hafenort Seward nach Fairbanks im Norden durch Präsident Warren G. Harding feierlich eröffnet.

Jedoch konnte die Alaska Railroad im Winter 1925 nicht helfen, als in der weit westlich an der Beringsee gelegenen Ortschaft Nome eine Diphtherie-Epidemie ausbrach und dringend ein rettendes Serum transportiert werden musste. Die über 1000 Kilometer lange Strecke konnte nur per Hundeschlitten bewältigt werden. 20 Musher machten sich mit ihren Hunden im Staffellauf auf den Weg, wobei der berühmte Schlittenhund Balto mit seinem Gespann und Musher Gunnar Kaasen schließlich mit dem Serum am Ziel eintrafen (→ S. 99).

Bis 1940 wuchs die Bevölkerung auf über 70 000 Menschen an. Die Entwicklung des Landes machte große Fortschritte, bis 1942 das Territorium Alaskas zum Schauplatz des Zweiten Weltkriegs wurde.

Auf dem Weg zum US-Bundesstaat

Am 6. Juni 1942 landeten japanische Streitkräfte auf den Aleüteninseln Kiska und Attu. Bereits drei Tage zuvor hatten japanische Kampfflugzeuge Dutch Harbour auf Unalaska bombardiert. Aus Sorge, die Japaner würden einen Großangriff entlang der US-Küste planen, begann die Rückeroberung unter dem Namen »Operation Landcrab« am 11. Mai 1943. Zuvor war im August 1942 ein Luftstützpunkt auf der Insel Adak errichtet worden. Die Operation gestaltete sich schwierig, da es keine geeigneten Landungsplätze für die Boote gab, das Wetter sehr schlecht war und wichtige Versorgungsgüter fehlten. In der Schlacht um Attu verloren über 3000 US-Soldaten ihr Leben durch Kälte, Krankheit und japanische Sprengfallen. Auf der Gegenseite waren zwar weniger Todesopfer zu verzeichnen, jedoch nahmen sich viele Japaner das Leben, um der Gefangenschaft zu entgehen. Am 15. August 1943 landeten mehr als 30 000 Soldaten der First Special Service Force und die Siebte Infanteriedivision auf Kiska, fanden es aber verlassen vor. Die Japaner hatten die Stellungen bereits unbemerkt aufgegeben.

Die Invasion der Japaner führte dazu, dass Alaskas strategische Bedeutung mehr in den Fokus geriet. Zuvor wurde bereits über die Anerkennung als offizieller Bundesstaat diskutiert, jedoch ohne Ergebnis, denn Alaska war zu isoliert und seine Bevölkerung zu sehr verstreut. Doch die strategisch wichtige Lage und der Ressourcenreichtum führten im Juli 1958 zur Unterzeichnung des »Alaska Statehood Act« durch Präsident Dwight D. Eisenhower. Damit war der Weg geebnet, und am 3. Januar 1959 wurde Alaska offiziell der 49. Bundesstaat der USA.

North to the Future

War die Bevölkerung in den 50er Jahren schon auf 128 643 Einwohner angewachsen, so hatte sie sich um 1960 noch einmal fast verdoppelt. Nur ein Jahr, nachdem Alaska US-Bundesstaat geworden war, lag die Einwohnerzahl bei 226 167. So schnell die Bevölkerung wuchs und die Entwicklung voranschritt, so schnell wurde sie wieder erschüttert: Am 27. März 1964 ereignete sich das bis dahin zweitstärkste Erdbeben aller Zeiten mit 9,2 auf der Richterskala. Das sogenannte Karfreitagsbeben forderte 131 Menschenleben, vorwiegend infolge der dadurch ausgelösten Tsunamis. Das Epizentrum lag nördlich des Prince William Sound; Dörfer wie Valdez, Seward, Kodiak und Whittier wurden stark beschädigt. Und selbst in Anchorage gab es noch viele Auswirkungen. Doch Alaskaner lassen sich nicht so leicht unterkriegen! Sofort wurde mit dem Wiederaufbau begonnen.

Im Jahr 1967 entstand Alaskas offizielles Staatsmotto »North to the Future«, und nur vier Jahre nach dem verheerenden Erdbeben kam eine Nachricht von der arktischen Küste des Nordens, die Alaska zu einem der reichsten Bundesstaaten der USA befördern sollte: 1968 wurde an der Prudhoe Bay das größte

Das Karfreitagsbeben von 1964 hat auch in Anchorage erhebliche Schäden verursacht

Erdölvorkommen der USA entdeckt. Wie die Idee der Alaska Railroad als Nord-Süd-Verbindung dem Vorkommen von Gold und Kohle geschuldet war, wurde nun auch für das Öl ein Transportweg geplant. Zwischen den Ölfeldern der arktischen Küste und dem schiffbaren Hafen von Valdez musste eine Verbindung geschaffen werden. Und so wurde 1975 mit dem Bau der Trans-Alaska-Pipeline (→ S. 68) mit 1280 Kilometern Länge begonnen. Es war ein gigantisches Unterfangen, welches die Zukunft Alaskas sichern sollte. 1977 kam das erste Mal Öl in Valdez durch die Pipeline an.

Zeitgleich wuchs die Bevölkerung über die 300 000-Einwohner-Marke hinaus. Doch bei aller Euphorie über den Ölfund und die Pipeline meldeten sich nun diejenigen zu Wort, die einst im Einklang mit der Natur lebten. Mehr als 200 Jahre zuvor war den indigenen Völkern das Land von den Neuankömmlingen entrissen worden. Es war Zeit für die Alaskan Natives, ihren Anspruch auf das Land zu erheben. Der »Alaska Native Settlement Act« im Jahr 1971 sprach den indigenen Völkern über 17 Millionen Hektar Land und knapp eine Milliarde US-Dollar zu. Beides wurde unter den 225 Stämmen aufgeteilt.

Alaska heute

Und was ist aus Alaska bis heute geworden? Zwischen 1970 und 2010 wanderten nochmals 400 000 Menschen nach Alaska ein. Es ist und bleibt ein US-amerikanischer Bundesstaat, gerade einmal 50 Meilen von Russland entfernt, der von unbeschreiblicher natürlicher Schönheit ist und einen langen Weg hinter sich hat. Bis zum heutigen Tag basiert die alaskanische Wirtschaft auf Rohstoffgewinnung, Fischerei und Landwirtschaft. Auch der Tourismus ist ein tragendes Element geworden, seit 2016 erhöhen sich die Besucherzahlen konstant. 2019 wurden über 2,2 Millionen Gäste gezählt.

Die Lebensqualität ist hoch. Bis auf wenige Städte wird in Alaska keine Umsatz- oder Einkommensssteuer erhoben. Immer mehr Menschen legen Wert auf ökologisch produzierte Lebensmittel. Zwar kamen 2018 Pläne aus dem Jahr 2008, am Yukon River bei der Ortschaft Galena Kernreaktoren zu bauen, wieder auf den Tisch, jedoch wird diese Idee skeptisch gesehen. Außerdem wird über eine zweite Pipeline nachgedacht, dieses Mal für Gas. Ob diese Pläne umgesetzt werden, steht derzeit noch nicht fest.

Von 2010 bis 2015 lag das Bevölkerungswachstum bei 1,3 Prozent, 2018 aufgrund eines Geburtenrückgangs bei minus 0,23 Prozent. Pro 1000 Frauen zwischen 15 und 44 Jahren gab es nur 60 Geburten. Hatte 2010 die Geburtenrate noch bei über 11 000 Neugeborenen gelegen, sank sie im Jahr 2020 auf unter 10 000.

Das jährliche Haushaltseinkommen liegt bei durchschnittlich 74 346 US-Dollar, 62 Prozent der Alaskaner gehen einer Arbeit nach. Die Arbeitslosenquote lag im Juni 2022 bei 4,7 Prozent, unter den Alaskan Natives jedoch bei 23 Prozent. Trotz der allgemein hohen Lebensqualität leben 10 Prozent der Bevölkerung in Armut. Die Jobperspektiven haben sich seit 2017 nach einem wirtschaftlichen Tief wieder verbessert; 2019 kamen 1600 neue Jobs hinzu. Alaska ist heute als Reiseziel attraktiver denn je. Es bleibt dabei: Dem Norden gehört die Zukunft.

Bevölkerung

In den USA leben laut dem United States Census Bureau 332 Millionen Menschen, davon allein 39 Millionen in Kalifornien, 1,4 Millionen auf Hawaii, aber nur 738 000 in Alaska (Stand: 2019). Der größte Bundesstaat der USA hat gleichzeitig die wenigsten Einwohner, nur 0,22 Prozent der US-amerikanischen Bevölkerung lebt in Alaska.

Die Bevölkerungsdichte liegt bei 0,4 Einwohnern pro Quadratkilometer. Mehr als die Hälfte der Einwohner lebt in den Städten Anchorage, Fairbanks und in der Hauptstadt Juneau. Die Lebenserwartung liegt bei 78 Jahren für beide Geschlechter. Etwas mehr als 550 000 Alaskaner sind Erwachsene, davon sind rund 78 000 Rentner. Zudem leben in Alaska mehr als 180 000 Kinder, das Durchschnittsalter liegt bei 34 Jahren. Rund 64 Prozent aller Alaskaner besitzen ein Haus, die übrigen wohnen zur Miete. Im gesamten Bundesstaat gibt es rund 255 000 Haushalte mit durchschnittlich je 2,8 Familienmitgliedern. Über die Hälfte der Alaskaner sind verheiratet.

2019 besaßen 90 Prozent der Bürger die amerikanische Staatsbürgerschaft. 66 Prozent der alaskanischen Bevölkerung sind Weiße mit vorwiegend europäischen Vorfahren, 18 Prozent davon sind deutschstämmig, 11 Prozent irischer und 9 Prozent englischer Abstammung. Russischer Abstammung hingegen sind nur 1,6 Prozent. Ungefähr 16 Prozent, was rund 100 000 Einwohnern entspricht, sind Angehörige der indigenen Völker, der Alaskan Natives. Außerdem leben 3,6 Prozent Afroamerikaner, 5,5 Prozent Lateinamerikaner und 5,4 Prozent Asiaten in Alaska. Auch 0,1 Prozent Hawaiianer und Tonganesen haben die Pazifikinseln gegen den arktischen Norden getauscht. Der Großteil der Bevölkerung ist christlichen Glaubens, 47 Prozent protestantisch, 14 Prozent römisch-katholisch und aufgrund der russischen Kolonisierung 12,5 Prozent russisch-orthodox. Hinzu kommen 0,9 Prozent Juden, je 0,5 Prozent Muslime und Buddhisten und 0,3 Prozent Zeugen Jehovahs.

Indigene Völker

Die indigenen Völker Alaskas werden in drei ethnische Großgruppen eingeteilt: Man unterscheidet zwischen Indians, Inuit und Alëuten. Diese Großgruppen unterteilen sich grob in fünf bis elf Hauptgruppen, die wiederum über 20 unterschiedliche Sprachen und weitere 50 verschiedene Dialekte sprechen. Der jeweilige Siedlungsbereich kann in acht geografische Regionen eingeteilt werden. Die größten indigenen Volksstämme sind im Norden am Nordpolarmeer und im Nordwesten die Inupiat, im Westen, auf der Alaska-Halbinsel und der Bristol Bay die Yup'ik, im Südwesten und Süden die Alëuten und Alutiiq, im Südosten die Tlingit und Haida. In Zentral- und Südalaska leben die Athabasken.

Zentral-Alaska nimmt hierbei die größte Fläche ein. Zusammengefasst werden die Stämme der Ureinwohner als »Alaskan Natives« bezeichnet. Häufig wird im deutschen Sprachgebrauch auch einfach das Wort »Indianer«, manchmal auch »Eskimo« benutzt. Beides ist nicht falsch, aber zu allgemein. Nur die Yup'ik und Inupiat bezeichnen sich selbst als Eskimos beziehungsweise Inuit. Während »Eskimo« mit »Rohfleischfresser« übersetzt wird, bedeutet »Inuit« nichts anderes als »Mensch«. Es ist schwer zu sagen, wann genau die ersten Menschen nach Alaska kamen. Häufig wird eine Zeitspanne von vor 30 000 bis 8000 Jahren angegeben. Als im Pleistozän der Meeresspiegel so tief abgesunken war, dass eine Landbrücke namens Beringia zwischen Russland und dem heutigen Alaska entstand, konnten Menschen und Tiere einwandern (→ S. 45). Diese Jäger und Sammler waren die Vorfahren der heutigen Alaskan Natives.

Die Hauptgruppen für das in diesem Reiseführer beschriebene Gebiet Zentral- und Südalaskas sind die Athabasken, Alëuten und Alutiiq.

Athabasken

»Athabasken« dient als Sammelbezeichnung diverser Stämme, die der athabaskischen Sprachfamilie mit unterschiedlichen Sprachen und diversen Dialekten angehören. Von der Brookskette bis zur Kenai-Halbinsel besiedelten sie weite Teile der zentralen Tundra, der borealen Wälder und die Ufer der Flüsse. Die sogenannten Alaska-Athabasken nennen sich selbst auch »Alaska-Dene«, wobei *dena* »Volk« bedeutet. Die Alaska-Dene unterteilen sich in einzelne Stämme wie die Koyukon, Tanana, Ahtna oder Gwich'in. Die Tanaina-Dene stellen, weil sie durch Fischfang sesshaft geworden sind, einen Sonderfall dar. Die anderen Athabasken hingegen lebten als nomadische Jäger und Sammler vom Reichtum der Wälder. Sie folgten Karibus, Hirschen und Elchen auf ihren langen Wanderungen, fingen Lachse in den Flüssen und sammelten Wurzeln, Pflanzen und Früchte. Aus Fellen, Pelzen, Baumrinde und Leder stellten sie Kanus, Körbe und Kleidung her.

Sie betrachteten sich selbst als Teil der Erde, der mit allen Lebewesen und der Umwelt geistig wie physisch verbunden ist. Eine athabaskische Weisheit lautet: »Das Land ist ein alter Freund. Ein alter Freund, den dein Vater kannte. Ein alter Freund, den dein Urgroßvater schon kannte. Ein Freund, den deine Leute schon immer kannten.« Bevor es auf die Jagd ging, wurden Zeremonien abgehalten, um Verletzungen und Misserfolge zu vermeiden und böse Geister fernzuhalten. Die Athabasken kannten keine Hundeschlitten und fertigten sich im Winter

Tanana-Athabaske auf dem Tanana River, 1914

Auf St. Paul Island (Alëuten), 1914

Schneeschuhe für die Fortbewegung. Sie lebten in pragmatischer und verwandtschaftlicher Stammeskultur, geprägt von einem animistischen Glauben und hoher Individualität.

Nachdem die Athabasken mit den ersten europäischen Pelzhändlern in Kontakt getreten waren, verlegten sie sich auf die Pelztierjagd und erschlossen sich so Einnahmequellen. Auch wenn die Athabasken heute nicht in Reservaten, sondern in Städten wie Fairbanks wohnen, gibt es immer noch Familien, die von Subsistenzwirtschaft leben. Auch die Pelztierjagd spielt heute für manche noch eine große Rolle. Sie legen Wert darauf, Besuchern und Touristen ihre alte Kultur näherzubringen.

Alëuten und Alutiiq

Vom Prince William Sound über die Alaska und Kenai Peninsula bis weit in die südwestliche Inselwelt hinein leben die Alëuten und Alutiiq. Sie bilden die kleinste Gruppierung der Ureinwohnerstämme. Die eigentlich als »Unangax« (Küstenvolk) bezeichneten Alëuten ließen sich meist auf waldfreien Inseln nieder und lebten seit jeher von dem, was das Meer hergab. Sie fingen Fische, jagten Wale, Seelöwen, Otter und Robben. Sie lebten in halbunteriridischen Bauten, die von den Russen »Barabaras« und von ihnen selbst »ulax« genannt wurden. Diese 20 Meter langen Behausungen reichten etwa einen Meter tief in die Erde, hatten keine Fenster und waren mit Fellen und aus Gras geflochtenen Matten ausgekleidet. Die Häuser waren so groß, dass mehrere Familien darin wohnen konnten. Generell lebte man in einer Art Clan- und Ranggesellschaft. Der persönliche Erfolg und soziale Status der einzelnen männlichen Mitglieder der Großfamilien hing häufig vom Geschick bei der Waljagd ab. Trotzdem genossen Frauen und Männer weitgehend gleiche Rechte. Die Dörfer wurden meist in der Nähe von Frischwasserquellen und an guten Landeplätzen für die Boote errichtet. Der Glaube der Alëuten war wie bei den Athabasken auch animistisch geprägt.

Die Alutiiq *(Sugpiag)* ähneln in ihrer Lebensweise den Alëuten, sprechen jedoch eine andere Sprache und leben eher in Südalaska als auf den westlichen Inseln. Von Kodiak Island bis zum Prince William Sound erstreckt sich ihr Siedlungsgebiet, das heute noch von 3500 Natives bewohnt wird. *Sugpiag* heißt übersetzt »echte Menschen« und ist die eigentliche Stammesbezeichnung, während Alutiiq gleichzeitig eine eskimo-alëutische Sprache ist. Diese wird heute nur noch von etwa 200 Menschen gesprochen, die versuchen, sie vor dem Aussterben zu bewahren. Heutzutage leben die Alëuten und Alutiiq in einer Mischung aus Tradition und Moderne. Während einige Natives abseits ihrer Dörfer arbeiten gehen, leben andere auf manchen Inseln nach wie vor von der Subsistenzwirtschaft.

US-Amerikaner

Mit fast 70 Prozent machen US-Amerikaner den Großteil der Bevölkerung Alaskas aus. Der Anteil der *White Americans* an der Gesamtbevölkerung liegt bei 66 Prozent, während nur 3,7 Prozent *African Americans* sind. Hinzu kommt, dass 84 Prozent der Alaskaner als einzige Sprache Englisch sprechen. Die Einwanderung durch US-Amerikaner konzentrierte sich auf die Zeit von 1880 bis 1981. Nach dem Verkauf Alaskas an die USA 1867 zog es vor allem im Zuge des Goldrausches ab 1880 viele Siedler in den Nordwesten. Nach 1929, ausgelöst durch die Große Depression, und wiederum während des Zweiten Weltkriegs stieg die Zahl der Einwohner Alaskas stetig an. Viele Familien waren in jenen Krisenzeiten auf der Suche nach Arbeit und einer besseren Zukunft. Die zweite große Einwanderungswelle begann 1959, als Alaska offiziell der 49. Bundesstaat der USA wurde.

Die »weiße« Bevölkerung hat vor allem deutsche, irische, englische, schwedische und norwegische Wurzeln. Den größten Anteil mit 18 Prozent machen die sogenannten »German Americans« mit deutschen Vorfahren aus. Doch nicht nur Alaska hat den größten Anteil deutscher Vorfahren. Der nördlichste Bundesstaat nimmt nur Platz 21 in der »Rangliste der deutschen Vorfahren« ein: North Dakota (44 Prozent), Wisconsin (42 Prozent) und Iowa (36 Prozent) liegen deutlich davor. In Alaska ist es aber nicht bedeutend, ob man deutschen Ursprungs ist oder weiße Hautfarbe hat. Viel wichtiger ist die richtige Bezeichnung der Einwohner. Egal, wo ihr jeweiliger Ursprung auch liegen mag, sie alle sind zwar laut Pass US-Amerikaner, aber selber bezeichnen sie sich einfach stolz als »Alaskans«.

Russen

Nachdem im Jahre 1741 die Entdeckung Alaskas im Rahmen der Großen Nordischen Expedition unter Kapitän Vitus Bering (→ S. 48) durch Georg Wilhelm Steller dokumentiert worden war, dauerte es nur vier Jahre, bis die ersten russischen Pelzjäger auf den heutigen Alëuten eintrafen. Im Jahre 1783 wurde die erste permanente Siedlung auf Kodiak Island gegründet. Sie wurde schnell zum Zentrum des Pelzhandels und war die Basis eines Handelsmonopols, welches den Namen »Russisch-Amerikanische Handelskompanie« tragen sollte. Auch nach dem Verkauf Alaskas an die USA blieben russische Siedler hier, und nach der Russischen Revolution kehrten zudem einige wieder zurück in die USA. Ihre Nachfahren sind heute meist US-Amerikaner – mit russischen Wurzeln. Und so gehören 12,5 Prozent der Bevölkerung dem russisch-orthodoxen Glauben an, und es finden sich noch einige Dörfer, deren Bewohner zu den Altgläubigen zählen.

Auf Kodiak Island liegt nur wenige Kilometer nördlich vom Hauptort Kodiak entfernt das Dorf Ouzinkie. Es ist seit 200 Jahren besiedelt und hat eine sehr junge Bevölkerung, die meisten Einwohner sind nicht älter als 25 Jahre. Der größte Teil hat russische Vorfahren, und in dem kleinen Dorf befindet sich eine orthodoxe Kirche. Auch im Dorf Ninilchik auf der Kenai-Halbinsel gibt es noch heute Einwohner, die der russischen Sprache mächtig sind.

Beeindruckend sind die Dörfer Nikolaevsk und Voznesenka, die sich ebenfalls auf der Kenai-Halbinsel befinden. Nikolaevsk mit 318 Einwohnern wurde

Die russische Kirche von Ninilchik

um das Jahr 1968 von altgläubigen Russen gegründet. Noch heute sind mehr als 60 Prozent der Einwohner russisch oder russischer Abstammung. Man spricht Russisch und pflegt die alten Traditionen. Der Alltag ist nach wie vor vom Fischfang und dem tiefen Glauben an Gott bestimmt. Das Dorf Voznesenka, rund 19 Meilen von Homer entfernt an der Kachemak Bay, wurde 1985 von Siedlern aus Nikolaevsk errichtet. Die 40 Familien haben ebenfalls größtenteils russische Vorfahren, beherrschen die russische Sprache und leben in weitgehender Abgeschiedenheit, denn das Dorf ist nur über eine Schotterstraße zu erreichen. Es gibt aber eine Schule und eine Kirche.

Trapper

Trapper sind vielen Menschen bekannt als nordamerikanische Fallensteller und Pelztierjäger aus dem 19. Jahrhundert. Berühmte Trapper der amerikanischen Geschichte waren Jedediah Smith (1798–1831) oder Hugh Glass (1783–1833). Die oft vollbärtigen, verwegenen und knallharten Männer mit Schlapphut, Gewehr, Beil und Lederkleidung zog es im Winter und Frühjahr von den Wäldern Alaskas bis in die Rocky Mountains nach Kanada. Wobei es zu unterscheiden gilt, dass die Trapper in den Rockies als *mountain men* und die von Handelskompanien unabhängigen Trapper *coureurs des bois* (Waldläufer) bezeichnet wurden. Angestellte Trapper waren vertraglich an Handelskompanien wie die Hudson's Bay Company oder die North West Company in Kanada gebunden. Sie verdienten ihr Geld mit dem Fang von Pelztieren, deren Felle zur Textilherstellung weiter nach Europa transportiert wurden. Manche Trapper erlegten mehr als 400 Tiere im Jahr, und so wurden einige Wildbestände bis an den Rand der Ausrottung getrieben. Andere Trapper wiederum behielten die Felle, ohne sie zu verkaufen.

Katalog mit Fellen der Hudson's Bay Company, 1910

In Alaska leben laut dem Department of Fish and Game bis zum heutigen Tag etwa 3500 Trapper. Unter strengen Auflagen und Fangquoten dürfen Marder, Luchse, Vielfraße, Wölfe, Biber, Füchse und Wiesel gefangen werden. Trapper ist bis heute ein Beruf, der erlernt werden kann. Die »Alaska Trappers Association« bildet gegen Gebühr Trapper besonders für Zentral-Alaska unter Gesichtspunkten wie Fallentechnik, Ethik eines Trappers, Pelzhandel, Überlebenstechniken und saisonale Vorbereitungen aus. Beim Department of Fish and Game muss zudem eine generelle Lizenz zum Fallenstellen, Fellhandel und -export beantragt werden. Alle Richtlinien werden in den jährlich aktualisierten »Alaska Trapping Regulations« festgehalten. Hinzu kommt der saisonale *Alaska Trapper Report*, der nicht nur als Umfrage an alle Trapper verschickt wird, sondern auch über Fangquoten, Gebietseinteilungen und Fellpreise informiert. So wurden in der Saison 2016 bis 2017 zum Beispiel exakt 841 Biber gefangen. Ein Biberfell brachte demnach 10,71 US-Dollar ein, was eine Gesamtsumme von 9007,11 US-Dollar ergibt.

Trapper sind jedoch nicht nur Fallensteller, die vom Pelzhandel leben. Trapper sind auch für die Balance in der Natur zuständig, indem sie bei einer eventuellen Überpopulation Tiere lebendig fangen und an anderer Stelle wieder aussetzen. Dieses Vorgehen hat sich vor allem an der Ostküste der USA sehr bewährt. Die Alaska Village Trappers hingegen zählen zu den indigenen Völkern, die seit vielen Generationen vom Tierfang leben. Sie nehmen unter den Selbstversorgern eine besondere Position ein.

Der alte Beruf des Fallenstellers hat natürlich auch in Alaska seine Berühmtheiten und Legenden hervorgebracht, wie Fabian Carey, den ersten Präsidenten der Alaska Trappers Association, Ken Fanning, Norm Phillips oder Danny Grangaard. Bob Harte, der bis zu seinem Tod 40 Jahre lang in Alaskas Wildnis als Trapper lebte, ist bekannt aus der TV-Serie *The Last Alaskans*. Sie alle sind sich in einer Sache einig: »I'm free to do what comes natural. This is where my heart is, out here. I'm home.«

Aussteiger

Seit 1988 sind in Alaska schätzungsweise 60 000 Menschen verschwunden. 2019 wurde bekanntgegeben, dass jährlich rund 2000 Menschen von der Bildfläche verschwinden. Von Aussteigern wurde schon häufig in amerikanischen Reality-TV-Shows wie *Alaska – The Last Frontier* berichtet. Sie begleiteten Familien wie die Kilchers, die seit über sieben Jahrzehnten in der Wildnis Alaskas leben. Die genaue Zahl der Menschen, die sich freiwillig entscheiden, in der Wildnis zu leben, ist schwer messbar. Unter ihnen sind sowohl einige, die vor dem Gesetz davonlaufen, als auch junge Menschen, die in der Selbstfindungsphase in die harsche Umgebung Nordamerikas aufbrechen.

Es gibt aber auch Menschen, die aus Überzeugung ein Leben in Unabhängigkeit anstreben. Die Atchleys leben zum Beispiel als wahrscheinlich einzige Familie in einer Hütte am Ufer des 400 Kilometer langen Nowitna River in Zentral-Alaska, und das schon seit fast 20 Jahren. Ruby, der nächste Ort, ist 100 Kilometer entfernt und nur auf dem Fluss zu erreichen. Im Winter sind die Atchleys monatelang komplett von jeglicher Zivilisation abgeschnitten, sofern sie nicht die gefährliche Reise über den zugefrorenen Nowitna wagen. Die Atchleys und viele andere Aussteiger auch respektieren die Natur und ihre Extreme, manche allerdings gehen auch zu leichtsinnig mit ihr um.

Timothy Treadwell (1957–2003) beispielsweise war überzeugter Naturalist und Filmemacher. Für 13 Sommer lebte er Seite an Seite mit den mächtigen Grizzlybären im Katmai National Park und verlor dabei nach und nach den Bezug zur Realität und zur Welt der Menschen. Er war radikaler Tierschützer, unterschätzte jedoch, wie gefährlich es ist, sich einem Bären zu sehr zu nähern. Im Herbst 2003 wurden er und seine Freundin schließlich von einem Bären getötet. Werner Herzog hat seine Geschichte in dem Dokumentarfilm *Grizzly Man* (2005) verewigt.

Christopher McCandless' Bus wurde 2020 ins Museum of the North gebracht

Fred Hatfield hingegen lernte das Aussteigerleben in Alaska auf andere Weise kennen. Als er 1935 in die Wildnis am Togiak-See im Südwesten Alaskas zog, war seine größte Herausforderung der Nahrungsmangel im Winter. Nur knapp entging er dem Hungertod und verbrachte lange Zeit damit, einen geeigneten Lebensrhythmus zu finden. Die Aufzeichnungen seiner Aussteigerjahre hat er in dem Buch *North of the Sun* (auf Deutsch: *Nördlich der Sonne*) festgehalten.

Während es Fred Hatfield gelang, eine Balance zwischen den kurzen Sommern und langen Wintern zu finden, war der in München geborene Carl McCunn zum Scheitern mit Todesfolge verurteilt. In Texas aufgewachsen und von Beruf Landschaftsfotograf, siedelte er 1970 nach Anchorage über. Im März 1981 machte er sich auf in die Wildnis, um sich mehrere Monate allein seiner Fotografie zu widmen. Fast 400 Kilometer nördlich von Fairbanks ließ er sich mit Filmmaterial und ein paar Gewehren absetzen. Wahrscheinlich gab es ein Missverständnis in der Absprache mit dem Piloten oder einfach Unwissenheit über die Gefahren der Wildnis. Im November desselben Jahres hatte McCunn keine Nahrung mehr und verhungerte. Es wird vermutet, dass es sich auch um Selbstmord gehandelt haben könnte.

Das Leben in der Wildnis erfordert große Willensstärke und ein profundes Wissen. Es ist kein Leben nach einer bestimmten Uhrzeit, sondern ein Leben im Rhythmus der jeweiligen Jahreszeit. Ein Aussteiger sollte wissen, wie man eine Holzhütte baut, von der Jagd leben kann, Feuerholz hackt und Wasser aufbereitet. Hinzu kommen noch viele weitere Fähigkeiten und Kenntnisse, und das Leben in Gegenwart wilder Tiere und die teilweise erbarmungslosen Naturgewalten stellen große Herausforderungen dar. Die Winter sind lang und düster. Depressionen wie das gefürchtete *cabin fever* können den Menschen lähmen. Die Isolation und der wenige Kontakt zu anderen Menschen führt unweigerlich zur Veränderung des eigenen Wesens. Wer nicht rechtzeitig einen Vorrat für den Winter organisiert hat, läuft Gefahr, an Hunger, Kälte und Einsamkeit zugrunde zu gehen.

All diese Erfahrungen haben 1992 auch Christopher McCandless (→ S. 251), der durch das Buch *Into the Wild* und den gleichnamigen Film berühmt gewordene Aussteiger, und 2004 Guy Grieve bei seinem Selbstversuch, sich eine Hütte zu bauen und den Winter in Alaska zu verbringen, gemacht. McCandless verlor auf tragische Weise sein Leben, während Grieve später ein Buch über seine Erfahrungen veröffentlichte.

Das Leben in der Wildnis ist hart, aber auch wunderschön. Es erfordert viel Geschick, offeriert im Gegenzug aber viel wertvolle Lebenszeit. Ganz umsonst ist das Leben »draußen« trotzdem nicht. Die Atchleys vom Nowitna River zahlen für Lebensmittel, Gebrauchsgegenstände und ihre Solaranlage immerhin 12 000 US-Dollar im Jahr, und ganz unbekannt sind sie inzwischen auch nicht mehr.

Politik

Mit der Ernennung des Departments Alaska zum 49. Bundesstaat der USA am 3. Januar 1959 bekam es auch eine staatliche wie bundesstaatliche Regierung. 1960 nahm die Bevölkerung Alaskas zum ersten Mal an der Präsidentschaftswahl der USA teil.

An der Spitze der Exekutive mit ihren 20 staatlichen Behörden und Ämtern steht der Gouverneur Alaskas. Der Republikaner Mike Dunleavy wurde 2018 zum zwölften Gouverneur gewählt, Ende 2022 wurde er wiedergewählt. Hinzu kommt an zweiter Stelle der Vizegouverneur (Lieutenant Governor of Alaska), welcher nicht wie in anderen Bundesstaaten als »Secretary of State« bezeichnet wird, auch wenn er faktisch den Aufgabenbereich des Innenministers ausführt. Gouverneur wie Vizegouverneur werden alle vier Jahre gewählt.

Die Legislative besteht aus einem Zweikammersystem und Klassenunterteilungen mit 40 Abgeordneten im Unterhaus (Alaska House of Representatives) und 20 Senatoren im Oberhaus (Alaska Senate). Während die Senatoren alle vier Jahre gewählt werden, finden die Wahlen für das Unterhaus alle zwei Jahre statt. Im Unterhaus sitzen 23 Republikaner, 15 Demokraten, ein Unabhängiger und ein Parteiloser, im Senat 13 Republikaner und 7 Demokraten. Die Judikative mit dem Alaska Supreme Court bildet die dritte Säule.

Kommunalwahlen finden jährlich im Oktober statt, mit Ausnahme von Anchorage. Dort wird seit 1992 bereits im April gewählt. Während Alaska schon immer strikt die Republikaner wählte – mit nur einer Ausnahme für die Demokraten im Jahre 1964 –, besteht die Parteienlandschaft Alaskas insgesamt aus Republicans, Democratics, der Alaska Independence Party (AKIP), Libertarians und weiteren kleinen Gruppierungen wie den Alaska Green. Während bei der Wählerregistrierung und Parteienanmeldung für die Gouverneurswahlen im Juli 2018 die Republikaner mit 25 Prozent die meisten Wahlstimmen bekamen, ist die Zahl der Stimmen für parteilose und unabhängige Kandidaten mit 55 Prozent erstaunlich hoch. Nicht selten schafften es bereits sogenannte *nonpartisan politicians* in den Senat oder andere Positionen.

Alaska hat 149 eingetragene bewohnte Orte, wovon 144 als *city* bezeichnet werden. Hinzu kommen die 248 Siedlungen der Alaskan Natives und ein Indianer-Reservat. Eine Besonderheit in Alaska ist, dass die Siedlungsregionen nicht in *Counties* (als Äquivalent zu Landkreisen), sondern in *Bouroughs* (Gemeinden/Bezirke) eingeteilt werden. Es gibt 19 sogenannte *Organized Boroughs* und ein *Unorganized Borough*, welches mit 970 500 Quadratkilometern zwar mehr als die Hälfte der Landesfläche einnimmt, wo aber nur 13 Prozent der Bevölkerung leben. Ein *Unorganized Borough* verfügt weder über Gemeinden noch über Verwaltungseinheiten. Dieser unorganisierte Zustand wird vom Öffentlichen Dienst des Bundesstaates geregelt. Zudem unterliegen acht der *Organized Boroughs* dem »General Law« und elf der »Home Rule«. Während das »General Law« keine besondere Rechte und Vorschriften (»Chartered Local Government«) abseits der generellen Gesetzgebung vorsieht, verankert die »Home Rule« Prinzipien einer lokalen Selbstverwaltung und damit weniger Einfluss durch den Staat. Zum krönenden Abschluss werden die *boroughs* und Städte auch noch in Klassen eingeteilt: *First-Class Boroughs/Cities, Second-Class Boroughs/Cities, Third-Class Boroughs* und *Home Rule Charter Boroughs/Cities*.

First- und *Second-Class Cities* unterliegen dem »General Law«, wobei nur eine *First-Class City* eine »Home Rule Charter« beantragen kann. Dazu muss die Stadt mindestens 400 permanente Einwohner haben. Folgende Städte unterliegen einer »Home Rule Charter«: Cordova (1960), Fairbanks (1960), Kodiak (1965), Palmer (1962), Valdez (1961). *Boroughs*, die dem »General Law« unterliegen, können ohne Einschränkung den Status der »Home Rule« bekommen. Dazu zählen unter anderem Municipality of Anchorage (1975), Denali Borough (1990), City and Borough of Wrangell (2008).

Wirtschaft

Die bedeutendsten Wirtschaftszweige Alaskas sind die Ölindustrie, die Fischerei, die Holzwirtschaft, der Tourismus, die Landwirtschaft sowie das Militär. Deutlich zeigt sich die Ölindustrie hier als die treibende Wirtschaftskraft. Fast 85 Prozent des staatlichen Budgets stammen aus der Ölindustrie. Viele Arbeitsplätze und auch der weltweite Ölmarkt sind von Alaskas Öl abhängig.

Mit 354 000 Arbeitskräften, von denen 331 000 beschäftigt und rund 16 700 (4,7 Prozent) arbeitslos sind, stehen ungefähr 44 Prozent der Einwohner in einem Arbeitsverhältnis. Im Schnitt arbeiten 80 000 Menschen in Regierungsdiensten, 65 000 im Handel und Transportwesen, 50 000 im Erziehungs- und Gesundheitsbereich, 43 000 im Tourismus und in der Hotellerie, 18 000 im Bauwesen und 12 000 im Finanzwesen.

Alaskas Bruttoinlandsprodukt lag 2021 bei rund 50 Milliarden US-Dollar, was einem durchschnittlichen Bruttoinlandsprodukt pro Kopf von ungefähr 75 200 US-Dollar entspricht. Damit liegt Alaska zehn Prozent über dem US-Durchschnitt von rund 69 300 US-Dollar. 2020 lag das Einkommen pro Haushalt bei rund 77 800 US-Dollar. Dies sind über 10 000 US-Dollar mehr als in den übrigen Bundesstaaten. Alaska belegt den neunten Platz der wohlhabendsten Bundesstaaten der USA, dennoch gelten zehn Prozent der Bevölkerung als arm.

Rohstoffe

Alaska ist nicht nur der größte Bundesstaat der USA, er ist auch der reichste. Allerdings bringt dieser Reichtum eine gewisse Abhängigkeit mit sich. Erdöl wird in Alaska seit den 1970er Jahren gefördert und macht heute 85 Prozent des Bruttonationaleinkommens aus. 71 Millionen Liter Öl (448 000 Barrel) flossen 2020 täglich durch die 1280 Kilometer lange Trans-Alaska-Pipeline (→ S. 68) von der Prudhoe Bay im Norden bis hinunter in den Hafen von Valdez. Ein Drittel aller Arbeitsplätze in Alaska sind in der Ölindustrie zu finden. Ein einzelner Job in diesem Sektor ist indirekt mit 20 Stellen in anderen Wirtschaftsbereichen verbunden. Mit anderen Worten: Würde es das Öl nicht geben, wäre Alaskas

Die Trans-Alaska-Pipeline durchschneidet die alaskanischen Weiten

Wirtschaft nur halb so stark, wie sie aktuell ist. Den größten Vorteil haben die Einwohner Alaskas durch die jährliche Ausschüttung der Dividende aus dem »Alaska Permanent Fund« (AFP). Es handelt sich dabei um einen staatlich eingerichteten Fonds, der die Einkünfte aus der lokalen Erdölförderung verwaltet. 1976 durch einen Volksentscheid eingerichtet, fließen seither in ihn 25 Prozent der staatlichen Rohstoffeinnahmen. 2017 wuchs der Kapitalstock auf 59 Milliarden US-Dollar an. Die Ausschüttung wird jährlich neu berechnet; wer über die amerikanische Staatsbürgerschaft verfügt, kann einen Antrag darauf stellen. Voraussetzung hierfür ist der kontinuierliche Aufenthalt in Alaska von mindestens zwölf Monaten und die Absicht, auch weiterhin hier zu wohnen. Natürlich gibt es auch Ausnahmen, genauso wie es Ausschlusskriterien vom Antrag gibt. 2021 betrug die Ausschüttung der Dividende 1114 US-Dollar pro Person. Wie der Fonds gerade steht, kann unter www.apfc.org eingesehen werden.

Aber das Öl ist nicht die einzige Energiequelle des Bundesstaates. Die Förderung von Erdgas rückt immer mehr in den Fokus. Die »Alaska-Gas-Pipeline« existiert zwar noch nicht, aber die mächtigen Vorkommen in Alaskas Arktis sind der Grund für die Planung einer 2760 Kilometer langen Pipeline vom arktischen North Slope bis nach Calgary in Kanada. Die beiden Energiegiganten TC Energy und ExxonMobil sind zuversichtlich, dass diese Leitung gebaut werden wird. Die Pipeline würde durch viele empfindliche Regionen beider Länder führen und auch den Lebensraum der Ureinwohner durchlaufen.

Kaum unterstützt und ausgebaut ist das Solarsystem in Alaska, weshalb es in Anchorage und Fairbanks nur wenige Solaranlagen gibt. Wenn deren Installation gefördert würde, könnten damit 23 Prozent der gesamten Elektrizität Alaskas erzeugt werden. Bislang findet sich jedoch wenig Zuspruch. Auch die Windenergie wird wenig gefördert. Gerade einmal drei Windparks sind realisiert worden. Am bekanntesten sind die elf Windturbinen auf Fire Island vor Anchorage, die 7000 Haushalte mit Strom beliefern. Und durch den Windpark Pillar Mountain auf Kodiak Island konnten von 2009 bis 2012 elf Millionen Liter Diesel gespart werden.

Öl, Gas, Wasser und Wind sind nicht Alaskas einzige Ressourcen. Wichtige Bodenschätze sind unter anderem Antimon, Chrom, Eisen, Gold, Kobalt, Kupfer, Molybdän, Platin, Quecksilber, Titan und Zinn. In den USA gibt es 33 Mineralien, die als wichtig angesehen werden, 32 davon kommen in Alaska vor. Zudem hat Alaska das größte Kohlevorkommen der USA. Der Wert der mineralischen Bodenschätze wird auf 300 Milliarden US-Dollar geschätzt. Da viele der Ressourcen nur in sehr abgelegenen Gebieten zu finden sind, Förderung und Abtransport also zu viel Geld verschlingen, ist der Abbau jedoch meist unrentabel. Zudem wehren sich viele Umweltschützer gegen den Raubbau an der Natur. Der Großteil der Minen ist darum heute geschlossen.

Zwar ist der legendäre Goldrausch in Alaska längst eingeschlafen, doch gibt es noch 205 aktive Minen. Die meisten davon sind größeren Firmen unterstellt. Die Mine Fort Knox bei Fairbanks zum Beispiel wird von Kinross Gold geführt und fördert jährlich 400 000 Unzen Gold. Hinzu kommen allerdings immer noch zahllose eigenständige Goldwäscher. Sie versuchen an Flussläufen ihr Glück mithilfe einer klassischen Pfanne. Das Land sieht weiterhin großes Potenzial in der Förderung von Gold und investiert nach wie vor große Summen in die Suche.

Flüssiges Gold – von Prudhoe Bay bis Valdez

Als Sir John Franklin im Jahr 1826 auf seiner Arktis-Expedition die Prudhoe Bay entdeckte, ging er mit seiner Mannschaft an die Grenzen der menschlichen Überlebensfähigkeit. Sie waren so schlecht ausgestattet, dass die Männer Flechten von Steinen nagten und ihre eigenen Schuhe aßen. Auch heute noch ist die Natur der Prudhoe Bay, nördlich des Polarkreises, eisig und karg. Unter der Oberfläche jedoch verbarg sich mit elf Milliarden Barrel das größte Erdölvorkommen der USA. Dessen Entdeckung wurde im Jahr 1968 zur Sensation. Schnell stand die Förderung des Öls auf der Tagesordnung mächtiger Ölgiganten wie BP, ExxonMobil und Unocal, und es kam eine einmalige Idee auf: Das flüssige Gold musste zu einem schiffbaren, also eisfreien Hafen im Süden des Landes transportiert werden. Die Trans-Alaska-Pipeline (TAP) wurde entworfen, und im März 1975 begann der Bau. Von der arktischen Küste sollte sich die mächtige eiserne Schlange 1280 Kilometer über drei Gebirgsketten und eine maximale Höhe von 1444 Metern winden. Sie sollte 30 Flüsse überqueren, auf 600 Kilometern unterirdisch verlaufen, 70 000 Arbeiter involvieren und am Ende mehr als sieben Milliarden Dollar verschlingen. Stellenweise treten entlang der Route Temperaturen von minus 70 Grad auf. Der Verdienst der Arbeiter war gut, jedoch lebten und arbeiteten sie unter den härtesten Bedingungen. In der tiefsten Wildnis wurden Camps für sie errichtet. Nicht jeder war den langen, kalten und dunklen Wintern gewachsen. Immer wieder erfuhr man von psychischer Instabilität, und viele arbeiteten nur eine gewisse Zeit an dem Projekt.

Die Skepsis war von Beginn an groß, denn es war ein scheinbar unmögliches Unterfangen. Doch trotz aller Widrigkeiten war es nach drei Jahren und zwei Monaten vollbracht. Am 20. Juni 1977 floss das erste Mal Öl durch die Pipeline in Richtung des Marine Terminal in Valdez. Noch heute stehen am für die USA nördlichsten eisfreien Hafen auf 400 Hektar 18 Aufbewahrungstanks bereit. Die Trans-Alaska-Pipeline zählt zu den größten von Menschen gebauten Leitungssystemen der Welt. Gab es anfangs Auseinandersetzungen mit der Urbevölkerung, wurde daraus die größte Regulierung von Gebietsansprüchen in den USA. Der »Alaska Native Claims Settlement Act« kompensierte die Grundbesitzrechte der Natives Alaskans mit der Vergabe von 170 000 Quadratkilometern Land und einer Auszahlung von knapp einer Milliarde US-Dollar. Trotz der ökologisch negativen Aspekte, zum Beispiel durch ein Leck in der Pipeline, aus dem 2006 westlich der Prudhoe Bay mehr als 1000 Kubikmeter Öl ausliefen und der Natur massiven Schaden zufügten, brachte das Öl Alaskas Wirtschaft in Schwung.

Heute macht die Ölförderung 85 Prozent des jährlichen Bruttonationaleinkommens des Bundesstaates aus. Zudem wurde ein staatlicher Fonds eingerichtet, aus welchem den Bürgern Alaskas eine jährliche Dividende ausgezahlt wird. Und auch wenn BP am 28. August 2019 bekannt gab, sich neu zu orientieren, und die Prudhoe Bay verließ, wurden bereits 2017 neue Ölvorkommen entdeckt. Es wird auch über eine zweite Pipeline, diesmal für Gas, diskutiert. Falls es dazu kommen sollte, werden die Arbeiter wieder vor neuen Herausforderungen stehen. Aber auch der Bau der TAP hatte ja schon unter dem Motto Mark Twains gestanden: »They didn't know it couldn't be done.«

Fischfang

Alaska ist der einzige US-Bundesstaat, der von drei Meeren umgeben ist, dem Arktischen Ozean im Norden, der Beringsee im Westen und dem Pazifik im gesamten Süden. Diese äußerst fischreichen Gewässer ermöglichen große Erträge an Fisch und Meerestieren und versorgen so die halbe USA. Die Fischereiindustrie Alaskas ist einer der am besten organisierten Wirtschaftszweige des Bundesstaates. Durch strenge Auflagen und penibel kalkulierte Fangquoten wird für den Gesunderhalt aller im Meer lebenden Arten gesorgt. Somit fürchtet niemand einen Zusammenbruch des Gewerbes oder irreparable Schäden am Ökosystem. Im Gegenteil! Mit Zehntausenden saisonalen Arbeitskräften und Tausenden Festangestellten stellt die Fischerei einen langlebigen, gesunden Wirtschaftssektor dar. Alle fünf Arten des Pazifischen Lachses, vier Arten von Krabben, darunter die große Alaska-Königskrabbe, und viele weitere Fischarten, wie der Pazifische Heilbutt, Kabeljau, Scholle und Hering, sowie Garnelen repräsentieren den großen Reichtum vor Alaskas Küsten. Allein 2011 wurden 2,4 Billionen Kilogramm Fisch und Schellfisch an Land gezogen, was rund drei Milliarden US-Dollar Ertrag entspricht. Zu dieser Zeit waren rund 60 000 Menschen in der Fischerei beschäftigt, jedoch nur knapp 9000 von ihnen in einer lizensierten Vollzeitanstellung. 2012 stieg die Zahl der kommerziellen Fischereilizenzen weiter an und brachte rund 12 000 Vollzeitbeschäftigungen zusätzlich. Hinzu kommen noch

Fischfang ist einer der wichtigsten Wirtschaftszweige Alaskas

Arbeitskräfte in der Fischverarbeitung und Lagerung, in Transport und Logistik und vielen weiteren Bereichen. Aber nach wie vor sind die meisten nur saisonal beschäftigt, da der Bedarf an Arbeitskräften in Abhängigkeit vom Fischbestand und den daraus resultierenden Fangquoten und der Lizenzvergabe stark schwankt. Im Sommer 2017 gab es dadurch rund 1700 Jobs weniger als im Jahr davor, aber dafür war die Fangquote höher mit rund 2,9 Billionen Kilogramm.

Im Jahr 2018 war Fisch die wichtigste Proteinquelle und rangierte in den Menüs der Restaurants noch vor dem Angusrind. Die meisten Beschäftigten in der Fischerei leben in Südzentral- und Südostalaska (Prince William Sound und Cook Inlet) und auf Kodiak Island auf 210 Siedlungen verteilt. Hinzu kommen noch die Bristol Bay und die Aleuteninseln mit Alaskas größtem Hafen, Dutch Harbor auf Unalaska. Nach wie vor macht der Lachs den größten Anteil an Fangfisch aus, zusammen mit der Krabbenfischerei. Auf Platz drei folgt die Grundfischerei von Heilbutt, Kabeljau, Hering, Garnelen und so weiter.

Aquakulturen für Fische, wie Hering oder Lachs, sind so gut wie gar nicht zu finden. Zudem wurde das Aquafarming für Flossenfische offiziell untersagt. Dennoch gibt es Aquakulturen in Alaska, vor allem für Austern, Jakobs-, Mies- und Rasiermessermuscheln und die bis zu 40 Meter hohe Braunalge (Nereocystis luetkeana). Ihre Stiele werden nicht nur verzehrt, der getrocknete Teil des Tangs wird auch für Kunst und Handwerk genutzt. Auch für Aquafarmen gelten strenge Auflagen des Alaska Department of Fish and Game.

Heute arbeiten rund 30 000 Menschen in der Fischerei und deren Fabriken. Der Großteil aller Herstellungs- und Fabrikationsarbeiten Alaskas findet in der Fischerei statt. Für eine Erlaubnis kann man sich bewerben, die Bearbeitungszeit kann bis zu zehn Monate in Anspruch nehmen. In der Fischerei tätig zu sein, ist nicht nur Teil der Geschichte des Landes und in vielen Regionen der Herzschlag der Wirtschaft, er lockt bei gutem Fang auch mit hohem Verdienst. Wer auf einem Fangboot für die Alaska-Königskrabbe anheuert, kann sich am Ende der drei Monate auf See bei gutem Fang auf 15 000 bis 50 000 US-Dollar Gehalt freuen. Selbst ein einfacher Seemann kann rund 1000 US-Dollar am Tag verdienen. Allerdings zählen diese Jobs mit zu den gefährlichsten der USA und bringen eine hohe Unfall- und Sterberate mit sich. Mit der TV-Serie *Fang des Lebens – Der gefährlichste Job Alaskas* auf dem Sender *DMAX* ist die harte Arbeit der Krabbenfischer mehr ins Licht der Öffentlichkeit gerückt.

Holzwirtschaft

Alaskas gesamte Waldfläche beträgt rund 50 Millionen Hektar, was anderthalbmal der Größe Deutschlands entspricht. In Alaska befinden sich die zwei größten Nationalforste der USA. Der Chugach National Forest mit 23 000 Quadratkilometern zieht sich von Südzentral-Alaska über den Prince William Sound bis ins Delta des Copper River und bis auf die Kenai-Halbinsel. Der größte Nationalforst der USA, der Tongass National Forest, mit einer Fläche von 69 000 Quadratkilometern befindet sich im Südosten des Bundesstaates. Man könnte annehmen, dass die Holzwirtschaft, speziell für Bauholz, einen wichtigen Wirtschaftszweig darstellt. Jedoch täuscht man sich damit gewaltig. In den 1970er

Alaskas Wälder dürfen größtenteils ungestört wachsen

Jahren war die Forstwirtschaft der zweitgrößte Wirtschaftssektor in Alaska. In der Holzindustrie zu arbeiten, versprach eine sichere Position. Die damals rund 4000 Beschäftigten konnten ihren Familien ein sicheres Einkommen bieten. Besonders die Sitka-Fichte und die Westamerikanische Hemlocktanne waren stark nachgefragte Holzarten im gesamten Pazifikraum. Durch die aufkommenden Klima- und Umweltfragen wuchs der Druck auf die Holzbetriebe. Die sich verändernden politischen und wirtschaftlichen Prozesse führten ab 1997 zum stetigen Rückgang der Holzproduktion.

Auch die Grundbesitzverhältnisse erschwerten den Forstbetrieben das Wirtschaften: Die US-Regierung hält 51 Prozent der Waldflächen, die lokale Regierung und die Universität Alaskas 25 Prozent, die Ureinwohner 24 Prozent und private Besitzer nur rund 0,5 Prozent. Die industriell nutzbaren Flächen wurden zum Beispiel im Tongass National Forest von 2008 bis 2016 stetig reduziert, so dass heute 99 Prozent der Waldfläche unter Schutz stehen. Dies führte unweigerlich zum Zusammenbruch der Betriebe. Von den einst 4000 Angestellten sind heute lediglich rund 400 Beschäftigte übrig. Zwar wird auch heute noch Holz aus Südost-Alaska in andere US-Bundesstaaten oder nach Japan exportiert und für die Papierindustrie bereitgestellt, die Rolle der Forstwirtschaft im Wirtschaftsspektrum ist aber eher unbedeutend. Die Naturschutzauflagen werden immer strenger, und die Wiederaufforstung gewinnt an Bedeutung. Waren es 2010 im Umland von Anchorage noch 1600 neugepflanzte Bäume, so wurden kürzlich Zehntausende Samen in den Wäldern des Südostens ausgebracht. Während im Tongass National Forest noch ein geringer Teil bewirtschaftet wird, wird im Chugach National Forest aktuell gar kein Bauholz mehr gewonnen. Alaska ist heute auf einem anderen, grünen Weg in Richtung Zukunft unterwegs. So wurde die 2019 angedachte Aufhebung des Schutzgesetzes und die Freigabe zur Abholzung von Amerikas größtem Wald 2020 wieder zurückgenommen.

Immer beliebter – Kreuzfahrten nach Alaska

Tourismus

Die USA sind nach wie vor das Land mit den meisten Einnahmen durch den Tourismus. Noch immer sind Menschen aus aller Welt fasziniert von dem, was die USA zu bieten haben. Aber denkt dabei jemand an Alaska? Als touristisches Ziel ist Alaska mit kaum einer anderen Region der Erde vergleichbar. Auf seiner riesigen Fläche vereint es enorm viele touristische Aktivitäten und Einrichtungen. Natürlich bedarf es einer längeren Planung und Vorbereitung, eine solche Reise zu unternehmen, und der Kostenfaktor spielt sicherlich immer noch eine Rolle, aber die Touristenzahlen sind generell gestiegen. US-Amerikaner und Kanadier führen nach wie vor die Spitze der Urlauber an, gefolgt von Deutschen, Briten, Asiaten und Australiern. Das Department of Commerce, Community and Economic Development hat einige Statistiken über den wirtschaftlichen Einfluss durch Alaskas Tourismusindustrie zusammengestellt: Im Vergleich zum Krisenjahr 2010 sind mittlerweile 26 Prozent mehr Touristen in Alaska unterwegs. Seit 2015 wurden 3600 neue Arbeitsplätze im Tourismus geschaffen. 2017 brachten die Reisenden rund drei Milliarden US-Dollar ins Land. Der Staat nahm 125 Millionen US-Dollar an Steuern und Gebühren ein. 2018 gab es insgesamt 43 000 Jobs in diesem Sektor, die meisten davon in Südzentral-Alaska. Somit arbeitet jeder Zehnte in Alaska im Tourismus, dem am schnellsten wachsenden Wirtschaftszweig.

Während bislang die Hauptsaison von Mai bis September, vor allem der kurze Sommer, die meisten Besucher verzeichnet, steigt aber auch die Zahl der Wintertouristen. Zwischen 2008 und 2017 reisten 33 Prozent mehr Menschen im Winter nach Alaska, gerade weil Polarlichter, Hundeschlittentouren und Eisfischen zunehmend an Beliebtheit gewinnen. Während der Autotourismus von kanadischer Seite 2018 gerade einmal 200 000 Besucher brachte, liegt die Zahl der Kreuzfahrtgäste bedeutend höher. Auch hier war eine Steigerung von 17 Prozent zu verzeichnen. Bereits 2016 steuerten eine Million Kreuzfahrtpassagiere Alaska auf dem Seeweg an. Insgesamt reisten vor 2020 jährlich rund 2,2 Millionen Menschen nach Alaska. Für das Jahr 2020 waren 2,6 Millionen Reisende erwartet worden, jedoch kam in diesem Jahr coronabedingt niemand nach Alaska.

Landwirtschaft

Landwirte haben es in Alaska nicht leicht. Das durchschnittlich zu kalte Klima, die kurzen Sommermonate und die durch Gletscher verarmten Böden erfordern viel Geduld und machen Landwirtschaft in vielen Gegenden nur bedingt möglich. Als 1935 eine schwere Wirtschaftskrise (Great Depression) vielen Familien die Arbeitslosigkeit brachte, entwickelte die US-Regierung unter Präsident Roosevelt über 100 Projekte zu deren Unterstützung. Eines dieser Projekte war die Matanuska Colony im gleichnamigen Tal in Südzentral-Alaskas, die 203 Familien ein neues Leben bescheren sollte. Bereits 1916 war erstmals in dieser Gegend ein landwirtschaftliches Experiment gestartet worden. Die Neuankömmlinge sollten dieses Experiment nun fortsetzen und ausbauen. Was damals als wackelige Idee begann, wurde zum Herzstück der Landwirtschaft Alaskas. Die extrem fruchtbaren Böden des Matanuska-Tals und im Sommer bis zu 20 Sonnenstunden am Tag brachten gigantische Gewächse hervor, welche das Tal international bekannt machten. Die 1935 in der Matanuska Colony gegründete Molkerei Havemeisters Dairy existiert bis heute. Die Milch ist in vielen Supermärkten zu finden.

Angefangen in der Stadt Palmer, durch das Matanuska-Tal und sogar bis in den Süden nach Homer erstrecken sich heute etwa 810 große und kleine landwirtschaftliche Betriebe. 2015 waren es erst 500. Die bestellbaren Flächen inklusive der Gewächshäuser ergeben zusammen ein Anbaugebiet von 350 000 Hektar. Heu, Futterpflanzen, Kartoffeln, Gerste, Hafer, Kürbis, Spinat, Rharbarber, Zwiebeln, Bohnen, Blumenkohl, Gurken, Kohl und Karotten bilden die Grundlage des Anbaus. Hinzu kommen Nutztiere wie Rinder, Pferde, Schweine, Schafe und Hühner.

Regionales Angebot auf einem Farmer's Market

Eine Besonderheit stellt die Rentierzucht dar. Als die lokale Regierung 1890 feststellen musste, dass die Ureinwohner im Nordwesten Alaskas an Nahrungsknappheit litten, entdeckten sie jenseits der Beringsee, in Sibirien, die Zucht von Rentieren. Da die Ureinwohner Alaskas bis dahin nur mit dem Fang von Meeressäugern vertraut waren, wurde zunächst eine Rentierstation gebaut und Tiere aus Sibirien importiert. Von 1892 bis 1900 organisierte der Alaska Reindeer Service (ARS) die Ausbildung der lokalen Bevölkerung zu Züchtern. Bis heute existieren in Alaska Rentierfarmen. Das Fleisch dieser Tiere gilt als Delikatesse und ist bei Einheimischen wie Touristen sehr gefragt.

Das Interesse der Alaskaner an lokal produzierten Lebensmitteln wächst kontinuierlich. Seit mehr als 30 Jahren ist das von der Alaska Divison of Agriculture geförderte Programm »Alaska Grown« im ganzen Bundesstaat integriert. Die Vision des Programms ist, allen Alaskanern Zugang zu lokal produzierten Lebensmitteln zu verschaffen. Und dies zu fairen Preisen und von vertrauenswürdigen Landwirten. Mit einem Siegel verschen, sorgt »Alaska Grown« nicht nur dafür, dass viele Restaurants diese Produkte einkaufen, sondern dass auch Endverbraucher sich auf den vielen lokalen Märkten versorgen können. Einmal im Jahr wird in vielen Orten der Alaska Agricultural Day veranstaltet. Unter einem jährlichen Motto – 2019 zum Beispiel »Farm Animal Fun« – kann jede Ortschaft einen gemeinschaftlichen Beitrag leisten und Schulkinder über gesunde Lebensmittel informieren.

Auch wenn der Anteil der Landwirtschaft an der Gesamtwirtschaft mit jährlich 60 Millionen Dollar verschwindend gering ist und seitens des U.S. Department of Agriculture nur vier Millionen Dollar für neue Techniken zur Verfügung gestellt werden, wächst die Zahl lokaler Konsumenten unaufhaltsam weiter. 2021 kauften bereits 63 Prozent der Alaskaner bei lokalen Anbietern und gaben damit ein deutliches Zeichen. 95 Prozent der in den Supermärkten angebotenen Lebensmittel werden derzeit noch teuer importiert. Schon die ersten Entdecker von 1883 stellten fest: Nach der Aussaat kann innerhalb von nur 27 Tagen bereits geerntet werden, da die Sonne nicht untergeht. Der Klimawandel, der sich in Alaska noch deutlicher auswirkt als in anderen Gegenden, bringt zudem mildere Temperaturen und eine längere Wachstumsperiode mit sich. Auch die Landwirte im Süden bei Homer schauen optimistisch in die Zukunft, wie ein Artikel aus dem Magazin *High Country News* beschreibt: Die vulkanischen Böden bieten gute Voraussetzungen, und auch die zwölfstündige Arbeit an regenreichen und kalten Tagen geben den Landwirten keinen Grund zur Besorgnis. Ihr Motto lautet einfach: »Welcome to farming in Alaska!«

Militär

Alaska ist die größte Exklave der Welt. Die geografische Nähe zu Russland und auch der Verlauf des Zweiten Weltkriegs machten die Stationierung von Militär in Alaska unabdingbar. Nach dem japanischen Angriff auf Pearl Harbor im Jahr 1941 begannen die USA, auf den südwestlichen Aleuteninseln Landebahnen zu bauen, um auf mögliche weitere Angriffe vorbereitet zu sein. In dieser Zeit wurde auch der Alaska Highway zwischen Kanada und Alaska gebaut, woran Zehn-

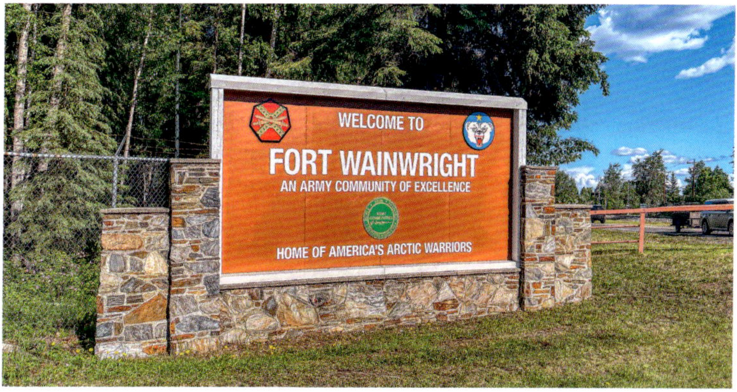

Alaskas Militär ist auf extreme Witterung spezialisiert

tausende Soldaten und Zivilisten beteiligt waren. Dennoch besetzten die Japaner kurze Zeit später zwei alëutische Inseln. Die folgende Schlacht um die Alëuten dauerte vom 6. Juni 1942 bis zum 15. August 1943, forderte fast 10 000 Todesopfer und endete mit dem Sieg der USA.

Heute gibt es in Alaska neun Militärbasen. Die größten Stationen sind Fort Richardson und die Elmendorf Air Force Base bei Anchorage und Fort Wainwright bei Fairbanks. Fort Richardson, gebaut 1940, ist die größte der Militärbasen. Mit 10 000 Hektar Fläche und rund 10 000 Soldaten und Personal ist sie auch Sitz des U.S. Army Law Enforcement Command, des 50th Signal Batallion und der Officers Academy. Das Fort hat auch eine große Anzahl von Wohngebäuden für jegliches Personal. Für Single-Offiziere gibt es 117 und für Soldaten mit ihren Familien 1258 Wohneinheiten. Der Komplex ist mit Supermarkt, Shopping-Mall und anderen Läden ausgestattet. Zudem arbeitet die Militärbasis mit der lokalen Schule und der nahegelegenen Elmendorf Air Force Base zusammen. Die Soldaten hier sind verpflichtet, die sogenannte *Cold-weather warfare* zu erlernen. Sie beherrschen die Fähigkeiten, bei extremen winterlichen Situationen zu überleben, die Tundra zu durchqueren, Flüsse zu kreuzen, Gletscher zu überqueren und bei äußerster Kälte zu kämpfen. Diese Fähigkeiten werden nicht in allen Militärbasen gelehrt.

Die nahegelegene Elmendorf Air Force Base (AFB), ebenfalls 1940 gebaut, liegt auf gut 5000 Hektar Land und besitzt zwei Lande- und Startbahnen. Hier sind 6500 Soldaten und 1000 Zivilangestellte stationiert und ist die 11. Luftflotte mit Kampf-, Transport- und Aufklärungsflugzeugen ansässig.

Bereits 1939 aus strategischen Gründen entworfen, liegt Fort Wainwright bei Fairbanks. 7700 Soldaten sind hier stationiert. Hinzu kommen noch wichtige Außenposten wie die Marine Safety Unit bei Valdez und die ISC Kodiak Coast Guard Base auf Kodiak Island. Die Navy und Marine Corps haben übrigens keine Einheiten in Alaska. Das durchschnittliche Einkommen liegt zwischen 2200 US-Dollar für einen Pionier *(combat engineer)* und 5400 US-Dollar für einen Soldaten. Ein Amtsarzt verdient knapp 6700 US-Dollar.

Kunst und Kultur

Alaskanisches Kunsthandwerk, Musik und Literatur entspringen einer Mischung diverser Talente und Stilrichtungen. Traditionen der Ureinwohner treffen auf Ausdrucksformen europäischer, russischer und amerikanischer Siedler. Aber egal, ob athabaskische Stickerei oder moderne audiovisuelle Vorführung, die Künstlerinnen und Kunsthandwerker eint eine Gemeinsamkeit: Stets findet ihre Heimat Alaska auf die eine oder andere Weise Eingang in ihre künstlerische Arbeit.

Kunst der Ureinwohner

Die ältesten künstlerischen Hinterlassenschaften der Ureinwohner Alaskas sind bereits Hunderte Jahre vor Christus entstanden. Zu jener Zeit existierte natürlich noch kein Kunstbegriff nach unseren heutigen Maßstäben. Die aus Gras gewobene Kleidung oder die Stiefel (*mukluks*) aus Bartrobbenhaut und Karibufell mussten ebenso funktional sein wie die Speerspitzen aus Walrosszahn. Die Verzierungen, die spirituelle oder physische Aktivitäten darstellten, hatten weniger dekorative Funktion, sondern waren Glücksbringer für die Jagd oder zeigten die Zugehörigkeit zu einem bestimmten Stamm an.

Erst infolge des Kontakts mit den Europäern im 18. Jahrhundert tauchten die ersten *scrimshaws* auf. Diese Gravurarbeiten auf Walrossknochen oder Pottwalzähnen zeigten Jagdszenen. Wahrscheinlich erlangten sie wirtschaftliche Bedeutung, denn bis zum heutigen Tag können solche Skulpturen, allerdings vorwiegend aus Speckstein, erworben werden. Auch Kleidung, Masken, Hüte, Perlenstickereien und Totempfähle aus verschiedenen Ecken des Landes waren zwischen dem 18. und 19. Jahrhundert vielfach Souvenirs für Walfänger und Pelzjäger.

An ihnen lässt sich leicht erkennen, dass jeder Stamm seine eigene Form von »Kunst« hatte. Während die Inupiat aus dem Norden verzierte Amulette als Glücksbringer für die Jagd herstellten und eine Vielzahl an Gerätschaften wie Pfeile, Bögen, Harpunen, Seile und Löffel produzierten, konzentrierten sich die Yup'ik aus dem Südwesten auf kunstvoll gestaltete Holzmasken für zeremonielle Zwecke. Die athabaskischen Stämme Zentral-Alaskas hingegen waren meisterhaft in der Herstellung von Körben aus Birkenrinde, in denen früher Wasser und Nahrung transportiert wurden, und in der schmuckvollen Perlenstickerei.

Alaskan Native Artists in der Gegenwart

Rose Albert ist athabaskische Künstlerin und Malerin. Sie lebt in Anchorage und betreibt ein kleines Studio mit dem Namen »Nowitna River Studios«. Neben der Ölmalerei und Perlenstickerei probiert sie immer wieder neue Kunstformen aus. Bilder wie *Moose calling along the Dietrich River* oder *Caribou standing near Polychrome Pass Denali* spiegeln ihre Herkunft und ihre Liebe zu Alaska wider.

Kat Tomka ist Professorin an der University of Alaska in Anchorage und ist mit ihren Multimedia-Arbeiten eine wichtige Stimme der aktuellen Kunstszene.

Seit 2017 befindet sich in einem neuen Trakt des Anchorage Museum (→ S. 96), dem Rasmuson Wing, die Galerie »Art of the North«. Die dortige Dauerausstellung zeigt 200 vortreffliche Gemälde, neuzeitliche Fotografien,

Videos, Skulpturen und andere Kunstwerke. Hier zeigt sich, wie traditionelle Stilrichtungen gebrochen und gleichzeitig respektiert werden können. Sie erzählen die Geschichte des Nordens und Alaskas auf ganz eigene Weise. Es ist erfreulich zu sehen, wie traditionelle und zeitgenössische Kunst eine Verbindung eingehen und das »Alte« auf diese Weise neu belebt wird.

Schnitzkunst, Glasperlenstickerei und Korbflechterei

In der Schnitzkunst (*carvings*) spiegelt sich die Verbundenheit der Ureinwohner mit der Natur in jedem Motiv wider. Besonders bei den Tlingit in Südostalaska finden sich wahre Meister der Schnitzkunst und der Herstellung von Totempfählen.

In Zentral-Alaska (Interior) hingegen entwickelten sich andere kunstvolle Ausarbeitungen. Körbe aus Birkenrinde waren früher reine Transportmittel der athabaskischen Stämme. An warmen Sommertagen wurde dafür ein vertikaler Schnitt an der Baumrinde vorgenommen, so dass man diese dann problemlos großflächig abziehen konnte. Ein Weidenast und kleine Fichtenwurzelstücke bilden den geflochtenen Rand des Korbes. Birkenrindenkörbe haben eine nahezug unbegrenzte Lebensdauer und brauchen keine besondere Pflege. Die Tanana-Athabasken des kleinen Dorfes Northway südöstlich von Fairbanks produzieren bis heute auf traditionelle Weise diverse Körbe als Kunstwerk, Dekoration oder für den täglichen Gebrauch. Da die Korbflechter unterschiedlichste Stilrichtungen der Flechtkunst beherrschen, gleicht kein Korb dem anderen. Jeder ist ein besonderes Einzelstück.

Farbintensiver und nicht weniger aufwendig ist die bis heute gepflegte Perlenstickerei. Bevor die Europäer den Ureinwohnern Glasperlen brachten, fertigten sie bestickte Kleidung, Accessoires und dekorative Objekte aus Holz, Federn und Muscheln in diversen Kombinationen und Mustern. Mit der Einführung von Glasperlen entwickelte sich eine große Vielfalt an bestickten Objekten wie Schuhen, Schmuck, Werkzeugen, Decken, Hundedecken und mittlerweile natürlich auch sehr vielen Souvenirs. Heute ist die farbenfrohe Gestaltung charakteristisch für das Kunsthandwerk der athabaskischen Stämme. Und dieses ist sehr ge-

Glasperlenstickerei der Athabasken

fragt, wodurch das Überleben der traditionellen Techniken gesichert sein dürfte. Bei der Alaska Bead Company in Anchorage können Interessierte auch Kurse besuchen und dieses Handwerk selbst erlernen (ab 20 US-Dollar pro Stunde).

Ein wirklich handgefertigtes Souvenir mit nach Hause zu nehmen, zählt zu den sinnvollen Investitionen und schönen Erinnerungen einer jeden Alaskareise. Achten sollte man dabei auf die »Silberne Hand« als Garantie, dass das Souvenir wirklich von Einheimischen gefertigt wurde. »Made in Alaska« bedeutet, dass das Stück direkt in Alaska und nur mit lokalen Ressourcen produziert wurde.

Malerei

Die raue Landschaft des Nordens war Inspirationsquelle für die ersten Werke der bildenden Kunst. Als Kapitän James Cook auf seiner dritten und letzten Expedition zwischen 1776 und 1780 Alaska ansteuerte, hielten die Expeditionsteilnehmer John Webber (1751–1793), ein Schweizer Maler, und der englische Arzt William Wade Ellis (1751–1785) erstmals Flora, Fauna und Ureinwohner in Zeichnungen und Gemälden fest.

Einer der wichtigsten historischen Maler und Künstler Alaskas ist der in New York geborene Sydney Mortimer Laurence (1865–1940), dessen Landschaftsbilder der nordamerikanischen Romantik zugeordnet werden. Laurence zog 1904 ohne Geld nach Alaska, lebte in Tyonek, Valdez und später in Anchorage. Als klassisch ausgebildeter Künstler verfügte über er über die Fähigkeit und Begabung, den Charakter des »letzten Grenzlands« eindrucksvoll auf die Leinwand zu bannen. Bilder wie *Mount McKinley* oder *The Alaska Trail* bringen die geballte Kraft der Natur zum Ausdruck.

Auch der aus Detroit stammende Eustace Paul Ziegler (1881–1969) übertrug seine Faszination für die Landschaft des Nordens in viele seiner Bilder. Ziegler arbeitete unermüdlich, schuf teilweise bis zu 40 Werke pro Jahr und reiste zu Fuß, zu Pferd, auf Hundeschlitten und per Kanu durch Alaska. Er hielt nicht nur Landschaften fest, sondern auch Menschen. So entstanden eindrückliche Porträts

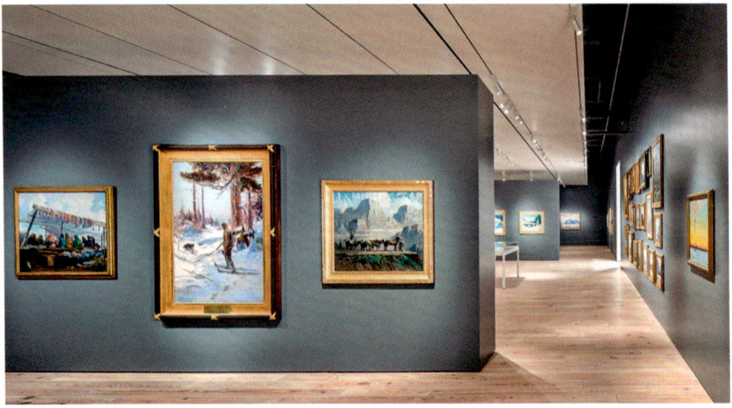

Nicht verpassen: die Art of the North Gallery im Anchorage Museum

Sydney Mortimer Laurence: Mount McKinley, 1925, Anchorage Museum

wie *The Russian Priest, Cordova Alaska* und *Copper River Native*. Andere Werke wie *Dog Team Alaska* oder *Nomads of the North* zeigen die Härte des hiesigen Lebens im Zusammenspiel von Mensch, Tier und rauer Natur.

Kaum zu glauben, aber auch der aus dem Fernsehen international bekannte Robert »Bob« Ross (1942–1995) verbrachte zwölf Jahre seine Lebens in Alaska. Ross verpflichtete sich im Alter von 18 Jahren für 20 Jahre bei der U.S. Air Force. Während seiner zwölf Jahre in Alaska nahm er die ersten Malstunden beim Alaska United Service Organisations Club. In seiner später erfolgreichen TV-Sendung *The Joy of Painting* erzählte er während des Malens oft von den Landschaften Alaskas. Auch der deutsche Maler Norbert Sand (geb. 1944) aus Everswinkel schuf 1994 bis 1996 während seiner Malreise, die ihn 25 000 Kilometer durch Kanada und Alaska führte, Hunderte von Bildern und Zeichnungen.

Musik

Alaskanische Musik hat ihre Wurzeln in der traditionellen Musik der Ureinwohner, wie der Athabasken, Tlingit, Alëuten, Alutiiq, Yup'ik, Inupiat. Die Musik wird allgemein auch als »Inuitmusik« bezeichnet, wobei es noch weitere lokale Bezeichnungen gibt. Typisch für diese Inuitmusik sind melodische Gesänge, die »Katajjaq« genannt werden. Die Lieder haben eine komplexe Rhythmik und erzählen häufig Geschichten und Legenden von Tieren und Menschen.

Vor allem im Norden Alaskas beim Volk der Inupiat ist die Rahmentrommel (*qilaut*) das einzige Instrument. Sie wird aus einem hölzernen oder knöchernen Rahmen gefertigt und mit Robbenhaut oder Eisbärenmagen bespannt. Zu den Klängen der Trommel werden bestimmte Tänze vollführt. In Zentral-Alaska haben die Athabasken 1847 von den europäischen Pelzhändlern der Hudson's Bay Company die heute beliebte *Athabaskan fiddle* kennengelernt. Bis heute ist die Fiedel Bestandteil der athabaskischen Countrymusik. Seit 1983 wird jährlich im November in Fairbanks das Athabaskan Old-Time Fiddling Festival mit vielen Livekonzerten der Natives veranstaltet.

Inuit mit Rahmentrommeln, bei Nome, um 1900

Folk- und Countrymusik sind ebenfalls tief in Alaska verwurzelt. Einst durch die neuen Siedler mitgebracht und seit den 60er Jahren fester Bestandteil der lokalen Musikszene, sind diese Musikrichtungen heute nicht mehr wegzudenken. So werden jedes Jahr in der Hauptstadt Juneau, in Anchorage und Fairbanks Folk-Festivals mit vielen Live-Acts veranstaltet. Berühmte alaskanische Künstler sind Jim Varsos alias Hobo Jim, der einer der besten Gitarristen und Sänger des amerikanischen Folk ist. Auch die Ken Peltier Band zählt zu den Countrygrößen Alaskas.

Wer denkt, in Alaska gebe es keine klassische Musik, der irrt gewaltig. Das Anchorage Symphony Orchestra wurde bereits 1946 gegründet, also mehr als ein Jahrzehnt, bevor Alaska überhaupt US-Bundesstaat wurde. Das Fairbanks Symphony Orchestra ist seit 1958 aktiv, vor allem in Zentral-Alaska. Daraus hervorgegangen ist das Arcitc Chamber Orchestra mit sogar internationalen Auftritten. Seit 1962 hat Anchorage auch eine Oper, die aktuell im Alaska Center for Performing Arts beheimatet ist. Mit 340 bis 700 Plätzen bietet es seit 1988 seinen Zuschauern ein breites Spektrum an Aufführungen und Konzerten.

Auch Rock- und Popmusik mit teilweise internationalem Erfolg kommt aus Alaska. Dazu zählen die Band Portugal the Man aus Willow, die Sängerin Jewel aus Homer und die Metalcore-Band 36 Crazyfists aus Anchorage. Wer einmal das Anchorage Folk Festival erlebt oder einer der vielen anderen musikalischen Veranstaltungen einen Besuch abgestattet hat, wird sich schnell für alaskanische Musik begeistern können.

Literatur

Von alters her werden innerhalb der Stämme der Ureinwohner Mythen, Legenden und Märchen erzählt. Die alten Geschichten der Alëuten, Yup'ik, Athabasken und Inuit handeln von der tiefen Verbundenheit der Menschen mit der Natur, von Göttern und lehrreichen Vorkommnissen. So ranken sich viele Legenden um die Meeresgöttin Sedna, die, nachdem ihr Vater sie zum Ertrinken über Bord geworfen haben soll, die Unterwelt regiert. Die ersten Meerestiere entstanden aus ihren abgetrennten Fingern. Auch der Rabe Tulugak taucht in vielen Geschichten als zentrale und verehrte Figur auf. *How Raven Brought Fire*, *Eskimo Story of Owl and Raven* oder *The First Woman* sind nur einige von ihnen. Andere Legenden handeln von Beziehungen zwischen Mensch und Tier. So berichtet *The Woman and her Bear* von einer Frau, die einen Eisbären adoptiert.

Aber nicht nur die Legenden der Ureinwohner drehen sich um Alaska und seine Natur, auch unzählige Abenteuergeschichten, Lebensberichte, Fiktionales und Sachbücher von einheimischen und internationalen Autoren bereichern seit über 100 Jahren den Büchermarkt. Obwohl ein Großteil der Literatur von auswärtigen Autoren stammt, gibt es dennoch einige lokale Schriftsteller. Velma Wallis (geb. 1960) hat mit ihrer Geschichte *Two Old Women (Zwei alte Frauen, 1993)* einen Meilenstein der Ureinwohner-Erzählungen hinterlassen. Eowyn Ivey (geb. 1973) ist in Alaska aufgewachsen und war mit ihrem Debüt 2013 *The Snow Child (Das Schneemädchen)* für den Pulitzer-Preises nominiert. Der alaskanische Autor Sean E. Thomas verfasst Mysteryromane wie *Dark Shaman*, *Dark Soul* oder *Dark Project*. Auch der Science-Fiction-Autor Craig Martelle darf hier nicht vergessen werden.

Der Verband Alaska Writers Guild (AWG) unterstüzt die Arbeit alaskanischer Autoren, egal, ob sie ihre Bücher in einem Verlag veröffentlichen oder nicht. Zu den gelisteten Autoren zählt auch Bill Howell, der mit *Beer on the Last Frontier* das erste Buch über die Craft-Biere und Brauereipubs Alaskas geschrieben hat.

Natürlich ist die Auswahl an Abenteuergeschichten und anderen Büchern, die Alaska thematisieren, enorm groß, doch stammen sie, wie bereits gesagt, häufig von auswärtigen Autoren. So verfasste beispielsweise der berühmte schottisch-amerikanische Naturalist und Philosoph John Muir (1838–1914) mit *Travels in Alaska* einen Bericht über seine Reisen von 1879/80 und 1890 im Südosten Alaskas. James Oliver Curwood (1878–1927) aus Michigan verfasste zahlreiche Abenteuerromane, die im Norden Kanadas und auch in Alaska spielen, zum Beispiel 1923 *The Alaskan (An den Grenzen der Welt)*. Der

Der Muir Glacier in den 1870ern, Foto von John Muir aus »Travels in Alaska«, 1915

New Yorker Journalist und Schriftsteller Joe McGinniss (1942–2014) veröffentlichte 1980 mit *Going to Extremes* ein ebenso unterhaltsames wie kritisches Porträt Alaskas und seiner Bewohner. 1998 berichtete Jim Rearden (geb. 1925) mit *Alaska's Wolf Man – The 1915–55 Wilderness Adventures of Frank Glaser* vom Leben dieses Jägers, Trappers und Mushers. Mit *Shadows on the Koyukuk – An Alaskan Native's Life* verfasste der Halb-Athabaske Sidney Huntington (1915–2015) im Jahr 1993 seine Autobiografie.

Erstausgabe von Jack Londons Klassiker über den Klondike Goldrush, 1910

Weitere lesenswerte Bücher sind Jack Londons *The Call of the Wild (Der Ruf der Wildnis*, 1903), Richard Morenus' *Alaska Sourdough – The Story of Slim Williams* (1956), Wayne Shorts *Cheechakoes* (1964), die faszinierende Geschichte über die Neuankömmlinge, John McPhees *Coming into the Country* (1976) oder Gay Salisburys *The Cruelest Miles – The Heroic Story of Dogs and Men in a Race Against an Epidemic* (2003) über die Diphtherie-Epidemie in Nome von 1925 (→ S. 54). Wer beherzte Naturschutzliteratur sucht, findet diese von Margaret E. Murie in ihrem mehrfach ausgezeichneten Werk *Two in the Far North* (1962).

Die meisten historischen wie zeitgenössischen Romane und Biografien handeln vom täglichen Leben und Überleben in der rauen Wildnis, sei es als Ureinwohner, Reisender, Trapper oder Jobsuchender. Natürlich ist auch das Zeitalter der Goldsucher in vielen Büchern festgehalten worden. Der Schriftsteller und Journalist Jack London (1876–1916) schrieb mit *Alaska Kid* (1912) und *Burning Daylight (Lockruf des Goldes,* 1910) weltberühmt gewordene Abenteuergeschichten, die das dramatische Zeitalter der Goldsucher schildern. Häufig sind auch Tiere die Protagonisten von Wildnisgeschichten, die in Alaska spielen. Walt Morey (1907–1992) war ein berühmter Autor, der *Kävik the Wolf Dog (Kavik – Abenteuer eines Schlittenhundes in Alaska*) (1968) und *Scrub Dog of Alaska* (1988) und viele weitere Werke hinterließ. Die schönsten Geschichten sind aber immer noch jene, die neben Abenteuern auch spirituelle Erfahrungen schildern: *One Man's Wilderness* (1973) von Sam Keith, *Into the Wild* (*In die Wildnis – Allein nach Alaska*, 1996) von Jon Krakauer, *Alaska-Fieber – Wildnis, Abenteuer, Einsamkeit* (1998) von Wolf-Ulrich Cropp oder Guy Grieves *Call of the Wild – My Escape to Alaska (Eine Büroklammer in Alaska – Wie ich meinen Schreibtisch gegen die Wildnis eintauschte*, 2007). Keiner von ihnen ist Alaskaner, doch lassen ihre Worte in den Köpfen der Leser Bilder entstehen, die bis zur letzten Seite fesseln.

Küche

Natürlich hat die Fast-Food-Kultur auch vor Alaska nicht haltgemacht, schließlich ist man hier immer noch in den USA. Aber das Thema »Essen und Trinken« damit gleich abzuhaken, wäre ungerecht. In Alaska herrschen harte Bedingungen für Ackerbau und Viehzucht, eine große Variation von Erzeugnissen ist aufgrund der Kälte einfach nicht möglich. Liest man auf der Speisekarte die Worte »Crab Salad«, so ist die Krabbe zwar aus Alaskas Gewässern gefischt worden, der gemüsige Anteil musste jedoch importiert werden. Alaskas Küche ist bodenständig bis grob gestaltet. Man versucht, etwas aus dem zu zaubern, was die Natur bietet. Daraus hat sich ein ganz eigener Stil entwickelt, der sich den Titel »Alaskan« redlich verdient hat. Und wer immer noch denkt, dass die Alaskaner ohne ihre Sauerteigzutaten nicht aus dem Haus gehen, liegt grundfalsch.

Schon immer war die Küche der Menschen Alaskas sehr kalorienreich und fleisch- beziehungweise fischlastig. Die Ureinwohner jagten früher schon Wale, Eisbären, Fische, Vögel und Säugetiere an Land, um sich von deren Fleisch, Fett und Öl zu ernähren. Fett ist bis heute ein essentieller Energieträger für Menschen, die in der Wildnis von Subsistenzwirtschaft leben. Aufwendigen Rezepten zu folgen, erforderte Zeit, die man nicht hatte. Dennoch entstanden einige Gerichte, die sich vor Urzeiten entwickelt haben und heute teilweise noch auf dem Speiseplan stehen: Das »Eskimo-Eis« *Akutaq* besteht aus Robbentran, Beerenmus und Schnee. *Maktaa* ist die oberste Schicht der Fluke von Walen, welche häufig roh verzehrt wird und als Delikatesse gilt. Trockenfisch oder -fleisch ist auch heute noch üblich und wird auf großen Gestellen getrocknet oder eingefroren. Um den Vitaminhaushalt nicht zu vernachlässigen, wurden nicht nur das Blut und die Innereien der erlegten Tiere verwendet, sondern auch Beerenobst wie Blaubeeren, Lachsbeeren, wilde Cranberries und Krähenbeeren gesammelt.

Im Zeitalter des Goldrausches hatten die ersten Minenarbeiter und auch Trapper herausgefunden, dass die Grundzutaten für einen Sauerteig – Mehl, Zucker, Salz und Hefe –, wenn sie unter der Kleidung am Körper getragen werden, nicht gefrieren. So konnten sie auch im Winter jederzeit einen Teig zubereiten. Diese Burschen nannte man *Sourdoughs* (Sauerteige), wie auch heute noch Menschen genannt werden, die sich sehr gut in Alaska auskennen und gelernt haben, in der rauen Natur zu überleben. Genaugenommen sind Speisen wie Sauerteigbrot oder Sauerteigpancakes die inoffiziellen Nationalgerichte, denn ein »offizielles« Nationalgericht gibt es nicht.

Auch wenn sich bis zum heutigen Tag einiges geändert hat, sind die grundlegenden Bestandteile der alaskanischen Küche unverändert: Neben Gemüsesorten wie Kohlrabi, Spinat, Blumenkohl und Brokkoli stehen Kohl, Kartoffeln, Kürbis und Karotten auf den Feldern und erreichen im Sommer bei bis zu 20 Stunden Sonne am Tag gigantische Größen. Diese Gemüse finden daher oft Verwendung als Basis oder Beilage vieler Rezepte. Das Zauberwort heißt aber nach wie vor »Fisch«. Alaskas streng kontrollierter Fischfang (→ S. 69) sorgt jährlich für üppigen Fang bei einem gesunden Bestand an Lachs, Heilbutt, Kabeljau und anderen Meerestieren wie der Alaska-Königskrabbe, Garnelen, diversen Muscheln oder Austern. Abseits vom Fisch ist aber auch Wild wie Elch, Rentier und Reh, seltener Bär- oder Walfleisch, auf den Menükarten der Restaurants zu finden. Natürlich dürfen Klassiker wie Hamburger, Pommes Frites, Kartoffelgerichte, Sandwiches, Makkaroni mit Käse, Pizza, Hot Dogs und Steaks nicht fehlen. Aber wie wäre es zum Frühstück mit pochierten Eiern, Rentierwurst und Toast oder einem lachsgefüllten Omelette? Dazu vielleicht den im Land allseits beliebten Kaffee und ein Glas Orangensaft? Wer einen langen Tag vor sich hat, wird dankbar sein für Alaskas deftige Küche.

Und wer träumt abends nicht von frischen Austern oder Fischsuppe als Vorspeise, Königslachs oder Heilbutt mit Zitrone und einheimischen Kartoffeln und Blumenkohl als Hauptgang oder von delikater Königskrabbe mit klassischen French Fries? Als Begleitung empfehle ich ein alaskanisches Bier, wie das Alaskan Amber oder das Alaskan White. Und als Dessert ein *Baked Alaska*, eine Mischung aus Baiser, Kuchen und Eiscreme sowie saisonalen Wildbeeren, oder einen Blaubeermuffin? Oder vielleicht doch einen Brownie mit Sahne und Vanilleeis? Mittags oder abends im Restaurant essen zu gehen, ist auch für viele Einheimische ein Genuss und Teil des Alltags. Gute Restaurants sind daher schnell ausgebucht. Reservierungen sind unbedingt zu empfehlen.

Alaskas Küche ist nicht mit jener der Normandie oder Sizilien zu vergleichen. Auch Großbritannien und Skandinavien haben wenig Einfluss auf die Entwicklung der Essgewohnheiten genommen. Man denkt lokaler, natürlicher, individueller und ist der Zukunft zugewandt. Die oft scherzhaft »Lower 48« genannten übrigen US-Bundesstaaten können da nicht mithalten. Unternehmen wie Alaska Wild Berry Products kreieren schokoladigen Genuss aus Wildbeeren. Auf dem wöchentlichen Markt in Anchorage gibt es gebratenen Reis mit Rentier im asiatischen Stil. Die Bear Creek Winery ist einer der wenigen Weinproduzenten des Landes. Nicht, dass es Weinreben in Alaska geben würde, aber was nicht vorhanden ist, wird eben organisiert, improvisiert oder neuentdeckt. So ist die Kulinarik Alaskas eine Entdeckungsreise, wie der Rest dieses ungewöhnlichen Landes auch.

Selbstgeangelt schmeckt der Lachs immer noch am besten

Rezepte

Räucherlachs-Quiche

Zutaten für acht Personen: 1 Packung Quicheteig (Fertigprodukt), 300 g geriebener Käse (Emmentaler), 1 EL Weizenmehl (Typ 405), 3 entkernte, kleingeschnittene Tomaten, 2 EL kleingehackte Zwiebel, 2 EL Rapsöl, 150 g Räucherlachs, 4 Eier, 250 ml Vollmilch, 1/4 TL Salz

Zubereitung: Quicheteig in eine dafür passende Auflaufform geben und ausrollen. Die Ränder des Teigs dürfen ruhig ein wenig überstehen.

In einer kleinen Schüssel den Käse und das Mehl vermischen. Die Tomaten und Zwiebeln in Öl glasig braten, dann von der Herdplatte nehmen und den Räucherlachs untermischen. Die Käsemischung mit einem Löffel darüber streuen. Im Anschluss den Quicheteig damit befüllen. Zum Schluss die Eier mit der Milch und dem Salz verrühren und über die Quiche gießen. Dann bei 180 Grad Celsius für 35 bis 40 Minuten backen. Bevor man die Quiche anschneidet, noch 15 Minuten abkühlen lassen.

Barbecued Alaska Salmon

Zutaten für vier Personen: 2 EL Butter, 2 EL brauner Zucker, 1–2 feingehackte Knoblauchzehen, 1 EL Zitronensaft, 2 TL Sojasoße, 1/2 TL Pfeffer, 4 Lachssteaks

Zubereitung: Die sechs erstgenannten Zutaten in einer Schüssel verrühren, bis der Zucker sich aufgelöst hat. In der Zwischenzeit den Lachs bei mittlerer Temperatur in einer Pfanne oder auf dem Grill anbraten. Nach fünf Minuten den Lachs wenden und mit der Buttersoße bestreichen. Nach weiteren fünf bis sieben Minuten den Lachs erneut wenden und die andere Seite bestreichen. Nach Belieben nochmals wenden. Lässt sich eine in den Fisch gestochene Gabel einfach wieder herauslösen, ist der Fisch verzehrbereit.

Dazu passt ein Salat aus geriebenem Weiß- und Rotkohl mit Sesamkörnern in einer Vinaigrette aus Essig, Öl und Salz.

Kodiak Casserole

Zutaten für vier Personen: 500 g Rinderhack, 2 kleine gehackte Zwiebeln, 1 grob gehackte Knoblauchzehe, 1–2 gewürfelte grüne Paprika, 1 Bund geschnittener Stangensellerie, 1/2 Glas entkernte grüne Oliven, 1 Handvoll in Scheiben geschnittene große Champignons, 1 Dose Tomatensuppe, 2 EL Barbecuesoße, 2 EL Worchestersoße, 250–300 g gekochte Nudeln, 200 g geriebener Gratinkäse

Zubereitung: In einem Schmortopf das Fleisch mit den Zwiebeln anbraten, bis das Fleisch nicht mehr rosa ist. Dann den Knoblauch hinzufügen und eine Minu te köcheln lassen. Die restlichen Zutaten und Gewürze in den Schmortopf geben und umrühren. Im Anschluss den Schmortopf zudecken und bei 200 Grad Celsius für eine Stunde in den Ofen schieben. Am Ende den geriebenen Gratinkäse darüber verteilen.

Enjoy your meal!

EXTRA

But you know you're in the largest state in the union,
when you're anchored down in Anchorage.

Michelle Shocked, US-amerikanische Folksängerin (1988)

Von Wasser und Bergen umgeben, bietet Anchorage viele Freizeitmöglichkeiten

ANCHORAGE UND UMGEBUNG

Anchorage

Anchorage ist eine wilde Großstadt. »Wild« ist daran allerdings nicht ein unorganisiertes Verkehrsaufkommen oder gar ein unkontrolliertes Menschengewusel. Anchorage wird im Osten vom Bogen der Chugach Mountains umgeben und im Westen und Süden vom Cook Inlet beziehungsweise vom Knik Arm und Turnagain Arm umschlungen. Mit rund 292 000 Einwohnern und einer Fläche von 5080 Quadratkilometern inklusive der Vororte, Militärbasen und eingemeindeten Orte im Umkreis ist es die größte und einwohnerstärkste Stadt Alaskas. 40 Prozent aller Alaskaner leben in Anchorage. Auch wenn das Straßensystem das typisch amerikanische Schachbrettmuster (Avenues von Westen nach Osten und Streets von Norden nach Süden) aufweist, so findet man nur wenige Hochhäuser. Anchorage – lebendig und pulsierend – ist alles andere als einfach nur eine amerikanische Großstadt, denn die Wildnis ist immer nur einen Steinwurf entfernt! Über 1000 Elche und 250 Bären durchstreifen die ausgedehnten innerstädtischen Wälder und Parkanlagen und manchmal sogar die Stadt selbst. Wer morgens die Unterkunft verlässt, muss damit rechnen, dass ein Elch vor der Tür steht. Gestresste Büroleute schlüpfen nach der Arbeit samt Anzug und Krawatte in ihre Gummistiefel und werfen im Ship Creek ihre Angeln nach Lachsen aus. 20 Minuten vom Zentrum entfernt besteht im Turnagain Arm die erste Chance, Wale zu sehen. Und in einem Umkreis von nur 50 Meilen zählt man rund 60 Gletscher. Der Autoverkehr rollt eher gemächlich durch Downtown, und passionierte Fahrradfahrer freuen sich über das 100 Kilometer umfassende Radwegenetz.

Die Mischung aus klassischen Hochhausfassaden und Häusern vom Anfang des 20. Jahrhunderts beschert eine bunte Vielfalt. Auf dem Weg in das moderne Anchorage Museum hört man in der Ferne die Alaska Railroad abfahren, und in Erinnerung an alte Zeiten blickt Kapitän Cook am Ende der 4th Avenue in Richtung der nach ihm benannten Wasserstraße. Neben der Wildnis locken aber auch das bunte Treiben auf den Straßen und die vielen Shoppingmöglichkeiten, die von lokaler Handwerkskunst bis zum üblichen Kitsch reichen. Ebenso vielfältig ist das Angebot an Delikatessen auf den Märkten und in den Restaurants.

Tourismus ist der drittwichtigste Wirtschaftszweig in Anchorage

▸ Karte S. 90 und hintere Umschlagklappe

Geschichte

Schon in frühester Zeit lebten Athabaskenstämme in der Gegend entlang des Knik Arm nahe der heutigen Großstadt. Während die natürliche Lebensweise der Ureinwohner darin bestand, sorgsam mit den Ressourcen der Natur umzugehen, änderte sich dies nach der Ankunft russischer Pelzjäger im 19. Jahrhundert. Anfangs durchstreiften die Neuankömmlinge noch die Wälder nach Pelztieren. Später – bis zum offiziellen Verkauf des Landes an die USA im Jahre 1867 – lebten sie konstant in Südzentral-Alaska. Als dann 1888 entlang des Turnagain Arm Gold gefunden wurde, entfachte dies eine Migrationswelle. In den 1880er Jahren lebten bereits 430 nicht-indigene Menschen in Alaska. Durch den Goldrausch am Klondike kamen bis 1910 noch einmal 40 000 neue Siedler hinzu.

Die eigentliche Entwicklung des heutigen Anchorage begann aber erst ab 1915. Zuvor hatten nur einige Fischer und Goldsucher ihre Zelte am Ufer des Ship Creek aufgeschlagen. Durch die Verstaatlichung der Alaska Railroad, die Manifestierung des Hauptsitzes der Eisenbahnlinie und lukrative Arbeitsangebote entwickelte sich schnell eine große Zeltstadt am Nordufer des Ship Creek. Im Frühjahr desselben Jahres zog es den 1901 aus Schweden eingewanderten Oscar F. Anderson nach Anchorage. Der Geschäftsmann etablierte nicht nur einen Fleischhandel und verkaufte als damals einzige Energiequelle Kohle an die Bevölkerung. Er war auch der erste Einwohner, der ein Haus auf der heutigen 5th Avenue und M Street besaß.

Wurde die Zeltstadt im Juli 1915 noch »The White City« genannt, begann kurze Zeit später die Suche nach einem passenderen Namen. Eine Abstimmung unter der lokalen Bevölkerung ergab den Namen »Alaska City«. Eine weitere Idee

Denkmal für die Athabasken an der Small Boat Launch Road

war, die Siedlung nach einem vor Anker liegenden Schiff zu benennen, das von Bord aus Holzhandel betrieb. Demnach war es »ein Ort, wo Schiffe sicher vor Anker liegen können«. Die territoriale Regierung entschied sich am 23. November 1920 nochmal um und taufte die Stadt nun auf den Namen »Anchorage«, Ankerplatz.

Zwischen 1930 und 1950 verzeichnete Anchorage einen enormen Bevölkerungszuwachs. Der Merill Field Airport, Anchorages erster Flughafen von 1929, und die Investition von drei Milliarden US-Dollar in den Bau der militärischen Anlagen Elemendorf Air Force Base und Fort Richardson ließen die Bevölkerungszahl um 750 Prozent ansteigen. Aus den anfangs 4000 Einwohnern wurden so 30 000. Zudem siedelten sich im Jahr 1935 rund 203 Familien an, die aus wirtschaftlich schwachen Bundesstaaten wie Minnesota, Wisconsin und Michigan kamen, um im fruchtbaren Matanuska-Tal eine landwirtschaftliche Gemeinschaft zu gründen. Im Jahr 1951 wurde der Anchorage International Airport eröffnet und somit das Tor zur Welt geschaffen. Zudem wurde der Seward Highway fer-

Anchorage - Downtown
Restaurants
1 49th State Brewing
2 Simon & Seafort's
3 Snow City Cafe
4 Crow's Nest
5 Glacier Brewhouse
6 Orso
7 Club Paris
8 Solstice Bar & Grill
9 Humpy's Great Alaskan Alehouse
Shopping
1 The Bait Shack
2 The Ulu Factory
3 Stewart's Photo
4 Alaska Mint
5 Polar Bear Gifts
6 Oomingmak
7 6th Avenue Outfitters
8 5th Avenue Mall
KNIK ARM
Ship Creek
E Whitney Rd
E Ship Creek Ave
Ship Creek RV & Camping
E Loop Rd
N C St
A St
C St
Anchorage
Captain Cook
Oscar Anderson House
Eisenhower Statehood Monument
4th Avenue Theatre
F Street Station
Darwin's Theory
Balto
Wendler Building
Old Anchorage City Hall
Peratrovich Park
Ben Crawford Memorial Park
Memorial Field
E 1st Ave
E 3rd Ave
E 4th Ave
E 5th Ave
E 6th Ave
E 7th Ave
E 8th Ave
E 9th Ave
E 10th Ave
E 11th Ave
E 12th Ave
E 13th Ave
E 14th Ave
E 15th Ave
W 3rd Ave
W 5th Ave
W 10th Ave
W 11th Ave
W 12th Ave
W 13th Ave
W 15th Ave
Holy Family Cathedral
Alaska Center for the Performing Arts
Town Square Park
Anchorage Museum
Anchorage Memorial Park Cemetery
Fairbanks St
Cordova St
Gambell St
Hyder St
Ingra St
Eagle St
Denali St
Fairbanks Park
Anchorage Native Assembly
Elderberry Park
Nulbay Park
K St
L St
Inlet Pl
M St
N St
O St
P St
S St
U St
I St
H St
G St
F St
E St
B St
First United Methodist Church
All Saints Episcopal Church
Delaney Park
Steam Lokomotive
Amphitheater
First Baptist Church
First Presbyterian Church
Northside Seventh-day Adventist Church
First Covenant Church
Earl & Muriel King Park
Central Lutheran Church
First Church of Christ Scientist
Inlet View
Alaska District Church of the Nazarene
First Assembly of God
Anchorage Lutheran Church
Valley of the Moon Park
Stoft Lane
Tony Knowles Costal Trail
M. E. Sullivan Park
Transformation
Westchester Lagoon
0 250 500 m

tiggestellt, und der erste TV-Sender ließ sich in Anchorage nieder. Drei Jahre zuvor wurden in Downtown die ersten Ampeln installiert. Den größten wirtschaftlichen Aufschwung entfachte jedoch der Fund von Öl am Swanson River auf der Kenai Peninsula im Jahr 1957.

Schon damals wählten die Ölfirmen Anchorage zu ihrem Haupsitz, und bis heute dominieren die Hochhäuser der Ölgiganten die Skyline der Stadt. Nur einige Zeit später, im Jahr 1964, bebte die Erde. Das sogenannte Karfreitagsbeben richtete auch in Anchorage große Schäden an. Als 1968 im Norden Alaskas an der Prudhoe Bay das größte Erdölvorkommen der USA entdeckt wurde, wuchs Anchorage unaufhaltsam weiter. Gebäude für zivile und auch kulturelle Zwecke wurden fortan mit den Geldern der Ölindustrie finanziert: Die städtische Bibliothek, das Hilltop Skiresort und auch die Sports Arena wurden gebaut. Allein das Performing Arts Center kostete schlappe 76 Millionen US-Dollar. Bis 1975 erweiterte sich die Stadt und gemeindete die Regionen und Orte Eagle River, Girdwood und Glen Alps ein. Um das Jahr 1980 lebten bereits 184 755 Menschen in Anchorage. Im Jahr 2000 wurde der internationale Flughafen nach dem langjährigen US-Senator für Alaska in »Ted Stevens Anchorage International Airport« umbenannt. Während das Öl die Wirtschaft bis heute dominiert, befinden sich auf dem zweiten und dritten Platz die Fischereiindustrie und der Tourismus. 50 Jahre nach dem Karfreitagsbeben wurde Anchorage am 30. November 2018 erneut von einem Beben erschüttert, einige Straßen und Gebäude beschädigt. Das Erdreich unter Anchorage ist genau so jung und dynamisch wie die Stadt selbst.

Sehenswertes

■ Spaziergang vom Ship Creek durch Downtown

Anchorage ist von maritimem Klima geprägt. Im Winter wird die Stadt von extremen Temperaturen verschont, und im Sommer herrschen angenehme 19 Grad mit teilweise 22 Stunden Sonne am Tag. Beginnt man einen Rundgang nördlich der 1st Avenue vom **Ship Creek Overlook Park**, taucht man bereits in die Natur inmitten der Stadt ein. Von der Brücke kann man zwischen Juni und August Lachse auf ihrer Wanderung beobachten. Der **Ship Creek** entspringt in den Chugach Mountains, windet sich durch Anchorage und mündet schließlich in den Cook Inlet. Folgt man dem Weg über die Brücke entlang des Ship Creek Trail,

Angler am Ship Creek

befindet man sich auch gleichzeitig im ältesten Bereich der Stadt. In Richtung des **Comfort Inn Downtown Ship Creek Hotels**, in dessen Eingangshalle ein mächtiger ausgestopfter Grizzly zu sehen ist, erreicht man den Verleih für Angelausrüstung **The Bait Shack**. Wer also selbst mal in voller Montur im Fluss stehen und seinen Fang anschließend geräuchert nach Hause geschickt bekommen möchte, der kann hier für 90 US-Dollar die komplette Angelausrüstung und Lizenz erwerben.

Wendet man sich jedoch Downtown zu, so führt der Weg unweigerlich an der **Ulu Factory** (→ S. 113) vorbei. Seit 25 Jahren ist sie auf die Herstellung der traditionellen Ulu-Messer der Ureinwohner spezialisiert, mit denen man ursprünglich Fisch filetierte, heutzutage aber auch Pizza schneidet. Folgt man von dort aus der NC Street, welche in die West 2nd Avenue übergeht, überquert man nicht nur die Bahnschienen der Alaska Railroad, sondern erblickt auf der rechten Seite die Hauptzentrale der **Alaska Railroad Corporation**. Die bereits erwähnte Zeltstadt (→ S. 89) aus dem Jahr 1915 befand sich hinter dem Gebäude, wo heute Transportcontainer zu sehen sind.

Von dort geht es hinauf durch den überdachten Weg des **Salmon Run**, vorbei am **Alaska Statehood Monument,** welches zu Ehren des Präsidenten Eisenhower errichtet wurde, der 1959 Alaska zum 49. Bundesstaat erklärte. Von hier aus lassen sich die 4th und 5th Avenue weiter erkunden.

■ 4th Avenue

In der 4th Avenue befindet man sich mitten im historischen und auch gleichzeitig heutigen Zentrum der Stadt. Auf der 4th Avenue wird jedes Jahr im März das **Iditarod-Hundeschlittenrennen** (→ S. 99) eröffnet. Von hier aus starten die Musher mit ihren Hundegespannen in Richtung Willow. Im Sommer hängen an den grünen geschwungenen Straßenlaternen zu beiden Seiten 1400 Blumenkörbe und lassen das beliebte Viertel durch ihre Farbenpracht erstrahlen. An der Ecke zur D Street steht das **Wendler Building** aus dem Jahr 1915. Das hölzerne viktorianische Geschäftshaus wurde bis 1920 von Anton J. und Florence Wendler als Lebensmittelgeschäft geführt, in welchem die Familie selbst im oberen Stock lebte. Danach wurde es zu Apartments umgebaut. 1948 eröffneten Florence und ihre Töchter den »Club 25«, einen exklusiven Frauenclub, welcher später auch für Männer zugänglich war und eines der besten Restaurants der Stadt wurde. Damals stand das Haus noch an der Ecke I Street, wo die Wendlers für 555 US-Dollar einen der 655 Bauplätze erworben hatten. 1985 wurde das Gebäude an den heutigen Standort verlegt. Direkt vor dem Wendler Building befindet sich das **Denkmal für Balto**, den berühmten Schlittenhund, der bei der Diphtheriewelle 1925 als Leithund des ersten Hundegespanns das rettende Serum in die Stadt Nome brachte (→ S. 54).

Denkmal für den berühmten Schlittenhund Balto auf der 4th Avenue

▶ Karte S. 90

Die Old City Hall

Der Weg führt auf der lebendigen 4th Avenue weiter zum **Alaska Mint**. Wer nicht selber nach Gold und Silber suchen möchte, der kann sich bei Familie Robuck, die den Laden seit 1990 betreibt, mit allerlei Schmuck und Münzen und Medaillons mit Alaskamotiven eindecken. Ein paar Schritte weiter liegt links der kleine, aber schön angelegte **Peratrovich Park**, welcher an das Ureinwohnerpaar Elizabeth und Roy Peratrovich erinnert, die sich in den 1940er Jahren für mehr Rechte für die Alaska Natives einsetzten. In der gleichen Anlage befindet sich auch das 1936 von E. Ellsworth Sedille entworfene zweistöckige Gebäude der **Old Anchorage City Hall**. Es war das erste Gebäude aus Beton, der die alte Holzrahmenbauweise ablöste, und war bis 1979 das Rathaus der Stadt. Heute beherbergt es neben der Touristeninformation **Visit Anchorage** auch eine kleine Ausstellung zur Stadtgeschichte. Das Rathaus hat seinen Sitz in der 6th Avenue im schlichten, aber erdbebensicheren Hill Building von 1991.

Der Weg führt im Anschluss vorbei am **Alaska Public Lands Information Center** (APLIC), das rund 80 000 Besucher im Jahr empfängt. Dort gibt es nicht nur Informationen über die 122 Millionen Hektar umfassende nutzbare Landesfläche, sondern auch Ausstellungen und tägliche Programme für Kinder sowie informative Rundgänge mit Rangern. Das Gebäude selbst ist das ehemalige **Old Federal Building**, das 1939 im New Deal Concrete Stil erbaut wurde. Der schlichte Baukomplex besteht aus einem Hauptgebäude und zwei Flügeln, wobei der Ostflügel erst nach 1941 gebaut wurde.

Dreht man sich vor dem APLIC auf der Stelle um, entdeckt man das im Art-déco-Stil erbaute **4th Avenue Theatre**. Die Arbeiten an dem Gebäude zogen sich aufgrund des Zweiten Weltkriegs zwischen 1941 und 1947 ein wenig hin, bis es schließlich mit 1200 Quadratmetern und 960 Sitzplätzen, sogar mit integriertem Balkon, eröffnet werden konnte. Der schottische Architekt Benjamin Marcus Priteca hätte bei der Vollendung seines Werkes sicher nicht damit gerechnet, wie sehr das Kino die Herzen der Besucher erreichen sollte. Als die Betreiber das Gebäude in den 1980er Jahren verkauften, wurde es für diverse Zwecke genutzt und später ganz geschlossen. Bis heute geht die Odyssee um den Status und die Nutzung des 4th Avenue Theatre weiter.

Im letzten Abschnitt der 4th Avenue folgen noch einige Büros, Regierungsgebäude, der Sitz des Gerichts und vereinzelte Bars und Cafés. Kurz vor der Kreuzung zur L Street lädt auf der linken Seite noch das **Snow City Cafe** (→ S. 111) zu einem Espresso oder Snack ein. Mit der seit 2003 gehaltenen Auszeichnung für das »Best Breakfast« lohnt es sich, dort auch mal in den Morgenstunden zum Frühstück vorbeizuschauen.

Am Ende erreicht man **Resolution Point** mit dem **Captain Cook Monument**. James Cook war auf der Suche nach der Nordwestpassage im Jahr 1778 die Wasserstraße des Cook Inlet – vergeblich – hinaufgesegelt. Die Bronzestatue ist noch immer mit Blick in Richtung der Wasserstraße ausgerichtet. An klaren Tagen kann man von hier nicht nur den Mount Susitna, sondern auch den Denali höchstpersönlich über der Landschaft thronen sehen. Von hier aus geht man einfach einen Block auf der L Street nach Süden und biegt dann links ab auf die 5th Avenue.

Am Resolution Point erinnert eine Statue an Captain Cook

5th Avenue

Bevor man jedoch nach links abbiegt, lohnt ein Abstecher nach rechts auf Höhe der M Street, um in einen der ältesten Parks der Stadt zu gelangen. Im Jahr 1917 wurde der **Elderberry Park** angelegt, 2015 erneuert und umgestaltet. Neben einem Spielplatz, terrassenförmigen Sitzplätzen mit guter Sicht auf den Cook Inlet und schön angelegten Blumenbeeten beginnen hier nicht nur die Küstenwander- und Fahrradwege der Stadt, auch das älteste Haus in Anchorage ist hier zu finden. Das **Oscar Anderson House Museum** (→ S. 96) wurde 1915 als erstes Haus in Holzrahmenbauweise errichtet. Oscar Anderson selbst sagte von sich, er sei der achtzehnte Bürger der Stadt gewesen. Der gebürtige Schwede eröffnete, weil er gute Handelsbeziehungen nach Seattle pflegte, eine Fleischerei auf der 4th Avenue. Er lebte bis zu seinem Tod im Jahr 1974 in seinem Haus. Heute befindet sich darin ein Museum, das sich den ersten 30 Jahren der Stadtgeschichte widmet, nachdem die ersten Zelte aufgestellt worden waren.

Lässt man das Oscar Anderson House hinter sich, erblickt man in der 5th Avenue auf der rechten Seite gleich zu Beginn einen weiteren Fahrradverleih. Nach wenigen Schritten erreicht man das 1965 erbaute **Hotel Captain Cook** (→ S. 109). Mit 546 exklusiven Zimmern, 96 Suiten, dem einzigen mit »AAA 4 Star Diamond« bewerteten Restaurant »The Crows Nest«, 10 000 Flaschen Wein und extravagantem Service ist es die Adresse für Filmstars und sonstige Berühmtheiten, wenn sie sich in der Stadt aufhalten.

Als nächstes entdeckt man die 1946 erbaute **Holy Family Cathedral**. Die Art-déco-Kathedrale wurde 1981 von Papst Johannes Paul II. besucht. 80 000 Men-

▶ Karte S. 90

schen nahmen an diesem Ereignis teil. Nur ein Haus weiter auf der linken Straßenseite steht das **Glacier Brewhouse**. Das Restaurant ist eine der bekanntesten Adressen für Seafood und Craft-Biere. Wen der Hunger noch nicht gepackt hat, der kann auf der rechten Seite das Westmark Hotel hinter sich lassen und einen kurzen Blick die G Street hinunter werfen. In der Ferne erhebt sich das **Conoco Phillips Building**, ein Bürohaus, welches mit 90,2 Metern das höchste Gebäude der Stadt ist.

Läuft man weiter die 5th Avenue entlang, sollte man das **Alaska Center for the Performing Arts** in Augenschein nehmen. Seine drei Konzertsäle werden vom Alaska Symphony Orchestra und der Anchorage Opera bespielt. Seit 1988 empfängt es jährlich rund 200 000 Gäste zu den verschiedensten Veranstaltungen. Nach dem Gebäude folgt der 1997 eröffnete **Town Square Park**, in welchem 13 000 Backsteine verlegt und 100 Bäume gepflanzt worden sind. Der **Alascom Holiday Tree** (Feiertagsbaum) ist dabei der auffälligste. Vor allem zur Weihnachtszeit ist der Baum geschmückt und hell erleuchtet. Während im Winter viele Alaskaner hier Schlittschuh laufen, bietet sich der prächtige Park im Sommer für eine Verschnaufpause an. Keine fünf Minuten von dort entfernt befindet sich das beliebteste Kaufhaus der Stadt, die **Anchorage 5th Avenue Mall**. Das fünfstöckige Gebäude beherbergt 110 Geschäfte wie die Alaska Wild Berry Products oder Once in a Blue Moose. Wer im Chicagostil der 1940er Jahre und mit Livejazz speisen möchte, der ist im Sullivan's Steakhouse richtig aufgehoben. Wenn man nach dem Stopp in der Mall noch in die C Street in Richtung Süden abbiegt, erkennt man nach einem Block bereits die mächtige gläserne Fassade des **Anchorage Museum** (→ S. 96). Das bedeutendste Museum der Stadt wurde 1968 zunächst mit knapp 1000 Quadratmetern Fläche eröffnet. Heute sind es 23 000 Quadratmeter, auf welchen mehr als 25 000 Objekte und 50 000 historische Fotografien in Dauer- und Wechselausstellungen zu sehen sind. Wer tiefe Einblicke in Land und Leute, Kunst und Geschichte Alaskas erhalten möchte, der ist in diesem Museum richtig. Geht man

Im Oscar Anderson House Museum werden die Anfangsjahre der Stadt anschaulich

von dort aus wieder die C Street in Richtung Norden, erreicht man nach einiger Zeit den Ausgangspunkt. Von hier aus sieht man wiederum den Ship Creek.

Museen

So ziemlich in jeder Ortschaft Alaskas findet sich ein Museum oder Heritage Center. In Anchorage, dem kulturellen Zentrum Zentral-Alaskas, sind die folgenden Museen besonders sehenswert.

Alaska Native Heritage Center

Einen tiefen Einblick in das Leben und die Kultur der Alaskan Natives liefert das Alaska Native Heritage Center. Man sieht hier keine hinter Glas aufgereihten Relikte, sondern eine lebendige, dynamische Kultur: Tanzaufführungen, erzählte Geschichten, Darstellungen von Kunsthandwerk, nachgebaute Winterunterkünfte und ein traditionelles südost-alaskanisches Langhaus. Daneben werden diverser Schmuck, Ornamente und Gravurarbeiten ausgestellt. Ein Besuch im ANHC bringt Besuchern die alte Kultur der Ureinwohner sehr nahe. Daher ist es unbedingt zu empfehlen, sich ausreichend Zeit zu nehmen.

→ 8800 Heritage Center Dr, Tel. +1/907/3308000; Sommer Di–Sa 9–17, Winter Mo–Fr 9–17 Uhr, www.alaskanative.net

Cooler Typ am Anchorage Museum

▸ Karte S. 90

Oscar Anderson House Museum

Das ehemalige Wohnhaus des Geschäftsmannes Oscar Anderson liegt im schön angelegten Elderberry Park (→ S. 94). Es informiert über die Geschichte der ersten neuen Siedler in einer Zeitspanne von 30 Jahren. Nicht nur die Geschichte ist interessant, sondern auch, in einem der ersten und ältesten Häuser Anchorages zu sein, ist ein besonderes Erlebnis. Das heutige Museum ist bereits im Jahr 1978 in das National Register of Historic Places aufgenommen worden. Seit 1980 ist es für die Öffentlichkeit geöffnet.

→ 420 M St, Tel. +1/907/2062284; Di–Do 12–16, Fr, Sa 9–16 Uhr, www.oscarandersonhousemuseum.org

Anchorage Museum

Als Mutter aller Museen im Bundesstaat gilt das Anchorage Museum. Das größte Museum Alaskas bietet in diversen Ausstellungen tiefe Einblicke und detaillierte Informationen zur Geschichte, Kunst, Kultur und Wissenschaft des Landes. Wie haben die ersten Menschen damals die kalten Winter überlebt? Wie lebte man zur Zeit des Goldrausches? Wie war der Tag, an dem im Jahr 1964 das bislang heftigste Erdbeben Nordamerikas Alaska erschütterte? Eröffnet 1968, wurde das Museum im Jahr 2010 durch 600 Objekte der Alaskan Natives erweitert. Darunter befinden sich Fotografien, wasserdichte Kleidung aus Seehundeingeweiden, zeremonielle Masken und allerhand andere interessante Stücke. Die rund 80 Erlebnisbereiche des Museums sind kindgerecht gestaltet, und manche Ausstel-

Das Anchorage Museum informiert über die Kultur und Geschichte Alaskas

lungsstücke können über ein Touchpad näher betrachtet werden. Ein kleines Planetarium sorgt für einen Blick in die Milchstraße, und auch im Sommer lassen sich Polarlichter erleben. Die diversen Wechsel- und Dauerausstellungen ermöglichen Kurzbesuche ebenso wie mehrstündige Aufenthalte – versäumen sollte man das Museum auf keinen Fall.
→ 625 C St, Tel. +1/907/9299200; tgl. 10–18, 1. Fr im Monat 10–21 Uhr, www.anchoragemuseum.org

■ Alaska Aviation Museum

Für alle Flugzeug- und Luftfahrtinteressierten liefert das Alaska Aviation Museum einen guten Überblick. Von den ersten Buschpiloten, die auch die entlegensten Gebiete Alaskas zugänglich gemacht haben, über den Zweiten Weltkrieg bis hin zur Passagierluftfahrt werden Filme gezeigt und historische Pilotenuniformen, Zeitungsartikel, Karten und viele weitere Artefakte ausgestellt. Natürlich sind auch Flugzeuge zu bestaunen: eine American Pilgrim von 1931, das Innenleben einer WacoYK-C von 1934 und viele weitere Maschinen. Außerdem erfährt man in einem Flugsimulator das besondere Gefühl, selber Pilot zu sein.
→ 4721 Aircraft Dr, Tel. +1/907/248-5325; tgl. 10–17 Uhr, www.alaskaairmuseum.org

■ Alaska Jewish Museum

Das recht kleine, aber mit vielen Bildern, Dokumenten und Artefakten schön aufbereitete Museum zeigt ein Alaska, welches von den 1880er Jahren bis heute von jüdischer Kultur geprägt wurde. Dargestellt wird die Geschichte der ersten jüdischen Siedler, Unternehmer, Fotografen und mutigen Buschpiloten, wodurch sich ein faszinierender Einblick in die jüdische Gemeinde Alaskas bietet. Hinzu kommt die neueste Ausstellung über die Zeit des Zweiten Weltkriegs, als Juden aus Deutschland auch in Alaska Zuflucht suchten. Das 2013 eröffnete Museum plant für die Zukunft, auch Filme, Kunst und jüdische Literatur zu integrieren.
→ 1221 E 35th Ave, Tel. +1/907/7707021; Sommer So–Fr 13–18, Winter Mo–Fr 13–18 Uhr, www.alaskajewishmuseum.com

Beim Start des Rennens in Anchorage

Iditarod – das härteste Hundeschlittenrennen der Welt

Jedes Jahr am ersten Samstag im März füllt sich die Fourth Avenue im Zentrum von Anchorage mit Zuschauern. Sie alle kommen, um ihre Helden zu bejubeln, die bereits auf der sonst schneefreien Straße ihre Hundegespanne in Position gebracht haben. Von hier aus werden sie in Abständen von zwei Minuten aufbrechen. Tausende Menschen stehen entlang der Strecke in Richtung Willow, dem eigentlichen Start des Rennens. Dort beginnt der Wettlauf gegen die Zeit im längsten und härtesten Hundeschlittenrennen der Welt. Die Musher (Hundeschlittenführer) werden mit ihren Hunden nun zwischen acht und fünfzehn Tage auf sich allein gestellt sein. Vorbei an 22 Checkpoints werden sie sich über 1600 Kilometer von Anchorage bis nach Nome an der Beringsee durch die erbarmungslose Wildnis kämpfen. Auf sie warten Blizzards, Stürme, die Einsamkeit der Tundra, Elche, zugefrorene Seen, Müdigkeit und Temperaturen im Windchill von bis zu minus 70 Grad. Wenn etwas schief geht, ist Hilfe sehr schwer zu organisieren. Der Iditarod Trail ist ein historisches Wegesystem, das ursprünglich von Seward nach Nome führte und bereits von den Ureinwohnern Alaskas genutzt wurde. Im 20. Jahrhundert, zu Zeiten des Goldrausches, mussten Güter von der Südküste Alaskas ins Landesinnere und von dort weiter in Richtung Nome gebracht werden. Es gab kein zuverlässigeres Transportmittel als Hundeschlitten.

Als 1925 in Nome die Diphtherie ausbrach und der Schiffsverkehr wegen der zugefrorenen Beringsee brachlag, brachten Hundeschlittenstaffeln das rettende Serum nach Nome (→ S. 54). Alaskas berühmtester Schlittenhund Balto erreichte mit seinem Team als Erster die Siedlung und bewahrte die Einwohner so vor einer Katastrophe.

1973 wurde das erste offizielle Rennen veranstaltet, das sich auf dieses bedeutsame Ereignis bezog. Nach wie vor sind die Schlittenhunde die Stars des Spektakels. Hunderassen wie der Alaskan Malamut oder der Alaskan Husky sind den harten Bedingungen am besten gewachsen. In Zweiergespannen mit insgesamt bis zu 16 Hunden laufen vorne die Leithunde. Sie führen das Gespann in Kommunikation mit dem Musher an. Danach folgen die *swing dogs* oder *team dogs*, welche bis vor die letzte Position im Gespann den Leithunden folgen. Am Ende laufen die *wheeler*, die stärksten Hunde mit der größten Lauf- und Zugkraft. Durch jahrelanges Training kennt der Musher die Charakterzüge jedes einzelnen Hundes. Manche Hundeteams bekommen sogar besseres Essen als ihre Musher.

Auf den Gewinner wartet nach all den Strapazen und einer Startgebühr von rund 4000 US-Dollar eine Prämie von mehreren Tausend Dollar. Weitaus bedeutender für die Teams ist jedoch, dass sich Mensch und Hund der harschen Umgebung gestellt haben und dass ihnen, egal an welcher Position sie ins Ziel kommen, der Respekt der Zuschauer gewiss ist. 2022 erreichten 37 Musher das Ziel. Es gewann der Alaskaner Brent Sass mit einer Zeit von 8 Tagen, 14 Stunden und 38 Minuten. Unter den ersten Zehn, die ins Ziel kamen, waren neun Alaskaner und ein Kanadier.

Von Tierschützern wird das legendäre Rennen jedoch kritisch gesehen. Sponsoren wie Coca-Cola und ExxonMobil haben sich aufgrund des Verdachts der Verletzung von Tierrechten gegen eine Unterstützung des Iditarod entschieden.

Die Westchester Lagoon bietet vielfältige Möglichkeiten für sportliche Betätigung

Parkanlagen

Für Alaskaner ist es normal, dass morgens beim Verlassen des Hauses ein Elch oder Bär vor dem Eingang stehen könnte. Demnach wird zuerst aus dem Fenster geschaut, bevor man die Haustür öffnet. In Alaska lebt man auf Tuchfühlung mit der Wildnis, und dabei spielt es keine Rolle, ob die Wildnis eine gepflegte Parkanlage ist oder die ungezähmte Natur. Die Gemeinde Anchorage besitzt 223 Parks mit 4500 Hektar Fläche. Das Streckennetz in den Parks ist insgesamt 400 Kilometer lang, die Hälfte davon asphaltiert. Hinzu kommen 110 Sportplätze, fünf Schwimmbäder, elf Erholungszentren und 82 Spielplätze. Auch der Chugach State Park (→ S. 102) östlich von Anchorage gehört zum Einzugsgebiet und ist die am meisten aufgesuchte Wildnis der Stadt.

■ Delaney Park

Die Fläche, auf der 1954 zwischen der 9th und 10th Avenue der relativ baumlose Delaney Park (Park Strip) angelegt wurde, diente 1922 als Feuerschneise zwischen dem Wald und der bewohnten Gegend in Anchorage. Danach wurde die Fläche als Landebahn für Kleinflugzuge genutzt, bis 1929 der Merrill Field Airport eröffnet wurde. Heute ist sie eine beliebte Parkanlage für viele Freizeitmöglichkeiten wie Fußball, Tennis, Volleyball und Schlittschuhlaufen. Zudem besitzt der Park ein Fitnessstudio und ist bei Joggern sehr beliebt. Parkplätze finden sich auf Höhe der E Street und 10th Avenue. Wer von dort durch den Park spaziert, wird nach kurzer Zeit auf das Train Engine 556 Monument stoßen. Diese Lokomotive wurde 1943 in Europa ursprünglich als Transportmittel gebaut. Zwölf dieser Lokomotiven wurden nach Alaska verschifft und dienten auf der Alaska Railroad als Zugmaschinen für Passagierzüge. Geht man weiter in Richtung Westen, taucht das Veteranenmonument auf und wenig später das Martin Luther King Junior Monument. Wenn man den Centennial Rose Garden erreicht hat, freut man sich über die neun von der Alaska Rose Society frisch angelegten Rosenbeete und ist nach einigen Hundert Metern bald am Ende des Parks angekommen.

▶ Karte: hintere Umschlagklappe

Westchester Lagoon

Nur 15 Minuten von Downtown entfernt liegt diese Oase, wo der Tony Knowles Coastal Trail (→ S. 104) und Laine Fleischer Chester Creek Trail (→ S. 105) miteinander verbunden werden. Westchester Lagoon und Park sind beliebt bei den Alaskanern. Viele nutzen den See zum Kajakfahren. Boote kann man vor Ort mieten, oder man spaziert einfach um den See herum. Andere joggen oder fahren Fahrrad oder Inlineskates. Kinder lieben den Spielplatz mit etlichen Spielzeugen und Spielmöglichkeiten für jedes Alter. Im Winter sieht man zahlreiche Familien beim Schlittschuhlaufen, andere auf Skiern und sogar auf dem Discogolf-Platz. Bei dieser Sportart wird versucht, mit Frisbees in möglichst wenigen Würfen einen Korb zu treffen. Alaskaner lieben dieses Spiel! Wer das Glück hat, entdeckt im Park vielleicht auch einen Elch, Biber, Otter oder Rotfuchs. Zudem halten sich viele Stockenten, Spießenten, Pfeifenten, Gänse und Watvögel an der Lagune auf.

Kincaid Park

Der 600 Hektar große Park wird auch als das Mekka der Outdooraktivitäten bezeichnet. Südwestlich vom Ted Stevens Anchorage International Airport und östlich der Raspberry Road gelegen, ist der Kincaid Park die beste Adresse, wenn es um Radfahren, Mountainbiken, Joggen, Angeln, Ruderbootfahren oder einfach Spazierengehen geht. Das 40 Meilen umfassende Netz aus befestigten und unbefestigten Wegen reicht tief in den Wald aus Birken und Fichten hinein. Elche, Schwarzbären und Weißkopfseeadler sind hier allgegenwärtig und können unter Berücksichtigung der ausgewiesenen Sicherheitshinweise beobachtet werden. Hier finden im Winter viele Skiwettbewerbe statt, und die Kinder aus Anchorage lernen das Skifahren. Es gibt Hundesportareale und sieben Fußballfelder. Und man kann auch in Stille die ausgedehnten Single-Track-Wege erkunden und herrliche Wanderungen durch die innerstädtische Wildnis unternehmen.

Beliebtes Ausflugziel vor den Toren der Stadt: der Flattop Mountain Trail

Chugach State Park

Im Chugach State Park stehen seit 1970 2004 Quadratkilometer Wildnis in Citynähe unter Schutz. Schroffe Berge, Eisfelder und Gletscher sowie schöne Bergseen und dichte Wälder aus Fichten, Kiefern und Erlen prägen das Bild. Alpen-Tragant (Astragalus alpinus), violette Wollgeranien (Geranium erianthum), Cranberries und Blaubeeren tauchen im Sommer nicht nur die Landschaft in schöne Farben, Letztere bieten zwischendurch auf einer Wanderung auch einen vitaminreichen Snack. In rund 30 Minuten fährt man mit dem Auto von Downtown Anchorage über die Glen Alps Road hinauf zum Flattop/Glen Alps Trailhead Parking. Wer nicht selber fahren möchte, kann auch den Flattop Mountain Shuttle (→ S. 108) nehmen. Zwischen Mai und September fährt der Shuttle von Downtown für rund 23 US-Dollar hin und zurück.

Vom Parkplatz aus kann man verschiedene Wanderungen unternehmen, wie zum Beispiel den **Blueberry Loop Trail.** Alaskas meist begangener Wanderweg erstreckt sich über 1,5 Meilen und bietet mit rund 150 Höhenmetern eine tolle Aussicht auf Anchorage und den Cook Inlet.

Oder man erklimmt Alaskas meistbestiegenen Berg, den **Flattop Mountain.** Auf 1,5 Meilen geht es 411 Meter in die Höhe, was sich in etwas mehr als einer Stunde bewältigen lässt. Das Gelände geht über die Baumgrenze hinaus und wird alpin, allerdings mit deutlich sichtbarem Weg. Aber keine Sorge, der Rekord der Besteigung liegt auf der kürzesten Distanz bei 17 Minuten. Der Anspruch ist also eher einfach und entspannt. Zudem bekommt man als Belohnung an klaren Tagen einen weiten Blick vom Mount Denali bis hinüber zu den Aléuteninseln. Mit etwas Glück kann man auf den Wanderungen Elche, Hasen, Stachelschweine, Schneehühner oder sogar Bären sehen. Es gibt auch noch weitere Routen über 3,3 bis 5,5 Meilen mit unterschiedlichen Schwierigkeitsgraden.

Elche gehören in Anchorage zum Stadtbild

▲ Karte: hintere Umschlagklappe

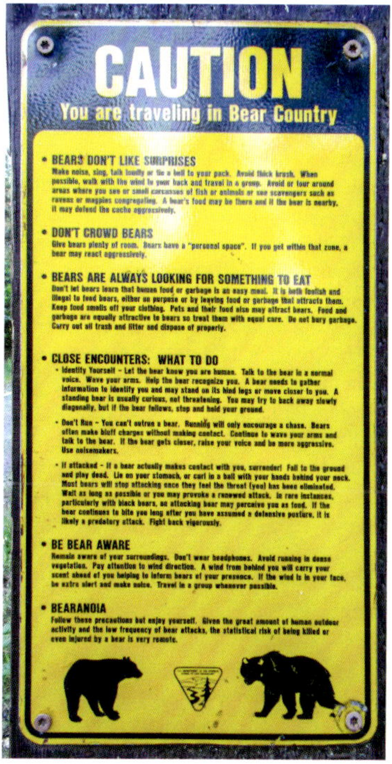

Stets wachsam bleiben!

Tierbeobachtung in Anchorage

Wer auf der Suche nach Braunbären, Schwarzbären, Elchen, Dallschafen, Bergziegen, Wölfen, Kojoten, Luchsen und Bibern ist, der muss das Einzugsgebiet von Anchorage nicht einmal verlassen. Sogar im Stadtzentrum trifft man mit etwas Glück auf Wildtiere. Das intakte Ökosystem Alaskas lässt es zu, dass in der Großstadt rund 100 Tierarten anzutreffen sind. Biologen bezeichnen die Stadt als die größte urbane von Bär und Mensch besiedelte Zone der Welt. Nicht zu vergessen ist auch die weltweit größte Population von Raben. Zudem bevölkern viele Weißkopfseeadler, Küstenseeschwalben, Schwäne und Meisen die Stadt. In den Gewässern tummeln sich Robben und Belugawale, während Lachse die Flüsse der Innenstadt hinaufziehen. Anchorage ist definitiv eine wilde Stadt! Und eine gute Stunde Fahrt südlich von Anchorage befindet sich mit dem Alaska Wildlife Conservation Center (→ S. 143) eine interessante Auffangstation für Wildtiere.

Far North Bicentennial Park

Mit 1600 Hektar ist der Far North Bicentennial Park die größte »Wildnis« in Anchorage. Südöstlich von der Anchorage University gelegen, hat sich der Park nach dem Zweiten Weltkrieg wieder in eine echte Wildnis verwandelt. Die üppige Vegetation von Birken und Fichten ist vor allem im Sommer, wenn die Lachswanderung beginnt, ein Paradies für Bären. Wenn man den majestätischen Tieren begegnen möchte, lohnt ein Spaziergang, eine Radtour oder eine Wanderung auf ausgewiesenen Wegen durch das Dickicht. Zu beachten sind die Verhaltensregeln bei einer Begegnung mit Bären (→ S. 36). Es empfiehlt sich, ein Bärenspray bei sich zu haben.

Alaska Zoo

Wer nicht direkt auf Tuchfühlung mit wilden Tieren gehen, sie aber dennoch in Ruhe beobachten möchte, der ist im Alaska Zoo gut aufgehoben. Seit 1969 öffnet der Zoo täglich, außer an Feiertagen, seine Pforten. Mit einer Vielfalt von über 100 Tierarten, sowohl einheimischen als auch exotischen, einem Informationszentrum und einer Rehabilitationsstation für kranke Tiere gestattet der Zoo aus nächster Nähe einen tiefen Einblick in ihre Lebenswelt. Neben den klassischen Tieren Nordamerikas leben hier auch Eisbären, Vielfraße, Moschusochsen, Stachelschweine, Kamele, der Amurtiger und sogar der seltene Schneeleopard. Für den Besuch sollte man ein bis zwei Stunden einplanen.

Mit dem Fahrrad durch Anchorage

Anchorage wird gerne als »Bike Utopia« bezeichnet und wurde vom amerikanischen *Bike Magazine* in der Rubrik »America's Best Bike Cities« aufgeführt. In der Tat gehört es zur Lebensweise vieler Alaskaner, regelmäßig mit dem Fahrrad oder Mountainbike unterwegs zu sein. Laut einer Studie aus dem Jahr 2014 fahren etwa drei Prozent der Einwohner mit dem Fahrrad zur Arbeit. Das klingt erstmal nicht viel, aber dennoch sind täglich rund 8000 Fahrräder in den Straßen der Großstadt unterwegs. Groß zelebriert wird auch der »Bike to Work Day«, an dem 2017 als gemeinschaftliches Gesundheitsprojekt allein 5000 Menschen zur Arbeit radelten. Hinzu kommen eine Vielzahl verschiedener Verleihstationen für reguläre Fahrräder, Mountainbikes, E-Bikes und Fatbikes zwischen der 4th und 5th Avenue in Downtown. Wenn man sich in das Radelerlebnis stürzen will, sollte man folgende Verhaltensweisen im Straßenverkehr beherzigen.

Verhaltens- und Verkehrsregeln für Radfahrer

- Generell ist es in Downtown verboten, auf Bürgersteigen zu fahren.
- Vorgegebene Fahrradwege sind stets zu benutzen. Dasselbe gilt auch für Fahrradspuren in der Stadt.
- Immer in einer geraden Linie fahren. Niemals in Parklücken ausweichen, um Autos vorbeizulassen.
- Die *door zone* beachten! An parkenden oder geparkten Autos immer am äußeren Rand innerhalb der Fahrradspur vorbeifahren, sonst macht man Bekanntschaft mit einer unachtsam aufgerissenen Autotür.
- In Alaska gilt die Regel *right (turn) on red*, welche besagt, dass man als Autofahrer an einer roten Ampel auf der Rechtsabbiegerspur zwar kurz anhalten muss, aber dennoch bei Rot abbiegen darf.
- Wenn sich neben der Rechtsabbiegerspur ein Radweg befindet, muss der Radfahrer unbedingt achtsam sein, denn nicht jedes Auto blinkt beim Abbiegen.
- Das gleiche Szenario gilt für den *right hook*. Blinkt ein Auto, dass es rechts abbiegen will, so sollte der Radfahrer abbremsen und sich nach kurzem Blick nach hinten und Handzeichen nach links hinter dem Auto einordnen. Da das Auto den Radweg beim Abbiegen kreuzt, tauschen Auto und Fahrrad für einen kurzen Moment quasi die Seiten.
- Wer mit mehreren Fahrradfahrern unterwegs ist, fährt hintereinander und nicht nebeneinander.
- Niemals das Fahrrad unabgeschlossen stehen lassen – nicht eine Sekunde!
- In Waldgebieten, wo die Wahrscheinlichkeit besteht, Bären zu begegnen, keine Kopfhörer tragen, um wachsam zu bleiben.

▶ Karte: hintere Umschlagklappe

Tony Knowles Coastal Trail

Länge: 11 Meilen (nur Hinweg)

Benannt nach Alaskas Gouverneur von 1994 bis 2002, ist dies einer der schönsten Küstenwege der Welt. Der Tony Knowles Coastal Trail erstreckt sich über 11 Meilen entlang des **Cook Inlet** und ist der beliebteste Küstenweg der Stadt. Nicht nur Fahrradfahrer sind hier unterwegs, sondern auch Jogger, Spaziergänger und im Winter Skifahrer. Man sollte vor der Anmietung eines Fahrrads generell überlegen, ob man ein Mountainbike oder reguläres Fahrrad

Ausblick vom Tony Knowles Costal Trail

bevorzugt, da die Auswahl an befestigten und unbefestigten Wegen groß ist. Zudem unterschreibt man im Mietvertrag, dass man mit einem normalen Fahrrad keine Mountainbikewege befährt.
Beginnend an der 2nd Avenue/Ecke E Street, führt der gut ausgebaute Weg vom **Elderberry Park** (→ S. 94) zum **Kincaid Park** (→ S. 101), wo sich der Weg in ein 40 Meilen umfassendes Wegenetz aufteilt. Die Strecke führt ohne große Steigungen entlang der **Westchester Lagoon** (→ S. 101), wo Enten, Gänse und andere Vögel beobachtet werden können. Immer wieder richtet sich der Blick zum Cook Inlet mit Aussicht auf Fire Island und an klaren Tagen sogar den Mount Denali! Mit etwas Glück tauchen auch die weißen Belugawale auf. Weiter geht es durch den **Earthquake Park,** wo man historische Einblicke in die Geschehnisse des Karfreitagsbebens von 1964 erhalten kann. Wer bis hinunter in den **Kincaid Park** radelt, entdeckt im Gehölz vielleicht einen Elch. Fährt man durch den Kincaid Park, gelangt man zur **Raspberry Road** südlich des Ted Stevens Anchorage International Airport. Am Ende muss man sich entscheiden, ob man durch den gesamten Park radelt oder einfach umdreht und die 11 Meilen zurück in Richtung Downtown auf sich nimmt. Für die Tour sollte man mindestens drei Stunden einplanen.

Laine Fleischer Chester Creek Trail

Länge: 6 Meilen (nur Hinweg)
Dieser gut ausgeschilderte Weg erstreckt sich östlich der Westchester Lagoon (→ S. 101) und führt mit ein paar kleinen Steigungen über viele Brücken und durch Unterführungen. Mit Blick auf die majestätischen Chugach Mountains verläuft die asphaltierte Strecke durch den **Valley of the Moon Park,** den **Eastchester Park** bis zum **Goose Lake.** Auch auf dieser Strecke besteht die Chance, Elche und andere Tiere zu entdecken. Viele Einheimische und Studenten gehen dort auch gerne baden. Wer genau hinsieht, kann zwischen Mai und September Pazifiktaucher beim Nisten entdecken. Zudem gibt es viele Kanadagänse und Silbermöwen zu sehen. Vom Goose Lake geht es wieder zurück in Richtung Westchester Lagoon.
Extra 6,8 Meilen: Wer vom Goose Lake weiter über den UUA Drive und die University of Alaska auf die Elmore Road in Richtung Süden abbiegt und noch drei Kilometer weiterfährt, erreicht den **Campbell Park.** Beachten sollte man die Warnhinweise für den Fall, dass man einem Bären begegnet (→ S. 36). Wer das Risiko scheut, dreht entweder auf Höhe der nach rechts führenden Dowling Street um oder biegt dort ab und fährt über den Lake Otis Parkway wieder Richtung Goose Lake zurück.

Campbell Creek Trail

Länge: 7,5 Meilen (nur Hinweg)
Auf der **Ecke Dimond Boulevard und Northwood Drive** beginnt der sehr gut ausgeschilderte Radweg bis zum **University Lake.** Da alle 800 Meter Beschilderungen folgen, der Weg asphaltiert ist und ohne großartige Steigungen verläuft, eignet sich diese Radtour ideal, um mit Kindern von Südwesten nach Nordosten oder umgekehrt durch Alaskas größte Stadt zu radeln. Vorbei geht es am **Taku Lake Park,** in dem sich neben einem Spielplatz auch ein Skatepark befindet. Vorbei am Taku Lake führt der Weg durch eine Unterführung der Alaska Railroad und weiter in Richtung Campbell Creek Park. Es folgen weitere Brücken und Unterführungen. Der **Campbell Creek Park** hat im Jahr 2013 einen neuen Spielplatz bekommen. Unweit davon ist ein kleiner Kiesstrand, wo an sonnigen Tagen gebadet wird und Lachse auf ihren Wanderungen beobachtet werden können. Nach Erreichen des **University Lake** wird man sicherlich Hunde sehen, die mit ihren Besitzern Gassi gehen oder im See schwimmen. Dieser ist nicht nur bei Hunden, sondern auch bei Bibern beliebt. Wer die Augen offen hält, kann mit etwas Glück im südwestlichen Teil des Sees ein solches Tier entdecken. Wer dann noch nicht genug geradelt ist, kann von dort wieder auf dem **Chester Creek Trail** (s. o.) in Richtung Downtown fahren.

Anchorage-Informationen

Allgemeine Informationen

Log Cabin Visitor Information Center, 546 W 4th Ave, Tel. +1/907/2572363; tgl. 9–16 Uhr. Beratung zu Aktivitäten, Restaurants, Touren und Highlights der Stadt. Zudem gibt es viele Broschüren und Karten zur Planung von Unternehmungen in Anchorage und Südzentral-Alaska.
www.anchorage.net

Zwei weitere Büros am **Ted Stevens Anchorage International Airport,** South und North Terminal; Mitte Mai–Mitte Sept.

Alaska Public Lands Information Center, 605 W 4th Ave, Tel. +1/907/6443680; Sommer tgl. 9–17, Winter Di–Fr 10–17 Uhr. Ausstellung »Alaska en miniature« und Beratung zu jeder Art von Tripplanung für ganz Alaska, zu Outdoor- und Campingaktivitäten, zudem Landkarten, Sicherheitshinweise und viele Broschüren.

Banken und Geldautomaten

Banken und Geldautomaten (ATM) gibt es an nahezu jeder Ecke, entweder in oder an einem Bankgebäude, an Tankstellen, in Einkaufszentren oder Läden und Restaurants. ATMs in kleinen Shops oder Cafés erheben häufig eine Extragebühr zwischen 2 und 5 US-Dollar. Banken sind in der Regel 9–18 Uhr geöffnet.

Log Cabin and Downtown Visitor Information Center

▲ Karte S. 90 und hintere Umschlagklappe

Post

United States Postal Service, 320 W 5th Ave, Store 348 (5th Avenue Mall), Tel. +1/800/2758777; Mo–Fr 10–14, 15–18 Uhr

Notruf und ärztliche Versorgung

Notruf (Polizei, Feuerwehr, Rettungswagen): 911 (kostenfrei)

▸ **Krankenhäuser**

Anchorage Regional Hospital, 2801 Debarr Rd, Tel. +1/907/2761131, www.alaskaregional.com

St. Elias Speciality Hospital, 4800 Cordova St, Tel. +1/907/5613333, https://alaska.providence.org

▸ **Apotheken**

Walgreens Pharmacy, 725 E Northern Lights Blvd, Tel. +1/907/6448400; tgl. 8–0 Uhr

Carrs Pharmacy, 1340 Gambell St, Tel. +1/907/3390260; tgl. Mo–Sa 9–19, So 11–18 Uhr

Die genannten Apotheken gehören zu den gängigen Ketten, die in Anchorage mehrere Filialen haben. Viele Medikamente für den täglichen Gebrauch gibt es auch in Supermärkten und Verkaufsläden.

An- und Abreise

■ Flugzeug

Ted Stevens Anchorage International Airport (ANC) Alaskas größter internationaler Flughafen bedient tgl. 240 ankommende Flüge und liegt 6 Meilen außerhalb von Downtown Anchorage. Mit einem ersten Blick auf die Chugach Mountains, einer Ausstellung historischer Flugzeuge und mächtigen ausgestopften Bären und Elchen in der Ankunftshalle ist der Flughafen eine kleine Attraktion für sich.

5000 W International Airport Rd, Tel. +1/907/2662526, www.dot.state.ak.us/anc

Mit einem **Taxi** (→ S. 108) dauert die Fahrt nach Downtown 15–20 Min. (20–25 US-Dollar). Am internationalen Terminal (North Terminal) stehen Taxen vor der Ankunfts-

Am International Airport

halle. Am inländischen Terminal (South Terminal) gibt es Taxen im unteren Level außerhalb der Gepäckannahme.
Mit dem **Shuttlebus People Mover** (s. u.) kann man mit der Linie 40 in Richtung Downtown und der Linie 65 in Richtung Dimond Boulevard fahren. Die Fahrt kostet 2 US-Dollar und muss passend bezahlt werden, tgl. 6–23 Uhr alle 30 Min. (www.muni.org).

Bahn

Es existiert keine Bahnstrecke aus Kanada oder anderen US-Bundesstaaten nach Anchorage. Aber die historische **Alaska Railroad** verbindet Anchorage mit Seward im Süden und Fairbanks im Norden (Mitte Mai–Sept. tgl.). Im Winter ist der Betrieb eingeschränkt: **Aurora Winter Train,** samstags Anchorage–Fairbanks, sonntags retour, Dez.–März an einigen Tagen in der Woche. Er hält in Wasilla, Talkeetna, Hurricane Flagstop Area, Healy und Nenana.
Anchorage–Fairbanks, rund 12 Std. mit Halt in Wasilla, Talkeetna und am Denali National Park. Eine Fahrt als Erwachsener in der günstigsten Klasse kostet schlappe 300 US-Dollar, für Kinder rund 125 US-Dollar. Eine rechtzeitige Reservierung wird dringend empfohlen.
Alaska Railroad, Tel. +1/800/5440552 (Reservierung und Infos), Tel. +1/907/2652688 (Fahrplanauskunft) www.alaskarailroad.com

Auto

Der mehr als 2000 Meilen lange **Alaska Highway** vom südlichen British Columbia in Kanada nach Anchorage zählt zu den schönsten Routen der Welt. Die Strecke führt entlang Dawson Creek, durch Whitehorse, Yukon Territory und Tok bis nach Anchorage. Für die Reise von der kanadischen Grenze bis nach Anchorage sollte man rund vier Tage einplanen. Für alle Informationen zur Strecke und zur Einreise empfiehlt sich der Reisekatalog *The Milepost*. Es gilt, sich bereits vor der Reise über die aktuellen Einreisebestimmungen zu informieren: www.themilepost.com/articles/crossing-the-border

Stadtverkehr

Der **People Mover** fährt ganzjährig auf 14 Routen im Großraum Anchorage und Eagle River. Eine einfache Fahrt kostet 2 US-Dollar und muss passend bezahlt werden, Tageskarten kosten 5 US-Dollar. Ticktes kann man auch mit der App »People Mover mTicket« kaufen. Die Linie 40 bedient den Flughafen. Die Linien 10, 25 und 35 Downtown und Midtown und umliegende Gebiete, die Linien 20 und 30 die Airport Heights und Northeast. Die Busse verkehren Mo–Fr 6–23.30 und Sa, So 8–20 Uhr. Die Busstation Downtown (Downtown Transit Center) befindet sich an der 700 W 6th Ave und die Museum Station an der C St/Ecke 7th Ave. www.muni.org

Autoverleih

Die großen Autoverleiher befinden sich am Flughafen und drum herum sowie in Downtown. Wer früh genug bucht, kann günstige Angebote ergattern. Für Fahrten in und um Anchorage reicht ein Kleinwagen,

Stadtrundfahrten kann man mit dem Anchorage Trolley unternehmen

für eine Reise über lange Distanzen jedoch nicht. Große Autos mit großem Tank (SUV, Pick-up oder Van) sind dafür geeigneter.

Enterprise Rent-a-Car, 4940 W International Airport Rd, Tel. +1/844/9141559, www.enterprise.com

Thrifty Car Rental, 4940 W International Airport Rd, Tel. +1/907/2762855, www.thrifty.com

Avis Alaska, 441 B St, Tel. +1/907/2774567, www.avis.com

Hertz, 3730 Spenard Rd, Tel. +1/907/5624595, www.hertz.com

Taxi

Die Taxiunternehmen in Anchorage sind recht zuverlässig und pünktlich. Generell sieht man viele Taxen und winkt, wenn man eines benötigt. Telefonische Reservierungen sind ebenfalls möglich.

Alaska Yellow Dispatch, Tel. +1/907/2222222, www.alaskayellowdispatch.com

Anchorage City Taxi, Tel. +1/907/7449604

Stadtführungen und -rundfahrten

Alaska.org Wer von Einheimischen persönlich durch Anchorage geführt werden möchte, kann hier historische Rundgänge durch Downtown anfragen oder im Internet Audio-Rundgänge wie z. B. den »Mayor's Walk« anhören und dabei selbständig durch die Stadt laufen.
507 E St, Tel. +1/907/2774321, www.alaska.org

Ghost Tours of Anchorage 1,5 bis 2 Stunden Gänsehaut auf einer Gruseltour durch Anchorage. Gruselguide Rick sorgt dafür, dass die Toten zum Leben erweckt werden, Mai–Sept. Di–So 19.30 Uhr. Treffpunkt Snow City Cafe, 4th St/Ecke L St, Tel. +1/907/2744678, www.ghosttoursofanchorage.com

Anchorage Trolley In einem altertümlichen roten Bus geht es durch Anchorage. Nicht nur die Innenstadt, sondern auch der Earthquake Park, Westchester Lagoon, die historischen Nachbarschaften und weitere Stopps werden angefahren.
546 W 4th Ave (vor dem Log Cabin Visitor Center), Tel. +1/907/2765603, www.anchoragetrolley.com

Flattop Mountain Shuttle Wer nicht mit einem Leihwagen zum Flattop Mountain (→ S. 102) fahren möchte, der kann den Shuttleservice buchen. Der Shuttlebus mit 15 Plätzen fährt vom Downtown Bicycle Rental an der Ecke 4th Ave/C Street zwischen Mai und September tgl. 12.05 Uhr

▶ Karte S. 90

für 24 US-Dollar hinauf und wieder hinunter. Der Bus wartet 2,5 Stunden auf dem Parkplatz, wo die Wanderwege beginnen, so dass man in aller Ruhe auf den Flattop Mountain wandern kann. Man bekommt sogar Hinweise zur Wanderung, und auf dem Rückweg kann man auch am Alaska Zoo aussteigen.
333 W 4th Ave, Tel. +1/907/2793334, www.hike-anchorage-alaska.com

Unterkunft

Jegliche Kategorie von Unterkünften ist in kurzer Zeit vom Flughafen aus zu erreichen. Midtown liegt nur zehn Minuten, Downtown 20 Minuten entfernt. Mehrere Hotels offerieren auch einen Shuttle vom Flughafen.

■ Hotels

Marriott Anchorage Downtown, 820 W 7th Ave, Tel. +1/907/2798000; DZ ab 590 US-Dollar. Die Zimmer sind in hellen, erfrischenden Farben und eleganter Ausstattung gestaltet. Das Café Promenade und auch der offen gebaute Great Room laden zu feinsten Menüs mit lokalem Heilbutt und Lachs ein. www.marriott.com

Captain Cook, 939 W 5th Ave, Tel. +1/907/2766000; DZ ab 460 US-Dollar. Das Hotel der Filmstars und bekannten Persönlichkeiten hat 546 Zimmer und 96 Suiten, einen voll ausgestatteten Wellness- und Fitnessbereich sowie das einzige AAA-Four-Diamond-Restaurant in Alaska mit amerikanisch-französischer Küche und einer Auswahl von rund 10 000 Weinflaschen. www.captaincook.com

Hilton Anchorage, 500 W 3rd Ave, Tel. +1/907/2727411; DZ ab 460 US-Dollar. Das höchste Hotelgebäude der Stadt mit der besten Aussicht brilliert mit 600 Zimmern mit hervorragendem Service und einer Lage mitten in Downtown. Restaurant, Bar und Fitnesscenter. www.hilton.com

Comfort Inn Downtown Ship Creek, 111 Ship Creek Ave, Tel. +1/907/2776887; DZ/F ab 200 US-Dollar. Das Hotel hat 100 Zimmer, einen Pool und ausgestopfte Bären in der Eingangshalle. In wenigen Minuten ist man zu Fuß in Downtown, und doch beginnt direkt hinter dem Hotel die Wildnis: Im Ship Creek kann man Lachse beobachten oder angeln. www.choicehotels.com

■ Bed and Breakfasts

Eine der besten Möglichkeiten, direkt mit Alaskanern in Kontakt zu kommen, ist es, in einem Bed and Breakfast zu nächtigen. Viele Eigentümer verwenden für das Frühstück alaskanische Produkte, und die Zimmer verfügen über lokaltypische Wohnatmosphäre.

Arctic Fox Inn, 327 E 2nd Court, Tel. +1/907/2741239; DZ ab 160 US-Dollar. Saubere und sehr gepflegte Unterkunft mit Bad im Zimmer und guter Auswahl beim Frühstück. www.arcticfoxinn.com

Susitna Place, 727 N St, +1/907/2743344; DZ ab 160 US-Dollar. Schöne Balkone mit Blick auf den Knick Arm, ruhige Lage, aber dennoch zentral. www.susitnaplace.com

Summerset B & B, 8391 Summerset Dr, Tel. +1/907/3493766; DZ ab 135 US-Dollar. Nahe am Flughafen gelegen und mit Mottozimmern zu verschiedenen Alaskathemen. Reservierung dringend empfohlen! www.alaska-summersetbnb.com

Das Hilton Hotel ist das höchste Hotel von Anchorage

Camping- und Stellplätze

In Anchorage kann man unweit von Downtown auch im Zelt oder Wohnwagen übernachten; die Spanne reicht von sehr einfach (ohne Strom und Wasser) bis hochwertig. Es gilt, die Verhaltensregeln im Umgang mit Feuer und Wildtieren zu beachten.

Centennial Campground, 8400 Starview Dr, Tel. +1/907/3436986; 25 US-Dollar/Nacht; Mai–Sept. Nur 15 Min. von Downtown entfernt und umgeben von Wald, 88 Plätze für Zelte und Wohnwagen.
www.muni.org

Ship Creek RV Park, 150 N Ingra St, Tel. +1/907/2770877; Stellplatz ohne Wasser 45 US-Dollar, mit Strom/Wasser 65 US-Dollar, Zelt 45 US-Dollar. Nur eine Meile von Downtown entfernt.
www.alaskatraveladventures.com

Golden Nugget RV Park, 4100 Debarr Rd, Tel. +1/800/4492012; Stellplatz 43–50 US-Dollar. Nur für Wohnmobile und Wohnwagen, vier Meilen von Downtown entfernt, 215 Stellplätze.
www.goldennuggetcamperpark.com

Gastronomie

Kaum jemand wird Anchorage als Hochburg der Kulinarik kennenlernen. Dennoch bietet die Stadt außergewöhnlich viele Möglichkeiten zum Snacken und Dinieren. Von qualitativ hochwertiger Küche mit diversen Auszeichnungen bis hin zum Fast Food auf die Hand sind alaskanische, amerikanische und internationale Restaurants in ganz Anchorage vertreten.

Gehobene Küche

Crow's Nest, 940 W 5th Ave, Tel. +1/907/2766000. Gehobene Küche mit amerikanischen und französischen Einflüssen, dazu exquisite Weine; Vorspeisen 30–50 US-Dollar.
www.captaincook.com

Solstice Bar & Grill, 720 W 5th Ave, Tel. +1/907/2767676. Im Westmark Hotel befindlich, wird es häufig übersehen. Die Küche bietet schmackhafte Suppen, 6 Stunden gekochte Prime Ribs, speckummantelte Jakobsmuscheln und edle Desserts. Den kleinen Hunger zwischendurch stillen einfache Appetizer. Es gibt auch eine Espresso-Bar.
www.westmarkhotels.com

Simon & Seafort's, 420 L St, Tel. +1/907/2743502. Küchenchef James Shepherd hat nicht umsonst mehrere Auszeichnungen bekommen. Das Restaurant existiert seit 1978 und ist ein Klassiker der gehobenen alaskanischen Küche. Feinste Steaks, saftige Hummer, frische Austern, geräucherte Chili-Prawns und Krabben mit Artischockendip sind die Vorzeigegerichte auf dem Menü; Vorspeisen 15–55 US-Dollar, Hauptgänge 30–90 US-Dollar.
www.simonandseaforts.com

Blick über Anchorage Downtown

▲ Karte S. 90 und hintere Umschlagklappe

Alaskanische Küche

49th State Brewing, 717 W 3rd Ave, Tel. +1/907/2777727. Gemütliche Lokalität in einem Gebäude von 1930, wo man nicht nur Touristen, sondern auch Alaskaner trifft. Lokale Braukunst und deftige Küche, auch mit Kindermenü. Hier geht man definitiv nicht hungrig nach Hause. Spezialität des Hauses ist der in Alaska gezüchtete Yak, aber auch Elch, Rentier und Büffel können probiert werden und natürlich Fisch und Meeresfrüchte. www.49statebrewing.com

Club Paris, 417 W 5th Ave, Tel. +1/907/2776332. Klassisches Steakhouse aus den 50er Jahren. Es werden aber auch Jakobsmuscheln und Heilbutt serviert. www.clubparisrestaurant.com

Glacier Brewhouse, 737 W 5th Ave, Suite 110, Tel. +1/907/2742739. Hotspot in Downtown, der Einheimische und Touristen in lustig-lauter Atmosphäre vereint. Durch Scheiben kann man die Bierproduktion verfolgen, nebenbei ein paar alaskanische Biere trinken und sich durch die abwechslungsreiche Menükarte probieren. Steaks, Barbecue-Lachs und *southwestern halibut* sind die Klassiker. www.glacierbrewhouse.com

Humpy's Great Alaskan Alehouse, 610 W 6th Ave, Tel. +1/907/2762337. Livemusik, 50 Biere vom Zapfhahn und alaskanisches Essen wie Herzmuscheln und Heilbutt-Burger. Die »Kodiak Arrest Challenge«, bei der in 60 Minuten eine enorme Menge Krabbennuggets, Reintierwürste, ein Kilo Königskrabben und Dessert gegessen wird, gilt als legendäres Wettessen. www.humpysalaska.com

Orso, 737 W 5th Ave, Tel. +1/907/2223232. Warme, einladende Atmosphäre, die einhergeht mit gutem Bier und Wein und ehrlicher Küche aus lokalen Produkten wie Lachs von der Kenai-Halbinsell und Lamm und Huhn aus dem Matanuska-Tal. www.orsoalaska.com

Snow City Cafe, 1034 W 4th Ave, Tel. +1/907/722489. Ausgezeichnet für das »Beste Frühstück« in Anchorage. Neben den vorzüglichen Lachsküchlein und Sam's Scramble (Rührei mit karamelisierten Zwiebeln, Spinat, Speck und Cheddar) werden hier auch vegetarische, vegane und allergenfreie Varianten serviert. www.snowcitycafe.com

Sami's City Diner, 3000 Minnesota Dr, Tel. +1/907/2772489. Restaurant für Familien mit moderaten Preisen. www.samiscitydiner.com

Seward's Folly Bar & Grill, 1811 Abbott Rd, Tel. +1/907/2221218. »A restaurant for Alaskans!« Sportsbar und Restaurant mit leckeren Burgern. Der große Außenbereich lädt auch Familien mit Kindern ein. www.sewardsfollybarandgrill.com

Internationale Küche

China Town, 836 E Loop Rd, Tel. +1/907/2743322. Asiatische Küche mit All-you-can-eat-Buffet. www.chinatownalaska.com

Fast Food

Smashburger, 317 W 104th Ave, Tel. +1/907/3376274. Sandwiches, Salate und klassische wie neuartige, frische, saftige Burger! Wenn Fast Food, dann hier. www.alaskasb.com

Tastee Freez, 3901 Raspberry Rd, Tel. +1/907/2483068. Seit mehr als 60 Jahren werden hier Hamburger, Grillhähnchen und Softeis verkauft. Ein Fast-Food-Klassiker. www.tfalaska.com

Sweet Caribou, 701 W 36th Ave (im Olympic Center), Tel. +1/907/2235160. Handgefertigte Macarons, köstliche Mittagssnacks und die vielleicht besten Cupcakes der Welt. www.sweetcaribou.com

Pubs und Bars

Darwin's Theory, 426 G St, Tel. +1/907/2775322, Fb. Nette Cocktailbar, wo Touristen und Einheimische miteinander feiern. Getränkepreise sind in Ordnung.

F Street Station, 325 F St, Tel. +1/907/2725196. Grillrestaurant und die wohl älteste Bar in Anchorage. Seit 1944 stehen die Türen offen für Buschpiloten, die nicht nur ihre Flugzeuge auftanken wollen. Heute sitzen auch viele Touristen an den Tischen.

Moose's Tooth Pub and Pizzeria, 3300 Old Seward Hwy, Tel. +1/907/2582537.

Hier wird nicht nur die beste Pizza Alaskas serviert, die Location veranstaltet regelmäßig Konzerte und ist auch gleichzeitig eine Mikrobrauerei. Es ist laut, voll und man kann nicht reservieren. Am besten, man geht einfach hin und lässt sich treiben. https://moosestooth.net

Am Abend

■ Theater und Konzert

Anchorage Opera, 1507 Spar Ave, Tel. +1/907/2792557, www.anchorageopera.org

Alaska Center for the Performing Arts, 621 W 6th Ave, Tel. +1/907/2632900, www.alaskapac.org

■ Kino

Bear Tooth Theatrepub, 1230 W 27th Ave, Tel. +1/907/2764200. Restaurant und Kino in einem. Der Saal ist mit Balkonen ausgestattet. Wer keinen Film schauen möchte, kann auch im separaten Restaurant sitzen. Gut geeignet für Kinder. https://beartooththeatre.net

Regal Totem, 3131 Muldoon Rd, Tel. +1/844/4627342, www.regmovies.com

Regal Tikathnu IMAX & RPX, 1102 N Muldoon Rd, Tel. +1/844/4627342, www.regmovies.com

■ Discos und Clubs

Chilkoot Charlie's, 2435 Spenard Rd, Tel. +1/907/2721010; Mo–Do 11.45–2.30, Fr, Sa 10.30–3, So 10.30–2.30 Uhr. Klassischer Nachtclub mit vielfältigem Programm. Karaoke, Open-Mic-Sessions für DJ's, Comedians und Musiker, Steak Nights und Burlesque-Shows. www.koots.com

Einkaufen

Natürlich reist man nicht in erster Linie zum Shoppen nach Alaska. Dennoch bietet Anchorage einige Möglichkeiten, wenn die letzten Dollars noch ausgegeben werden müssen oder das Wetter mal nicht mitspielt.

■ Shopping Malls

Anchorage 5th Avenue Mall, 320 W 5th Ave. Das fünfstöckige Kaufhaus mit

Der Oomingmak-Shop bietet traditionelle Wollwaren

110 Läden befindet sich im Herzen von Downtown und ist die erste Adresse, wenn es um Shopping geht. www.simon.com

Dimond Center, 800 E Dimond Blvd. Nicht nur Shopping ist hier seit 1977 angesagt, sondern Erlebnisse für die ganze Familie. Neben klassischen Geschäften wie H&M und Footlocker gibt es auch Kinos, eine Eislaufbahn und Bowling. www.dimondcenter.com

Midtown Mall, 600 E Northern Lights Blvd. Friseure, Outdoorgeschäft, Musikalienhandel, Fitnesscenter – für jeden ist etwas dabei. Das Einkaufszentrum hat sogar einen integrierten Farmers Market. www.midtownmall.com

The Northway Mall, 3101 Penland Pkwy. Nur 2,6 Meilen von Downtown entfernt liegt das Einkaufszentrum mit Supermärkten, Restaurants, Läden für Kleidung, Mobiltelefone u.v.m. www.thenorthwaymall.com

■ 24-Stunden-Shop

Holiday Stationstore, 1500 E 5th Ave, Tel. +1/907/2766395. 24-Std.-Tankstelle mit Gemischtwarenladen. www.holidaystationstores.com

■ Landestypisches und Andenken

Oomingmak Musk Ox Producer's Co-operative, 604 H St, Tel. +1/907/2729225. Angeboten werden seit 1969 feinste Woll-

▶ Karte S. 90 und hintere Umschlagklappe

waren vom Moschusochsen, von 250 Alaskan-Native-Frauen traditionell handgestrickt – erstklassige Qualität. www.qiviut.com
The Ulu Factory, 211 W Ship Creek Ave, Tel. +1/907/2763119. Hier können hochwertig produzierte Messer der Ureinwohner für Küchenarbeiten erworben werden – ein originelles Mitbringsel. www.theulufactory.com
Alaska Wild Berry Products, 5225 Juneau St und 320 W 5th Ave (5th Avenue Mall), Tel. +1/907/5628858. Offeriert werden süße Souvenirs mit viel Schokolade und feinsten alaskanischen Beeren und Früchten. www.alaskawildberryproducts.com
Polar Bear Gifts, 600 W 4th Ave, Tel. +1/907/2744387. Der 2,50 m große Grizzlybär vor der Tür ist eines der meistfotografierten Motive der Stadt. Anchorages größtes Souvenirgeschäft bietet auf 1300 m² ein Paradies mit über 100 000 T-Shirts, ausgestopften Tieren, Postkarten, Schokolade, DVDs u.v.m. www.polarbeargifts.net

Fachgeschäfte

Barnes & Noble, 200 E Northern Lights Blvd, Tel. +1/907/2797323. Das größte US-amerikanische Buchhandelsunternehmen bietet Bücher, Landkarten und Medien aller Art. www.barnesandnoble.com
REI, 500 E Northern Lights Blvd (in der Midtown Mall), Tel. +1/907/2724565. Die Nr. 1, wenn es um Outdoorausrüstung und -bekleidung geht. Bevor man in die Wildnis aufbricht, sollte man hier nochmal reinschauen. www.rei.com
6th Avenue Outfitters, 524 W 6th Ave, Tel. +1/907/2760233. Zentral gelegener Outdoorladen mit guter Auswahl. www.6thavenueoutfitters.com
Stewart's Photo, 531 W 4th Ave, Tel. +1/907/2728581. Gut sortiertes Geschäft für Fotobedarf. Außerhalb von Anchorage sind Fotogeschäfte eher die Ausnahme. www.stewartsphoto.com

Märkte

Zwischen Mai und September finden in Anchorage die berühmten Farmers Markets statt. Frisches Gemüse, fangfrischer Fisch, lokales Kunsthandwerk und Live-Unterhaltung ziehen Tausende Besucher, ob Jung oder Alt, allwöchentlich auf die Marktplätze.
Anchorage Market and Festival, 88th Ave; Mitte Mai–Mitte Sept. Sa 10–18, So 11–17 Uhr. Rund 200 Aussteller und Stände. Lebensmittel, Food Trucks, Kunsthandwerk und Souvenirs. Fotografen und Maler bieten ihre Arbeiten an, dazu Livemusik. Groß, lebendig und bunt – ein absolutes Muss! www.anchoragemarkets.com/anchorage-market
Spenard Farmers' Market, 2555 Spenard Rd; im Sommer Sa 9–14 Uhr. Gemüse, Seafood und weitere Schätze Alaskas auf dem Parkplatz von Chilkoot Charlie's neben der Spenard-Windmühle.
South Anchorage Farmers' Market, 11111 O'Malley Centre Dr; Mai–Sept. Sa 9–14 Uhr; 700 E Dimond Blvd (am Dimond Center Hotel); Juli–Sept. Mi 10–16 Uhr. Rund 35 Stände mit lokalen Produkten: Eiscreme, Pasta und Süßkram mit Wildbeeren sind die absoluten Renner. www.safm.org
The Center Market, 600 E Northern Lights Blvd (in der Midtown Mall); Mi, Fr 10–18, Sa 10–16 Uhr. Alaskas einziger ganzjährig geöffneter Markt bietet eine reichhaltige Variation an Gemüse, Kosmetik, Fleischwaren sowie viele Produkte mit dem Siegel »Alaska grown«. www.centermarketak.com

Museen

→ S. 96

Veranstaltungen und Feste

→ S. 293

Mit Kindern

Alaska Zoo, 4731 O'Malley Rd; ganzjährig, längste Öffnungszeiten Juni–Aug. tgl. 9–20 Uhr, www.alaskazoo.org
Spielplätze:
Campell Creek Trail, 2365 E 48th Ave; Fairview Lions Park, 1201 E 8th Ave; Valley of the Moon Park, 610 W 17th Ave.

Auf dem Glenn Highway nach Norden

Von Anchorage nach Palmer

Als Teil der Alaska Route 1 verläuft nördlich von Anchorage der insgesamt 187 Meilen lange Glenn Highway. Die Fahrt aus der Stadt hinaus verläuft zunächst auf großspurigen Straßen und ist relativ unspektakulär. Schwarzfichten, Erlen, Birken und Pappeln säumen den mächtigen Highway und versperren den Blick auf die Umgebung. Doch mit jeder weiteren Meile zeigt sich bei gutem Wetter Alaska wieder in voller Pracht. Die schroffen Chugach Mountains begleiten den Reisenden noch ein Stück weit in Richtung Norden, bevor in der Ferne die ersten Gipfel der Talkeetna Mountains auftauchen.

Der Weg führt nach sieben Meilen zunächst an der Militärbasis **Fort Richardson** vorbei, bevor man nach insgesamt 13,4 Meilen das Städtchen **Eagle River** erreicht. Das hiesige zwölf Meilen östlich gelegene Eagle River Nature Center bietet nicht nur spektakuläre Aussichten auf die majestätische Bergkulisse, sondern auch vielfältige Möglichkeiten für Wanderungen und Tierbeobachtungen. Wieder zurück auf dem Highway warten 25 Meilen weiter nördlich die donnernden **Thunderbird Falls**. Von hier aus erreicht man in

Von Anchorage nach Palmer

Der Glenn Highway überspannt den Knik River

wenigen Minuten auch den **Eklutna Village Historical Park,** welcher nicht nur die älteste von Athabasken bewohnte Siedlung darstellt, sondern auch die Hinterlassenschaften der im Jahr 1840 angekommenen russisch-orthodoxen Missionare zeigt. Rund eine halbe Stunde abseits des Highways befindet sich der elf Kilometer lange **Eklutna Lake,** welcher auch viele Einheimische zum Picknicken, Fischen oder Wandern einlädt.

Zurück auf dem Glenn Highway, führt dieser von dort über die **Knik River Bridge,** unter der sich der Knik River und der Matanuska River vereinen und von der man einen schönen Blick auf den Knik Arm hat. Rund zwölf Meilen später ist die Stadt **Palmer** erreicht. Doch vorher gilt es noch, sich zu entscheiden, ob man dem Glenn Highway 1 folgt oder die Weiterfahrt auf dem Parks Highway 3 in Richtung Wasilla unternimmt. Egal, ob man in **Wasilla** die Hauptzentrale des berühmten Iditarod aufsucht oder sich die gigantischen Gemüse in Palmer ansieht, aus jeder Richtung führen die Straßen zum sehr reizvollen **Hatcher Pass,** und die historische Minensiedlung der **Independence Mine** versetzt Besucher zurück in die 1930er Jahre.

■ Knik Arm

Der 24 Kilometer lange Knik Arm ist einer der zwei Seitenarme des mächtigen Cook Inlet, der sich am nordwestlichen Ende des Golfs von Alaska erstreckt. Der Knik Glacier in den Chugach Mountains mündet in den Knik River, der wiederum in den Knik Arm fließt. Weitere Zuflüsse des Knik Arm sind Eagle River, Ship Creek, Peters Creek und Eklutna River. Das Wort »Knik« stammt aus der athabaskischen Sprache und bedeutet übersetzt »Feuer«.

■ Eagle River ➲ *Mile A 13.4*

Benannt nach dem gleichnamigen Fluss, wurde die Stadt Eagle River mit heute rund 22 000 Einwohnern das erste Mal im Jahr 1939 erwähnt. Infolge der »Homestead Acts« (→ S. 52) errichteten die ersten Siedler hier eine landwirtschaftliche Kommune. Seit 1970 zählt Eagle River zum Großraum von Anchorage und bildet heute wegen der vielen Einkaufsmöglichkeiten fast schon eine Shoppinghochburg abseits der Großstadt. Auch wenn die Stadt nicht die attraktivsten Anziehungspunkte bietet, so lohnt der Besuch beim alljährlich im Juli veranstalteten **Bear Paw Festival.**

Auch für Familien und ungeübte Wanderer schön: der Albert Loop Trail

Eine große Parade, eine Autoshow, als Bären kostümierte Alaskaner, ein 300 Yard langer Spaßlauf durch die Stadt und die berühmten Slippery Salmon Olympics, bei denen die Teilnehmer einen glibberigen Lachs in den Händen durch einen Hindernisparcours bringen müssen, locken an diesen Tagen viele Besucher aus der Umgebung in die Stadt. Von Eagle River aus führt die Eagle River Road zum allseits beliebten **Eagle River Nature Center.** In weniger als 20 Minuten erreicht man dort das Eingangstor zum **Chugach State Park.** Das im Jahr 1995 gegründete Nature Center war in den 60er Jahren einmal ein berühmtes Steakhouse mit Bar namens »Paradise Haven Lodge«. Allein die Fahrt dorthin war schon ein Abenteuer. Heute ist die Straße in sehr gutem Zustand. Das Nature Center bietet nicht nur Naturliebhabern die Möglichkeit, sich über die Umgebung zu informieren, sondern offeriert auch geführte Wanderungen für alle Altersgruppen. Besonders bei Schulklassen ist das Zentrum sehr beliebt. Wer länger bleiben will, kann für rund 80 US-Dollar eine Holzhütte *(cabin)* bu-

Ist man auf dem Glenn Highway unterwegs, sind die Chugach Mountains immer dabei

▲ Karte S. 114

chen. Wegen ihrer großen Beliebtheit sollte sie allerdings mindestens ein Jahr im Voraus reserviert werden. Wer nicht über Nacht bleiben mag, kann einen der vielen **Wanderwege** rund um das Besucherzentrum wählen oder auch in den Fernwanderweg »Crow Pass« nach Girdwood einsteigen. Zudem führt der historische Iditarod Trail entlang des Eagle River. Der beliebteste lokale Wanderweg ist der Albert Loop Trail (s. u.), der direkt hinter dem Gebäude beginnt.

Albert Loop Trail

Länge: 4,5 Kilometer (Rundweg)
Gehzeit: gut 2 Stunden
Anspruch: einfach-moderat
Ausstattung: keine Einkehrmöglichkeiten; Verpflegung und Wasser mitnehmen
Max. Höhe: 40 Meter
Beste Jahreszeit: Mitte Okt.–Mitte Aug. (Mitte Aug.–Mitte Okt. geschlossen)
Start/Ende: Eagle River Nature Center
An-/Abreise: mit dem Auto
Karte: www.alaska.org/detail/albert-loop-trail

Der Weg windet sich vom Besucherzentrum aus durch die boreale Nadelwaldlandschaft und erreicht das Ufer des **Eagle River.** Vom Flussufer aus können mit etwas Glück Biber beobachtet werden. Parallel noch näher am Ufer entlang verläuft der **River Loop Walk,** der im Sommer allerdings nass sein kann. Generell ist der Rundweg ohne große Steigung einfach zu erwandern, dennoch kann der Untergrund bei Regen schlammig sein. Deswegen wird festes Schuhwerk empfohlen. Im Besucherzentrum kann man eine Karte mit geologischen Informationen kaufen. Von Mitte August bis Mitte Oktober ist der Wanderweg geschlossen, damit die Bären ungestört im Fluss nach Lachsen fischen können.

Eagle River

Die Anreise mit dem Auto verläuft von Anchorage aus in nördlicher Richtung auf dem **Glenn Highway 1.** Von Anchorage ist Eagle River in rund 25 Minuten zu erreichen.

Mehrmals tgl. verkehren Busse (Route 92) von der City Hall, Downtown Anchorage, nach Eagle River; 2 US-Dollar, Fahrtzeit 24 Min.

Eagle River Nature Center, 32750 Eagle River Rd, Eagle River, AK 99577, Tel. +1/907/6942108; Mi–So 10–17 Uhr, www.ernc.org

Bear Paw Festival (4 Tage im Juli) Über die ganze Stadt verteilt mit viel Entertainment, Wettbewerben, Verkaufsständen und Imbissbuden.
www.bearpawfestival.com

Thunderbird Falls *Mile A 25.2*

Ein tolles Erlebnis für die ganze Familie sind die 60 Meter hohen Thunderbird Falls. Wenige Meilen vor dem Dörfchen Eklutna verlässt man den Glenn Highway an der ersten Ausfahrt hinter Mirror Lake und gelangt auf den Old Glenn Highway. Folgt man der Beschilderung, erreicht man nach wenigen Minuten den Parkplatzbereich mit angelegtem Campingplatz. Die Parkgebühr kostet 5 US-Dollar. Der Weg zum Wasserfall zieht sich durch dichten Birkenwald entlang des Eklutna River. Während es zu Anfang für 30 Meter recht steil in die Höhe geht, wird der Weg im Anschluss gerade, bis man die Aussichtsplattform erreicht hat. Wem die Plattform nicht reicht, der kann auf einem ausgewiesenen Weg in den Canyon hinuntersteigen und sich am Fuße des Wasserfalls die Gischt direkt ins Gesicht sprühen lassen. Die Thunderbird Falls sind ein beliebtes Ausflugsziel für Familien mit kleinen Kindern.

Am Eklutna Lake

Eklutna Village Historical Park

Mile A 26.1

Der historische Park geht zurück auf das Jahr 1650 und ist somit die älteste Athabasken-Siedlung in dieser Gegend. Im 19. Jahrhundert ließen sich erste russische Siedler und Missionare nieder. Die Old St. Nicholas Church wurde bereits im Jahr 1870 von den orthodoxen Missionaren errichtet und ist heute das älteste erhaltene Gebäude im Großraum Anchorage. Neben der mit Zwiebeltürmen 1962 errichteten New St. Nicholas Church ziehen besonders die Spirit Houses Aufmerksamkeit auf sich. Die über 100 lieblich bunt gestalteten Häuschen wurden von den ansässigen Tanaina-Athabasken zur Bestattung ihrer Familienmitglieder errichtet. Zuerst wurde über den toten Körper eine Decke gebreitet und 40 Tage später das Spirit House darübergestellt, damit Körper und Seele nicht frieren. Das Spannende an diesem Friedhof ist das nur hier vorkommende Nebeneinander von athabaskischen Riten und Kreuzen des russisch-orthodoxen Glaubens. Für sehr interessierte Besucher werden auch geführte Rundgänge angeboten.

→ *Eklutna Village Historical Park, Eklutna Village Rd, Chugiak, AK 99567, Tel. +1/907/6886026; Mai–Sept. tgl. 10–17 Uhr, Erw. 5 US-Dollar, bis 18 Jahre 2,50 US-Dollar, unter 11 Jahren frei, www.eklutnahistoricalpark.org*

Eklutna Lake

Gegenüber dem Dörfchen Eklutna führt die Eklutna Village Road über den Glenn Highway hinweg hinüber auf den Old Glenn Highway und von dort auf die Eklutna Lake Road. Die rund zehn Meilen bis zum Eklutna Lake verlaufen über eine immer enger werdende und kurvenreiche Straße, bis man den Eklutna Campground erreicht hat. Vorher lohnt ein Stopp bei Rochelle's Ice Cream Shop. Dort gibt es neben leckeren Milchshakes

▸ Karte S. 114

und Banana Splits auch Angellizenzen, Picknikzubehör und Souvenirs. Der See selbst ist ein ganzjährig beliebtes Ziel von Wanderern, Radfahrern, Anglern, Tagesausflüglern und Wintersportlern. Besonders beliebt ist der 13 Meilen lange Eklutna Lakeside Trail, ein einfacher Spazierweg, auf dem man mit jedem Schritt einen Blick näher an die lokale Gletscherwelt herankommt. Der See wird vom Eklutna-Gletscher bewässert, welcher zwischen den Bergen The Mitre und Bening Peak liegt. Der See wird zur Energiegewinnung von einem 7,9 Kilometer langen und 169 Meter hohen Damm gestaut. Das am Nordwestufer gelegene Wasserkraftwerk ist bereits seit 1955 in Betrieb. Dennoch ist der Charme des Sees dadurch nicht beeinträchtigt. Lachse und Forellen tummeln sich im Gewässer, und die Aussicht auf die umliegenden Chugach Mountains beeindruckt.

Eklutna Lake

Twin Peaks Treats, 37501 Eklutna Lake Rd, Chugiak, AK 99567, Tel. +1/907/6881322, Fb. Guter Eisladen.

Eklutna Lake Campground, Mile 10, 39370 Eklutna Lake Rd, Chugiak, AK 99567, Tel. +1/907/3455014; 20 US-Dollar/Nacht, ganzjährig. 50 Stellplätze mit Wasseranschluss, Latrinen und Picknicktischen. www.alaska.gov

Wasilla *Mile A 42.2*

Die sechstgrößte Stadt Alaskas hat rund 1000 Einwohner und liegt im Matanuska-Susitna Valley, kurz Mat-Su Valley. Die Fahrtzeit von Anchorage beträgt gerade einmal 45 Minuten, wobei man auf Höhe der Meile 35,8 die Abzweigung beim Glenn-Parks Interchange auf den Parks Highway 3 nach Westen Richtung Talkeetna, Denali und Fairbanks

New St. Nicholas Church und Spirit Houses

nimmt, um nach Wasilla zu gelangen. Benannt wurde die Stadt nach einem athabaskischen Häuptling der Dena'ina. Jedoch gehen die Meinungen über die Bedeutung des Namens auseinander. Im athabaskischen Dialekt der Dena'ina bedeutet Wasilla »ein Atemzug Luft«, andere Quellen behaupten, dass Wasilla von dem russischen Namen Wassily herrührt. Bereits vor der Gründung von Anchorage existierte an der Stelle der heutigen Stadt in den 1880er Jahren eine Siedlung namens Knik als Transport- und Versorgungsbasis. Zwei Jahre nach Anchorage wurde Wasilla gegründet, weil die Hauptroute der Alaska Railroad dort entlang verlief. Aufgrund der günstigen Lage wurde Wasilla schnell zu einem Lagerort für Proviant, Betriebsstoffe und Lieferungen der umliegenden Goldminen. Auch wenn die Stadt während der Great Depression durch das nahegelegene und aufstrebende Palmer zunächst an Zuwachs verlor, erhielt sie in den 70er Jahren aufgrund des ausgebauten Parks Highway wieder Auftrieb und etablierte sich schließlich als Stadt im Einzugsgebiet von Anchorage. Heute ist Wasilla ein wichtiger Ort für Pendler aus Anchorage und beheimatet rund 2000 Betriebe. Auch wenn die Stadt in der Anordnung der Häuser einen recht »praktischen« Eindruck hinterlässt, gibt es in der Altstadt doch noch einige Fassaden aus den Anfängen des 20. Jahrhunderts.

Sehenswertes

Der elf Hektar große **Iditapark** an der W. Nelson Avenue umfasst einen großen Spielplatz, einen Skateboardpark, Tennis-, Volleyball- und Basketballplätze. Im Sommer findet hier jeden Mittwoch ein Farmers Market mit lokalen Erzeugnissen und Kunsthandwerk statt.

Die **Iditarod Trail Sled Dog Race Headquarters,** die Zentrale des legendären Hundeschlittenrennens, befinden sich in einer Blockhütte. Sie zeigt Fotos, Trophäen und Videos von den Rennen. Zudem beherbergt sie einen Geschenkeladen mit einzigartigen Souvenirs. Die Hauptzentrale ist ganzjährig geöffnet und bietet auch Hundeschlittentouren an. Die einzigen zwei Häuser der alten Siedlung Knik liegen entlang des Iditarod Trails und beherbergen die **Sled Dog Musher Hall of Fame** sowie ein Museum über die Zeit, bevor der Ort zu Wasilla wurde. Nur vier Meilen außerhalb von Downtown befindet sich das bekannteste Museum der Stadt, das **Museum of Alaska Transportation and Industry.** Auf gut acht Hektar können die Besucher zwischen alten Zugwaggons, kommerziellen Fischerbooten und einer alten Farm umherwandeln und einiges über die ersten Pioniere, Goldsucher und die Luftfahrt erfahren. Besonders Kinder lieben einen Ausflug in das Museum mit seinem Picknikbereich, den audiovisuellen Darbietungen und dem Souvenirshop.

Wasilla

Postleitzahl: AK 99654

Wasilla Museum & Visitor Center, 323 N Main St, Tel. +1/907/3739071; Di–Fr 10–15 Uhr. Museum zur Geschichte Wasillas und allgemeines Infozentrum. www.cityofwasilla.com

Alaska Railroad Anchorage–Wasilla Mitte Mai–Mitte Sept. Denali Star tgl.; Mitte Sept.-Mitte Mai Aurora Winter Train samstags Anchorage–Wasilla, sonntags retour sowie an ausgewählten Tagen in der Woche; rund 70 US-Dollar, Fahrtzeit 75 Min. www.alaskarailroad.com

Busse verkehren tgl. 5–18 Uhr alle 90 Min. von Anchorage aus, Ticket ca. 7 US-Dollar. Valley Mover und Mat-su Community Transit, 225 W Riley Ave, Tel. +1/907/3765000, www.valleytransitak.org

A Cab, Tel. +1/907/7756622, www.acabwasilla.com

Alaska Cab Valley, Tel. +1/907/3572727. Das Unternehmen bedient viele Orte zwischen Anchorage, Palmer, Wasilla und Talkeetna. www.alaskacabllc.com

Best Western Lake Lucille Inn; 1300 W Lake Lucille Dr, Tel. +1/907/3731776; DZ ab 150 US-Dollar. Wunderschön am Lake Lucille gelegen und nur fünf Minuten mit dem Auto vom Zentrum entfernt. www.bestwestern.com

Grand View Inn & Suites, 2900 E Parks Hwy, Tel. +1/907/3521700; DZ ab 150 US-Dollar. Wenige Minuten vom Zentrum entfernt, liegt das 2-Sterne-Hotel direkt am Parks Highway. Das Restaurant wird hochgelobt für freundliche Bedienung und gutes Essen. www.alaskagrandview.com

Karte S. 114

Im Museum of Alaska Transportation and Industry

Lake Lucille Park, 1401 S Endeavor St, Tel. +1/907/3739010; 6–10 US-Dollar/Nacht. Gute Lage am See, rund 60 Stellplätze für Wohnmobile und Zelte. www.cityofwasilla.com

Last Frontier Brewing Co, 238 N Boundary St, Tel. +1/907/3577200. Alaskanisches Bier, Fast Food, Livemusik – was will man mehr? www.lastfrontierbrew.com
The Grape Tap, 322 N Boundary St, Tel. +1/907/3768466. Gehobene Küche, die Wert auf alaskanische Produkte legt. www.thegrapetap.com
Mat-Su Family Restaurant, 401 W Parks Hwy, Tel. +1/907/3577017. Deftige und gutbürgerliche Küche mit richtig großen Portionen.

Kaladi Brother's Coffee, 591 Parks Hwy, Tel. +1/907/3572590. Was 1984 in Anchorage als Straßenstand für Espresso entstand, ist heute eine beliebte Kette in Alaska. Es gibt nicht nur erstklassig zubereiteten Kaffee, man kann ihn auch gleich für Zuhause kaufen oder online bestellen. www.kaladi.com, www.museumofalaska.org

3 Rivers Fly & Tackle, 390 E Railroad Ave, Tel. +1/907/3735434. Die beste Adresse für Angelausrüstung. Zudem werden Kurse im Fliegenfischen und für den Bau einer eigenen Angel angeboten. Das Team ist sehr freundlich und hilfsbereit, alle Mitarbeiter gelten als absolute Experten auf ihrem Gebiet. www.3riversflyandtackle.com
Creekside Plaza, 1830 E Parks Hwy, Tel. +1/907/3766991. Kleines, aber recht gut sortiertes Einkaufszentrum.

Iditarod Trail Sled Dog Race Headquarters, 2100 S Knik-Goose Bay Rd, Tel. +1/907/3765155; tgl. 8–19 Uhr, www.iditarod.com
Knik Museum and Mushers Hall of Fame, Mile 13.9, Knik-Goosebay Rd, Tel. +1/907/3767755; Mi–So 13–18 Uhr, www.wkhsociety.org
Museum of Alaska Transportation and Industry, 3800 W Museum Dr, Tel. +1/907/3761211; tgl. 10–17 Uhr,

Mat-Su Regional Outpatient Center, 950 E Bogard Rd, Tel. +1/907/3522915, www.matsuregional.com

EXTRA

Alaska State Fair – zwischen Riesenkohlköpfen und Kinderkarussells

Jedes Jahr zwischen Ende August und Anfang September befindet sich die Stadt Palmer im Ausnahmezustand. Für rund zehn Tage strömen Tausende von Menschen aus allen Ecken Alaskas, begleitet von unvermeidlichen Staus bei der Anreise, in die Kleinstadt, um sich auf dem berühmtesten Jahrmarkt des Landes, der Alaska State Fair, zu treffen.

Bereits von 1924 bis 1929 fand in Anchorage regelmäßig eine ähnliche Veranstaltung mit dem Namen »The Western Alaska State Fair« statt. 1936 plante die landwirtschaftliche brüderliche Gesellschaft »Northland Pioneer Grange No. 1« des nahen Matanuska-Susitna-Tals zum ersten Mal ein ähnliches Fest in Palmer, um die Gegend für ansiedelnde Familien aus dem Mittleren Westen attraktiver zu machen. Die neuen Siedler halfen – neben dem Bau des Eigenheims – bei der Finanzierung der Veranstaltung mit, indem sie ihre Produkte zum Verkauf anboten. Im Zusammenschluss mit bereits ansässigen Siedlern konnten so 1200 US-Dollar zusammengetragen werden. Was als kleine Idee begann, wuchs schnell zu einem populären Volksfest heran. 1941 kostete der Eintritt einen US-Dollar. Im selben Jahr wurde der Wettbewerb um den größten Kohlkopf etabliert, mit einem Preisgeld von 25 US-Dollar, gesponsort von der größten Eisenbahngesellschaft des Landes, der Alaska Railroad. Der erste Gewinner damals hieß Max Sherron: Er hatte einen zehn Kilogramm schweren Kohlkopf herangezüchtet.

Während des Zweiten Weltkriegs kam alles zum Erliegen, doch vom 4. bis 7. September 1948 wurde die Alaska State Fair mit 160 Ausstellern wieder aufgenommen. Das genannte Datum markiert den tatsächlichen Beginn der Alaska State Fair. Schon damals gab es Schönheitswettbewerbe, Boxkämpfe, Pferderennen und Ausstellungen von gigantischem Gemüse wie Kohl, Karotten und Zwiebeln. In den folgenden Jahren kamen immer mehr Attraktionen wie Fahrgeschäfte und eine Flugschau dazu. Am 25. Februar 1959 bestätigte der junge Bundesstaat Alaska das Volksfest offiziell. Bis zum heutigen Tag veranstaltet die Stadt Palmer das Event mit rund 300 000 Besuchern jährlich.

Neben der modernen Jahrmarktatmosphäre und Livekonzerten, 2018 unter anderem mit Countrystar Luke Combs, finden sich immer noch viele Stände mit landwirtschaftlichen Produkten, Tieren und lokalem Kunsthandwerk wie Holz- und Tonarbeiten. Natürlich dürfen auch über 70 Anbieter von Snacks und Getränken nicht fehlen. Das Highlight ist aber immer noch der Wettbewerb um das größte Gemüse der Welt. 2018 lag der Rekord für Gurken bei 66 Zentimetern, für Spargel bei 170 Zentimetern. Weltrekordhalter Scott Rob aus Palmer brachte in diesem Jahr einen Riesenkohlkopf mit rund 20 Kilogramm auf die Waage. Dabei hält er seit 2012 weiterhin den Rekord mit einem Kohlkopf von sagenhaften 62 Kilogramm.

Wer die Alaska State Fair selbst erleben möchte, sollte Ende August bis Anfang September in Palmer vorbeischauen. Aber Achtung: Neben den regulären Eintrittskarten (11 US-Dollar für einen Tag) werden die Konzertkarten separat verkauft. Diese können bei entsprechender Popularität des Künstlers schnell ausverkauft sein.

Mehr Informationen unter www.alaskastatefair.org.

Palmer ➔ *Mile A 42*

Eingerahmt von atemberaubender Natur zwischen den Twin Peaks, Pioneer Peak und dem Lazy Mountain liegt die Kleinstadt Palmer direkt am Glenn Highway am Matanuska River. Die Kleinstadt mit ihren gerade einmal 5350 Einwohnern gilt als eine der beliebtesten und aufstrebendsten Orte in Alaska. Sie ist der Verwaltungsssitz des Matanuska-Susitna Borough mit rund 60 000 Quadratkilometern.

Im Jahr 1935 dachte noch niemand daran, dass Palmer eines Tages einmal sämtliche Gemeinden im ganzen Bundesstaat mit Nahrungsmitteln versorgen würde. Im Rahmen des New Deal unter Präsident Franklin Roosevelt wurde ein Kolonisierungsversuch mit 203 Familien aus dem von Dürre geplagten Mittleren Westen der USA unternommen. Die Familien waren auf der Suche nach einer besseren Zukunft und verschrieben sich dem Projekt, im Matanuska-Tal eine landwirtschaftliche Gemeinde zu gründen (Matanuska Colony). Jede Familie bekam rund 14 Hektar Land zur Verfügung gestellt, um den landwirtschaftlichen Ausbau der Region voranzutreiben. Den ersten Sommer verbrachten die Neuankömmlinge in Zelten. Daraus erwuchs nicht nur der in Alaska einzigartige von der Landwirtschaft geprägte Lebensstil, sondern ein reichhaltiges und fruchtbares Erbe. Das besondere Mikroklima der Region sorgt für guten Ertrag und Früchte von gigantischen Ausmaßen. Die riesigen Gemüse werden auf der legendären alljährlichen Alaska State Fair (→ S. 122) stolz zur Schau gestellt.

Die fußgängerfreundliche Altstadt ist voller Boutiquen, Läden für Kunsthandwerk, Restaurants und lokaler Institutionen. Zu jeder Jahreszeit bietet die Stadt mit ihrer attraktiven Umgebung jede Menge Aktivitäten. Sei es im Sommer das Angebot an Wanderungen, Rundflügen, Reit- und Raftingtouren, Märkten, guten Restaurants und Konzerten oder im Winter Skifahren, Schlittschuhlaufen und Hundeschlittenfahrten. Die Einwohner schätzen die ruhige Lage, die natürliche Umgebung und die damit verbundene hohe Lebensqualität. Seit dem Jahr 2000 hat Palmer einen Bevölkerungszuwachs von 3,3 Prozent erlebt und ist

Preisverdächtiger Kürbis bei der Alaska State Fair

In Palmer

damit die am schnellsten wachsende Stadt in Alaska. Und die Transformation des einstigen Zeltcamps ist noch lange nicht abgeschlossen. Seit 2000 wurden Milliarden in die Infrastruktur investiert. Öffentliche wie private Schulen, Unternehmen, Besucherzentren, medizinische Versorgungs- und Verwaltungseinrichtungen, Museumsverbände und künstlerische Einrichtungen schossen wie Pilze aus dem Boden. Die Kleinstadt befindet sich mitten in einer prachtvollen Metamorphose, welche in den kommenden Jahren noch weiter voranschreiten wird.

Sehenswertes

Auf den ersten Blick wirkt Palmer sehr bunt zusammengewürfelt. Die Hauptstraßen sind der South Colony Way, die South Alaska Street und der South Valley Way. Abseits dieser Straßen sind die Hauptattraktionen zwischen der East Elmwood und der East Fireweed Avenue zu finden. Dort befindet sich das charmant gestaltete **Palmer Visitor Information Center** mit dem **Museum of History and Art** mit Ausstellungen über die Geschichte der Stadt vom Goldrausch bis hin zur landwirtschaftlichen Kolonisierung. Der angelegte Garten mit seinen Ausstellungsobjekten lädt ebenfalls zu einem Besuch ein. Das äußerst freundliche Personal offeriert zudem Rundgänge in den historischen Distrikten von Palmer. Wer eine Zeitreise zurück in das Jahr 1935 unternehmen möchte, ist hier also genau richtig.

Gegenüber dem Visitor Center steht vor der **Palmer Library** ein Monument in Erinnerung an jene Familien, die sich zuerst im Matanuska Valley angesiedelt haben. Die Bücherei selber verleiht nicht nur Bücher und Magazine, sondern unterhält auch eine Tauschbörse und hat regelmäßige Veranstaltungen im Haus.

Das kleine **Colony House Museum** südlich des Besucherzentrums beruht auf einem der vier Basisbaupläne für Häuser aus der Zeit der Besiedlung. Das Haus wurde an seinen heutigen Standort umgesiedelt und enthält das Hab und Gut der Familie Beylund, eine der 204 Familien, welche aus dem Mittleren Westen nach Palmer gekommen waren. Das Museum wurde 1994 von Freiwilligen des Colony House Preservation Project Commitee ins Leben gerufen und vier Jahre später an die Palmer Historical Society abgegeben. Heute können Besucher hier erleben, wie das tägliche Leben einer durchschnittlichen Familie zwischen 1935 und 1945 aussah.

Die ehemalige **Lehrerunterkunft** aus dem Zeitalter der Kolonisierung ist heute ein Hotel, das Colony Inn, und beherbergt ein Café. Das Gebäude lässt Erinnerungen an die 1930er Jahre wiederaufleben, als dort nicht nur Lehrer wohnten, sondern das Gebäude auch als Freizeitzentrum genutzt wurde.

Church of a Thousand Logs

An der Ecke South Denali Street und East Elmwood Avenue steht die historische protestantische Kirche von Palmer. Im

▸ Karte S. 114

Auftrag der presbyterianischen Kirche traf noch vor den Neuankömmlingen aus dem Mittleren Westen am 6. Mai 1935 Reverend Bert Bingle aus Cordova im heutigen Palmer ein, um die Kolonie unter göttlichen Segen zu stellen. Die erste Messe wurde damals vor 35 Menschen in einem Kirchenzelt abgehalten. Nach kurzer Zeit schon entstand ein Gemeindehaus, wo regelmäßig Messen stattfanden. Als die Kindersterblichkeit in Palmer plötzlich zunahm, musste es zu einem Krankenhaus umgebaut werden, und die Messen wurden entweder bei den Siedlern zu Hause oder wieder in einem Zelt abgehalten. Im August 1935 wurde ein Kredit von 500 US-Dollar aufgenommen, um ein Pfarrhaus zu bauen. Diese Institution legte den Grundstein der presbyterianischen Kirche im Mat-Su Valley. Ein Jahr später folgte ein weiterer Kredit von 1500 US-Dollar, mit dem schließlich aus Tausenden von Holzstämmen *(logs)* die heutig Kirche gebaut werden konnte. Die Siedler arbeiteten den gesamten Winter hindurch, und am 11. April 1937 war die »Kirche der 1000 Baumstämme« endlich fertig.

Palmer

Postleitzahl: AK 99645
Palmer Visitor Information Center/Museum of History and Art 723 S Valley Way, Tel. +1/907/7467668; Mai–Mitte Sept. tgl. 9–18 Uhr, www.palmermuseum.org
Tankstelle: Chevron Palmer, 439 Evergreen Ave
Bank: Wells Fargo Bank, 705 S Bailey St
Post: 500 S Cobb St
Apotheke: Carrs Pharmacy, 664 W Evergreen Ave, Tel. +1/907/7611460
Krankenhaus: Mat-Su Regional Medical Center, 2500 S Woodworth Loop, Tel. +1/907/8616000

Alaska Railroad Nur während der Alaska State Fair hält der Zug in Palmer. Er fährt dann tgl. 12.30 und 16.30 Uhr von Anchorage; 18 US-Dollar, Fahrtzeit ca. 90 Min. www.alaskarailroad.com

Siehe Wasilla, → S. 120

Big Bear Campground, 2010 S Church St, Tel. +1/907/7457445; 26–30 US-Dollar/Nacht. Zeltplatz und Stellplätze für Wohnwagen.
Matanuska River Park, 925 E Arctic Ave, Tel. +1/907/8618578; 11–15 US-Dollar/Nacht. 86 Stellplätze und Zeltplätze. Unweit des Matanuska River sehr nah am Ortszentrum. www.matsugov.us
Mount View RV Park, 1405 Smith Rd, Tel. +1/907/7455747; 2 Pers. 45 US-Dollar/Nacht. 120 Stellplätze für Wohnmobile in wunderschöner Umgebung. Der Campingplatz hat öfter mal Elche auf dem Grundstück. www.mtviewrvpark.com

Snowgoose Pond B & B, 10460 E Snowgoose Circle, Tel. +1/281/6864363; DZ ab 130 US-Dollar. Luxuriöses B & B im nordwestlichen Palmer mit modern ausgestatteten Zimmern, exquisitem Essen und warmer Wohlfühlatmosphäre. www.snowgoosepondbnb.com
Alaska Knotty Pine B & B, 3525 N Clark Wolverine Rd, Tel. +1/907/2327674; DZ ab 130 US-Dollar. Etwas außerhalb von Palmer gelegen und umrahmt von Schwarzfichtenwäldern. Im Blockhüttenstil errichtet, mit liebevoll eingerichteten Zimmern und einer separaten Cabin. Man kann auch das ganze Haus mieten. www.alaskaknottypine.com
The Colony Inn, 325 E Elmwood Ave, Tel. +1/907/7453330; DZ 100–120 US-Dollar. Die alte Lehrerunterkunft dient heute als Hotel. Es ist recht simpel eingerichtet, aber mit historischem Flair. www.akcolonyinn.com

Urig – die Cabins der Hatcher Pass Lodge

Eagle Hotel, 918 S Colony Way, Tel. +1/907/3339000; DZ ab 90 US-Dollar. Im Hotel gibt es ein Restaurant und eine Lounge. Es liegt sehr günstig mitten in Downtown. www.eaglehotel.com

The Pioneer Motel, 124 W Arctic Ave, Tel. +1/907/7453425; DZ ab 70 US-Dollar. Ein Klassiker in Palmer seit 1953 mit 18 kleinen, aber komfortablen und sauberen Zimmern. Es wird immer wieder zum besten Motel der Umgebung gewählt. www.thepioneermotel.com

The Noisy Goose, 1890 Glenn Hwy, Tel. +1/907/7464600. Beliebtes Café und Familienrestaurant, Reservierung empfohlen. Typisch amerikanische Küche und sehr freundliches Personal. www.noisygoosecafe.com

Palmer City Alehouse, 320 E Dahlia Ave, Tel. +1/907/7462537. Burger, Pizza, Pasta, handgeschnittene Fritten, Salate und Biere am Zapfhahn. Im Sommer werden regelmäßig Konzerte veranstaltet. www.palmeralehouse.com

Klondike Mike's Saloon & Road House BBQ, 820 S Colony Way, Tel. +1/907/7452676, Fb. Klassisches Fast Food und freundliches Personal. Hier fühlen sich alle wohl. Sogar die Polizei sitzt mit am Tisch.

Vagabond Blues Inc, 642 S Alaska St, Tel. +1/907/7452233. Bekannt für guten Kaffee und Espresso, die Sandwiches sind auch in Ordnung. Man trifft hier viele Einheimische, und an den Wänden hängt lokale Kunst, ab und zu gibt es Open-Mic-Sessions.

Colony House Museum, 316 E Elmwood Ave, Tel. +1/907/7451935; Mai–Aug. Di–Sa 10–16 Uhr, www.palmerhistoricalsociety.org

Palmer Colony Days (2. Wochenende im Juni) In ganz Downtown ziehen Märkte, Tractor Pulling, Livemusik, Paraden, ein Streichelzoo und viele weitere Attraktionen die Menschen auf die Straßen.

Running with the Bulls (Aug.) Die Musk Ox Farm (→ S. 130) veranstaltet 5- und 10-km-Läufe und für Kinder einen 1-km-Lauf. Alle Einnahmen gehen an die durch Spenden finanzierte Farm. Die Strecke führt nah an den 83 Moschusochsen vorbei, so dass man sehen kann, für wen man schwitzt.

Alaska State Fair (10 Tage, Ende Aug.–Anfang Sept.) Das größte Volksfest in Alaska, welches seit 75 Jahren den Sommer verabschiedet und der ersten Kolonisten im Mat-Su Valley gedenkt. Mit Fahrgeschäften, Fressständen, Riesengemüse-Ausstellungen, Livekonzerten (→ S. 122). www.alaskastatefair.org

■ Hatcher Pass ➲ *Mile A 49.5*

An der Ausfahrt bei Mile 49.5 gelangt man auf die North Palmer Fishhook Road, die sich langsam und stetig von der Ostseite her hinauf zum Hatcher Pass auf 1148 Metern Höhe windet. Die steil aufregenden Talkeetna Mountains erheben sich von den auf 300 Metern gelegenen Tälern bis auf 1800 Meter.

Die Gegend um den Hatcher Pass war zu Zeiten der Goldsucher berühmt und diente seit jeher den Ureinwohnern als Jagdgebiet. Heute ist sie im Sommer wie im Winter ein beliebtes Ziel zum Wandern, Reiten, Biken, Beerenpflücken, Goldwaschen, Hundeschlitten-, Ski- und Schlittenfahren. Der liebliche Susitna River, Wildblumen und die manchmal aufgeschreckten Alpenschneehühner geben der Tundra einen besonderen Charme. Für jede Vorstellung gibt es in der Gegend die passende Wanderroute. Der beliebteste Wanderweg ist und bleibt dabei der **Gold Mint Trail** (→ S. 129).

Hatcher Pass

Hatcher Pass Lodge, Fishhook Willow Rd, Gold Cord Rd, Tel. +1/907/7451200; Preise auf Anfrage. Rustikal, aber gemütlich, bieten die Cabins Platz für 30 Personen in Doppel- oder Mehrbettzimmern. Es werden auch Lunch und Abendessen serviert. www.hatcherpasslodge.com

Sunderland Ranch, 10856 N Wolverine Rd, Tel. +1/907/9827268. Reitausflüge von 1,5 bis 3 Std. (99–230 US-Dollar) mit spektakulären Aussichten auf Hatcher Pass und Umgebung. www.sunderlandranch.com

Independence Mine State Historical Park

Fährt man die Fishhook Willow Road weiter, geht diese langsam in die Hatcher Pass Road über. Bei der Hatcher Pass Lodge gibt es einen Abzweig auf die Gold Cord Road, welche bis zur Mine hinaufführt. In den Sommermonaten ist die Straße offen, im Winter braucht man ein Fahrzeug mit Vierradantrieb. Von Palmer aus ist die Independence Mine in einer Stunde zu erreichen, jedoch liegt sie auf 1219 Metern Höhe. Daher kann es zu jeder Jahreszeit dort relativ kühl sein. An warme Kleidung denken!
Im September des Jahres 1906 entdeckte Robert Lee Hatcher im Willow Creek Valley Gold. Was folgte, war ein enormes Unterfangen, das viele Arbeiter, schwere Maschinen und Tunnelbauten erforderte. Das Areal der Mine wuchs bis 1938 auf 546 Hektar an und beschäftigte im Jahr 1941 rund 206 Mitarbeiter und 16 Familien, die auf und nahe dem Gelände lebten. Bis der Zweite Weltkrieg dem Ganzen ein Ende setzte, wurden alleine in der Independence Mine rund 140 000 Unzen Gold gefördert. Im Jahr 1941 waren es rund 35 000 Unzen, was einem heutigen Wert von 17 Millionen US-Dollar entspricht. 1982 wurde das Areal mit 22 Gebäuden umgebaut und ein historischer Park geschaffen, der bis heute besichtigt werden kann. Die Wege sind gut ausgebaut und mit vielen Informationstafeln versehen.

→ *Independence Mine State Historical Park, 23264 Gold Cord Rd, Palmer, AK 99645, Tel. +1/907/7452827, www.alaska.gov*

Der Matanuska River begleitet den Glenn Highway

Karte S. 114

Gold Mint Trail

Länge: 25 Kilometer (Hin- und Rückweg zur Mint Cabin)
Gehzeit: 8–10 Stunden
Anspruch: Einfach, aber recht lang – genügend Zeit einplanen.
Ausstattung: keine Einkehrmöglichkeiten; Verpflegung und Wasser mitnehmen Einfache Übernachtung in der Mint Cabin (www.mtnclubak.org).
Max. Höhe: 883 Meter
Beste Jahreszeit: Juni bis September
Start/Ende: An Meile 14 der Willow Fishhook Road folgt ein scharfer Abzweig. Dort liegt links die alte Motherlode Lodge. Man biegt rechts ab zum Parkplatz.
An-/Abreise: mit dem Auto
Karte: www.dnr.alaska.gov/parks/brochures/hatcherpassbrochure.pdf

Bereits vom Parkplatz aus hat man eine Sicht auf das weite und große Tal. Die ersten zwei Meilen zieht sich der Weg westlich des **Susitna River** langsam und stetig die alte Minenstraße hinauf und mündet letztendlich in den eigentlichen Wanderweg. Auf steinigem Untergrund geht es die nächsten 2,5 Kilometer weiter hinauf, dann rund 5,6 Kilometer weiter auf der linken Seite des Flusses. Der Untergrund bleibt felsig, versetzt mit Gräsern, ist aber deutlich erkennbar. Langsam beginnen die Granitspitzen der umliegenden Berge die Umgebung zu beherrschen. Immer wieder richtet sich der Blick auf das Panorama und lenkt die Aufmerksamkeit weg von dem kontinuierlichen Anstieg, der gegen Ende des Trails recht steil wird. Doch mit Blick auf die rote Mint Cabin, welche den Endpunkt der Tour markiert, steigt die Motivation wieder. Steht man vor der Cabin, ist es geschafft, und der Blick reicht weit in das alpine Panorama der schroffen, verschneiten Berge.

Die **Mint Cabin** ist öffentlich und dient zur Übernachtung nach dem Motto »Who comes first, serves first«. Es gibt einen Küchenbereich und unter dem Dach einen Schlafraum für rund zehn Leute. Hinter der Hütte befindet sich ein Toilettenhäuschen. Sollte für eine Übernachtung kein Platz mehr in der Hütte sein, kann man sein Zelt auch auf einer geeigneten Fläche davor aufschlagen. Wer noch fit ist, kann hinter der Hütte eine halbe Meile weiter hinauf zum **Mint Glacier** laufen und einen spektakulären Blick auf den Gletscher und die Umgebung genießen. Der Weg zurück ist derselbe wie hinauf.

Von Palmer nach Glennallen

Verlässt man die Stadt **Palmer** in östlicher Richtung, passiert erstmal recht wenig. Die gut befahrbare Straße zieht sich durch dichte Waldgebiete, und ein schleichendes Gefühl der Eintönigkeit stellt sich ein. Der Blick wird bestimmt von dünnen, dicht beieinander stehenden Bäumen am Fahrbahnrand. Nur bei gutem Wetter tauchen in der Ferne ein paar Felszacken auf.

Hat man schließlich die kleinen Highway-Gemeinden **Sutton-Alpine** und **Chickaloon** hinter sich gelassen, eröffnet sich Meile für Meile der Blick auf den riesigen **Matanuska River,** welcher den Weg in Richtung des Höhepunktes der Fahrt weist, des majestätischen **Matanuska-Gletschers.** Zunehmend dramatisch erheben sich die schroffen Gipfel der Chugach Mountains, und wer sich Zeit lässt, kann in der magischen Berglandschaft in der Sheep Mountain Lodge abseits des Highways die Nacht verbringen oder direkt beim Matanuska-Gletscher sein Zelt aufschlagen.

Der Glenn Highway erreicht danach am **Eureka Summit,** dem Mekka für Trucker und Wohnmobilfahrer, langsam seinen höchsten Punkt. Mit Blick in Richtung des Nelchina-Gletschers zieht sich der Highway weiter, bis man schließlich hinter Tolsotna die kleine Gemeinde **Glennallen** erreicht. Hier teilt sich der Highway in eine

Von Palmer nach Glenallen

Nord- und eine Südachse auf. Die letzte Tankstelle an der Kreuzung weist darauf hin, dass man für die Weiterfahrt noch einmal Vorsorge treffen sollte. Denn in der Ferne thront schon der 3661 Meter hohe Schichtvulkan Mount Drum und verkündet, dass es von hier aus immer tiefer in die Wildnis gehen wird.

■ Musk Ox Farm ➲ *Mile A 50.1*

Im Eifer des wirtschaftlichen Aufschwungs der 1940er und 50er Jahre kümmerten sich die Alaskaner wenig um die Existenz jener Lebewesen, die schon seit Urzeiten das Land bewohnten. Die Moschusochsen brachte diese Rücksichtslosigkeit fast an den Rand der Ausrottung. Der Anthropologe John J. Teal entwickelte in dieser Zeit eine Vision, wie Mensch und Tier in Frieden miteinander leben können. Er gewann die W. K. Kellogg Foundation, die University of Alaska und zahlreiche Freiwillige für sich und konnte mit finanzieller Unterstützung das Musk Ox Project ins Leben rufen. 1964 wurde in Fairbanks schließlich die erste Moschusochsenfarm eröffnet. Mit jedem Jahr wuchs die Herde weiter.

Heute befindet sich die Farm im Matanuska Valley in der Nähe von Palmer. Besucher können die majestätischen Tiere beobachten, einen Moschusochsen adoptieren oder Produkte aus Qiviut, der legendären Unterwolle, kaufen, die direkt vor Ort produziert werden. Dazu wird zwischen April und Mai die Wolle ganz einfach ausgekämmt, was keine lange Prozedur für die Tiere bedeutet. Die Farm ist ein ideales Ausflugsziel für Familien und bietet 45-minütige Führungen an.

→ *Musk Ox Farm, 12850 E Archie Rd, Palmer, AK 99645, Tel. +1/907/7454151; Mai–Sept. tgl. 10–18 Uhr, Erw. 11 US-Dollar, Kinder 5 US-Dollar, www.muskoxfarm.org*

■ **Sutton-Alpine** ➲ *Mile A 61*

In der Frühzeit besiedelten Dena'ina- und Ahtna-Athabasken die Gegend um Sutton-Alpine. Russische Pelzjäger transportierten Pelze und Felle entlang des Matanuska River, doch erst im Jahr 1918 wurde die heutige kleine Gemeinde Sutton-Alpine gegründet. Damals war sie nur eine Station der Alaska Railroad für den Transport von Kohle aus dem Kohlebergwerk Chickaloon. Zwischen 1941 und 1945 fungierte Sutton als Versorgungsstandort beim Bau des Glenn Highway. Nur drei Jahre später eröffnete das erste Postamt. Auch wenn die Wirtschaft der kleinen Siedlung bis in die 60er Jahre reinweg von den Kohlebergwerken abhängig war, so hat sich die ehemalige Zwecksiedlung bis heute gehalten. Es gibt eine Feuerwehr, eine Tankstelle, eine Bar, einen General Store und eine Bücherei. Die Hauptattraktion der Siedlung bleibt jedoch der Alpine Historical Park, wo die Besucher die Siedlungsgeschichte zurückverfolgen können. Heute leben in Sutton-Alpine rund 1500 Menschen. Der mit Blumen und Beerensträuchern geschmückte, ruhig gelegene **Alpine Historical Park** lädt nicht nur zum Verweilen auf den satten Grünflächen ein, sondern ist gleichzeitig auch Open-Air-Museum. Die vielen historischen Gebäude spiegeln die Anfänge von Sutton-Alpine wieder. Das Lucas House von 1917 diente einst als Unterkunft für die Kohleminenarbeiter, das 1949 gebaute Roberts/O'Neill House ist heute ein Besucherzentrum mit historischer Ausstellung, und das kleine rote Gebäude von 1948 war das erste Postamt. Damals verdiente man als Postbeamter 56 Cents pro Tag, und die Post wurde aus dem vorbeifahrenden Zug geworfen. Besonders zu Weihnachten platzte das kleine Postamt aus allen Nähten. Im Jahr 1976 wurde es an seine heutige Stelle verschoben. Es gewährt auch

Einblicke in die Siedlungsgeschichte der Athabaskenstämme sowie in die Hoch-Zeit der Kohlebergwerke. Außerdem gibt es öffentliche Toiletten, einen Pavillon für Picknicks und einen Spielplatz.

Sutton-Alpine

Tankstelle: Tesoro, 14023 Glenn Hwy, Sutton, AK 99674
Post: 11266 N Chickaloon Way, Chickaloon, AK 99674

Sutton General Store, Glenn Hwy, Sutton, AK 99674
Hilltop Premium Green Cannabis Store, 13856 Glenn Hwy, Palmer, AK 99674, Bitte online über Gesetze und Regeln im Umgang mit Cannabisprodukten in Alaska informieren: www.dhss.alaska.gov/dph/Director/Pages/marijuana/law.aspx

Alpine Historical Park, Palmer, AK 99645, Tel. +1/907/7457000; tgl. 10–16 Uhr, www.alpinehistoricalpark.org

Chickaloon ➲ *Mile A 76.8*

Wo der Chickaloon River in den Matanuska River fließt, befindet sich, umrahmt von vielen Seen, die kleine Einöde

Auf dem Matanuska Glacier

Karte S. 130/131

Chickaloon. Im 19. Jahrhundert abhängig von den Kohlefeldern am Chickaloon River, pendeln die meisten der 272 Einwohner zum Arbeiten heute nach Palmer oder Wasilla, wenn sie nicht Reisenden eine Unterkunftsmöglichkeit anbieten. Hier stoppen des Öfteren auch mal Touren von Raftingausflügen.

Chickaloon

King Mountain State Recreation Area, Chickaloon, AK 99674, Tel. +1/907/2409797; März–Sept., Parken 7 US-Dollar/Tag. 22 Plätze für Zelte und Wohnmobile.

Pinnacle Mountain RV and Cafe, 26616 Glenn Hwy, Chickaloon, AK 99674, Tel. +1/907/2231952. Netter Kaffeestopp auf dem langen Weg Richtung Osten. www.pinnaclervandcafe.com

Matanuska Glacier ➲ *Mile A 102*

Bereits bei der Anfahrt blitzt der weiße Gigant zwischen den Bäumen am Fahrbahnrand auf. Immer wieder geht der Blick in Richtung des mächtigen Matanuska-Gletschers. Der Anblick ist so beeindruckend, dass man glatt die Fahrbahn vernachlässigen könnte. Aber Vorsicht! Auch in dieser Gegend queren vor allem Elche häufig die Straße. Also stoppt man lieber am Aussichtspunkt an Meile 101 oder nimmt die nächste Ausfahrt und fährt hinunter zum Anmeldehäuschen, um über die Schotterstraße langsam zum eigentlichen Parkplatz des Gletschers zu rollen. Nachdem man eine Gebühr von rund 30 US-Dollar gezahlt und ein Anmeldeformular ausgefüllt hat, darf man alleine bis kurz vor den Gletscher hinunterfahren. Der rund 20 000 Jahre alte Gletscher ist knapp 43 Kilometer lang und 6,5 Kilometer breit. Er bewegt sich ungefähr 30 Zentimeter am Tag und ist wahrscheinlich der einzige Gletscher in ganz Alaska, der auch ohne Ausrüstung ein Stück weit (bis zur Absperrung an der orangefarbenen Hütte und nur im Sommer) begangen werden kann. Das Erlebnis, auf dieser majestätischen Eiszunge zu stehen in einem unendlich groß wirkenden Tal, zwischen braunen und grünen Bergen und Bäumen in der Ferne, die gegen den Gletscher wie Streichhölzer aussehen, ist unvergleichlich. Für längere Touren lohnt es sich, einen qualifizierten Gletscherführer zu buchen.

Matanuska Glacier

Glacier Tours on the Matanuska, 66500 S Glacier Park Rd, Sutton, AK 99674, Tel. +1/907/7452534, www.glacier-tours.com

Sheep Mountain Lodge, 17701 W Glenn Hwy, Chickaloon, AK 99674, Tel. +1/907/7455121; DZ ab 140 US-Dollar. Die beste Unterkunft weit und breit bietet eine gigantische Aussicht auf die Berge, sehr leckeres Essen, kaltes Bier und komfortable Hütten, Zimmer und Stellplätze. Zum Frühstück empfiehlt sich das mit Lachs gefüllte Omelette. www.sheepmountain.com

Long Rifle Lodge, 31406 W Glenn Hwy, Chickaloon, AK 99674, Tel. +1/907/7455151; DZ ab 90 US-Dollar. Einfache Zimmer, eine Cabin und Infos zu Campingmöglichkeiten in der Nähe des Matanuska-Gletschers, außerdem Einkehrmöglichkeit mit Sandwiches, Burgern etc. www.longriflelodge.co

Grand View Cafe and RV Park22518 Glenn Hwy, Sutton, AK 99674, Tel. +1/907/7464480; Mai–Sept., Zelt 25 US-Dollar, Standardstellplatz 40 US-Dollar. Das Café serviert nicht nur Frühstück, Mittag- und Abendessen, es bietet auch Stellplätze für Wohnmobile und Zelte. www.grandviewrv.com

Matanuska River

Mit einem Einzugsgebiet von knapp 5500 Quadratkilometern und einer Länge von 120 Kilometern ist der Matanuska River ein mächtiger Strom, der vom gleichnamigen Gletscher in 617 Metern Höhe gespeist wird. Nach seiner langen Reise in Richtung Westen mündet er schließlich in den Knik Arm des Cook Inlet. Mit seinen zahllosen Stromschnellen, eingebettet zwischen den Talkeetna und den Chugach Mountains, ist der Matanuska River neben dem Chickaloon und Copper River ein berühmtes Ziel für Raftingtouren.

Gut getarnt – tierische Begegnung am Eureka Summit

Matanuska River

Nova Alaska Guides, 38100 W Glenn Hwy, Palmer, AK 99645, Tel. +1/907/7465753. Mehrtägige Rafting- und Gletschertouren. Beim Rafting gibt es mehrere Schwierigkeitsgrade (Float, Whitewater Raft, Wilderness Raft). An warme Kleidung denken, auch an heißen Tagen; je nach Tour inkl. Ausrüstung und Guide 95–2900 US-Dollar. www.novalaska.com

Eureka Summit *Mile A 129.5*

Der höchste Punkt auf dem Glenn Highway liegt bei 1012 Metern. Vor allem im Winter kann hier eine Menge Schnee liegen. Eingekesselt von zwei Bergketten und tiefen Flusstälern, bietet der Eureka Summit schöne Aussichten auf den sich ins Tal windenden Nelchina-Gletscher und die Gipfel der Talkeetna Mountains im Nordwesten.

Eureka Summit

Eureka Lodge, Mile 128, Glenn Hwy, Glennallen, AK 99588, Tel. +1/907/8223808. Unterkunft und Restaurant mit deftiger Küche. Die Lodge war schon 1936 bei Jägern und Trappern beliebt und ist es auch heute noch bei Reisenden, Truckern und Einheimischen. Am besten vorher anrufen, wenn man über Nacht bleiben möchte.

Tolsona *Mile A 170*

Keine zwanzig Minuten vor Glennallen liegt Tolsona. Nur 30 Menschen leben in der von Seenplatten geprägten Gegend. Wer direkt am Tolsona Lake Resort links auf die Tolsona Lake Road abbiegt, erreicht in wenigen Minuten einen der Hotspots zum Angeln. Der 135 Hektar große und vier Meter tiefe **Tolsona Lake** und der dahinterliegende **Moose Lake** sind reich an Regenbogenforellen und Arktischen Äschen. Bereits seit 1968 überwacht das Alaska Department of Fish and Game die Bestände der beiden Seen. Laut den vergangenen Statistiken gingen pro Stunde mindestens vier Fische ins Netz (www.adfg.alaska.gov). Demnach lohnt ein Stopp für Angler hier definitiv! Wer gleich länger bleiben möchte, kann sich beim Ranch House RV Resort oder auf dem Tolsona Wilderness Campground einmieten.

Tolsona

Ranch House Lodge & RV Camping, Mile 173, Glenn Hwy, Glennallen, AK 99588, Tel. +1/907/8225634; Stellplatz 40–55 US-Dollar, Zelte 30 US-Dollar/2 Pers. Sehr authentischer alaskanischer Campingplatz mit rustikalen Hütten, Zelt- und Wohnmobilplätzen, der in den späten 40er Jahren gebaut wurde. www.alaskaranchhouselodge.com

Tolsona Wilderness Campground & RV Park, Mile 173, Glenn Hwy, Glennallen, AK 99588, Tel. +1/907/8223900. 80 Stellplätze, Zeltplätze, Feuerplätze, Toiletten, WiFi und Abwasserentsorgung. Der sehr gepflegte Platz liegt mitten in der Wildnis. www.tolsonacampground.com

Richtung Glenallen grüßt Mount Drum in der Ferne

▲ Karte S. 130/131

Glennallen ➲ *Mile A 187*

Man könnte meinen, dass Glennallen so etwas wie ein letzter Außenposten der Zivilisation ist, bevor es in die unbarmherzige Wildnis geht. Bereits bei der Einfahrt in die Ortschaft mit ihren knapp 500 Einwohnern werden in der Ferne die vereisten Kuppen von Mount Drum und Mount Sanford des Wrangell-St. Elias National Park sichtbar.

Zwar wirkt Glennallen recht unscheinbar, doch ist es das Versorgungszentrum für die gesamte Copper-River-Region mit Sitz des Bureau of Landmanagement, dem Department of Fish and Game, der Alaska State Troopers, einem Besucherzentrum für den Nationalpark und medizinischer Versorgung.

Die Bezeichnung »Glennallen« entstand übrigens durch die Kombination zweier Namen: Edwin Forbes Glenn (1857–1926) und Henry Tureman Allen (1859–1930). Allen war ein Offizier der U.S. Army und maßgeblich an der Alaska-Expedition im Jahr 1884 beteiligt, welche die Copper-River-Region erkunden sollte. Teilweise unter schwersten Bedingungen, ohne ausreichend Nahrung und mit Anzeichen von Skorbut legte die kleine Mannschaft eine Strecke von 2400 Kilometern durch unbekannte Wildnis zurück. Diese Erkundung galt als die größte Expedition nach dem Westvorstoß von Lewis und Clark zwischen 1804 und 1806. Glenn hingegen leitete 1898/99 als Kapitän eine weitere Expedition nach Alaska, während der er viele Zeichnungen, Beschreibungen und Fotografien von der Natur und der Geografie des Landes anfertigte. Im Ortsnamen Glennallen schwingt also jede Menge alaskanischer Geschichte mit.

i Glennallen

Postleitzahl: AK 99588

Copper River Valley Visitor Information Center, Mile 189, Glenn Hwy, Tel. +1/907/8225555; Sommer tgl. 9–18.30 Uhr, www.coppervalleychamber.com

Post: 9998 Aurora Dr

Bank: Wells Fargo, Mile 187.5, Glenn Hwy

Tankstelle/Shop: Tesoro – The HUB, Mile 189, Glenn Hwy

Arzt/Apotheke: Cross Road Medical Center and Pharmacy, Mile 187, Glenn Hwy, Tel. +1/907/8223203; Notversorgung tgl. rund um die Uhr, www.crossroadmc.org

Supermarkt: Copper Valley IGA Market Fresh, Mile 186, Glenn Hwy

Alaska State Troopers: Tel. +1/907/8223263

Gulkana Airport Rund 8 km nordöstlich von Glennallen, Flüge von und nach Anchorage, May Creek und McCarthy. www.coppervalleyairservice.com

The Caribou Hotel, Mile 186, Glenn Hwy, Tel. +1/907/8223302; Preise auf Anfrage. Das neu renovierte Hotel bietet 55 Suiten, Einzel- und Doppelzimmer an. Mit Whirlpool, Restaurant und Souvenirgeschäft. www.caribouhotel.com

Glennallen's Rustic Resort, Mile 187.5, Glenn Hwy, Tel. +1/907/2592002; Preise telefon. erfragen. Typisch alaskanische Unterkunft mit liebevoll eingerichteten Zimmern, Lagerfeuerstelle und Grillmöglichkeiten. www.glennallenresort.com

Northern Nights Campground RV Park & Cabins, Mile 188.7, Glenn Hwy, Tel. +1/907/8223199; Mai–Sept. Über 50 gut ausgestattete Stellplätze, mehrere Zeltplätze, vier Holzhütten. www.northernnightscampground.com

Ernesto's Grill, Mile 186, Glenn Hwy, Tel. +1/907/8224500. Mexikanische Küche.

Am Turnagain Arm entlang zum Portage Glacier

Südlich von Anchorage führt der Seward Highway Nr. 1 am Ufer des Turnagain Arm entlang, dem östlichen Seitenarm des mächtigen Cook Inlet. Dessen Name wurde von keinem Geringeren als Kapitän James Cook vergeben, als dieser im 18. Jahrhundert hier auf seiner vergeblichen Suche nach der Nordwestpassage umdrehen musste. Der rund 70 Kilometer lange Turnagain Arm bildet im Osten auf Höhe des Portage-Gletschers einen natürlichen Isthmus zwischen dem Chugach State Park und der Kenai-Halbinsel. Bis zum Abzweig an der Portage Glacier Road am Alaska Wildlife Conservation Center erstreckt sich eine 50 Meilen lange Panoramastraße, die auch gerne als Tagesausflug von Anchorage aus befahren wird. Die Fahrtzeit beträgt zwar nur eine Stunde, man kann jedoch auch einen ganzen Tag damit verbringen, die Wunder der Natur vor den Toren von Anchorage zu bestaunen. Auch Alaskaner nutzen die vielfältigen Angebote entlang des Turnagain Arm, wie das Vogelrefugium Potter Marsh oder die Aussichtspunkte wie Beluga Point und Bird Point, um Belugawale oder die faszinierenden Gezeitenwellen zu beobachten. Sie unternehmen Wanderungen, zum Beispiel auf dem Turnagain Arm Trail, oder genießen einfach nur die Aussicht auf die majestätische Kulisse der Chugach und Kenai Mountains. Wer nicht selber fahren möchte, kann von Anchorage aus auch eine organisierte Tagestour unternehmen.

Am Turnagain Arm entlang zum Portage Glacier

Ideal für Vogelbeobachtung – Potter Marsh

Turnagain Arm

Veranstalter von Tagesausflügen:
All Alaska Tours, 600 Barrow St, Suite 200, Anchorage, AK 99501, Tel. +1/907/2773000. Rund 8 Std. für 225 US-Dollar, Mai–Sept. tgl. ab 10.30 Uhr. www.alaskatours.com
Planet Earth Adventures, 1791 Hollybrook Circle, Anchorage, AK 99507, Tel. +1/907/7179666. Rund 5 Std. für 150 US-Dollar. www.discoverak.com

Potter Marsh *Mile A 9.4*

Das Anchorage Coastal Wildlife Refuge Potter Marsh ist ein 230 Hektar großes Frischwassermarschland mit über 130 Tierarten, vorwiegend Vögeln, die sich zu den verschiedenen Jahreszeiten nahe dem Highway einfinden und brüten. Auf einem gut ausgebauten, 500 Meter langen Wegenetz bieten sich ideale Möglichkeiten, um Enten, Gänse, Schwäne, Prachttaucher, Weißkopfseeadler, Bären und Elche zu beobachten. Auch wenn das Feuchtgebiet wie ein natürliches Labyrinth aus Grasland und kleinen Teichen anmutet, ist Potter Marsh tatsächlich erst im Jahr 1917 infolge der Umleitung des Rabbit Creek beim Bau der Alaska Railroad entstanden und in den darauffolgenden Jahren immer weiter gewachsen. Zunächst war das Gebiet vor allem ein Anziehungspunkt für Jäger und Trapper, in den 1960er Jahren wurden dann die ersten Besucher auf das Marschland aufmerksam. Heute ist es ein idealer Ausflugsort für die ganze Familie. Das Gebiet ist ganzjährig geöffnet. Frühjahr und Herbst sind die besten Jahreszeiten für Vogelbeobachtungen. Ferngläser mitbringen! Hunde sind in den Sommermonaten untersagt.

→ Auf dem Seward Highway Nr. 1 nimmt man im Süden von Anchorage den Abzweig E 154th Ave. Es gibt einen öffentlichen Parkplatz (5 US-Dollar) und Toiletten.

Turnagain Arm Trail

Länge: 30 Kilometer (Hin- und Rückweg bis Windy Corner)
Gehzeit: 8 Stunden
Anspruch: Moderat, doch die Gesamtstrecke ist sehr lang. Die Tour kann aber beliebig abgekürzt werden.
Ausstattung: keine Einkehrmöglichkeiten; Verpflegung und Wasser mitnehmen
Max. Höhe: 300 Meter
Beste Jahreszeit: Mai bis Oktober
Start/Ende: Potter Section House/Turnagain Arm Trailhead (Mile A 11.9)
An-/Abreise: mit dem Auto
Karte: *Turnagain Arm Trails in Chugach State Park 1 : 80 000*, Alaska State Parks Publisher
Achtung: Bären und Elche nutzen den Wanderweg ebenfalls. Besonders im Frühjahr, wenn die Tiere ihre Jungen bei sich haben, wird zu äußerster Vorsicht aufgerufen.

Parallel zum Seward Highway verläuft diese Wanderung mit Blick auf den Turnagain Arm und die gegenüberliegende Kenai-Halbinsel mit ihren spektakulären Gebirgsformationen. Aufgrund seiner südlichen Ausrichtung ist dieser Wanderweg einer der ersten, die im Frühjahr begangen werden können. Der Weg wurde im Jahr 1910 angelegt, um eine Zufahrtsstraße für Baumaterial der Alaska Railroad zu schaffen. Heute bietet er ein vielfältiges Wegenetz für verschiedene Wanderungen und Areale für Felskletterer.

Vom Parkplatzbereich des **Potter Section House** beginnt auf der Straßenseite schräg gegenüber der **Turnagain Arm Northern Trailhead,** wo es auch noch Parkplätze gibt. Man folgt dem Weg mit wenig Steigung in Richtung McHugh Creek durch Pappel- und Erlenwälder. Immer wieder richtet sich der Blick auf den Turnagain Arm. Am Wegesrand finden sich im Sommer Wildblumen und Küstenvegetation. Nach rund 5,3 Kilometern und 1,5 Stunden hat man den **McHugh Creek** erreicht. Von hier aus kann man nicht nur andere Wanderwege, zum Beispiel in Richtung des pyramidenförmigen und höchsten Berges der Nordseite des Turnagain Arm, des South Suicide Peak (1526 m) einschlagen, sondern auch die vorhandenen Picknickmöglichkeiten nutzen. Vom McHugh Creek zieht sich der Weg weit unterhalb der Bergmassive des McHugh Peak (1310 m) und South Suicide Peak 6,7 Kilometer weiter in Richtung Beluga Point bis zum **Rainbow Creek.** Dort können die Gezeitenwelle und mit Ferngläsern vielleicht sogar Belugawale beobachtet werden. Die letzte Etappe bis **Windy Corner** beträgt nun noch drei Kilometer. Hier lassen sich eventuell auch Dallschafe (→ S. 139) beobachten. Auf der anderen Seite der Wasserstraße kann die tiefe Einkerbung, in welcher die Ortschaft Hope (→ S. 148) liegt, bestaunt werden. Ist man bei Windy Corner angelangt, führt der gleiche Weg wieder zurück zum Ausgangspunkt. Wer nicht die gesamte Wanderung, die mit 30 Kilometern sehr lang ist, unternehmen möchte, kann natürlich an jedem beliebigen Punkt umkehren.

Beluga Point *Mile A 16.7*

▸ Karte S. 136

Der Beluga Point ist so ziemlich der beste Aussichtspunkt entlang des Turnagain Arm. Mit etwas Glück sieht man hier zwischen Juli und August **Belugawale,** die sich wegen der Lachswanderung im Wasser tummeln. Belugas (Weißwale) werden bis zu sechs Meter lang und 1000 Kilo schwer. Nach der Paarung im Frühjahr gebären sie im Sommer in ruhigen Gewässern ihre Jungen und kommen dann in den Turnagain Arm, um Lachse zu jagen. Auch im Herbst sind sie noch regelmäßig nahe der Küste zu sehen.

Beluga Point ist zudem ein guter Aussichtspunkt, um die **Gezeitenwelle** *(bore tide)* zu beobachten. Der Tidenhub von zwölf Metern zählt zu den höchsten in den USA. Das Wasser kommt bei Flut mit einer solchen Kraft zurück, dass eine teilweise drei Meter hohe Welle entsteht, die sich stromaufwärts bewegt. Sie braucht unglaubliche fünf Stunden für den ganzen Turnagain Arm. Häufig sieht man dann Robben surfen, und natürlich ist das Phänomen der Endloswelle auch bei menschlichen Surfern beliebt. Der Zeitpunkt der *bore tide* lässt sich relativ gut vorhersagen und ist online einsehbar: www.alaska.org/advice/alaska-bore-tide. Geblendet von den spektakulären Aussichten, realisieren Besucher kaum, dass sie sich am Beluga Point zugleich am ältesten Siedlungsort in Südzentral-Alaska befinden. Archäologische Artefakte belegen, dass hier bereits zwischen 10 000 und 8000 v. Chr. Menschen lebten.

Windy Point ➲ *Mile A 20*

Wer am Windy Point den Blick die Berghänge hinauf richtet, kann in den braungrauen Felswänden durchaus ein paar weiße Knäuel entdecken. Dabei handelt es sich nicht um Schnee oder Eis, sondern um Dallschafe, manchmal auch Alaska-Schneeschaf genannt. Ihren Namen erhielten diese prächtigen Tiere nach dem US-amerikanischen Naturforscher William Healey Dall. Sie können bis zu 1,8 Meter lang und zwischen 50 und 110 Kilogramm schwer werden. Da Dallschafe in Gruppen leben, wird man häufig gleich mehrere auf einmal erblicken und kann beobachten, wie sie auf den Anhöhen nach Gräsern, Kräutern, Flechten und Moosen suchen.

Indian und Indian Valley Mine

➲ *Mile A 23*

Zwischen 1920 und 1939 etablierte Peter R. Strong die Indian Valley Mine, die heute im National Register of Historic Places gelistet ist. Bereits 1889 hatte es ihn in die Camps der Goldsucher nach Alaska gezogen. 1910 entdeckte er auf der Nordseite des Turnagain Arm aber nicht Gold, sondern Quarz und baute sich am Ufer der Wasserstraße eine Hütte. Noch heute lädt die historische Mine zu spannenden Geschichten ein, und wer will, kann sogar beim legendären *gold panning* selbst sein Glück versuchen. Zwischen 20 und 100 US-Dollar können für Goldpfannen und diverse Ausrüstung ausgegeben werden. Der Eintritt zur Mine ist mit nur einem US-Dollar hingegen sehr günstig. Die infolge der Mine im Jahr 1920 entstandene Gemeinde Indian besitzt einige Einkehrmöglichkeiten und Unterkünfte.

Am Beluga Point

Das Seven Glaciers Restaurant am Mount Alyeska

Indian

Postleitzahl: AK 99540
Indian Valley Mine, 27301 Seward Hwy, Tel. +1/907/4446898; Mitte Mai–Mitte Sept. tgl. 9–18 Uhr, www.indianvalleymine.com

Turnagain Arm Shuttle, Tel. +1/907/7642067. Tagesausflüge von Anchorage zur Indian Valley Mine inkl. Goldwaschen, 89 US-Dollar. www.turnagainshuttle.com

Turnagain View Lodge, 27327 Seward Hwy, Tel. +1/907/4446898; DZ ab 189 US-Dollar, Mindesaufenthalt 2 Nächte. Schnuckelige, ländlich eingerichtete Zimmer mit wunderschöner Aussicht auf den Turnagain Arm und die Berge. www.turnagainviewlodge.com
Brown Bear Motel & Saloon, 28065 Seward Hwy, Tel. +1/907/6537000; DZ ab 67 US-Dollar. Wenn man nur eine Zwischenübernachtung braucht, kann man dieses Motel am Ostende der Gemeinde direkt am Highway ansteuern. Recht einfache Zimmer, Bar und Grill-Menü im Saloon. www.brownbearalaska.com

Turnagain Arm Pit BBQ, 3637 Old Seward Hwy, Anchorage, AK 99503, Tel. +1/907/5626328. Die in Blau gehaltene, einladende Hütte serviert sensationelle Beef Brisket Chopped Sandwiches und St. Louis Ribs. Wer sich noch eine Portion Curly Fries bestellt, hat erstmal keinen Hunger mehr. Es gibt auch ein paar vegetarische Gerichte. Wer nicht mehr fahren muss, kann sich auch durch die Bier- und Weinkarte probieren. www.turnagainarmpitbbq.com

Dimond Jim's Liquor and Gifts Der Alkohol- und Geschenkeshop befindet sich hinter dem Brown Bear Motel & Saloon (s. o.).

Bird Point *Mile A 27*

Der Bird Point ist ein weiterer Aussichtspunkt mit Beobachtungsplattform. Viele Familien halten hier an und beobachten Vögel, Belugas und die Gezeitenwelle im Turnagain Arm. Besonders für Kinder ist der Bird Point spannend, weil sie nahe des Parkplatzes mit der Belugawal-Skulptur spielen und sich damit fotografieren lassen können. Ein idealer Stopp also, um sich kurz die Beine zu vertreten. Gegenüber auf der anderen Seite des Wassers thront der 1468 Meter hohe Mount Alpenglow, an dem sich im Mai und Juni viele Bergsteiger versuchen. Die über fast eine Meile vom Meeresboden verlaufende Steilwand macht den Aufstieg nicht nur schwierig, auf dem Berg herrscht zudem subarktisches Klima. Temperaturen von minus 20 Grad Celsius sind dort oben keine Seltenheit.

Girdwood und Mount Alyeska

Mile A 37

Girdwood hieß früher Glacier City, da das Städtchen von sieben Gletschern umgeben ist. Die erste Siedlung entstand 1896 als Versorgungscamp für die Goldsucher und die Goldminen am Turnagain Arm. Nachdem der schottisch-irische Unternehmer und Leinenhändler James Girdwood noch im selben Jahr am nahen Crow Creek das erste Gold entdeckt hatte, wurde Glacier City in Girdwood umbenannt. 1954 gründete man die Alyeska Ski Cooporation, mit der Vision, auf dem 1200 Meter hohen Alyeska Mountain ein Skigebiet zu eröffnen. Die erste Bergbahn beförderte ab 1959 Gäste hinauf, zudem eröffnete eine Berghütte. Nach dem schweren Karfreitagsbeben 1964 verschob man Girdwood ein Stück weiter landeinwärts. Die Ortschaft wurde 1961 offiziell als »City«

eingestuft und 1975 in die Gemeinde Anchorage und den zugehörigen Großraum eingegliedert.

Heute leben in Girdwood rund 2000 Menschen, und jährlich besuchen etwa 150 000 Gäste das Städtchen. Die sieben Lifte am **Mount Alyeska** steuern verschiedene Höhen an, wobei Lift 6 auf den Gipfel fährt und Lift 7 abseits der Skipisten hinauf zum **Alyeska Hotel**. Eine Tram verbindet das Hotel mit dem **Round House Museum,** das über die Geschichte des Skitourismus informiert, und mit dem **Seven Glaciers Restaurant.** Alternativ kann man Lift 1 nehmen, um auf diese Höhe zu gelangen.

Girdwood ist aber auch im Sommer attraktiv. Neben **Rafting** und **Angeln** gibt es viele Möglichkeiten für **Wanderungen.** Kurze Touren wie der knapp fünf Kilometer lange Winner Creek Trail (5 km) oder mehrtägige Touren wie der Crow Pass Trail (37 km) sind möglich. Letzterer erfordert Outdoorerfahrung und führt durch mehrere Flüsse hindurch. Wie immer gilt auch hier die Vorsicht vor Bären und Elchen. Wanderkarten gibt es im Alyeska Resort.

Zudem wird jedes Jahr im Juli die **Girdwood Forest Fair** abgehalten, wo lokales Kunsthandwek und exotisches Essen aus ganz Alaska angeboten werden. Übrigens wohnte US-Senator Ted Stevens, nach dem der internationale Flughafen in Anchorage benannt ist, in der letzten Phase seines Lebens in Girdwood.

Girdwood und Mount Alyeska

Postleitzahl: AK 99587
Tankstelle/ATM: Tesoro, 90 Seward Hwy
Post: 118 Lindblad Ave

Alaska Railroad Anchorage–Girdwood Mitte Mai–Mitte Sept. tgl., ca. 84 US-Dollar (einfach), 130 US-Dollar (hin und zurück), Fahrtzeit ca. 75 Min.; Girdwood–Seward Mitte Mai–Mitte Sept. tgl., ab 100 (einfach), ab 155 (hin und zurück), Fahrtzeit 3 Std. www.alaskarailroad.com

Alyeska Resort, 1000 Arlberg Ave, Tel. +1/907/7542111; DZ 190–300 US-Dollar. Das luxuriöse Hotel hat ganzjährig geöffnet, 300 elegant gestaltete Zimmer und erstklassiger Service. www.alyeskaresort.com

Hidden Creek B & B, 739 Vail Dr, Tel. +1/907/3501484; DZ ab 215 US-Dollar. Sehr einladend mit Holzmöbeln und warmen Farben. www.hiddencreekbb.com

Seven Glaciers Restaurant, 1000 Arlberg Ave (im Alyeska Resort, s. o.), Tel. +1/907/7542237. Mehrfach ausgezeichnet und luxuriös. Reservierung dringend empfohlen; Hauptgang 35–65 US-Dollar. www.alyeskaresort.com

Chair Five Restaurant, 171 Lindblad Ave, Tel. +1/907/7832500. Uriges Ambiente, hölzerne Einrichtung, Flaggen an der Decke und alles zwischen Bier und Billard. www.chairfive.com

Girdwood Brewing Company, 2700 Alyeska Hwy, Tel. +1/907/7832739. Neben Snacks gibt es interessante selbstgebraute Biere, wie das Oatmeal Coffee Stout oder das House IPA. Besichtigung möglich. www.girdwoodbrewing.com

FishHound Expeditions, Tel. +1/907/3821802. Ein- und mehrtägige Angeltouren. www.fishhoundexpeditions.com

Skipass für den Alyeska Mountain 85 US-Dollar/Tag. Wer mit der **Tram** für die Aussicht oder zum Restaurant hochfahren möchte, zahlt rund 32 US-Dollar. www.alyeskaresort.com

Power Hound Ski Shop, 210 Arlberg Ave. Skiverleih.

▸ Karte S. 136

Der Portage Glacier

Abzweig zum Portage Glacier

➲ *Mile A 48*

An der Abzweigung auf die Portage Glacier Road führt der Seward Highway weiter auf die südlich gelegene Kenai Peninsula. Vor dem Abzweig befindet sich das **Alaska Wildlife Conservation Center,** eine Auffangstation für Wildtiere, die alleine nicht mehr überlebensfähig sind. Auf 80 Hektar Fläche können sich hier Elche, Hirsche, Bären, Moschusochsen und weitere Tiere frei bewegen. Seit 1993 ist das Gelände ganzjährig für Besucher geöffnet, die auf Rundgängen einiges über die Arbeit des Centers und über das Leben der Tiere lernen.

Biegt man vom Seward Highway auf die Portage Glacier Road ab, sind es noch rund sechs Meilen bis zum **Begich, Boggs Visitor Center** am Portage Lake. Das moderne Besucherzentrum, das 1986 auf der 1914 entstandenen Gletschermoräne gebaut wurde, informiert audiovisuell über den Chugach State Park, den Chugach National Forest und über die Gletscherwelt Alaskas. Zudem werden einstündige Bootstouren zum Portage-Gletscher angeboten.

Der **Portage Lake** ist rund fünf Kilometer lang, 1,3 Kilometer breit und 180 Meter tief. Er trennt den Chugach State Park von der Kenai-Halbinsel und liegt 36 Meter über dem Meeresspiegel. An seinem südöstlichen Ende befindet sich der vom Besucherzentrum aus schwach zu sehende Portage-Gletscher. Zudem wird der See vom Burns- und vom Byron-Gletscher gespeist. Der 7,5 Kilometer lange **Portage-Gletscher** erreicht eine Höhe von 1200 Metern und verzeichnet als Auslassgletscher reichlich Aktivität. Leider ist diese Aktivität auf den Rückgang des Gletschers bezogen, denn er hat in den letzten 100 Jahren mehrere Kilometer Eismasse eingebüßt. Allein zwischen 1939 und 1950 betrug der Rückgang des Eises rund 150 Meter pro Jahr.

i Portage Glacier

Alaska Wildlife Conservation Center, Mile 79, Seward Hwy; ganzjährig, längste Öffnungzeiten Mai–Aug. tgl. 8.30–19 Uhr, sonst siehe Website, 16 US-Dollar,
www.alaskawildlife.org

Begich, Boggs Visitor Center, Portage Lake Loop, Girdwood, AK 99587, Tel. +1/907/7832326; Ende Mai–Anf. Sept. tgl. 9–17 Uhr, 5 US-Dollar,
www.fs.usda.gov

Portage Glacier Cruises, Tel. +1/907/2647950. Einstündige Bootsfahrten zum Portage-Gletscher, Mitte Mai–Mitte Sept. tgl. 10.30, 12, 13.30, 15, 16.30 Uhr, Erw. 39 US-Dollar, Kinder 19 US-Dollar.
www.graylinealaska.com

Portage Glacier Cafe, Tel. +1/907/7833117. Café-Restaurant mit Souvenirshop auf dem Gelände des Visitor Center.

Here is your country. Cherish these natural wonders, cherish the natural resources, cherish the history and romance as a sacred heritage, for your children and your children's children.

Theodore Roosevelt (1858–1919), 26. Präsident der USA

Halibut Cove in der Kachemak Bay ist nur per Boot oder Flugzeug erreichbar

KENAI PENINSULA

Willkommen in Homer

Alaskaner nennen die Kenai Peninsula einfach »The Kenai« oder »Alaska's Playground«. Der 64 000 Quadratkilometer große »Spielplatz« erstreckt sich vom Cook Inlet im Westen bis zum Prince William Sound im Osten und bietet Erlebnisse für die ganze Familie. Der Südosten der Halbinsel ist von gigantischen Eiskappen beherrscht, während die schroffe Küstenlinie mit unzähligen vorgelagerten Inseln von tiefen Fjorden zerfräst wird. Dort gedeihen eine üppige Vegetation und uralte Wälder. Im Osten liegen kleine Dörfer in sumpfigen, vom Dunst verschleierten Talebenen in wahrer Abgeschiedenheit. Von Anchorage aus ist die Halbinsel über den Seward und den Sterling Highway ganz einfach per Auto oder Bus erreichbar. Nach Seward besteht auch eine Zugverbindung. Bereits bei der Fahrt entlang des Turnagain Arm bilden die schroffen Berge der Halbinsel ein Willkommenskomitee, ganz nach dem Motto: »Hier geht es Richtung Wildnis!«

Im äußersten Norden der Halbinsel kann man als Erstes das alte Goldgräberstädtchen **Hope** ansteuern, bevor der Weg über Moose Pass und den Seward Highway weiter nach Seward am Rande des **Kenai Fjords National Park** führt. Bootstouren und Kajakausflüge in die abgelegenen Fjorde mit ihrer vielfältigen Meeresfauna und Wanderungen am **Exit-Gletscher** oder hinauf zum **Harding Icefield** gehören hier zum Pflichtprogramm. **Seward** ist aber auch eine charmante, lebendige Kleinstadt mit guten Fischrestaurants und spannenden Museen. Und das Panorama der nebelumhüllten Berge an der Resurrection Bay ist einfach traumhaft.

Aber nicht nur Eis, Berge und Fjorde bestimmen die Halbinsel. Seen, Bäche und Flüsse machen rund 35 Prozent ihrer Fläche aus. Noch bevor man über den Sterling Highway **Cooper Landing** erreicht, verlocken der **Kenai Lake** und der **Kenai River** zu Bootstouren und Angelausflügen. Auf dem Weg weiter in Richtung Westen liegen die Ortschaften **Sterling, Soldotna** und **Kenai,** die alle gleichermaßen zu Ausflügen in die Natur und Wanderungen einladen. Folgt man dem Sterling Highway von dort Richtung Süden, eröffnet sich jenseits des Cook Inlet an klaren Tagen die unfassbar schöne Vulkankulisse der Alaska Peninsula.

Je weiter man fährt, desto mehr dreht man die Zeit zurück. Dörfer wie **Ninilchik** oder **Nikolaevsk** versetzen Besucher

▶ Karte S. 147

Kenai Peninsula

zurück in die Ära der russischen Besiedlung, denn noch heute leben hier orthodoxe Russen gemäß ihren Traditionen. In der Kleinstadt **Homer** ist man schließlich am südwestlichen Ende der Halbinsel und an der Kachemak Bay angekommen. Jenseits davon liegt der wilde, von Elchen, Schwarzbären, Wölfen und Vielfraßen bewohnte **Kachemak Bay State Park**. Wanderungen zum Grewingk-Gletscher, Angeltouren und Ausflüge mit dem Wasserflugzeug zur Bärenbeobachtung gehören genauso zum Programm wie ein Aufenthalt in einer der vielen komfortablen Unterkünfte oder Shopping auf der Landzunge Homer Spit.

Hope ➲ *Mile A 87*

Wenn man auf den Seward Highway bei Mile 56.3 in Richtung Sunrise und Hope abbiegt, gelangt man auf den Hope Highway. Über Sunrise, zu Zeiten des Goldrausches die größte Siedlung Alaskas, führt der Weg am Turnagain Arm entlang bis in die 190 Einwohner zählende Gemeinde Hope. Die kleine und sehr ansehnliche Ortschaft wurde 1896 von den Goldsuchern nach dem damals jüngsten unter ihnen, Percy Hope, benannt. Doch nur drei Jahre später wurde Hope zur Geisterstadt, denn die meisten der Goldsucher machten sich auf den Weg zum Klondike River. Heute ist Hope mit seinen historischen Gebäuden, der nostalgischen Atmosphäre und einem Goldrauschmuseum ein bei Wanderern, Vogelkundlern, Radfahrern und Campern beliebter Ort.

Hope

Postleitzahl: AK 99605
www.hopealaska.us

Discovery Cabins, 19170 Discovery Dr, Tel. +1/907/3010399; DZ ab 99 US-Dollar. Schöne hölzerne Unterkunft in der Nähe des Flusses. www.discoverycabins.com

Seaview Cafe & Bar, 18416 B Ave, Tel. +1/907/7823300, www.seaviewcafealaska.com

Hope & Sunrise Museum, 2nd St, Tel. +1/907/7823740; Memorial Day–Labor Day tgl. 12–16 Uhr. Museum zur Ortsgeschichte und zum Goldrausch. www.sites.google.com/site/hopehistoricalsite2

Südlich von Hope beginnt der 38 Meilen lange **Resurrection Pass Trail:** www.alaska.org/detail/resurrection-pass-trail

Cooper Landing ist ein Paradies für Angler

▲ Karte S. 147

Von Hope nach Homer

Cooper Landing ➲ *Mile A 101.4*

Umsäumt von dunkelgrünen Wäldern, umflossen vom Kenai River und am Ende des tiefblauen Kenai Lake liegt das 250 Einwohner zählende Dörfchen Cooper Landing am Sterling Highway. Benannt nach Joseph Cooper, der hier 1894 Gold entdeckte, resultierte der Wohlstand später aus dem Wassersport und vor allem dem Angeltourismus. Der 35 Kilometer lange Kenai Lake, der 132 Kilometer lange Kenai River sowie die anderen umliegenden Seen und Flüsse sind ein wahres Wassersportparadies, und so dreht sich in Cooper Landing fast alles ums Angeln. Neben einem Postamt, Unterkünften und Einkehrmöglichkeiten findet sich hier auch eine große Zahl von Touranbietern. Aber auch, wer nur auf der Durchreise ist, wird begeistert sein von den Wassermassen, die die kleine Ortschaft umgeben.

i Cooper Landing

Postleitzahl: AK 99572

Cooper Landing Visitor's Bureau, Mile 48.7, Sterling Hwy, Tel. +1/907/5958888. Nebenan befindet sich das **Cooper Landing Museum** mit einer Ausstellung zur Geschichte der Region. www.cooperlandingchamber.com

Post: 38741 Snug Harbor Rd

Tankstelle: Sunrise Gas, 35003 Quartz Creek Rd

Shop: Cooper Landing Grocery and Snack Shop, 35172 Edwards St, Mile 48.2, Sterling Hwy

Grizzly Ridge 18280 Sterling Hwy, Tel. +1/907/5951260; DZ ab 185 US-Dollar. Moderne Unterkunft, Shop und 24-Std.-Tankstelle. www.grizzlyridgeak.com

Kenai Princess Wilderness Lodge, 17245 Frontier Circle, Tel. +1/907/5951425; DZ ab 145 US-Dollar. Sehr komfortables und gepflegtes Hotel. www.princesslodges.com

Alaska Horsemen Trail Adventures, 35090 Quartz Creek Rd, Tel. +1/907/5951806; DZ ab 78 US-Dollar. Zeltplatz und Veranstalter von Reittouren. www.alaskahorsemen.com

Kingfisher Alaska, 19503 Sterling Hwy, Tel. +1/907/5952861. Amerikanische Küche. www.kingfisheralaska.com

Jasons Guide Service, Mile 48, Sterling Hwy, Tel. +1/907/3513036. Einer der besten Angeltourenanbieter der Region. www.jasonsguideservice.com

Alaska River Adventures, 35269 King Salmon Dr, Tel. +1/907/5952000, www.alaskariveradventures.com

Sterling ➲ *Mile A 134*

Sterling hieß früher mal Naptowne, wurde aber 1954 anlässlich der Eröffnung des örtlichen Postamtes wegen der Lage am Sterling Highway umbenannt. In Sterling leben heute rund 6000 Einwohner. Die Stadt bietet viele Möglichkeiten, um sich für die weitere Reise zu versorgen. Neben Hotels, Restaurants, Banken, Ausrüstungsläden und Tankstellen gibt es auch diverse Adressen für Auto- und Reifenreparaturen. Zudem ist Sterling so etwas wie die Basis für alle touristischen Aktivitäten in der Umgebung.

Soldotna ➲ *Mile A 148.2*

Das lebendige Städtchen Soldotna mit seinen knapp 4500 Einwohnern ist die Hauptstadt des Kenai River oder, besser gesagt, die Angelhauptstadt Alaskas. Alles dreht sich hier um den Fluss und um den Angelsport. Während der Saison ist

die Stadt aufgrund des großen Angebotes an Touren und Angelmöglichkeiten überfüllt. Laut einer Liste von *CNN Travel* zählt der Kenai River zu den 15 »Schönsten Flüssen der Welt«.
Soldotna ist auch so etwas wie die heimliche Hauptstadt der Halbinsel, da sich hier die Hauptsitze diverser Verwaltungseinrichtungen, das Forstamt, ein Standort des Kenai Peninsula College, das Kenai Refuge Visitor Center und das zentrale Krankenhaus befinden. Soldotna existiert seit 1940 als strategische Siedlung am Sterling Highway.

Soldotna

Postleitzahl: AK 99669
Soldotna Visitor Center, 44790 Sterling Hwy, Tel. +1/907/2629814; Mai–Mitte Sept. tgl. 9–18, Mitte Sept.–April Mo–Fr 9–17 Uhr, www.visitsoldotna.com
Kenai Refuge Visitor Center, 33398-B Ski Hill Rd, Tel. +1/907/2627021; Mitte Mai–Mitte Sept. tgl. 9–17, Mitte Sept.–Mitte Mai Di–Sa 10–16 Uhr.
Tankstelle: 2GO Tesoro, 44279 Sterling Hwy
Krankenhaus: Central Peninsula Hospital, 250 Hospital Place, Tel. +1/907/7144404, www.cpgh.org
Einkaufen: Entlang des Sterling Highway finden sich alle Arten von Fachgeschäften, Supermärkten und sonstigen Einkaufsmöglichkeiten.

Natron Air, 619 Funny River Rd, Tel. +1/907/2628440. Der Fluganbieter bringt Angler auch zu entlegenen Spots.
www.natronair.com

Soldotna Campsite, 358 Centennial Park Rd, Tel. +1/907/2623151. Nur einer der rund 200 Campingplätze rund um Soldotna. www.soldotna.org

Aspen Hotel Soldotna, 326 Binkley Circle, Tel. +1/907/2607736; DZ ab 100 US-Dollar. 63 gut ausgestattete Zimmer, recht zentral nahe dem Seward Hwy.
www.aspenhotelsak.com

Odie's Deli, 44315 Sterling Hwy, Tel. +1/907/26032255. Frühstück, Sandwiches, Salate und Suppen.
www.odiesdeli.com
Kenai River Brewing Co., 308 Homestead Lane, Tel. +1/907/2622337. Brauerei und Restaurant.
www.kenairiverbrewing.com

Music in the Park (Juni–Aug. jeden Mi) Konzerte im Creek Park.
Kenai Peninsula Beer Festival (Aug.) 16 Brauereien aus ganz Alaska bieten ihre Biere zur Verkostung an, und Livemusik dröhnt aus den Lautsprechern – ein Festival für echte Bierfans.

Chadwick's Fishing Guide Service, 393 Riverside Dr, Tel. +1/907/3120039. Anbieter von Angeltouren.
www.chadwicksfishing.com

Kenai

In der größten Stadt der Halbinsel leben etwas über 7000 Einwohner. Bevor 1791 die ersten russischen Siedler auftauchten und in der Nähe einen Handelsposten mit den Namen St. Nicholas Redoubt oder Fort St. Nicholas gründeten, befand sich hier eine Siedlung der Dena'ina-Athabasken. Es war die zweite permanente russische Siedlung in Alaska, doch bereits 1797 unterlagen die Russen in der Schlacht von Kenai den erbittert um ihr Land kämpfenden Dena'ina. 1848 wurde das erste Gold entdeckt, und 1869 entstand aus Kenai unter der U.S. Army das Fort Kenai.

▸ Karte S. 147

Die erste Industrie war eine Konservenfabrik für Fisch, das erste Postamt wurde im Jahr 1899 eröffnet. Der eigentliche Grund für die Größe der Stadt ist aber ein anderer. In den 1950er Jahren wurde 30 Kilometer nordöstlich der Stadt Öl entdeckt. Als dann auch noch sechs Kilometer südlich von Kenai Gasvorkommen gefunden wurde, war die Zukunft der Stadt gesichert.
Trotz seiner industriellen Entwicklung hat Kenai eine sehr gut erhaltene Altstadt. Wer sich eine Übersichtskarte aus dem Visitor Center organisiert, kann diese gemütlich selber erkunden. In der **Old Town** sind neben den alten Häuserfassaden auch das einstige **Kenai Fort,** die **Russian Chapel** sowie die **Russian Orthodox Church** zu besichtigen. Wo der Kenai River ins Meer mündet, kann man am **Beluga Whale Lookout** die weißen, sanften Riesen beobachten, die sich in der Bucht tummeln und an den tollen Sandstränden spazierengehen.

Kenai

Postleitzahl: AK 99611
Kenai Visitor Center, 11471 Kenai Spur Hwy, Tel. +1/907/2831991; Memorial Day-Labor Day Mo–Fr 9–18, Sa 10–17, So 12–17, Winter Mo–Fr 9–17 Uhr, www.kenaichamber.org

An der Abzweigung auf den **Kenai Spur Highway** erreicht man die Stadt von Soldotna in rund 20 Minuten. Von Anchorage beträgt die Fahrtzeit drei Stunden.

Shuttle Services of Alaska, 1042 H St, Anchorage, AK 99501, Tel. +1/907/9478985. Bedient ganz Zentral-Alaska, Preise auf Anfrage.
www.shuttleservicesak.com

Aspen Extended Stay Suites, 10431 Kenai Spur Hwy, Tel. +1/907/2832272; DZ ab 85 US-Dollar. Solides Hotel.
www.aspenhotelsak.com

Burger Bus, 409 Overland Ave. Die besten Burger auf der Halbinsel.

Veronica's Old Town Cafe, 604 Petersen Way, Tel. +1/907/2832725, Fb.

Clam Gulch State Recreation Area *Mile A 170.4*

Verlässt man Kenai wieder zurück in Richtung Süden auf dem Sterling Highway, ergeben sich während der Fahrt Ausblicke in die unendliche Weite der moorigen Schwarzfichtenwälder. Jeder einzelne Baum ringt hier um Wachstum, auch wenn es teilweise nur sehr langsam vorangeht. Öffnet sich der Blick hinüber auf die andere Seite des Cook Inlet, kann man die volle Pracht der Vulkane der Alaska-Halbinsel bestaunen. Aber Vorsicht! Die Konzentration muss immer auf die Straße gerichtet bleiben, denn die Monotonie der Strecke lässt das hohe Elchaufkommen schnell vergessen. Als Pause lohnt ein Stopp am Clam Gulch.
Der Strand ist bekannt wegen seiner großen Muschelbänke, auf denen man bis 2019 noch frei sammeln durfte. Täglich wanderten hier bei Ebbe viele Menschen hinaus, bepackt mit Schaufel und Eimer, um im Sand nach Muscheln, zum Beispiel Rasiermessermuscheln, zu graben. Im Jahr 2019 hat das Department of Fish and Game das Graben bis auf Weiteres jedoch untersagt. Wer sich nicht daran hält, macht sich strafbar. Der Strand selbst lädt aber auch zu einem Spaziergang oder einem ganzen Tag am Meer ein.

Anchor Point ➲ *Mile A 209.6*

Anchor Point, das Tor zur Kachemak Bay, rühmt sich damit, die am westlichsten gelegene Siedlung des nordamerikanischen Kontinents mit einem zusammenhängenden Straßennetz zu sein. Der Name rührt daher, dass Kapitän James Cook im Mai 1778 in diesem Teil des Cook Inlets einen großen Anker verlor. Anchor Point bietet schöne Campingmöglichkeiten mit Blick auf die Vulkane der Alaska Peninsula. Von hier aus sind es noch etwa neun Meilen bis zur russischen Siedlung Nikolaevsk und rund 20 Minuten bis nach Homer.

Anchor Point

Halibut Campground, 74272 Anchor Point Rd, Anchor Point, AK 99556, Tel. +1/907/2625581; 5 US-Dollar Parkgebühr, 20 US-Dollar/Nacht. Camping direkt am Wasser.
www.alaskastateparks.org

Kyllonen's RV Park, 74160 Anchor Point Rd, Anchor Point, AK 99556, Tel. +1/907/2357762; ab 44 US-Dollar/Nacht. Voll ausgestatteter Campingplatz für Wohnmobile aller Größen.
www.kyllonensrvpark.com

Ausblick von Anchor Point

▸ Karte S. 147

Zeitreise nach Russisch-Amerika: Nikolaevsk

Nikolaevsk

Wer einen Abstecher in die knapp 300 Einwohner zählende Ortschaft Nikolaevsk unternimmt, reist in die Vergangenheit. Nur neun Meilen auf der North Fork Road muss man zurücklegen, um in die Zeit der russischen Besiedlung einzutauchen. Die meisten Einwohner sind *Russian Old Believers*, also altgläubige orthodoxe Russen. Russisch ist auch immer noch die erste Sprache in der in drei Segmente aufgeteilten Siedlung. Großfamilien mit acht bis zwölf Kindern sind hier immer noch Normalität, genauso wie die Tatsache, dass jegliche Nahrung gejagt, gefischt oder selbst angebaut wird. Die Kleidung ist selbstgestrickt. Männern ist das Rasieren untersagt. Verboten ist es Besuchern übrigens auch, die orthodoxe Kirche zu betreten. Aber für einen kleinen Ausflug in die Zeit von Russisch-Amerika ist Nikolaevsk ideal.

Homer ➔ *Mile A 232*

Wenn man über den Homer Overlook Rest Stop ins Stadtzentrum fahren möchte, ist ein Fotohalt am Ortseingangsschild obligatorisch: »Homer Alaska. Halibut Fishing Capital of the World«, heißt es darauf. Doch in Homer dreht sich nicht alles nur um Fisch. Homer ist im Jahr 2018 zur »Stadt der Pfingstrosen« ernannt worden. Spaziert man die Hauptstraße des Zentrums, die Pioneer Avenue, entlang, fällt die bunte Blumenpracht der kleinen Gärten auf. Um Homer herum gibt es 25 Blumenfarmen, wo die Pflanzen unter besten Bedingungen wachsen und gedeihen. Dies ist aber nur ein kleiner Teil von dem, wofür Homer heute steht. Die schnuckelige Old Town und der geschäftige Buisness District sind genauso belebt und beliebt wie die Sandstrände entlang des Homer Spit. Viele Galerien, Shops, Cafés, Restaurants und Bars laden Tagesgäste wie Langzeiturlauber ein, die Atmosphäre der Stadt aufzusaugen. Die Boote für Angeltouren und Wanderer hinüber zum Kachemak Bay State Park sind im Dauereinsatz, und alle paar Minuten hebt ein neues Flugzeug für Rundflüge und Bärenbeobachtungen im Katmai National Park ab. Homer ist ein rustikales Nest an der See, bietet aber dennoch Topadressen der Kulinarik, vor allem mit Austern und Fisch, Winzerei und Hotellerie zugleich. Das kulturelle Angebot befindet sich im ständigen Wettstreit mit der einzigartigen Natur und Landschaft drum herum. Was man hier als Erstes unternimmt, ist schwierig zu entscheiden. Am besten lässt man sich in Homer ein bisschen mehr Zeit.

Geschichte

Im Jahr 1895 unternahm das U.S. Geological Survey Untersuchungen zur Gewinnung von Kohle und Gold und wurde fündig. Schnell erreichten die ersten Goldsucher aus Hope und Sunrise im Norden der Kenai-Halbinsel die sieben Kilometer lange Landzunge von Homer. Nur ein Jahr später erschien auch der New Yorker Goldsucher Homer Penncock mit seiner Crew am Homer Spit und schlug ein Basislager auf. Wegen der Unterkünfte für seine 50-köpfige Mannschaft wurden die Ortschaft und

In Homer

die Landzunge auf seinen Namen getauft. Die Suche nach Gold hatte sich schnell erledigt, dafür gab es aber genügend Kohlevorkommen, welche dazu führten, dass die Häuser mehr in Richtung des Festlandes gebaut wurden. Das erste Postamt wurde eröffnet, der Hafen vergrößert und Gleisanlagen zum Transport der Kohle über den Homer Spit gebaut. Zwischen 1899 und 1910 blühte die Ortschaft auf, nach dem Ersten Weltkrieg verloren die Kohleminen jedoch langsam an Bedeutung. Und so arbeiteten zwischen 1930 und 1940 die meisten Einwohner Homers in Fabriken für Fischkonserven. Als im Jahr 1964 das Karfreitagsbeben (→ S. 55) auch Homer heimsuchte und der Homer Spit infolgedessen um knapp zwei Meter absank, mussten viele Häuser und Straßen erneuert werden. Dennoch leben die Einwohner von Homer nach wie vor in dem Glauben, dass das Meer sie niemals im Stich lassen wird. Homer wurde zwar durch den Highway-Anschluss schneller erreichbar und ist über den Alaska Marine Highway mit vielen Ortschaften auch auf dem Wasserweg verbunden, aber die Haupteinnahmequelle ist nach wie vor Fisch. Viel Fisch! Ganz besonders Heilbutt.

Homer rühmt sich bis heute mit dem Titel, die Welthauptstadt des Heilbuttfischens zu sein. Und das führt jährlich Tausende Angelbegeisterte in die Kleinstadt mit ihren rund 5000 Einwohnern. Nicht nur der touristische und industrielle Fischfang und die Landwirtschaft bestimmen die örtliche Wirtschaft, zwischen 2014 und 2016 sind auch die Besucherzahlen enorm gestiegen. Inzwischen erreichen jährlich bis zu 13 000 Menschen das kleine Städtchen. Die Hotellerie ist zwischen Mai und September inzwischen

Eine Institution auf dem Homer Spit – der Salty Dawg Saloon

zu 90 Prozent ausgelastet. Vor wenigen Jahren waren es nur 60 Prozent. Auch die Restaurants laufen auf Hochbetrieb. Shops, Cafés, Touranbieter und Galerien von Künstlern aus aller Welt lassen sich heute in Homer nieder oder haben ihr Unternehmen bereits etabliert. Der Aufschwung kam mit Wucht, gewaltiger als jedes Erdbeben, nach Homer zurück.

Old Town

Die Hauptachse bilden die Pioneer Avenue und die Main Street bis zum Strand hinunter. Die **Pioneer Avenue** ist Shopping- und Einkehrmeile zugleich. Hier befinden sich nicht nur viele Cafés, Restaurants, Galerien und Geschäfte, wie der Homer Bookstore. Nach wie vor ist dies auch der Business District der Stadt. Hier siedelten sich schon zwischen 1927 und 1946 Büros, das Postamt, Hotels, die ersten Geschäften und auch Privatleute an. Geht man die **Main Street** Richtung Wasser hinunter, befindet man sich in Homers Altstadt. In der Old Town steht noch das **Hansen Log Home**. Das zwischen 1920 und 1930 aus lokaler Fichte gebaute Haus ist heute renoviert und beherbergt den Old Inlet Bookshop. Ein Stück weiter die Straße hinunter liegt auf der rechten Seite ein sehr schlichtes Gebäude mit flachem Dach, welches als Restaurant und Kunstzentrum fungiert, der Inlet Trading Post. Hier befand sich 1937 das Lebensmittelgeschäft von Maybelle und Arthur Berry, das Berry's, das in der oberen Etage auch ein Hotel beherbergte. Geht man die nächste Straße, die Barnell Avenue, nach rechts, liegt nach kurzer Zeit auf der linken Seite das heutige **Driftwood Inn Hotel**. Früher war es eine Schule, danach Kühlhaus, später eine private Residenz, bevor die Hotellerie das alte Gebäude zurück ins Leben rief. Geht man allerdings die Main Street bis zum Ende, erreicht man das Wasser und kann von dort aus nach links in Richtung des schönen **Bishop's Beach** die kühle Meeresbrise genießen.

Homer Spit

Man ist sich nicht ganz einig, wie der Homer Spit entstanden ist. Eine Theorie ist, dass es sich bei der Landzunge aus Sand und Kies um eine alte Gletschermoräne handelt, die über die Jahrtausende hinweg von den Gezeitenströmungen geformt wurde. Einer anderen Vorstellung nach handelt es sich einfach um Ablagerungen, welche die Gezeiten und Strömungen des Cook Inlets hierher transportiert haben. Stücke von Feuersteinen und Muschelschalen weisen auf eine frühzeitliche Besiedlung der sieben Kilometer langen und nur sechs Meter hohen Landzunge hin. Nach den Ureinwohnern kamen über die Jahrhunderte russische Pelzhändler, Goldsucher und Kohleminenarbeiter zum Homer Spit.

Heute ist er ein beliebtes Ausflugsziel und gehört zum Pflichtprogramm aller Reisenden. Zelte und Wohnmobile säumen die Campingplätze, Besucherströme füllen die Restaurants, Bars, Galerien und Shops. Jogger, Spaziergänger und Faulenzer lieben den schier endlosen Strand. Das Wasser hat im Durchschnitt eine Temperatur von 10 Grad Celsius, was Homer nicht gerade zu einer Badedestination macht. Fährpassagiere warten auf ihre Abfahrt nach Seldovia, Halibut Cove oder zum Kachemak Bay State Park. Ausflugsboote für Angeltouren starten vom Hafen und Vogelkundler staunen über so manchen Weißkopfseeadler in direkter Umgebung. Das Seafarer's Memorial erinnert an jene, die auf See ihr Leben verloren haben.

Homer

Postleitzahl: AK 99603

Homer Chamber of Commerce & Visitor Center, 201 Sterling Hwy, Tel. +1/907/2357740; Mo–Fr 9–17, Sa 10–16, So 13–16 Uhr. Touristeninformation für Homer und Umgebung. www.homeralaska.org

Bank: Wells Fargo Bank, 88 Sterling Hwy

Post: 3658 Heath St

Tankstelle: Chevron, 94 Sterling Hwy

Taxi: Cole's Cab, Tel. +1/907/2996448

Apotheke: Safeway Pharmacy, 90 Sterling Hwy

Ärzte: Kachemak Medical Group, 4129 Bartlett St, Tel. +1/907/2357000, www.kmedicalgroup.com

Zahnarzt: Preventive Dental Services PC, 549 Grubstake Ave, Tel. +1/907/2351286, www.preventivedentalservices.com

Mit dem Auto ist Homer von Anchorage aus über den **Seward Hwy Nr. 1** und **Sterling Hwy Nr. 1** in 4,5 Stunden zu erreichen.

Alaska Bus Company, Tel. +1/907/2996806. Lokaler Bus sowie Homer-Anchorage (109 US-Dollar, Fahrtzeit ca. 5 Std., zwei Gepäckstücke erlaubt). www.alaskabuscompany.com

Homer Trolley, Tel. +1/907/2996210. Hop-on-hop-off-Bus (Pioneer Ave–Old Town–Bishop Beach–Homer Spit), Tagesticket 15 US-Dollar; Mitte Juni–Mitte Aug. tgl. 11–18 Uhr. www.homertrolley.com

Homer Airport, 2336 Kachemak Dr

Ravn Alaska, Tel. +1/800/8668394. Anchorage–Homer, Flugzeit ca. 45 Min., ab 140 US-Dollar. www.ravnalaska.com

Smokey Bay Air, 2100 Kachemak Dr, Tel. +1/907/2351511. Flüge in die Umgebung, Flightseeing und Bärenbeobachtung. www.smokeybayair.com

K Bay Air, 2282 Kachemak Dr, Tel. +1/877/2215029. Lokaler Flugdienst. www.kbayair.com

Homer Ferry Terminal, 4690 Homer Spit Rd

Alaska Marine Highway System, 7559 N Tongass Hwy, Ketchikan, AK 99901, Tel. +1/800/6420066, www.ferryalaska.com

Kachemak Bay Ferry Inc., Halibut Cove, AK 99603, Tel. +1/907/2262424, www.halibutcove.com

Homer Inn & Spa, 895 Ocean Dr Loop, Tel. +1/907/2351000; DZ ab 300 US-Dollar. Neben der wunderschönen Unter-

▶ Karte S. 154

kunft ist dies auch eine gute Adresse, um sich verwöhnen zu lassen. Ausgezeichneter Wellnessbereich mit Ausblick auf den Ozean. www.homerinnandspa.com

Wild Rose B & B; 5040 E Hill Rd, Tel. +1/907/2358780; Cabin ab 160 US-Dollar. Wundervolle Cottages und Cabins im alaskanischen Stil, schön gelegen. www.alaskawildrose.com

Pioneer Inn, 44 W Pioneer Ave, Tel. +1/907/2355670; DZ ab 150 US-Dollar. Das Hotel mit komfortablen Zimmern und familiärer Atmosphäre zählt zu den Klassikern in Homer. www.pioneerinnhomerak.com

Juneberry Lodge, 40963 China Poot St, Tel. +1/907/2354779; DZ ab 135 US-Dollar. Wunderschöne Unterkunft mit toller Aussicht auf die Kachemak Bay und den wohl nettesten Besitzern der Welt. www.juneberrylodge.com

King's Landing Hotel, 147 E Pioneer Ave, Tel. +1/907/2357787; DZ ab 100 US-Dollar. Rustikal und nicht unbedingt für mehr als 2 Nächte geeignet.

Bear Creek Winery & Lodging, s. u.

► **Homer Spit:**

Land's End Resort, 4786 Homer Spit Rd, Tel. +1/907/2350400; DZ ab 99 US-Dollar. Standardzimmer oder ganze Lofts mit Meerblick, am äußersten Ende des Homer Spit gelegen. www.lands-end-resort.com

► **Homer Spit:**

Homer Spit Campground, 4535 Homer Spit Rd, Tel. +1/907/2358206; ab 30 US-Dollar/Zelt. Wunderschöner Campingplatz für Zelte und Wohnmobile. www.homerspitcampground.com

Fishing Hole Campground, 3152–4200 Homer Spit Rd; ca. 20 US-Dollar/Nacht. Keine Reservierung möglich. www.cityofhomer-ak.gov

Mariner Park, Homer Spit Rd, Tel. +1/907/4353139; 20 US-Dollar/Nacht. Für Wohnmobile und Zelte. Sehr beliebter Zugang zum Strand, nicht nur bei Campern. Keine Reservierung möglich. www.cityofhomer-ak.gov

AJ's Oldtown Steakhouse & Tavern, 120 W Bunnell Ave, Tel. +1/907/2359949. Schmackhafte Steaks, familiäre Atmosphäre. Gute Lage in Downtown. www.ajsteakhouse.com

Thai Cosmic Kitchen, 510 E Pioneer Ave, Tel. +1/907/3175066. Thailändische Küche, große Auswahl. www.cosmickitchenalaska.com

► **Homer Spit:**

Fresh Catch Cafe, 4025 Homer Spit Rd, Tel. +1/907/2352289. Meeresfrüchte-Restaurant. www.freshcatchalaska.com

Capitan Pattie's Fish House, 4241 Homer Spit Rd, Tel. +1/907/2355135. Sehr beliebtes Fischrestaurant. Reservierung erforderlich. www.captainpatties.com

Captain's Coffee Roasting, 295 E Pioneer Ave, Tel. +1/907/2354970

Portside Coffee & Co., 280 W Pioneer Ave

► **Homer Spit:**

Coal Town Coffee & Tea, 4401 Homer Spit Rd;

Kharacters Alaskan Bar, 3851 Shelford St, Tel. +1/907/2351455. Eine echte alaskanische Bar!

Homer Brewing Company, 1411 Lake Shore Dr, Tel. +1/907/2353626. Homers lokale Brauerei. Beim Bierschlürfen kann man der Produktion zusehen. Natürlich gibt es auch einen Shop, und die Biere sind in vielen Restaurants und Liquor Stores zu bekommen. www.homerbrew.com

Bear Creek Winery & Lodging, 60203 Bear Creek Dr, Tel. +1/907/2358484. Das Weingut produziert 15 unterschiedliche Weine auf der Basis von Beeren, wie Himbeeren, Erdbeeren, Blaubeeren etc. Wer nach der Degustation nicht mehr laufen oder fahren kann, hat vor Ort luxuriöse Übernachtungsmöglichkeiten. www.bearcreekwinery.com

► **Homer Spit:**
Salty Dawg Saloon, 4380 Homer Spit Rd. Die wohl coolste Bar auf dem Homer Spit. Seit 1957 gehen hier Drinks über den Tresen, und seitdem verging viel Zeit, um die Wände mit Bildern, Dollarscheinen und vielen weiteren Dingen zu schmücken. Urig, eng, rockig und ungezwungen. www.saltydawgsaloon.com

Pratt Museum, 3779 Bartlett St; tgl. 10–18 Uhr. Mit 30 000 Besuchern jährlich das meistbesuchte Museum in Homer. Naturkundliche, wissenschaftliche und geschichtliche Ausstellungen sowie Kunstwerke aus Homer und der Umgebung. www.prattmuseum.org
Alaska Maritime National Wildlife Refuge Visitor Center, 95 Sterling Hwy, Tel. +1/907/2356546; Sommer tgl. 9–17 Uhr. Besucherzentrum des weltweit größten Seevögelschutzgebietes mit tollen Ausstellungen, Displays und Informationen. www.fws.gov
Center for Alaskan Coastal Studies, 708 Smoky Bay Way; Mo–Fr 9–17 Uhr. Informationen zu Flora und Fauna Alaskas mit Shop, im Winter auch Schneeschuhverleih. www.akcoastalstudies.org
Ptarmigan Arts, 471 E Pioneer Ave; Sommer tgl. 10–18, Winter tgl. 11–17 Uhr. Ausstellungskooperative von lokalen Künstlern. www.ptarmiganarts.com

Winter King Salmon Tournament (März) Tausende Dollar Preisgeld gibt es für die größten Fänge. 2019 waren 1400 Fischer und 426 Boote an dem Turnier beteiligt.
Kachemak Bay Shorebird Festival (1. Wochenende im Mai) Fest zu Ehren der rund 100 000 Vögel in der Kachemak Bay mit Wanderungen, Musik und anderen Aktivitäten.

Trail End Horse Adventures, 53435 E End Rd, Tel. +1/907/2356393, Fb. Professionelle Reittouren seit 1986, ab 120 US-Dollar pro Person.

Cycle Logical, 302 E Pioneer Ave. Fahrradwerkstatt und Verleih. www.cyclelogicalhomer.com

Angeltouren-Anbieter, der Heilbutt steht natürlich immer im Mittelpunkt:
North Country Halibut Charters, 4287 Homer Spit Rd, +1/907/2357620, www.northcountrycharters.com
Silver Fox Chartes, 4246 Homer Spit Rd, Tel. +1/800/4788792, www.silverfoxcharters.com

True North Kayak Adventures, 4308 Homer Spit Rd, Tel. +1/907/2350708. Kajaktrips und Verleih von Kajaks und SUP-Equipment. www.truenorthkayak.com

Cross Country Skiing Private Skikurse und Infos zu Loipen. www.kachemaknordicskiclub.org

Homer Farmers Market, 1155 Ocean Dr. Lokale Produkte, Kunsthandwerk und Lebensmittel. Ein Muss für alle, die gesunde und lokal produzierte Nahrung mögen; Ende Mai–Ende Sept. Mi 14–17, Sa 10–15 Uhr. www.homerfarmersmarket.org
Fireweed Gallery, 475 E Pioneer Ave. Liebevoll produziertes lokales Kunsthandwerk: Flechtkörbe, Schnitzarbeiten, verzierte Vasen und Schmuck. www.fireweedgallery.com
Souvenirs: Mariner Gifts, 4287 Homer Spit Rd; AK Starfish Co., 4241 Homer Spit Rd; Lula's by the Sea, 4474 Homer Spit Rd
Buchladen: Homer Bookstore, 332 E Pioneer Ave
Supermarkt: Safeway, 90 Sterling Hwy
Spirituosen: The Grog Shop, 369 E Pioneer Ave

► Karte S. 154

Ausflüge von Homer

Halibut Cove

Gegenüber vom Homer Spit, auf der anderen Seite der Kachemak Bay, liegt auf Ismailof Island das ehemalige Fischerdorf Halibut Cove. Heute hat der Ort, der nicht ans Straßennetz angeschlossen ist, 76 Einwohner – Künstler, Familien und Geschäftsleute. Das keine Inselareal ist nur per Boot oder Flugzeug zu erreichen. Die knapp drei Kilometer lange Landmasse bietet Unterkünfte, ein Café, ein Restaurant und eine Kunstgalerie. Zudem gibt es hier eines der wenigen schwimmenden Postämter der USA.

Halibut Cove

Postleitzahl: AK 99603
www.halibutcove.com

Halibut Cove Cliffside Cottages, 51764 Ismailof Island Trail, Tel. +1/203/5052424; DZ ab 175–500 US-Dollar. Vollausgestattete Cottages mit Panoramafenstern. www.halibutcovecottages.com

Halibut Cove Rentals & Coffee House, 100 Boardwalk Way, Tel. +1/907/2308949; 140–430 US-Dollar/Nacht. Behagliche Cabis und Café. www.halibutcoverentals.com

The Saltry Restaurant, 1 W Ishmailof, Tel. +1/907/2262424. Meeresfrüchte-Restaurant. www.thesaltry.com

Seldovia

Auf dem Territorium des heutigen Seldovia leben bereits seit Jahrhunderten die Dena'ina. Seit 1991 ist der Seldovia Village Tribe als Stammessitz der Ureinwohner von der Bundesregierung anerkannt. Das Wort »Seldevoy« verweist auf die russischen Siedler und Pelzhändler, die den Ort im 19. Jahrhundert gründeten. Die Bezeichnung bezieht sich auf das einst große Heringsvorkommen in der Bucht.

Heute leben etwas über 300 Einwohner in der Ortschaft, die nur per Flugzeug oder Wassertaxi zu erreichen ist. Die abgeschiedene Lage, die wunderschöne Szenerie und die gemütliche Promenade sind bis heute wenig besucht und noch ein kleiner Geheimtipp in Alaska.

Seldovia

www.seldovia.com
www.cityofseldovia.com

Seldovia Boardwalk Hotel, Pub and Grill, 239 Main St, Seldovia, AK 99663, Tel. +1/907/2347816; DZ ab 160 US-Dollar. Einladend und warmherzig ausgestattete Zimmer, die den Hafen und die Bucht überblicken. www.seldoviahotel.com

Linwood Bar and Grill, 253 Main St, Seldovia, AK 99663, Tel. +1/907/2347674. Familiäre Atmosphäre, lokale Küche. www.linwoodbar.com

Der Leuchtturm von Halibut Cove

Kachemak Bay State and Wilderness Park

Alaskas erster State Park überhaupt wurde im Jahr 1972 gegründet. Der für alaskanische Verhältnisse recht kleine Park mit einer Fläche von gerade einmal 1600 Quadratkilometern und einer Küstenlänge von 127 Kilometern kann jedoch mit einer hohen Biodiversität, mächtigen Gletschern, Bergen, Seen, Wäldern und der Lage am Meer protzen. Allein der Blick von Homer hinüber auf die andere Seite der Kachemak Bay lässt jeden vor der gewaltigen Kulisse staunen. Ein Klassiker unter den Tagesausflügen ist es, sich von Homer Spit aus mit dem Boot hinüberfahren zu lassen und eine Wanderung zu unternehmen. Da in der Kachemak Bay viele Meeresbewohner heimisch sind, kann man während der Überfahrt vielleicht Wale, Robben oder Seeotter erblicken. Sobald man dann den Fuß an Land setzt, gilt Obacht, denn man befindet sich hier im Reich der Schwarzbären. Zudem leben im Wilderness Park Elche, Bergziegen, Coyoten und Wölfe. Alleine wird man hier nicht sein, denn der Park ist ein beliebtes Ausflugsziel für Wanderungen, Kajaktouren und Camping. Aber jeder Schritt weiter hinein in die unberührte Wildnis lässt einen alles und jeden um sich herum vergessen.

Tour zum Grewingk Glacier Lake

Länge: 7,5 Kilometer
Gehzeit: 3–4 Stunden
Anspruch: moderat
Ausstattung: keine Einkehrmöglichkeiten; Verpflegung und Wasser mitnehmen
Max. Höhe: 121 Meter
Beste Jahreszeit: Mai bis Oktober
Start: Glacier Spit
Ende: The Saddle
An-/Abreise: mit dem Boot (Water Taxi) vom Homer Spit
Karte: http://dnr.alaska.gov/parks/maps/kachemak/glacierlakesaddle.pdf

Eine berühmte Wanderung ist jene zum Grewingk-Gletscher. Benannt nach dem deutsch-baltischen Geologen und Mineralogen Constantin von Grewingk ist der 17 Kilometer lange und 2,5 Kilometer breite Talgletscher auf einer schönen Wanderung auf dem **Glacier Lake Trail** zu erreichen. Per Boot geht es von Homer Spit auf die andere Seite der Bucht nahe der Hailbutt Cove zum Glacier Spit. Die Länge der Überfahrt richtet sich stark nach den Gezeiten, Wellen und Wetter. Am besten nimmt man sich einen ganzen Tag Zeit für den Ausflug, da es manchmal ungewiss ist, ob das Boot überhaupt fährt. Manche Boote haben nur ein kleines Führerhäuschen und eine offene Laderampe, auf der man Platz nimmt. Die See kann durchaus rau sein, und Wellengang ist üblich. Nach Erreichen des **Glacier Spit** ist der Wanderweg sehr leicht zu finden. Er ist gut beschildert und zählt zu den leichten Touren im gesamten Park. Mit dem Betreten des Wanderweges befindet man sich im Reich der **Schwarzbären**. Auf der gesamten Kenai-Halbinsel liegt die Schwarzbärendichte bei rund 205 Bären pro 1000 Quadratkilometern. Das klingt erstmal nicht viel, jedoch halten sich die Bären bevorzugt an den Ufern der Kachemak Bay auf und kreuzen regelmäßig die Wanderwege. Sie ernähren sich überwiegend von schmackhaften Beeren wie Johannis-, Krähen- und Blaubeeren – bis zu 250 000 verschlingt ein Bär pro Tag – und dem weit verbreiteten Igelkraftwurz, sind aber Allesfresser. Man wird häufig die von den Früchten rötlichen gefärbten Kothaufen zu sehen bekommen, also besser auch mal auf den Boden schauen und Ausschau halten! Auf den ersten 2,5 Kilometern steigt der Wanderweg ein wenig an und führt durch dichten Bestand von Sitka-Fichten und riesigen Pappeln. Kurze Zeit später lichtet sich der Wald und der zuvor weiche Boden geht über in lockeres, aber begehbares Geröll. Nach weiteren 1,9 Kilometern erreicht man die Abzweigung zum **Saddle**,

▶ Karte S. 147

Wanderpause an der Kachemak Bay

die wir ignorieren, die aber später dem Rückweg dienen wird. Folgt man dem Geröllweg immer weiter, gelangt man nach diesem dünn mit Buschwerk bewachsenen Abschnitt schließlich an ein steiniges Ufer. Nach insgesamt rund fünf Kilometern hat man damit das Ziel, den Grewingk Glacier Lake, erreicht. Während auf dem See einige kleine Eisberge dahintreiben, ragt die Gletscherzunge 48 Meter tief in den See hinab. Der Gletscher erreicht eine Höhe von 1150 Metern und ist in dieser einsamen, vom Menschen unberührten Umgebung eine wahre Schönheit. Viele Wanderer spazieren ein wenig am Ufer des Sees entlang, andere setzen sich einfach nieder und genießen den Ausblick.

Da jedoch mit dem Wassertaxi immer eine ungefähre Abholzeit vereinbart wird, sollte man diese im Auge behalten und sich rechtzeitig auf den Rückweg machen. Man nimmt zunächst denselben Weg zurück bis zur **Abzweigung zum Saddle** und biegt dort links ab. Bis zum Saddle geht es dann noch rund anderthalb Kilometer wieder durch den Wald. Tiefes, grünes Dickicht umgibt den Wanderweg, nasse Farne streifen die Wanderhosen, und Moose überwuchern jegliches Gestein und Gehölz. Auch hier muss immer mit Bären gerechnet werden. Der Weg schlängelt sich gegen Ende langsam hinunter in Richtung Halibut Cove, bis am Ende eine große Holztreppe auftaucht, die zum Steinstrand, der **Saddle** genannten Anlegestelle, hinunterführt. Der Tidenhub liegt in der Kachemak Bay zwischen fünf und sieben Metern, was für die Boote bei der Abholung wichtig ist. Der Weg zurück nach Homer Spit wird wieder per Boot unternommen.

Kachemak Bay State Park

Homer Ranger Station, Tel. +1/907/2357024

Alaska State Parks, Kenai Area Office, P.O. Box 1247, Soldotna, AK 99669, Tel. +1/907/2625581. Generelle Informationen zum Park und zu den Wanderungen. Zelten im Kachemak Bay State Wilderness Park ist möglich, aber sehr limitiert. Für Informationen kontaktiert man am besten die Mitarbeiter des Parks direkt. dnr.alaska.gov/parks/aspunits/kenai/kachemakbaysp.htm

Ashore Water Taxi, 4246 Homer Spit Rd, Homer, AK 99603, Tel. +1/907/2352341. Sehr bekannter und professioneller Anbieter; Hin- und Rückfahrt zum Glacier Spit 85 US-Dollar. www.homerwatertaxi.com

Mako's Water Taxi, Tel. +1/907/2359055. Ca. 80 US-Dollar für Hin- und Rückfahrt. www.makoswatertaxi.com

Homer Ocean Charters, Tel. +1/907/2356212. Viele Angebote wie Angel- oder Kajaktouren und Cabinvermietung. www.homerocean.com

Seward ➲ *Mile A 127*

Allein die Fahrt in die Kleinstadt Seward hinterlässt unvergessliche Eindrücke. Eingebettet zwischen gigantischen Bergen an der Resurrection Bay versprüht Seward mit seinen gerade einmal 3000 Einwohnern einen gewissen Charme, dem sich kaum jemand widersetzen kann. Jährlich besuchen Tausende Reisende, Kreuzfahrttouristen und Outdoor-Begeisterte das kleine Nest an der auch im Winter eisfreien Bucht. Seward ist berühmt für Tagesfahrten mit dem Ausflugsboot in die wilde Natur des Kenai Fjords National Parks (→ S. 171), für Wanderungen um den Exit Glacier und auf die Höhen des Harding Icefield (→ S. 168). Aber auch Hundeschlittenfahrten und Reitausflüge werden angeboten. Kajakfahrer unternehmen Fahrten entlang majestätischer Gletscherwände, erkunden die versteckten Buchten, beobachten Seevögel an den Stränden oder Bären und Elche in den fast unzugänglichen Wäldern abseits des städtischen Trubels. Die Gewässer um die Kleinstadt sind so fischreich, dass jedes Jahr auch Angler aus aller Welt anreisen, um vom Ufer aus springende Lachse oder vom Boot aus dicke Heilbutte aus der Tiefe zu ziehen. Und so gibt es in Seward neben kleinen Läden und historischen Gebäuden auch wundervolle Bars und Cafés sowie einige der besten Fischrestaurants Alaskas. Wer sich einmal frischen Lachs, Austern oder – bei gut gefüllter Geldbörse – die riesige Alaska-Krabbe hat schmecken lassen, wird noch lange davon erzählen. Seward gehört mit der abwechslungsreichen Natur drumherum wie dem städtischen Angebot einfach zu jeder Alaskareise. »Alaska starts here!«

In Seward

▲ Karte S. 163

Geschichte

Schon die Dena'ina wussten den Reichtum der Natur zu schätzen, lebten im Gebiet der heutigen Kleinstadt. Bereits in der Frühzeit existierte eine Wegstrecke von Seward in Richtung Norden bis nach Nome. Das Wegenetz der Ureinwohner sollte später mal ein historischer und bedeutender Hundeschlittentrail werden, der Iditarod (→ S. 99).

Als Alexander Baranov 1793 wegen eines Sturmes mit seinem Schiff die heutige Resurrection Bay ansteuerte, fanden er und seine Mannschaft Schutz in den ruhigen Gewässern. Er taufte die Bucht »Wiederauferstehung« – und so heißt sie bis heute. Doch damit nicht genug. Im Rahmen seines Auftrags als russischer Pelzhändler gründete er am Ufer der Resurrection Bay einen Pelzhandelsposten der Shelikhov-Golikov-Kompanie.

Als im Jahr 1902 die ersten Geschäftsleute aus Seattle eintrafen, war darunter auch John Ballaine, der am Ausbau der Alaska Railroad arbeitete und die konstant eisfreie Bucht als das südliche Ende der Eisenbahnlinie wählte. Ballaine behielt viel Land, ging zurück nach Seattle und überließ seinem Bruder Frank den Verkauf von Bauplätzen. Ein Jahr später

wurde die Ortschaft nach dem Staatssekretär William H. Seward benannt. Auch wenn Frank Ballaine beauftragt wurde, den Bau der Eisenbahnstrecke zu überwachen und im Jahr 1904 sogar die erste Tageszeitung gründete, gilt John nach wie vor als Gründer von Seward. Am 15. Juli 1923 wurde die Gesamtstrecke der Alaska Railroad eingeweiht – die Zugänglichkeit der Kenai-Halbinsel war somit sichergestellt. 1964 jedoch erlitten Seward und vor allem der Hafenbereich schwere Schäden durch das Karfreitagsbeben.

Bis heute lebt die Kleinstadt vom Fischfang und dem zunehmenden Tourismus. Diverse Unterkünfte, Shops und Restaurants bedienen jährlich Tausende

Tagesgäste und andere Urlauber. Und die Zahlen steigen weiter. Auch die riesigen Schiffe diverser Kreuzfahrtunternehmen docken in der Bucht nahe der Kleinstadt an. Es scheint, als hätte nicht nur Alexander Baranov hier eine »Wiederauferstehung« erlebt.

Am Hafen von Seward

Rundgang

Die einladende Straßenfront nahe der großen **Marina** lädt zu spannenden Fotoperspektiven ein. Manch einer steht auch einfach am Geländer und schaut dem geschäftigen Treiben auf den Stegen zu. Andere sind fasziniert von den mächtigen Bergen, welche die Kleinstadt einrahmen.

Ein Spaziergang entlang der **4th Avenue** gen Süden beschert einen Überblick über das pulsierende geschäftliche, aber auch touristische Gesicht der Stadt. Läden, Fischhändler, Cafés, Restaurants, Hotels und Touranbieter reihen sich hier aneinander.

Dabei passiert man auch den historischen **Brown & Hawkins Store** (207 4th Ave). Zu Zeiten des Goldrausches hatten sich Charles E. Brown und T. W. Hawkins in Nome kennengelernt. 1903 eröffneten sie in Seward einen Gemischtwarenladen zur Versorgung der Bewohner und der Arbeiter an der Eisenbahnstrecke. Im Laden befand sich zudem eine Bank. Bis 2009 war das Geschäft im Besitz der Familie Hawkins, was ihn zum ältesten Laden Alaskas in Familienbesitz machte. Im Juni 2019 wurde das Gebäude an Jeffrey and Michelle Cobble verkauft (www.cobble-art.com). Der Architekt und die Künstlerin streben den Erhalt des Gebäudes an, und Michelle träumt von einer Kunstgalerie. Was aus den historischen Apartments in dem Gebäude werden wird, ist noch nicht ganz klar.

Ladenzeile an der Marina

An der Railway Avenue angekommen, ist auch das **Alaska SeaLife Center** erreicht, das einen Besuch für die ganze Familie wert ist. Auf dem Parkplatz davor befindet sich die **Prospector and Dog Statue** in Erinnerung an die ersten Goldsucher des 20. Jahrhunderts, die den beschwerlichen Weg nach Alaska auf sich genommen hatten. Zudem markiert die Statue die Meile Null als den Beginn des über 1000 Kilometer langen Iditarod Trail (→ S. 99). Im Hoben Park nebenan erinnert das **Founders Monument** – ein Steinhaufen mit aufgesetzter Dampfmaschinenwetterfahne – an die An-

▲ Karte S. 163

kunft des Stadtgründers Frank Ballaine. Im Anschluss kann man den **Ballaine Boulevard** Richtung Norden zur Marina zurückspazieren. Dabei bieten sich diverse beeindruckende Aussichten auf die Resurrection Bay, man kann Anglern zusehen und erahnt das Ausmaß der vielen Campingmöglichkeiten.

An der 3rd Avenue

Benny Benson Memorial

Im Jahr 1926 wurden die Schulkinder Alaskas im Rahmen eines Wettbewerbs dazu aufgerufen, das Aussehen der Staatsflagge zu gestalten. Unter den verschiedenen Vorschlägen, die sie der Regierung zukommen ließen, war es die Idee von Benny Benson, welche allen am besten gefiel. Der 13-jährige Junge lebte in einem Waisenhaus in Seward. Ihm zu Ehren wurde am Rande des Seward Highway (Mile 1.4), auch 3rd Avenue genannt, ein Monument errichtet.

Ballaine House

Das heutige Bed and Breakfast wurde 1905 von Frank Ballaine, dem Gründer der Stadt, erbaut und diente der Familie als Wohnhaus. Es ist damit eines der ältesten Häuser in Seward (437 3rd Ave).

Seward

Postleitzahl: AK 99664
Kenai Fjords National Park Visitor Center, 1212 4th Ave (an der Marina), Seward, Tel. +1/907/4220535; Memorial Day–Mitte Juni und Mitte Aug.–Labor Day tgl. 11–18.30, Mitte Juni–Mitte Aug. tgl. 9–16.30 Uhr. Viele Informationen zu Ausflügen und Touren. www.nps.gov
Winter Visitor Center, 411 Washington Street; Mitte Sept. Mo–Fr 8–17 Uhr
Post: 507 Madison St
Banken: Wells Fargo Bank, 908 3rd Ave; First National Bank Alaska, 303 4th Ave
Tankstelle: Tesoro Store, 1711 Seward Hwy
Autovermietung: Hertz Car Rental, 600 Port Ave, Tel. +1/907/2244378
Supermärkte: Safeway, 1907 Seward Hwy; Seward Market Place, 1711 Seward Hwy
Gemischtwarenhändler: Gateway Liquor & Food Mart, 308 N Harbor St
Fischläden: J-Dock Seafood Company, 1408 4th Ave, Tel. +1/907/2247272, www.jdockseafood.com; Captain Jack's Seafood Locker, 303 S Harbor St, www.captainjacksalaska.com
Apotheke: Safeway Pharmacy, 1907 Seward Hwy, Tel. +1/907/2246960
Ärzte: Seward Community Health Center, 417 1st Ave, Tel. +1/907/2242273
Zahnarzt: Dr. Michael Moriarty, 400 4th Ave, Tel. +1/907/2243071

Mit dem Auto erreicht man Seward von Anchorage aus in knapp 2,5 Stunden über den Seward Highway 1 und 9.
Seward Bus Line, 539 3rd Ave, Seward, Tel. +1/907/2243608. Verkehrt im Sommer einmal tgl. von und nach Anchorage; Fahrtzeit 3 Std., 75 US-Dollar. www.sewardbuslines.net
Alaska Tour & Travel, Tel. +1/800/2080200. Anchorage-Seward (und retour), Mitte Mai–Mitte Sept. tgl., Fahrtzeit 2 Std. 45 Min., 70 US-Dollar. www.alaskatravel.com

Alaska Railroad Anchorage-Seward: Mitte Mai–Mitte Sept. tgl., ab 100 US-Dollar (einfach), ab 155 US-Dollar (hin und zurück), Fahrtzeit ca. 4 Std. 20 Min. www.alaskarailroad.com

Seward hat keinen Fährhafen mehr, aber Kreuzfahrtschiffe diverser Anbieter steuern Seward an.

PJ's Taxi & Tours, Tel. +1/907/2245555. Taxiservice und Touren; Preise auf Anfrage. www.pjstaxi.net
Resurrection Taxi, 11421 Seward Hwy, Tel. +1/907/2245678

Harbor 360 Hotel, 1412 4th Ave, Tel. +1/907/8656224; DZ ab 214 US-Dollar. Qualitativ hochwertiges Hotel, tolle Ausstattung, super Service. www.harbor360hotel.com

Stoney Creek Inn, 33422 Stoney Creek Ave, Tel. +1/907/2243940; DZ ab 190 US-Dollar. Schöne Lage im Wald, sehr gemütliche Ausstattung. Auf dem Gelände gibt es auch Mehrbettzimmerlodges mit Terrasse. www.stoneycreekinn.net

Sourdough Sunrise B & B, 11837 Old Exit Glacier Rd, Tel. +1/907/3627408; DZ ab 190 US-Dollar. Beliebte und solide Unterkunft mit warmer Atmosphäre und manchmal Bären und Elchen im Garten, 4 km nördlich von Seward. www.sourdoughsunrise.com

Breeze Inn, 303 N Harbor St, Tel. +1/888/2245237; DZ ab 179 US-Dollar. Sehr komfortables Hotel. www.breezeinn.com

Grande Alaska Lodge, 212 Bear Dr, Tel.+1/907/5198538; DZ 169 US-Dollar. Behagliche Einrichtung. Frühstück, Lunch und 3-Gänge-Dinner auf Anfrage. www.grandealaskalodge.org

Harborview Inn, 804 3rd Ave, Tel. +1/907/2243217. Solides, sauberes Hotel; DZ ab 99 US-Dollar. www.sewardhotel.com

Hotel Seward, 221 5th Ave, Tel. +1/907/2248001; DZ ab 76 US-Dollar. Klassiker der örtlichen Hotellerie mit altertümlichem Einrichtungsstil, dicken Vorhängen und dunklem Holz. Natürlich mit Restaurant. www.hotelsewardalaska.com

Moby Dick Hostel & Lodging, 432 3rd Ave, Tel. +1/907/2247072; 35 US-Dollar. Mit Doppel- und Mehrbettzimmern. www.mobydickhostel.com

Es gibt mehrere **städtische Camping-/Stellplätze** entlang des Ballaine Blvd direkt am Wasser, von denen nur der **Resurrection** (als einziger auch im Winter geöffnet) und der **Ressurrection South Campground** Wasser- und Stromanschlüsse für Wohnmobile bieten.

Für alle städtischen Plätze: Tel. +1/907/2244055; Zelt 10 US-Dollar, Womo 20 US-Dollar, www.seward.com

Miller's Landing North Campground & RV Park, 13750 Lowell Point Rd, Tel. +1/907/3313113. Ruhiger, angenehmer Campingplatz, kurze Distanz zum Wasser. www.millerslandingak.com

Stoney Creek RV Park, 13760 Leslie Pl, Tel. +1/907/2246465. Campingplatz für Wohnmobile, ca. 8 km nördlich am Fluss.

Chinooks Restaurant, 1404 4th Ave, Tel. +1/907/2242207. Eins der besten Restaurants der Stadt. Frischer Fisch, Alaska-Krabben, Austern, kaltes Bier und super freundliches Personal. Unbedingt reservieren.

Ray's Waterfront, 1316 4th Ave, Tel. +1/907/2245606. Ein Klassiker in Seward. Sehr feine und hochwertige Küche mit lokalen Produkten. Unbedingt reservieren. www.rayswaterfrontak.com

The Crab Shack, 1401b 4th Ave, Tel. +1/907/2242722. Die besten Krabben in ganz Alaska, weitere Meeresfrüchte und diverse andere Speisen. Typisches Seafood Diner. www.thecrabshackseward.com

Firebrand BBQ, 1101 3rd Ave, Tel. +1/907/4910037. Grillrestaurant. www.firebrandbbqak.com

Seward Brewing Company, 139 4th Ave, Tel. +1/907/4220337. Lokale Brauerei mit guter Küche. Es gibt auch ein Kindermenü. www.sewardbrewery.com

Nature's Nectars, 1313 4th. Ave Enorm freundliches Personal und extrem guter Kaffee.

Coho Joe's Dockside Coffee, 1302 4th Ave. Guter Kaffee und draußen dazu noch geniale Aussicht, an der Marina.

Resurrect Art Coffee House, 320 3rd Ave. Stylische Einrichtung, guter Kaffee.

Lighthouse Cafe & Bakery, 1215 4th Ave, Tel. +1/907/2246091. Guter Kaffee und Sandwiches für unterwegs.

▶ Karte S. 163

Yukon Bar, 201 4th Ave. Urige Bar mit großem Sortiment. Hier treffen sich Touristen wie Einheimische, ab und zu auch Live-Musik.

Alaska SeaLife Center, 301 Railway Ave, Tel. +1/907/2246300; Mitte Mai–Mitte Aug. Mo–Do 9–21, Fr–So 8–21 Uhr, Winter siehe Website, Erw. 30 US-Dollar, Kinder (3–12 J.) 18 US-Dollar. Toller Einblick in die marine Tierwelt Alaskas, bei Kindern sehr beliebt. Ein Highlight sind die Panoramascheiben, um Stellersche Seelöwen aus nächster Nähe zu beobachten. www.alaskasealife.org

Resurrection Bay Historical Society, 239 6th Ave, Tel. +1/907/2243902; Di–Sa 10–17, So 13–17 Uhr, 5 US-Dollar. Interessante Ausstellung von Objekten aus der Frühzeit der Besiedlung Sewards. www.resbayhistorical.org

Seward Community Library & Museum, 239 6th Ave, Tel. +1/907/2244082; Mo–Sa 11–18 Uhr. Nicht nur Bibliothek, sondern auch Museum, das mit der Resurrection Bay Historical Society zusammenarbeitet. Täglich wird ein informatives Video zum Erdbeben von 1964 gezeigt.

Seward Halibut Tournament (Juni) Einen Monat lang werden Heilbutte gefischt. Der erste Platz für einen markierten Heilbutt ist mit 5000 US-Dollar dotiert. Für den schwersten Fisch eines jeden Tages gibt es 1000 US-Dollar und natürlich noch viele weitere Preise und Kategorien.

Mount Marathon Race (4. Juli) Seward steht Kopf beim jährlichen Berglauf auf den 1386 Meter hohen Mount Marathon. Nicht nur die Läufer sind dann auf den Beinen, sondern die gesamte Bevölkerung ist bei vielerlei Veranstaltungen unterwegs.

Seward Silver Salmon Derby (Aug.) Einer der größten und ältesten Angelwettbewerbe Alaskas. Der schwerste Silberlachs bringt ein Preisgeld von 10 000 US-Dollar.

Puffin Fishing Charters, Tel. +1/907/2783346. Diverse Angeltouren, 30 Jahre Erfahrung. www.puffincharters.com

Aurora Charters, 1302 4th Ave, Tel. +1/907/2243968. Vielfältiges Programm mit Angeltouren, Walbeobachtung und Fahrten zu den Gletschern. www.auroracharters.com

The Fish House, 1303 4th Ave, Tel. +1/907/2243674. Vielfältiges Angebot für Angeltouren, v. a. Heilbutt und Lachs. www.thefishhouse.net

Seward Bike Shop, 411 Port Ave

Bardy's Trail Rides, Resurrection Bay Rd Lot 17, Tel. +1/907/3627863. Reittouren und Ausflüge. www.sewardhorses.com

Kayak Adventures Worldwide, 328 3rd Ave, Tel. +1/907/2243960. Halb-, Ganz- und Mehrtagestouren per Kajak inkl. Guide und Ausrüstung, u. a. Fox Island, Bear Glacier, Aialik Glacier und Resurrection Bay. www.kayakak.com

Alaska Surf Guides, 334 4th Ave, Tel. +1/907/5190407. Wer sich als Surfer in die eiskalten Wellen traut, ist hier goldrichtig. www.alaskasurfguides.com

IdidaRide Sled Dog Tours, 12820 Old Exit Glacier Rd, Tel. +1/907/2248607. Der wohl beste Anbieter, wenn es um Hundeschlittentouren geht. Iditarod-Champion Mitch Seavey samt Familie führt das Unternehmen. www.ididaride.com

Turning Heads Kennel, 31722 Herman Leirer Rd, Tel. +1/907/3624354. Hundeschlittentouren vom Feinsten! www.turningheadskennel.com

Bear Lake Im Winter wird der See gerne zum Skifahren und für Schneemobilfahrten genutzt. Er liegt rund fünf Meilen nördlich des Zentrums.

Ferguson Lake Der lokale Badesee liegt rund 9,6 Meilen nördlich von Seward östlich des Highways.

Exit Glacier und Harding Icefield ➲ *S Mile 3.7*

Gerade einmal 15 Minuten Fahrtzeit von Seward entfernt, befindet sich ein zum Anfassen nahes Naturwunder. Es gibt einige Gletscher, die man mit dem Auto anfährt, aber nur wenige, die man zu Fuß erreichen kann. Der Exit-Gletscher ist einer davon. Bereits nach dem Abbiegen in die Herman Leirer Road, welche in die Exit Glacier Road übergeht, begleitet der riesige Fluss, der vom Gletscher kommt, den Weg. Die Straße führt über 8,4 Meilen direkt zum Parkplatz des Besucherzentrums. Bereits zuvor eröffnen sich wunderschöne Aussichten hinüber zum Gletscher. Die Parkplätze sind limitiert und werden vom Personal vor Ort je nach Größe des Fahrzeugs zugewiesen. Am besten holt man im **Besucherzentrum** die aktuellen Informationen über die Wanderwege (inkl. Karte), das Wetter und Wildtiere ein, bevor man losgeht.

Der Beginn des Wandernetzes ist zunächst asphaltiert; nach nur 20 Minuten kann man den Gletscher schon aus der Nähe betrachten. Der **Glacier View Trail** (oder Lower Trail) ist ein flach verlaufender Weg durch Pappelwald, entlang eines kleinen Flusses, bevor die Sicht auf die Eismassen frei wird. Es ist faszinierend, welche Pflanzenvielfalt sich um den Gletscher herum entwickelt hat: Igelkraftwurz, Moosauge (Moneses uniflora) und der Stängelumfassende Knotenfuß (Streptopus amplexifolius) sind hier weit verbreitet. Wer näher an den Gletscher heran möchte, begibt sich auf den sechs Meilen langen **Exit Glacier Overlook Trail**. Dieser Weg führt über gut markiertes felsiges Areal, bis der Gletscher schließlich zum Greifen nah erscheint.

Der Exit Glacier ist ein 6,4 Kilometer langer Talgletscher, der vom **Harding Icefield** hinunterführt. Dieses war bis ins Jahr 1922 noch gar nicht im Fokus der Bewohner von Seward. Erst durch den Ausbau des lokalen Wegenetzes in den 1930er Jahren wurde die 780 Quadratkilometer große Eiskappe für die Menschen interessant. Zwischen 1936 und

Der Exit Glacier

▲ Karte S. 147

1940 hat angeblich die erste Querung der Eiskappe stattgefunden. Der damals 27 Jahre alte Schweizer Immigrant Yule Kilcher soll einen schnellen Weg nach Homer gesucht haben, denn er wollte nicht auf ein Dampfschiff warten. So machte er sich auf den Weg über das Eisfeld und kam nach einer Woche in Homer an. Zwar konnte er das nicht beweisen, doch gelang es einem zehnköpfigen Expeditionsteam, darunter auch Teilnehmer vorheriger Versuche wie Dave Johnston, Dr. Grace Jansen und Yule Kilcher, 28 Jahre später, das Eis zu bezwingen. Zudem bestiegen sie als erste Mannschaft den 2015 Meter hohen Truuli Peak. Am Ende der Expedition schlitterte die Mannschaft auf Skiern den Exit-Gletscher wieder hinunter ins Tal. Der Name wurde dem Gletscher im Frühjahr 1968 verliehen, weil das Expeditionsteam den Gletscher als »Ausgang« benutzt hatte. Seitdem ist er ein beliebtes Ausflugsziel. Das Harding Icefield kann man auch heute auf einer Expedition queren.

Tour zum Harding Icefield

Länge: 13 Kilometer (Hin- und Rückweg)
Gehzeit: 6–8 Stunden
Anspruch: schwierig
Ausstattung: keine Einkehrmöglichkeiten; Verpflegung und Wasser mitnehmen
Max. Höhe: 1160 Meter
Beste Jahreszeit: Juli bis September
Start/Ende: Exit Glacier Visitor Center
An-/Abreise: Mit dem Auto oder Taxi/Shuttle von Seward aus.
Karte: *Kenai Fjords National Park, National Geographic Trails Illustrated Alaska (231)*

Für diese Wanderung sollte man einige **Vorbereitungen** treffen: Gute knöchelhohe und eingelaufene Wanderschuhe, warme Kleidung, Regen- und Windjacke, Sonnencreme und Sonnenbrille sind sehr zu empfehlen, genauso wie mindestens zwei Liter Wasser und ausreichend Verpflegung. Auf dem Wanderweg zum Harding Icefield kann es innerhalb weniger Minuten zu **Wetterumschwüngen** mit Regen, starkem Wind und sogar Stürmen kommen. Bei schönem Wetter ist die Sonneneinstrahlung sehr intensiv. Das **Wasser** aus dem Fluss sollte man nur gefiltert trinken, denn der darin befindliche Einzeller Giardia Intestinales kann Durchfall verursachen.

Der Wanderweg beginnt gut ausgeschildert im Talgrund am **Exit Glacier Visitor Center** und zieht sich ein Stück in den Pappelwald hinein. Nach kurzer Zeit folgt eine beschilderte Abzweigung nach rechts, die tiefer in den Wald führt. Nach einigen Metern gelangt man zu den ersten Felsstufen. Von hier aus geht es nun konstant in mehreren Etappen hinauf. Dichter Baumbestand, Buschwerk und Wasserläufe begleiten den Wanderweg. Riesiger Igelkraftwurz funkelt mit seinen rötlichen Beeren am Wegesrand. Beim Aufstieg reicht der Blick oft weit in die Ferne. Nach den ersten 2,2 Kilometern hat man eine Höhe von 479 Metern erreicht, der Baumbestand wird allmählich dünner. Hier, auf den mit Heidekraut bewachsenen Wiesen der **Marmot Meadows,** hat man einen ersten Blick auf die Gletscherzunge.

Wandert man weitere 1,6 Kilometer in Richtung des Eisfeldes, hat man die Baumgrenze hinter sich gelassen und erreicht den Aussichtspunkt am **Top of the Cliffs** auf 747 Metern Höhe. Hier kann man manchmal Murmeltiere in der Sonne liegen sehen. Der Ausblick auf den Gletscher in seiner vollen Länge lädt zu einem Mittagsstopp in der Graslandschaft ein. Von hier geht es schräg rechts weiter über Felsen und Geröll, bis man den jetzt schottrigen Wanderweg am Rande eines Hangs erreicht und weiter nach oben steigt. Die Felsenstufen hat man nun schon hinter sich gelassen. Von hier aus sind es noch 2,7 Kilometer zum Ziel.

Wenn die ersten Schneefelder auftauchen, hat man nicht nur den oberen Bereich des Wanderweges erreicht, sondern es bieten sich auch die ersten Blicke auf das Harding Icefield. Oben angekommen, befindet man sich in rauem alpinen Gelände. Nur ein paar Moose und Flechten halten dem schneereichen Winter stand, der manchmal bis in den Juli dauert. Selbst in den Sommermonaten herrscht hier Lawinengefahr. Ein erkennbarer Weg führt weiter durch das Gelände entlang kleiner Wassertümpel und Schneefelder und kreuzt einen Flusslauf. Sollte immer noch Schnee liegen, ist der Weg durch kleine orangefarbene Fähnchen gekennzeichnet.

Das letzte Stück geht noch einmal ein wenig hangaufwärts, vorbei an einer kleinen Schutzhütte, bevor man nach insgesamt 6,5 Kilometern den **End of the Trail** auf 1050 Metern Höhe erreicht hat. Was nun passiert, ist unglaublich: Der Blick über die gigantische Eiskappe lässt jegliche Anstrengung des Aufstiegs sofort verblassen. Das **Harding Icefield**, benannt nach dem 29. US-Präsidenten Warren G. Harding (1865–1923), bedeckt ein Gebiet von 780 Quadratkilometern. Zählt man die knapp 40 von der Eiskappe ausgehenden Gletscher hinzu, kommt man auf eine unvorstellbare Größe von 1770 Quadratkilometern. Das entspricht etwa der doppelten Größe von Berlin. Das Alter des Harding Icefield wird auf 23 000 Jahre geschätzt, womit es ein Überbleibsel des Pleistozän ist. Das menschliche Auge kann das ungeheure Ausmaß kaum erfassen. Das Panorama wird ringsherum von bizarren schottrigen Bergen gerahmt. In der Ferne ragen mehrere Gipfel der Kenai Mountains (auch Nunataker genannt) aus der Eiskappe heraus. Am besten setzt man sich einfach auf einen Felsen nieder und genießt den Blick über das Eis.

Anschließend führt derselbe Weg wieder zurück zum Start. Auch beim Abstieg sollte man die Konzentration beibehalten, denn es muss wieder jederzeit mit Wildtieren gerechnet werden.

Exit Glacier und Harding Icefield

Exit Glacier Nature Center, 24620 Herman Leirer Rd, Seward, AK 99664, Tel. +1/907/4220535; Memorial Day–Labor Day tgl. 9–16.30 Uhr. Informationen zu Wanderwegen, Wildtieren, Wetter usw. Zudem werden Wanderkarten, Bärenglocken, Bärensprays und Souvenirs verkauft. www.nps.gov

Von Seward ist der Exit Glacier in rund 20 Minuten über die **Exit Glacier Road** zu erreichen. Von Anchorage aus sind es rund drei Stunden Fahrtzeit. Von November bis Mai sind die Straßen wegen Schnee für den normalen Verkehr gesperrt. Dann kann der Gletscher nur mit Schlittenhunden oder Schneemobil erreicht werden.

Exit Glacier Shuttle, 1013 3rd Ave, Seward, AK 99664, Tel. +1/907/2245569. Von Seward zum Gletscher ab 15 US-Dollar, für 45 US-Dollar mehr kann man einen privaten Guide dazubuchen. www.exitglaciershuttle.com

Exit Glacier Campground, Tel. +1/907/4220500; Preise auf Anfrage. 12 Zeltplätze stehen zur Verfügung. Auch ohne Voranmeldung, aber v.a. im Juli/Aug. besser vorher anrufen.

Von **Rangern** geführte Wanderungen und Spaziergänge *(Ranger led walks):* Mai–Sept. Lower Trail, Marmot Meadows, Juli–Aug. Harding Icefield. Treffpunkt am Exit Glacier Nature Center, keine Anmeldung erforderlich. Termine: www.nps.gov/kefj/planyourvisit/ranger-programs.htm

Exit Glacier Guides, 1013 3rd Ave, Seward, AK 99664, Tel. +1/907/2245569. Für Gletschertouren und Hartgesottene, die eine Querung des Harding Icefields anstreben, ist dieser Anbieter der richtige Ansprechpartner. www.exitglacierguides.com

▸ Karte S. 147

Kenai Fjords National Park

»Where mountains, ice and ocean meet« – dieser Satz beschreibt den Kenai Fjords National Park wie kein anderer. Mit einer Fläche von 2710 Quadratkilometern und einer Küstenlänge von 966 Kilometern ist dies zwar der kleinste Nationalpark Alaskas, doch bietet er trotzdem einige unvergleichliche Landschaftsformen. Jedes Jahr kommen mehr als 300 000 Besucher, um dieses nasse, felsige und eiskalte Paradies zu erkunden.

Naturraum

Fast könnte man glauben, dass hier am südöstlichen Ende der Kenai Peninsula, wo sich die Pazifische unter die Nordamerikanische Platte geschoben und den Boden aufgefaltet hat, noch immer Eiszeit herrscht. Weite Teile des Parks bestehen aus bis zu 1800 Meter hohen Bergen, viele davon namenlos. Der Großteil dieser Berge wird vom 780 Quadratkilometer umfassenden Harding Icefield (→ S. 168) bedeckt, das über dem Nationalpark thront. Allein von dieser Eiskappe gehen knapp 40 Gletscher in verschiedene Richtungen ab, die eiskalte, mächtige Flüsse speisen. Auf ihrem Weg talwärts passieren sie arktisches Heidekraut, dichte Sitka-Fichten-Wälder, Moosflächen und schlammige Moorebenen. Die üppige Vegetation mit riesigen Farnen, monströsen Pilzen und zahlreichen Wildblumen macht eines deutlich: Hier hat die ungebändigte Natur die Oberhand, und das wird wohl auch immer so bleiben.

In die steile Küstenlinie haben sich über Jahrtausende tiefe Fjorde eingefräst, in deren ruhigen Gewässern Seeotter, Robben und Stellersche Seelöwen heimisch sind. Der offene Ozean hingegen ist rau und dennoch voller Leben: Orcas, Buckel-, Finn- und Zwergwale sowie Weißseitendelfine springen in den Fluten. Möwen, Hornlunde, Austernfischer und Weißkopfseeadler nisten an den Küsten. Insgesamt rund 190 Vogelarten sind in dieser Region Alaskas zu Hause. In den Wäldern und bis an die Strände tummeln sich Elche, Schwarz- und Braunbären. Die weißen Bergziegen, die die Hänge bevölkern, werden von Besuchern häufig für Schnee- oder Eisflächen gehalten.

Zugänglichkeit

Ausgangspunkt für alle Aktivitäten und Ausflüge in den Nationalpark ist die Kleinstadt **Seward** (→ S. 162) an der Resurrection Bay. Dort gibt es eine Vielzahl von Touranbietern, Ausflugsbooten und Verleihstationen für Kajaks, Kanus und Ausrüstung. Wichtigstes Verkehrsmittel ist das Wassertaxi, das Tagesgäste und Outdoor-Sportler in abgeschiedene Buchten und einsame Fjorde bringt, mit dem man aber auch einfach informative Erkundungsfahrten unternehmen kann. Im Nationalpark gibt es kein **Straßennetz**, abgesehen von der Exit Glacier Road, die von Seward zum Exit Glacier Visitor Center führt. Die Wanderungen am **Exit Glacier** und hinauf zum **Harding Icefield** (→ S. 169) zählen zu den schönsten und beliebtesten Touren im Nationalpark. Fernab des Straßennetzes gibt es in der **Aialik Bay** um die Kenai Fjords Glacier Lodge auch einige Trampelpfade, die man auf eigene Faust oder auch mit einem Guide begehen kann. Weite Strandabschnitte und Buchten laden ebenfalls zu kleinen Wanderungen ein. Der Großteil des Parks jedoch ist weglose Wildnis.

Fox Island

Das gut fünf Kilometer lange und 450 Meter hohe Eiland ist bergig und hat drei Gipfel. Zwei Bereiche der In-

Paddler am Holgate Glacier

sel sind als State Parks ausgewiesen: Der Sandspit Point State Marine Park (495 Hektar) im Nordosten und der Sunny Cove State Marine Park (390 Hektar) im Süden sind wilde Gebiete mit felsigen Klippen und Stränden, die von Kajakfahrern gerne zum Campen genutzt werden. Während es um 1880 auf der Insel noch eine Zuchtfarm für Füchse gab – daher auch der Name –, ist sie heute ein beliebtes Ziel für Tagesgäste, Wassersportler und Urlauber, die es sich in den komfortablen Cabins bequem machen, in der Lodge feinste Küche genießen oder am felsigen Strand spazierengehen. Die Insel wird täglich von Ausflugsbooten und Wassertaxis angesteuert.

Berühmt wurde die Insel durch den Maler Rockwell Kent (1882–1971). In New York geboren, lebte er 1914/15 mit seiner Familie in Neufundland, wo er seine Liebe zur Kälte, unberührten Natur und Isolation entdeckt hatte. Als der Erste Weltkrieg ihn zwang, Neufundland wieder zu verlassen, geriet er daher in tiefe Verzweiflung. Im August 1918 kam er mit seinem Sohn nach Seward, um einen ähnlichen Ort für einen längeren Aufenthalt zu suchen. Dabei traf er auf Fox Island den Schweden Lars Mat Olson, den Betreiber der Fuchsfarm. Dieser bot Kent und seinem Sohn einen ehemaligen Ziegenstall als Zuhause auf Zeit an. Hier fand der Künstler, wonach er stets gesucht hatte: Abgeschiedenheit, unberührte, gewaltige Landschaft, Kälte und das sich immer verändernde Meer. Er fertigte Skizzen von der Insel, vom Bear-Gletscher und der Resurrection Bay und kehrte nach sieben Monaten zurück nach New York. Dort publizierte er 1920 *Wilderness – A Journal of Quiet Adventure in Alaska*, von ihm illustrierte Briefe und Aufzeichnungen seiner Zeit auf Fox Island. Das Buch wurde hochgelobt und zählt zu seinen berühmtesten Werken.

Bootstouren

Eine schöne und vor allem entspannte Art, den Nationalpark zu erkunden, bietet eine Bootstour. Die ganztägigen Touren zu Fjorden, Gletschern und schroffen Inseln starten bereits in aller Frühe in Seward. Alle Boote verfügen über Innen- und Außendecks, und von einem Ranger erfährt man während der Fahrt viele Informationen zur Landschaft und zur Tier- und Pflanzenwelt. Die Fahrt dauert rund sechs Stunden und beinhaltet ein Mittagessen. An Bord können auch Getränke und Snacks gekauft werden, Toiletten sind obligatorisch. Man sollte unbedingt warme Kleidung und festes Schuhwerk tragen. Bei der Fahrt über das Meer und auch in den Buchten nahe der Gletscher kann es auf dem Außendeck empfindlich kalt werden.

Die Boote fahren in der Resurrection Bay gen Süden mit Blick auf den Bear-Gletscher. Meist wird für den Um- und Ausstieg einzelner Passagiere auch auf Fox Island gehalten. Dann geht es häufig in die westlich gelegene Ailiak Bay und von dort in den Holgate Arm. Hier kann man den Holgate-Gletscher, der bis ans Ufer heranreicht, aus nächster Nähe betrachten. Die Bootstour bietet nicht nur unvergessliche Eindrücke der faszinierenden Landschaft, sondern gibt auch die Gelegenheit, Weißkopfseeadler, Seevögel, Otter, Stellersche Seelöwen und Wale zu beobachten.

Kajaktouren

Kajaktouren im Nationalpark bieten Naturerlebnisse, die man so schnell nicht mehr vergisst: Wenn unweit des Kajaks plötzlich ein Wal auftaucht und seinen Blas in die Luft schießt, rast das Herz und Adrenalin flutet den Körper. Unglaublich beeindruckend sind auch die mächtigen in der Sonne liegenden Stellerschen Seelöwen und die vielen anderen marinen

Bewohner, denen man mit etwas Glück auf einer Paddeltour begegnet.
Die tiefen Fjorde und die scheinbar endlose Küstenlinie lassen jedes Paddlerherz höherschlagen. Bear Cove, Northwestern Glacier, Pederson Lagoon, Quicksand Cove und Abra Cove Landing Beach sind bekannte Buchten, Gletscher und Fjorde im Nationalpark. Aber Achtung: Für manche Gebiete wie die Abra Cove benötigt man ein spezielles Permit von der Port Graham Corporation (431 W. 7th Ave, Suite 201, Anchorage, AK 99501, Tel. +1/907/2727432, info@portgrahamcorp.com).
Bei geringer oder keiner Erfahrung mit dem Kajak sollte man eine organisierte Tour buchen. Von Tagestouren bis zu mehrtägigen Ausflügen gibt es viele Formate. Etliche Touranbieter und Wassertaxiunternehmen verleihen gleichzeitig Equipment, Kajaks und Kanus.

Sicherheitshinweise für Kajaktouren

Wer sich alleine in die Fluten stürzen möchte, sollte unbedingt folgende Sicherheitshinweise und natürlich die Tipps der Bootsverleiher beherzigen:

- Für den Fall einer Unterkühlung muss ein **Überlebenspaket** aus extra warmer Kleidung, Wasser, Nahrung und einem Feuerstarter mitgeführt werden.
- Es gibt **kein Mobilfunknetz** auf dem Wasser und in den abgelegenen Fjorden. Vor der Tour sollte man daher unbedingt jemanden über deren Ziel und Länge informieren oder ein **Satellitentelefon** mitnehmen.
- Neben der üblichen Ausrüstung fürs Zelten und Kochen sollte auch ein **Nahrungscontainer** mitgenommen werden, damit im Camp keine Wildtiere vorbeischauen.
- Es ist von höchster Wichtigkeit, **keine Abfälle** und andere umweltschädliche Rückstände zu hinterlassen.
- Es gilt stets, das Wetter und den Tidenhub zu beobachten. Am besten erkundigt man sich vorab nach **Gezeiten, Wetterprognosen und gefährlichen Strömungen**.
- In **Gletscherzonen** muss eine Distanz von mindestens 800 Metern eingehalten werden. Paddelt man näher an einen Gletscher heran, können abbrechende Eisbrocken lebensgefährliche Wellen verursachen. Das Wasser ist eiskalt!
- Derselbe Sicherheitsabstand gilt für **Eisberge**, die unverhofft umkippen und enorme Wellen erzeugen können. Man sollte auch niemals zwischen zwei Eisbergen hindurchpaddeln.
- Generell empfiehlt es sich, eher in tiefen Gewässern zu bleiben, damit die **Wellen** unter dem Kajak herrollen und nicht vor dem Boot brechen.
- Aufgrund des **unbeständigen Wetters** müssen immer ein bis zwei Tage extra eingeplant werden. Das Meer kann sehr unruhig sein, Stürme sind keine Seltenheit. Es ist besser, etwas später zurückzukehren, als die unter Umständen tödliche See herauszufordern. Wenn man sich nicht sicher ist, bleibt man daher lieber am Strand.

Kenai Fjords National Park

Kenai Fjords National Park Visitor Center, 1212 4th Ave, Seward, AK 99664, Tel. +1/907/4220535; Memorial Day–Mitte Juni und Mitte Aug.–Labor Day tgl. 11–18.30, Mitte Juni–Mitte Aug. tgl. 9–16.30 Uhr, www.nps.gov

Die **Exit Glacier Road** führt von Seward zum Visitor Center.

Alaska Coastal Safari, 335 4th Ave, Seward, AK 99664, Tel. +1/907/3624101. Je nach Destination 70–360 US-Dollar. Auch bekannt unter dem Namen »Seward Water Taxi«. www.sewardwatertaxi.com

Seward Ocean Excursions, Seward Boat Harbor Slip M, 3, Seward, AK 99664, Tel. +1/907/5990499. Je nach Destination 38–340 US-Dollar. www.sewardoceanexcursions.com

Karte S. 147

Kenai Fjords Glacier Lodge, Pederson Lagoon, Aialik Bay, Tel. +1/800/3348730; ab 780 US-Dollar/Pers. Die meisten Besucher buchen ein Arrangement mit Cabin, Verpflegung und Ausflügen. Kajak- und Kanutouren sowie Wanderungen sind in der Umgebung möglich. 16 gut ausgestattete Cabins inmitten der Natur, dazu köstliche Speisen.
www.kenaifjordsglacierlodge.com

Orca Island Cabins, Humpy Cove, Resurrection Bay, Tel. +1/907/3629014; Jurte für 2 Pers. ab 780 US-Dollar. Vollausgestattete Jurten mit privatem Bad in unglaublich schöner Umgebung. Wer etwas Außergewöhnliches sucht, ist hier genau richtig. Die Preise beinhalten auch das Wassertaxi für den Transfer.
www.orcaislandcabins.com

Kenai Fjords Wilderness Lodge, Fox Island, Resurrection Bay, Tel. +1/800/8088068; ab 695 US-Dollar/Pers. Das Drei-Sterne-Hotel mit acht Cabins, Lounge und Restaurant bietet auf Fox Island hohen Komfort abseits jeglicher Zivilisation. Auch Kajaktouren werden angeboten.
www.alaskacollection.com

Coleman Bay: In einer kleiner Bucht nördlich der Coleman Bay befindet sich die Aialik Bay Ranger Station. Der kleine Strand nördlich davon eignet sich ideal zum Campen. Es gibt Trinkwasser und hohe Bäume, um die Essenscontainer aufzuhängen. Zudem kann man hier Austernfischer aus nächster Nähe beobachten.

Bear Cove: An der Nordseite der Bucht gibt es einen Behälter für Nahrungsmittel. Wer an der Südseite campt, hat zwar keinen Nahrungsbehälter, aber dafür einen tollen Blick auf den Holgate-Gletscher. Das Essen muss dann hoch in die Bäume gehängt werden. Es gibt keine Trinkwasserquelle in der Nähe. Der Wald verwandelt sich schnell in eine Sumpflandschaft. Zudem ist es untersagt, tote Bäume als Feuerholz zu verwenden.

Northwestern Glacier: Diese Location ist gut besucht. Es empfiehlt sich daher, nur eine Nacht auf dem kleinen Kiesstrand zu verbringen. Es gibt jedoch mehrere Strandabschnitte, die sich ebenfalls für Zelte eignen. Behälter für Nahrungsmittel sind vorhanden. Allerdings können Abschnitte oder der gesamte Bereich, vorwiegend in der Brutsaison, gesperrt sein.

Quicksand Cove: Ein Fluss teilt den Sandstrand von Quicksand Cove in der Aialik Bay in eine Nord- und eine Südhälfte. Auf beiden Seiten bieten sich im Wald gute Campingmöglichkeiten, aber nur die Südseite hat Nahrungscontainer. In der Bucht gibt es jede Menge Seevögel, Seeotter, Vielfraße und regelmäßig auch Schwarzbären.

Abseits vom Exit Glacier und dem Harding Icefield herrscht Wildnis. Eine gute topografische Karte ist *Kenai Fjords National Park, National Geographic Trails Illustrated Alaska (231)*. Es wird empfohlen, sich einer Wandergruppe unter Leitung eines professionellen Guides anzuschließen.

Kenai Fjord Tours, 1304 4th Ave, Seward, AK 99664, Tel. +1/907/2248068, Großer Anbieter für diverse Touren und Ausflüge, u.a. nach Fox Island; »Kenai Fjords National Parks Tour« inkl. Verpflegung und Live-Kommentaren 153 US-Dollar.
www.kenaifjords.com

Major Marine Tours, 1412 4th Ave, Seward, AK 99664, Tel. +1/907/2747300. Gut organisierte Halb- und Ganztagestouren per Boot mit Ranger an Bord. Optional Mittagsbuffet mit Lachs und Steaks; Tagestour ab 249 US-Dollar.
www.majormarine.com

Northern Latitude Adventures, 1300 4th Ave, Seward, AK 99664, Tel. +1/907/4220432. Bootstouren mit max. sechs Passagieren, um Wale zu beobachten oder einfach auf den Spuren der ersten Entdecker unterwegs zu sein, z.B. 3,5 Std. Walbeobachtung 165 US-Dollar.
www.northernlatitudeadventures.com

Bears, this is their home. Fish, this is their home.
This is their land, this is truly Alaska.

The Old Timers, eine Gemeinschaft von Anglern im Lake Clark National Park

Einschlägiger Bärentreff an den Brooks Falls im Katmai National Park

KODIAK ISLAND, LAKE CLARK UND KATMAI NATIONAL PARK

Als Barriere zwischen dem Pazifik und der Bristol Bay, einem Arm der Beringsee, erstreckt sich die 800 Kilometer lange Alaska Peninsula. Vom nördlichen Teil des Lake Clark National Park bis hinunter zu den Alëuteninseln reicht ein Land von purer Wildheit. Aktive Vulkane ragen über 3000 Meter in den Himmel. An dramatischen, häufig von düsteren Wolken verhangenen Küstenabschnitten wütet die Beringsee, während es im Valley of Ten Thousand Smokes aus allen Ritzen dampft. Millionen von Lachsen wandern die reißenden, eiskalten Flüsse des Katmai National Park hinauf, während an den Ufern schwergewichtige Braunbären nur darauf warten, sich den Bauch mit Fisch vollzuschlagen. In den dichten Wäldern, durchzogen von Flüssen und Seen, leben Elche, Wölfe und Vielfraße. Auf ihren Streifzügen kommen sie an alten Hütten vorbei, wo einst Trapper wohnten. Manche dieser Aussteiger lebten 30 Jahre allein in den Wäldern. Ihr Zuhause war die Wildnis, die sie besser kannten als jeder andere. Heute gehört das Land wieder den Bären und Lachsen – es ist ihr Land. Dies ist das wahre Alaska.

Lake Clark National Park and Preserve

Rund 160 Meilen Luftlinie südwestlich von Anchorage, dort, wo keine Straße mehr hinführt, eröffnet sich eine Wildnis mit aktiven Vulkanen, Gletschern, eiskalten Wasserfällen, fischreichen Gewässern und Hunderten Bären. Bis heute ist der Nationalpark vom Tourismus wenig besucht. Wer wirkliche Einsamkeit sucht, ist hier goldrichtig. Gerade einmal 11 700 Besucher kommen jährlich hierher und verteilen sich auf 16 308 Quadratkilometern purer Wildnis.

Der Lake Clark National Park steht immer noch im Schatten seiner berühmteren »Brüder«, die von weit mehr Besuchern angesteuert werden. Doch wer den Park einmal besucht hat, und sei es auch nur für einen Tag, der wird von der friedlichen Atmosphäre und der unberührten Natur begeistert sein. Manch einer schwärmte schon, dass er es als Ehre empfinde, diese wilde Schönheit betrachten zu dürfen und zumindest für kurze Zeit Teil davon zu sein. Viele Besu-

Blick über den Mount Tanalian am Lake Clark

▶ Karte S. 181

Der Crescent Lake ist nur per Flugzeug zu erreichen

cher kommen, um Tiere zu beobachten, zum Beispiel Bären in den Salzmarschen oder Seevögel an der Küste, andere zum Fischen, Kanu- und Kajakfahren, Raften, Wandern, Biken und Campen.

1978 ernannte US-Präsident Jimmy Carter die Lake-Clark-Region zum National Monument, und zwei Jahre später erfolgte die Einstufung als National Park and Preserve.

Geschichte

Die Dena'ina besiedelten den heutigen Nationalpark bereits vor 9000 Jahren. Als im Jahr 1741 dann die ersten russischen Entdecker auftauchten, veränderte sich das traditionelle Leben der Dena'ina. 1866/67 erkundeten John W. Clark (1846–1896) und Albert B. Schanz im Rahmen der Western Union Telegraph Company Russo-American Expedition die Gegend. Ziel war es, ein weltumspannendes Telegrafennetz zu verlegen. Den See, den sie dabei entdeckten, benannte Schanz nach seinem Kompagnon, also Lake Clark. Auch nachdem die Expedition aus wirtschaftlichen Gründen abgebrochen worden war, blieb Clark in Alaska. Ab 1879 bis zu seinem frühen Tod lebte er in der Siedlung Nushagak an der Südwestküste und legte hier den Grundstein für die erfolgreiche industrielle Lachsfischerei in der Bristol Bay. Er war Kaufmann und Pelzhändler, enger Freund der Ureinwohner und der wohl erste englischsprachige Bewohner der Bristol-Bay-Region.

Es sollte noch bis 1930 dauern, bis das erste Flugzeug im heutigen Port Alsworth am Lake Clark landete und das Gebiet damit auch für kommerzielle Belange zugänglich machte. Die Region wurde Zufluchtsort für Menschen, die abseits jeglicher Zivilisation leben wollten. Manch einer, wie Richard »Dick« Proenneke, baute sich mit den eigenen Händen eine Hütte und lebte in Isolation, mit der Natur als einzigem Freund. Proenneke unternahm diesen Schritt 1968 und verbrachte 30 Jahre allein in der Wildnis. Er besuchte seine Hütte noch einmal im Jahr 2000 und starb drei Jahre später.

Bis zum heutigen Tag betreiben die Menschen hier Subsistenzwirtschaft. Sie jagen, fischen, sammeln und leben von dem, was das Land hergibt. So fangen sie schätzungsweise rund 13 000 Lachse im Jahr und räuchern diese als Vorrat.

Naturraum

24 Prozent der Nationalparkfläche sind spärlich bewachsene Geröll- und Felslandschaft, 20 Prozent sind von Schnee und Gletschereis bedeckt, 15 Prozent Tundra und 11 Prozent Wald. Die übrige Fläche entfällt auf Flüsse, Seen, Salzmarschen und Graslandschaften. Zwei aktive Vulkane beherrschen die Landschaft, Mount Redoubt (3059 Meter), die höchste Erhebung im Park, und Mount Iliamna (3054 Meter). 800 Pflanzenarten sind hier heimisch sowie 37 Arten von Säugetieren, 187 Vogelarten und eine Amphibienart, der Waldfrosch. Jährlich werden um die 3,1 Millionen Lachse gezählt. Dazu hat der Nationalpark eine rund 200 Kilometern lange spektakuläre Küstenlinie.

Am Silver Salmon Creek

Zugänglichkeit und Planung

Es führen keine Straßen in den Nationalpark. Von der Kenai Peninsula aus kann man zwar mit dem Boot übersetzen, aber die Überquerung des rauen Cook Inlet ist keine leicht verdauliche Reise. Die bessere Möglichkeit ist es daher zu fliegen, was von vielen Orten aus möglich ist. Je nachdem, welche Gegend des Parks man ansteuert, kommt einer der folgenden drei Flugzeugtypen zum Einsatz: Neben Buschflugzeugen mit sehr dicken Rädern, die auf vielen Flächen landen können, gibt es noch Wasserflugzeuge und Flugzeuge auf Skiern.

Die Bear Mountain Lodge

▲ Karte S. 181

Der erste Anlaufpunkt ist meist die Siedlung **Port Alsworth** am **Lake Clark** mit 160 Einwohnern. Hier befindet sich auch ein Besucherzentrum. Ein weiterer Ort namens **Nondalton** befindet sich am südwestlichen Ende des Sees. Von dort aus kann man alle Ziele in der Wildnis ansteuern.

Wer sich auf eigene Faust durchschlagen möchte, kann sich von einem **Flugzeug** an einem je nach Zugänglichkeit und Wetter beliebigen Punkt »aussetzen« und wieder abholen lassen. Bei derartigen Touren muss man immer ein paar Tage länger einplanen: Aufgrund des ständig wechselnden Wetters ist es nämlich nicht garantiert, dass das Flugzeug am abgesprochenen Tag auch zur Abholung erscheinen kann. Ausreichend Nahrung in verschließbaren Containern, Brennstoff, gutes Kartenmaterial, ein Kompass, ein Satellitentelefon und die passende Kleidung sind überlebenswichtig. Auch im Sommer kann es plötzlich schneien! Eine möglichst leuchtende Zeltfarbe, die sich gut von der Umgebung abhebt, kann dem Piloten und im schlimmsten Fall einem Rettungsteam helfen, das Camp zu finden. Natürlich gilt wie immer, dass man jemanden über sein Vorhaben informiert. In den Siedlungen des Park gibt es quasi keine Einkaufsmöglichkeiten, was eine genaue Planung der Tour erfordert. Daher ist die sicherste Variante auch hier, sich einer Gruppe, einer organisierten Reise oder einem Tagesausflug anzuschließen. Die meisten Lodges und Veranstalter bieten Touren zwischen Juni und September an.

Bärenbeobachtung

Am **Silver Salmon Creek** und entlang der **Chinitna Bay** am Cook Inlet tummeln sich im Sommer nicht nur Millionen von Lachsen, sondern auch viele Seevögel und vor allem Bären. Für Fotografen, Angler, Ökologen und Ranger sind diese Salzmarschlandschaft und die felsigen Strände ein wahres Paradies. Im Frühjahr kommen die Bären mit ihren Jungen an die Küste. Dann sieht man sie bei der Suche nach mineralstoffreichem Strandwegerich und Seggen (Sauergrassgewächs) oder bei Ebbe im Schlick nach proteinhaltigen Herz- und Rasiermessermuscheln graben. Im Sommer hingegen, wenn die großen Lachsschwärme kommen, tummeln sich Hunderte von Bären im flachen Gewässer, um sich die Bäuche mit Fisch vollzuschlagen. Im gesamten Areal hat der U.S. Fish and Wildlife Service Ranger stationiert, die Daten über Bären, Insekten und Pflanzen sammeln und Lachszählungen vornehmen.

Auf einem **organisierten Tagesausflug** kann man aus sicherer Distanz die majestätischen Bären beobachten und unvergessliche Eindrücke sammeln. Wie auch im Katmai National Park fliegen kleine Maschinen die Küste von verschiedenen Orten aus an. Der Pilot ist auch gleichzeitig der Guide. Natürlich empfiehlt es sich, den Anweisungen des Guides Folge zu leisten, um die eigene Sicherheit und die der Gruppe nicht zu gefährden.

Lake Clark National Park, südlicher Teil

Wer sich bereits in einer Lodge nahe der Küste eingemietet hat, befindet sich direkt im »Bärenhimmel«.
Eine weitere Möglichkeit, Schwarz- und Braunbären zu beobachten, bieten die Ufer des **Crescent Lake** etwas weiter nördlich. Der See ist nur per Flugzeug zu erreichen, Wanderwege gibt es nicht. Die beste Variante ist es, die Gegend mit einem Guide im Kajak zu erkunden.

Wassersport

Auf einer Fläche, die größer ist als Thüringen, bieten sich Wanderern und Wassersportlern vielfältige Möglichkeiten sich auszutoben. Der **Lake Clark** im Südwesten des Nationalparks ist rund 88 Kilometer lang, 370 Quadratkilometer groß und bis zu 322 Meter tief. Port Alsworth am Ostufer bietet wunderbare Einstiegspunkte zum Kajak- oder Kanufahren. Das ist grundsätzlich an vielen Seen im Park möglich, die man per Flugzeug erreicht. Der Kontrashibuna Lake, die Twin Lakes und der Six Mile Lake sind nur einige Beispiele. Kanus müssen aufblasbar und Kajaks faltbar sein, damit sie in die kleinen Maschinen passen. Am besten informiert man sich bei der Verleihstation. Wer ohne lokalen Guide auf den Seen paddelt, sollte immer ein Auge aufs Wasser haben. Auch scheinbar ruhige Gewässer können schnell ungemütlich werden. Aus kleinen **Wellen** am Morgen und solchen mit weißer Schaumkrone am frühen Nachmittag können ein bis zwei Meter hohe Wellen entstehen. Die meisten Todesfälle im Outdoor-Bereich passieren in Alaska auf dem Wasser. Darum gilt allgemeine **Schwimmwestenpflicht**!

Wandern

Wanderer finden im Lake Clark ein unerschlossenes Paradies. Die berühmtesten Wanderrouten sind die Hope Creek Route, Trail Creek Route, Upper and Lower Twin Lake Route und die Fish Lake to Snipe Lake Route. Über diese Wanderungen sei gesagt, dass es sich um **Langstreckenwanderungen** von manchmal mehreren Tagen durch unwegsames Gelände handelt. Es gibt nur teilweise Trampelpfade, danach ist der sichere Umgang mit **Karte und Kompass** gefragt. Die genannten Routen sind nur mit dem **Flugzeug** erreichbar. Wie fast überall in Alaska muss während der Wanderungen jederzeit mit **Wildtieren** gerechnet werden. Wer auf Nummer sicher gehen möchte, bucht einen einheimischen Guide.

i Lake Clark National Park and Preserve

Port Alsworth Visitor Center, 1 Park Place, Port Alsworth, AK 99653, Tel. +1/907/7812117. Besucherzentrum mit jeglichen Informationen zum Nationalpark; Sommer tgl. 10–17.30 Uhr.
www.nps.gov/lacl/index.htm
Post: 1 Flight Line Rd Ste C, Port Alsworth, AK 99653
Ärzte: Port Alsworth Community Health Center, 1 Flight Line Rd, Port Alsworth, AK 99653, Tel. +1/907/7812256
Gute topografische **Karten** bietet USGS: www.store.usgs.gov

▸ Karte S. 181

✈

▸ Von Anchorage
Lake Clark Air Services, 2425 Merrill Field Dr, Anchorage, AK 99501, Tel. +1/907/2782054, www.lakeclarkair.com
Trail Ridge Air, 3961 Floatplane Dr, Anchorage, AK 99502, Tel. +1/907/2480838, www.trailridgeair.com
▸ **Von Homer**
Adventure Airways, 3589 Brown Bear Loop, Homer, AK 99603, Tel. +1/907/2997999, www.adventureairways.com
Beluga Air, 3409 Lampert Loop, Homer, AK 99603, Tel. +1/907/2358256, www.belugaair.com

▸ **Von Kodiak**

Andrew Airways, 500 Trident Way, Kodiak, Alaska, Tel. +1/907/4872566, www.andrewairways.com

▸ **Von Kenai oder Soldotna**

Alaska West Air, 45495 Citabria St # 8553, Nikiski, AK 99635, Tel. +1/907/7765147, www.alaskawestair.com

The Farm Lodge, Port Alsworth, AK 99653, Tel. +1/907/7812208. Gute Lodge als Ausgangspunkt für Abenteuer, viele gut ausgearbeitete Kombiangebote für Tages- und mehrtägige Touren. Recht hochpreisig. www.thefarmlodge.com

Redoubt Mountain Lodge, Crescent Lake, Tyonek, AK 99682, Tel. +1/866/7333034; all-inclusive für 2 Nächte ab 2895 US-Dollar. Hochwertige Lodge am Crescent Lake mit Sauna, Whirlpool, Bar/Restaurant. Diverse Kombiangebote aus Übernachtung, Angellizenzen und Aktivitäten. www.redoubtlodge.com

Bear Mountain Lodge, Chinitna Bay, Nikiski, AK 99635, Tel. +1/907/2521450; Tagestouren von Anchorage oder Homer ab 661 US-Dollar/Pers., inkl. Übernachtung ab 1271 US-Dollar/Pers. Es sind nur organisierte Touren möglich. www.akbearmountainlodge.com

Chulitna Lodge, Nondalton, AK 99640; ab 485 US-Dollar/Pers. Echtes alaskanisches Holzhüttenflair, mit Gourmetküche und Sauna mitten in der Wildnis am Ufer des Lake Clark. www.chulitnalodge.com

The Wilder House B & B, 3323 Dry Creek, Port Alsworth, AK 99653, Tel. +1/907/2422282; ab 249 US-Dollar/Pers. Sehr gepflegte Anlage und Lodges mit kompletter Ausstattung. www.wilderbb.wordpress.com

Tulchina Adventures, General Delivery, Port Alsworth, AK 99653, Tel. +1/907/7824720; 25 US-Dollar/Pers. Der einzige Campingplatz in Port Alsworth, luxuriöse Zeltplattformen, überdacht und mit Moskitonetzen. www.tulchinaadventures.com

Abseits von diesem Glamping-Erlebnis kann man in der **Wildnis** sein Zelt überall aufschlagen, wo sich ein geeigneter Platz findet. Und davon gibt es viele.

CK's Food Truck, Port Alsworth, AK 99653. Burger und andere herzhafte Gerichte gibt es in dem kleinen und einzigen Restaurant der Siedlung.

Cranberry Cache, 108 Voyager Lane, 108, Port Alsworth, AK 99653. Bietet Kaffee und kleine Souvenirs.

Windsong Wilderness Retreat, P.O. Box 513, Sterling, AK 99672, Tel. +1/907/2605410. Ausflug zur alten Hütte von Dick Proenneke an den Twin Lakes. Wer länger bleiben will, bucht gleich noch die Unterkunft dazu. www.windsongwildernessretreat.com

Ruth Zeller, Tel. +49/(0)172/8483095, ruthzeller@icloud.com. Reiseleiterin und Bergführerin mit jahrzehntelanger Erfahrung, bietet Wildnis-, Wander- und Trekkingtouren. www.ruthzeller.de

Tulchina Adventures, General Delivery, Port Alsworth, AK 99653, Tel. +1/907/7824720. Tourveranstalter und Equipmentverleih für Kajak- und Bootstouren. www.tulchinaadventures.com

Die Gewässer des Nationalparks sind reich an Fisch. Die meisten Lodges bieten auch **Angelausflüge** an.

Da die meisten Einwohner von Subsistenzwirtschaft leben, gibt es in den Siedlungen kaum Einkaufsmöglichkeiten. Für spezielle Wünsche sollte man vor der Anreise selber sorgen oder bei der jeweiligen Lodge erfragen, ob Snacks und Getränke, auch alkoholische, angeboten werden.

Katmai National Park and Preserve

Allein das Wort »Katmai« lässt Reisende sofort an eines denken: Bären, viele Bären! Pro Tag tummeln sich manchmal Dutzende von ihnen an den berühmten Brooks Falls, um die stromaufwärts springenden Lachse direkt zwischen die Zähne zu bekommen. Wer die legendären Aufnahmen vom Wasserfall sieht, wird unweigerlich Alaska assoziieren. Das kann man sogar per Live-Video im Internet gemütlich von Zuhause aus verfolgen.

Gegründet wurde der 16 564 Quadratkilometer große Nationalpark im Dezember 1980. Namenspate war der Vulkan Katmai. Im Nationalpark liegen insgesamt 14 aktive Vulkane der Alëutenkette. Wer meint, er entdecke hier unbewohntes Land, liegt falsch. Die Region um Katmai wurde bereits vor 9000 Jahren besiedelt, später folgten bekanntermaßen russische Entdecker, Trapper und amerikanische Geschäftsleute. Die Nachfahren der Alutiiq leben hier bis heute in neun Siedlungen und Camps von Jagd und Fischfang. Die bekanntesten sind King Salmon mit 374 und Naknek und South Naknek mit zusammen rund 600 Einwohnern.

Größere Aufmerksamkeit wurde dieser abgeschiedenen Region erst 1912 zuteil, als ein gewaltiger Ausbruch des Vulkans Novarupta die Bewohner dazu zwang, ihre Siedlungen zu verlegen, und das heute berühmte Valley of Ten Thousand Smokes entstand. Einige Jahre nach dem Ausbruch machte sich ein Expeditionsteam der National Geographic Society auf den Weg und legte damit auch den Grundstein für die Erschließung der Region. Im Jahr 1918 wurde die vulkanisch aktive Region bereits unter Schutz gestellt, doch gab es bis in die 1950er Jahre hinein noch intensive Jagd auf Wildtiere. So sah man damals kaum Bären an den Brooks Falls. Infolge des Jagdverbots vermehrte sich der Wildtierbestand aber schließlich und vor allem die Bärenpopulation wuchs enorm. Nur langsam entwickelte sich ein Bewusstsein darüber, dass der Schutz von Natur und Tier und die Rücksicht auf die Ureinwohner unabdingbar sind. Und so konnte in langen Verhandlungen Schritt für Schritt der Status als Nationalpark erreicht werden. Heute ist der Katmai National Park and Preserve einer der bekanntesten Natio-

Wasserflugzeug am Naknek Lake

▶ Karte S. 186

Auf Tuchfühlung mit Bären im Katmai National Park

nalparks Alaskas. Jeden Sommer kommen knapp 40 000 Besucher hierher, vorwiegend wegen der 2200 im Park lebenden Bären. Neben **King Salmon** als Hauptort des kommerziellen Lachsfangs und des Tourismus werden bei Tages- und Mehrtagestouren auch die **Brooks Falls** angeflogen. Weil keine Straße in den Nationalpark führt, buchen fast alle Besucher einen Flug. Nur knapp zwei Flugstunden von Anchorage entfernt ist man bereits weitab jeglicher Zivilisation.

Landschaft

Der Katmai National Park wird von zwei landschaftlichen Großräumen bestimmt. Im Südwesten befinden sich die **Bristol Bay-Nushagak Lowlands**. Das Tiefland ist größtenteils mit Tundra bedeckt mit Bereichen von Permafrostboden. Der zweite Großraum ist die langgezogene Alëutenkette, die in drei Landschaftsformen unterteilt wird. Die Küste der Shelikof Strait besitzt viele Buchten, dramatische Steilklippen und Flüsse, die über Kaskaden in canyonartigen Schluchten bis auf die Strände hinunterstürzen. Das Rückgrat bildet die **Alëutenkette**, deren höchste Berge Vulkane sind und deren zahlreiche Gletscher teilweise bis fast auf Meereshöhe reichen.

Der westliche und nordwestliche Teil des Parks wird auch **Seeregion** genannt, deren Zentrum der 607 Quadratkilometer große **Naknek Lake** ist. Unzählige Gletscherseen bestimmen das Bild, außerdem Hunderte Kilometer Flusssysteme. Die meisten davon werden ebenfalls von Gletschern gespeist und können je nach Tages- und Jahreszeit gewaltig anschwellen.

Flora und Fauna

Sowohl das Binnenland als auch die Küsten werden von Hunderten von Vogelarten bevölkert, wie Küstenseeschwalben, verschiedenen Entenarten, Schwänen, Möwen, Weißkopfseeadlern und Hornlunden. Jährlich wandern Millionen von Rotlachsen die Flüsse hinauf. Zudem gibt es viele See- und Regenbogenforellen. 42 Säugetierarten wurden im Park gezählt, darunter die berühmten Braunbären (Grizzlys), Wölfe, Seeotter und entlang der Küste Wale, vor allem Buckelwale. Rund 700 Arten von Pflanzen und Blumen wurden bis heute im Nationalpark dokumentiert. Etwa 80 Prozent des Park werden als *wilderness*, also Wildnis, bezeichnet.

Weißkopfseeadler

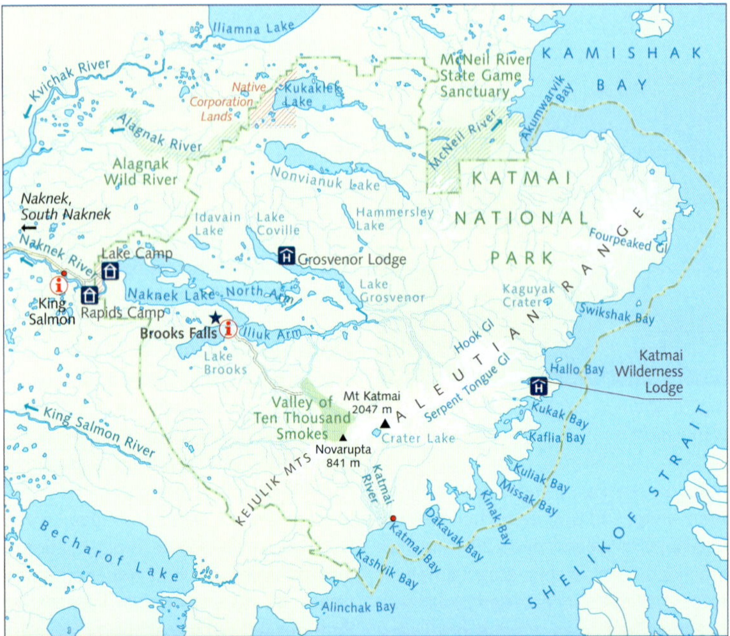

Katmai National Park

Klima

Das Wetter bewegt sich generell von Südost nach Nordwest durch den Nationalpark. Das ganze Jahr muss man überall mit viel Regen und vor allem Stürmen rechnen. Die jährliche Durchschnittstemperatur von Katmai liegt bei 2 Grad Celsius, das Rekordtief im Winter lag bei minus 42 Grad Celsius.

Der Park liegt im Grenzbereich zweier Klimazonen, was oft für unvorhersehbares Wetter sorgt. Östlich der Alëutenkette auf der nördlichen Alaska Peninsula ist das Klima maritim. Die Alëutenkette bremst die sich nord- und westwärts bewegenden Luftströme, so dass es auf der Pazifikseite durchgehend feucht ist und die Küste von Regen und Stürmen regiert wird.

Westlich der Alëutenkette, an der Bristol Bay, herrscht maritim-kontinentales Klima. Während die Sommer gemäßigte Temperaturen bringen, sind die Winter wegen der Vereisung des Meeres kälter. Grundsätzlich ist es hier trockener als auf der Pazifikseite.

Bärenbeobachtung und Ausflüge

Bären in freier Wildbahn zu beobachten oder sogar für einige Tage das Land mit ihnen zu teilen, zählt wohl zu den größten Erlebnissen einer Alaskareise. Kaum jemand kehrt von einer Beobachtungstour zurück und ist nicht wie ausgewechselt von dieser Erfahrung, von dem majestätischen Auftreten der braunen Riesen in jener unvergleichlichen Kulisse. Wer einmal einen 400 Kilogramm schweren Alaska-Braunbären beim Lachsfischen beobachtet, während am Ufer vielleicht noch zwei Bärenbabys spielen und in

der Nähe ein Weißkopfseeadler landet, dem bleibt nicht nur die Luft weg, der wird auch noch lange davon erzählen.
Es gibt diverse Anbieter für Tagestouren und mehrtägige Aufenthalte, die saisonal zu unterschiedlichen Konditionen und Preisen operieren. Die häufigsten Anflugsziele sind **Brooks Falls** mit der Brooks Lodge und dem gleichnamigen Campground sowie die **Hallo Bay** und die **Kukak Bay**. Die Auswahl der Touren reicht von Tagesausflügen bis hin zu All-inclusive-Angeboten mit Übernachtungen in Lodges, persönlichem Guide, Verpflegung, Wanderungen und vielen weiteren Aktivitäten.
Wichtig ist dabei immer, dass man sich strikt an die Vorgaben der Reiseleitung hält. Bereits vor dem Abflug findet eine **Sicherheitsunterweisung** statt. Sich allein in diese Gebiete aufzumachen, erfordert ein hohes Maß an Wissen im Umgang mit Wildtieren. Bären sehen manchmal zum Knuddeln aus und wirken teilweise gar tollpatschig, wenn sie am Ufer entlangtapsen. Besonders wenn zur jährlichen **Fat Bear Week** in der ersten Oktoberwoche der fetteste Bär des Katmai National Park gekürt wird, könnte man meinen, Bären seien träge und langsam. Das Gegenteil ist jedoch der Fall! Es sind immer noch wilde Tiere, denen man nur mit äußerster Vorsicht begegnen sollte (→ S. 36). Im Jahr 2022 wurde »Bear 747« bereits zum zweiten Mal zum fettesten Bären ernannt und der feierliche Titel »König der Korpulenz« verliehen. Dank seiner Körperfülle steht er in der Bärenhierarchie an den Brooks Falls unangefochten an der Spitze.

McNeil River State Game Sanctuary and Refuge

Abseits des regulären Tourismus gibt es angrenzend an den Katmai National Park am McNeil River noch einen Bereich, der 1967 unter besonders strengen Schutz gestellt wurde. 1993 wurde die Zone sogar noch einmal vergrößert, so dass heute rund 52 000 Hektar unter Schutz stehen und nur mit offizieller Erlaubnis besucht werden dürfen. Der 35 Kilometer lange, seichte und flache McNeil River ist der Ort in Alaska, wo sich die meisten Braunbären an einem Fleck tummeln. Am Fluss leben derzeit 144 Bären. Teilweise wurden über 70 Bären an einem Flussabschnitt gezählt,

Die Brooks Lodge organisiert auch Ausflüge in den Nationalpark

die nach den großen Schwärmen von Rotlachs Ausschau halten.
Die zugelassenen Besucherzahlen sind sehr klein. Zwischen Juni und August werden nicht mehr als zehn Besucher in das fragile Ökosystem mitgenommen. Informationen zur Besuchserlaubnis *(permit)* erteilt das Alaska Department of Fish and Game. Die *permits* werden verlost.

Katmai National Park and Preserve

King Salmon ist die Drehscheibe für die meisten Reisen und Ausflüge im Nationalpark. Es gibt zwei Visitor Center:
King Salmon Visitor Center, King Salmon Airport Bldg 1, King Salmon, AK 99613, Tel. +1/907/2464250; März–Labor Day tgl. 9–17 Uhr, www.nps.gov
Brooks Camp Visitor Center, Juni–Sept. tgl. 8–17 Uhr. Zwischen Brooks Lodge und Brooks Camp gelegen und mit einem Park Ranger besetzt, Buchladen.
Zeitung des Nationalpark Service zum Download: www.nps.gov/katm/learn/news/newspaper.htm
Generelle Informationen und Permits für den Besuch des **McNeil River** erteilt: Alaska Department of Fish and Game, Division of Wildlife Conservation, McNeil River State Game Sanctuary, 333 Raspberry Rd, Anchorage, AK 99518, Tel. +1/907/2672189, www.adfg.alaska.gov
Bank: Wells Fargo Bank, Mall 1, King Salmon, AK 99613
Post: 2 School Rd, Naknek, AK 99633
Supermarkt: Alaska Commercial Company, Alaska Peninsula Hwy 100 Southside, Eskimo Creek Rd, King Salmon, AK 99613
Krankenhaus: King Salmon Health Clinic, King Salmon, AK 99613, Tel. +1/907/2463322

Katmai Air, Tel. +1/800/5440551. Juni–Sept. tgl. Flüge von/nach Anchorage, King Salmon und Brooks Lodge, 228–895 US-Dollar. Es gibt auch Flüge von Homer, Kodiak und anderen Orten.
www.katmaiair.com
Ravn Alaska, Tel. +1/907/2484422. Flüge von Anchorage nach King Salmon, je nach Saison 145–380 US-Dollar (einfach).
www.ravnalaska.com

Katmai Wilderness Lodge, Buchung über 11001 O'Malley Centre DrHomer und Kodiak City, Anchorage, AK 99515, Tel. +1/907/4868767; ab 3 Nächten 4250 US-Dollar/Pers. An der Kukak Bay gelegen, saisonal viele All-inclusive-Touren. Am Upper Kaflia Lake auf der anderen Seite der Bay schlug der Naturalist und Tierschützer Timothy Treadwell sein letztes Zelt auf.
www.katmai-wilderness.com
Grosvenor Lodge, Buchung über Tel. +1/800/5440551; ab 3 Nächten 2955 US-Dollar/Pers. Am gleichnamigen See im Herzen des Nationalparks gelegen.
www.grosvenorlodge.com
Brooks Lodge, Buchung über Tel. +1/800/5440551; ab 850 US-Dollar/Pers. Die Lodge am Naknek Lake/Brooks River wird vom Veranstalter Katmailand betrieben. Frühzeitige Reservierung empfohlen. www.brookslodge.com
Antlers Inn, Mile 1, Alaska Peninsula Hwy, King Salmon, AK 99613, Tel. +1/907/2468525; Preise auf Anfrage. Von Mehrbettzimmern bis hin zu voll ausgestatteten Wohnungen ist alles dabei.
www.antlersinnalaska.com
Al-lous B & B, 1717 Aspelund Dr, Naknek, AK 99633, Tel. +1/907/2464270; Preise auf Anfrage. Simpel, aber echt alaskanisch im Dorf Naknek.

Brooks Falls Campground, Brooks River, King Salmon, AK 99613, Tel. +1/800/5440551. Der Campingplatz befindet sich unweit der Brooks Lodge. Zu beachten sind die Gebühren für ein Permit zum Aufenthalt: Juni–Aug. 12 US-Dollar, Mai, Sept. 6 US-Dollar/Pers. pro Tag. Es darf max. 7 Tage gecampt werden.
www.katmailand.com

▸ Karte S. 186

Sockeye Saloon, Mile 15, Alaska Peninsula Hwy, King Salmon, AK 99613, Tel. +1/907/2466676. Bar und Grillrestaurant.

Eddie's Fireplace Inn, 1 Main St, King Salmon, AK 99613, Tel. +1/907/2463435. Fast Food, Bier und Bar - alles, was man braucht.

D&D's Restaurant, 1 Main St, Naknek, AK 99633, Tel. +1/907/2464430. Einfaches Ambiente, aber die beste Pizza in Naknek.

Fisherman's Bar, Alaska Peninsula Hwy, Naknek, AK 99633, Tel. +1/907/2464252 Viele der **Lodges** bieten Vollpension an, wozu auch alkoholische Getränke gehören. Man sollte aber vorher anfragen, ob die gewünschten Getränke vorrätig sind.

Naknek River Camp, Box 32, Lake Camp, King Salmon, AK 99613, Tel. +1/907/4392895. Mehrtägige, voll organisierte oder Do-it-yourself-Angeltouren mit privater Lodge.
www.naknekrivercamp.com

Alaska Bear Adventures, 4287 Homer Spit Rd #9, Homer, AK 99603, Tel. +1/877/5229247. Sehr gut organisierte Tagestouren (ab 700 US-Dollar) und mehrtägige Bootstouren. Angeflogen wird die Hallo Bay mit fantastischen Ausblicken bereits beim Flug.
www.alaskabearviewing.com

Arctic Wild, 142 Nash St, Fairbanks, AK 99709, Tel. +1/907/4798203. Veranstalter von Kajaktouren im Katmai National Park. www.arcticwild.com

Scenic Bearviewing, 3636 FAA Rd, Homer, AK 99603, Tel. +1/907/8842655. Professionelle Tagestouren mit einmaligen Einblicken und Erlebnissen.
www.scenicbearviewing.com

Katmailand, 4125 Aircraft Dr, Anchorage, AK 99502, Tel. +1/800/5440551. Touren u.a. bei den Brooks Falls, Mai–Sept.
www.katmailand.com

Trails Natur- und Erlebnisreisen, Bahnhofstr. 47, 87435 Kempten/Allgäu, Tel. +49/(0)831/15359. Auf den Wanderrundreisen wird im Katmai National Park gecampt, um Bären zu beobachten.
www.trails-reisen.de

Wigwam Naturreisen und Expeditionen, Lerchenweg 2, 87448 Waltenhofen, Tel.+49/(0)8379/92060. Bietet neben Ausflügen zum Brooks Camp und den Brooks Falls auch das Valley of Ten Thousand Smokes an. www.wigwam-tours.de

Valley of Ten Thousand Smokes

Am 6. Dezember 1912 ereignete sich 425 Kilometer südwestlich von Anchorage die gewaltigste Vulkanexplosion des 20. Jahrhunderts. Bereits fünf Tage zuvor hatte ein heftiges Erdbeben die Katmai-Region erschüttert. Der Ausbruch des rund 850 Meter hohen Subduktionszonenvulkans Novarupta dauerte 60 Stunden, knapp 30 Kubikkilometer vulkanischen Materials gelangten in die Atmosphäre und Stratosphäre, 15 Kubikkilometer Magma wurden freigesetzt. Die pyroklastischen Lavaströme erreichten eine Geschwindigkeit von 165 Stundenkilometern. Eine Fläche von mehr als 65 Quadratkilometern wurde mit einer dicken Ascheschicht bedeckt, die mancherorts 200 Meter erreichte. Auf der Kodiak-Insel waren es immerhin noch 30 Zentimeter, weshalb die Region evakuiert werden musste. Sogar im kanadischen Vancouver ging ein Ascheregen nieder. Durch die Wucht des Ausbruchs stürzte auch die Lavakammer des zehn Kilometer entfernten, 2047 Meter hohen Mount Katmai ein. Die so entstandene Caldera füllte sich später mit Wasser. Am Ende des höllischen Ausbruchs bildete sich durch eine Extrusion ein Lavadom, der den Vulkanschlot verstopfte. Da diese Region Alaskas unbewohnt war

– und immer noch ist –, gab es keine Menschenleben zu beklagen.
Drei Jahre später machte sich ein Expeditionsteam der National Geographic Society unter Leitung von Dr. Robert Giggs in das heutige Gebiet des Katmai National Park auf, um die Ursache des Ausbruchs zu erforschen. Dabei entdeckten sie ein von einer massiven Asche- und Ignimbritdecke zugeschüttetes, dampfendes Tal. Dort war zuvor der Ukak River geflossen, der von der kollabierenden Eruptionswolke und den pyroklastischen Strömen zugedeckt wurde, sein Wasser verdampfte. Unzählige der so entstandenen Dampfsäulen, auch Fumarolen genannt, sind bis heute aktiv und verhalfen dem Tal zu seinem Namen.

Zugänglichkeit

Das Valley of Ten Thousand Smokes ist etwa zwanzig Kilometer lang und drei bis neun Kilometer breit. Das einzigartige Naturspektakel der rauchenden Wasserdampfschlote in karger vulkanischer Landschaft ist heute für Besucher zugänglich. Die Schönheit, Größe und Wildheit der Natur sind kaum in Worte zu fassen. Unvergesslich sind Wanderungen zur **Buttress Range,** zum **Katmai Pass,** in das farbenreiche **Tal des Novarupta** oder zum **Windy Creek**. Auch wenn das Tal individuell und ohne Guide oder Ranger bereist werden kann, empfiehlt es sich, Touren immer geführt und in einer Gruppe zu unternehmen. Wer allein aufbricht, sollte sich über die Abgeschiedenheit, das unbeständige Wetter, die schwierig zu querenden Flüsse, Bären und das teilweise sehr sedimentreiche, untrinkbare Wasser im Klaren sein. Nur wer solide Erfahrung mit Reisen in abgelegene Wildnisgebiete hat, sollte eine solche Tour in Angriff nehmen. Es führt keine Straße direkt ins Tal. Der Ausflugsbus vom **Brooks Camp** fährt nur bis zum Wandereinstieg. Die einzigen Transportmittel im Tal sind Buschflugzeuge und die eigenen Füße.

Sicherheitshinweise

Jede Tour erfordert **genaueste Planung**. Jemand sollte über das Vorhaben und die ungefähre Dauer informiert sein. Dazu kann man sich in den **Backcountry Trip**

Wanderung im Valley of Ten Thousand Smokes

▲ Karte S. 186

Vom Brooks Camp fährt ein Bus zum Wandereinstieg

Planner im Brooks Camp oder im King Salmon Visitor Center eintragen.
Jegliche Nahrung wird in **verschließbaren Containern** transportiert, die man im Brooks Camp und im King Salmon Visitor Center erhält. Ein **Wasserfilter** für die teilweise sehr sedimentreichen Flüsse hilft bei der Trinkwasserversorgung. Erfahrung im Auffinden und in der Querung von **Furten** ist unabdingbar. Der River Lethe und der Knife Creek zum Beispiel können nur an wenigen Stellen durchquert werden. Erfahrung in der Begegnung mit **Wildtieren** und eine entsprechende Ausrüstung sind unerlässlich. Individualtouristen benötigen **kein Permit** für den Aufenthalt im Katmai National Park.

Valley of Ten Thousand Smokes

Visitor Center und Infos, → S. 188
Es gibt **keine ärztliche Hilfe**.
Die Camps und Visitor Center haben nicht immer ausreichend Karten auf Lager. Gutes Kartenmaterial für Wanderungen in der Region hat der **USGS Map Store** *(Mt. Katmai B-4 and B-5)*:
https://store.usgs.gov

Siehe Katmai National Park, → S. 188

Shuttle für organisierte Fahrten zum Wandereinstieg des Valley of Ten Thousand Smokes oder für Wanderungen auf dem Windy Creek Trail: Juni–Sept. tgl. 9 Uhr vom Brooks Falls Campground (→ S. 188). Infos und Preise bei Katmailand, Tel. +1/800/5440551,
www.katmailand.com

Die **Baked Mountain Huts** wurden 1965 vom Geophysical Institute der University of Alaska errichtet und galten seit jeher als Schutz für Wanderer. Die Hütten sind rund 19 km vom Tal entfernt, und der Weg beinhaltet zwei Flussquerungen und einen Anstieg von 230 m. 2018 wurden die Hütten durch einen heftigen Sturm beschädigt und gelten seitdem nicht mehr als sicher. Es empfiehlt sich, ein Zelt mitzunehmen.

Das Tal ist pure Wildnis. An sorgfältig ausgewählten und geschützten Stellen kann man sein Zelt aufschlagen.

Katmailand, 4125 Aircraft Dr, Anchorage, AK 99502, Tel. +1/800/5440551. Bietet Tagestouren ins Tal. Die Touren dauern rund sieben Stunden inkl. Busfahrt und einer geführten, moderaten Wanderung, Mai–Sept. www.katmailand.com
Hauser Exkursionen, Spiegelstr. 9, 81241 München, Tel. +49/(0)89/2350060. 23-tägige Wander- und Kanureise in Alaskas Wildnis. Dabei wird u.a. im Tal gewandert und gecampt.
www.hauser-exkursionen.de
Murkl, Puchheimer Weg 12, 82223 Eichenau. 7-tägige Reise ins Valley of Ten Thousand Smokes. Vom Basislager aus werden mehrere Wanderungen unternommen und Bären beobachtet. www.murkl.com

Kodiak Island

Kodiak Island ist mit 9311 Quadratkilometern die größte Insel des gleichnamigen Archipels, etwa 250 Meilen südwestlich von Anchorage. Der Archipel umfasst etwa 13 000 Quadratkilometer und ist rund 285 Kilometer lang. In der Sprache der Alëuten bedeutet »Kodiak« nichts anderes als »die große Insel«. Und das zu Recht: Sie ist die größte Insel Alaskas und die zweitgrößte der USA. Es gibt nur sieben Siedlungen mit insgesamt 14 000 Einwohnern, im Hauptort Kodiak City (City of Kodiak) leben 6000 Menschen. Hinzu kommen 3500 der berühmten Kodiakbären. Wer die massiv gebauten Bären einmal in freier Wildbahn gesehen hat, wird vor Ehrfurcht erblassen.

1941 wurden 8055 Quadratkilometer von Kodiak Island zusammen mit den Inseln Uganik, Ban und Teilen von Afognak im Kodiak National Wildlife Refuge unter Schutz gestellt. Es umfasst Fjorde, Buchten, Moore, Seen, Wälder, Tundra und Berge. In der Schutzzone leben über 2000 der Kodiakbären, 60 Weißkopfseeadlerpaare, Rotfüchse, Seeotter, Wiesel und 250 Vogelarten. Rund 1,5 Millionen Seevögel überwintern in der Region. Die zusammen 600 Quadratkilometer großen Gewässer sind reich an Fisch, alle fünf Lachsarten kommen hier vor. Einige heute hier heimische Tierarten, wie Roosevelt-Wapitis, Sitka-Hirsche, Karibus, Biber, Schneeschuhhasen, Bergziegen und Eichhörnchen, wurden erst von den Menschen eingeführt.

Der Norden und Osten des Kodiak-Archipels sind dicht bewaldet, von bis zu 1300 Meter hohen Bergen durchzogen, zerklüftet, wild und äußerst dünn besiedelt. Den Süden beherrschen baumlose Ebenen und dramatische Küstenstreifen. Viele der Buchten des Archipels sind ganzjährig eisfrei und somit gute Ankerplätze für Fischerboote. Fischerei und Tourismus sind nach wie vor die Hauptwirtschaftszweige. Heftige Wetterfronten sorgen für harsche Bedingungen, hohe Wellen und einen meist wolkenverhangenen Himmel. Davon zeugen auch die Geschichten der Seemänner, die in vielen Bars erzählt werden. Und wer einmal einen Ausflug in die abgelegene Inselwelt des Archipels mit ihrer einmaligen Landschaft unternommen hat, für den gewinnt das Wort »abgeschieden« eine ganz neue Dimension. Und so wirbt Kodiak nicht umsonst mit dem Slogan »A place that lives only in the imagination, until you arrive.«

Geschichte

Vor 15 000 Jahren war Kodiak Island noch mit dem Festland verbunden. In dieser Zeit wanderten Tiere, wie der Kodiakbär, ein. Als der Meeresspiegel wieder stieg, entstand die heutige Insellage. Der Archipel wurde bereits vor 7000 Jahren von Alutiiq besiedelt. Sie nannten die Inselgruppe *qikertaq*, was einfach »Insel« bedeutet. Sie lebten im Rhythmus

Fort Abercrombie auf Kodiak Island – ein Relikt des Zweiten Weltkriegs

▸ Karte S. 196

Blick über die Womans Bay südlich von Kodiak City

der Jahreszeiten von der Jagd und vom Fischfang. Sie erlegten auch Bären, um das Fleisch zu essen, aus dem Fell Kleidung und aus den Knochen Werkzeuge herzustellen. Den Kopf des Bären ließen sie stets zurück, aus Respekt dem Tier gegenüber.

Als 1763 die ersten russischen Entdecker auftauchten, fanden sie hier große Pelztiervorkommen, wie zum Beispiel von Seeottern. Und so kamen 1784 die ersten Pelzhändler und Geschäftsleute und gründeten trotz Widerstands der Ureinwohner eine dauerhafte Siedlung. Die Aufstände spitzten sich zu und wurden gewaltsam niedergeschlagen. Nach der blutigen Etablierung von Russisch-Amerika wurden die Ureinwohner zur Arbeit gezwungen und durch die Ankunft der russisch-orthodoxen Missionare wenig später auch noch ihrem Glauben entfremdet. Es folgten Epidemien, Hunger und die Zerstörung von Familien.

Als Alaska 1867 an die USA verkauft wurde, kamen US-amerikanische Siedler. Die alten Traditionen der Jagd und des Fischfangs wurden wiederaufgenommen, doch 1912 durch die Eruption des Novarupta wieder jäh unterbrochen (→ S. 26). Eine dicke Ascheschicht ging nieder, Wasser wurde ungenießbar, Wildtiere starben, die Inselbewohner konnten nicht richtig atmen, und tagelang herrschte Dunkelheit. Der Vulkanausbruch legte nicht nur das tägliche Leben lahm, sondern beeinträchtigte auch die Fischerei. Sämtliche Fische starben, und zwischen 1915 und 1919 kam die Fischindustrie ganz zum Erliegen.

Während des Zweiten Weltkriegs diente Kodiak ab 1941 als Festung und wichtiger Militärstützpunkt mit Tausenden Soldaten. Bis heute sind die Bunkeranlagen entlang der Küste sichtbar. 1964 brachte das Karfreitagsbeben dann schon die nächste Welle der Zerstörung. Viele Gebäude und teilweise ganze Dörfer mussten entweder erneuert oder für immer abgerissen werden. Doch dank staatlicher wie privater Hilfe gelangen der Wiederaufbau und die Bewahrung der lokalen Kultur. Auch die Natur und die Wildtierbestände erholten sich allmählich, Millionen von Lachsen kehrten zurück. Die Wirtschaft ist stabil, und die Arbeitslosigkeit lag 2019 bei nur vier Prozent. Heute besitzt Kodiak mit 700 Fangschiffen die größte Fischereiflotte Alaskas und exportiert inklusive der Alaska-Krabbe jährlich rund 150 000 Tonnen Fisch in alle Welt. 2019 wurden rund 36 Millionen Lachse gefangen, davon allein 32 Millio-

Kodiakbär beim Fischen

nen Buckellachse im nordwestlichen und südwestlichen Teil des Archipels. Daneben ist Kodiak weiterhin für das Militär bedeutsam. Mit rund 35 000 Besuchern pro Jahr ist auch der Tourismus ein bedeutender Zweig der lokalen Wirtschaft. Die meisten von ihnen kommen, um zu fischen oder um Verwandte zu besuchen. Auf Platz drei der Reisegründe liegt die Bärenbeobachtung. Laut einer Umfrage von 2005 waren 60 Prozent aller Reisenden das erste Mal auf Kodiak. Bis heute hat sich das nicht geändert. Kodiak wartet also weiterhin darauf, entdeckt zu werden.

Der Kodiakbär

Der Kodiakbär (Ursus arctos middendorffi) ist eine Unterart des Braunbären, welche nur auf dem Kodiak-Archipel vorkommt und seit über 12 000 Jahren von anderen Bärenarten isoliert lebt. Es gibt rund 3500 Exemplare, der Bestand ist gesund, die Zahl der Tiere nimmt regional sogar zu. Ein ausgewachsener Kodiakbär kann, auf den Hinterbeinen stehend, bis zu drei Meter groß sein. Männchen können zwischen 700 und unglaublichen 1500 Kilogramm wiegen. Die Weibchen sind etwas leichter. Der älteste Kodiakbär war ein 34 Jahre altes Weibchen. Sie ernähren sich von Gräsern, Pflanzen, Beeren, Wurzeln, Muscheln und Lachs. Einige Bären machen auch Jagd auf andere Säugetiere. Ihr Territorium ist wegen der Inselsituation weitaus kleiner als das von anderen Bärenarten.

Es gibt bestimmte Stellen, wo sich je nach Saison viele Bären aufhalten. Organisierte Ausflüge führen häufig an den Karluk Lake und den Frazer Lake. Manche Abenteurer zieht es auch per Kajak über den Uganik River in Richtung der Uganik Bay, um die Giganten zu beobachten. Die Bewohner der Kodiak-Inseln sind an die Nähe zu den pelzigen Rie-

▸ Karte S. 196

sen gewöhnt. Zu jeder Zeit kann plötzlich ein 1000 Kilo schwerer Besuch im Garten stehen. Trotz dieser Nähe ist in den letzten 75 Jahren nur ein einziger tödlicher Unfall geschehen. Wer also bei aller Faszination wachsam bleibt, kann die Statistik niedrig halten.

City of Kodiak

1784 erreichte der russische Pelzhändler Grigorii Shelikhov die Three Saints Bay an der Südostküste von Kodiak Island, nahe dem heutigen Old Harbor. Er und seine 192 bis an die Zähne bewaffneten Gefolgsleute waren gekommen, um den Gerüchten von riesigen Seeottervorkommen nachzugehen und eine Siedlung zu gründen. Doch zunächst mussten sie sich mit den aufständischen Ureinwohnern auseinandersetzen. Der Konflikt gipfelte am 14. August 1784 im Massaker von Awa'uq, bei dem zwischen 500 und 2000 Alutiiq getötet wurden. Die Siedlung Three Saints Bay, die so viele Menschenleben gekostet hatte, wurde schon 1792 von einem Tsunami wieder zerstört. Man baute sie an anderer Stelle wieder auf; heute heißt die Stadt Kodiak City.

Die City of Kodiak im nordöstlichen Zipfel von Kodiak Island ist der Hauptort des Archipels. Die gute Infrastruktur und ein ausgebautes Straßennetz mit öffentlichem Personenverkehr, Mietwagenstationen, Fähr- und Flughafen begünstigen den Anschluss an viele Destinationen inner- und außerhalb des Archipels. Im Zentrum um die Mill Bay Road bietet die Stadt viele Shopping- und Einkehrmöglichkeiten sowie exzellente Museen und Unterhaltungseinrichtungen. Die Hotellerie ist modern und zukunftsorientiert, und auch die Palette an Ausflugsmöglichkeiten ist schier grenzenlos. Verlässt man die Stadt, so besteht das spärliche Straßennetz aus Asphalt- und Schotterstraßen.

■ Near Island

Die benachbarte und durch eine Brücke (Alimaq Drive) verbundene Insel lädt zu kleinen Wanderungen, Spaziergängen und Radtouren ein. Der Besuch des **Kodiak Fisheries Research Center** ist auch für Kinder ein Erlebnis. Das Aquarium fasst 13 000 Liter Wasser und wird von lokalen Krabben, Fischen und einem riesigen Seestern bevölkert. Im **St. Hermans Bay Harbor** ankern die großen Schiffe. Mit etwas Glück kann man von Ramp 3 am Dock Seelöwen sehen. Das Füttern der Tiere ist allerdings verboten und kostet, wenn man erwischt wird, 300 US-Dollar Strafe.

■ Spruce Island

An klaren Tagen sieht man von Kodiak City aus die nur 46 Quadratkilometer große Insel, die per Fähre oder Flugzeug erreichbar ist. Die meisten der 242 Einwohner leben im Dorf **Ouzinkie**.

Spruce Island ist ein weltweit bekanntes Pilgerziel für orthodoxe Christen und gilt ihnen als einer der heiligsten Orte in ganz Nordamerika. Anfang August kommen viele Pilger auf die kleine Insel, um an einem geweihten Schrein **Hermann von Alaska**, dem Schutzpatron der rus-

Die B & B Bar in der City of Kodiak ist die älteste Bar Alaskas

sisch-orthodoxen Kirche, zu gedenken. Hermann kam vermutlich zwischen 1811 und 1817 nach Spruce Island, nachdem er 1807 Oberhaupt der Alaska-Mission geworden war, und lebte bis zu seinem Tod 1836 auf der Insel. Er trug einfache Kleidung und schlief mit Hirschleder bedeckt auf einer Bank. Viele Menschen besuchten ihn. Auf die Frage, ob er sich nicht einsam fühle, entgegnete er: »Ich bin nicht allein. Gott ist hier. Gott ist überall.« Zeit seines Lebens war er bei den Ureinwohnern gut angesehen, da er sich gegenüber dem harten Regime der Russisch-Amerikanischen Handelskompanie stets für sie einsetzte.

Kodiak Island

Fischerhütte in Ouzinkie

Straßen

■ **Chiniak Highway** ➲ *Mile K 0*

Die längste Straße auf Kodiak Island zählt 42,6 Meilen. Der Chiniak Highway führt von Kodiak City entlang entlegener Küstenabschnitte gen Süden. An Meile 10 kann man an der **Russian River Bridge** im Sommer Bären beim Lachsfischen zuschauen. An Meile 31,4 geht der Asphalt dann in Schotterbelag über. Wenn das alte **Postamt von Chiniak** auftaucht, hat man Meile 34,7 erreicht. Während des Zweiten Weltkriegs lebte Chiniak durch die Stationierung der US-Truppen auf, die alten Bunkeranlagen kann man noch besichtigen. Heute leben nur noch 50 Menschen in dem Dorf, das aber dennoch mit einer Schule und einer Bücherei ausgestattet ist. Der **Twin Creeks Beach** befindet sich an Meile 39,5. Bei einem Spaziergang am schwarzen Sandstrand ergeben sich Ausblicke auf die Bunkeranlagen entlang der Klippen. Das eigentliche Ende der Straße markiert Meile 42,1. Hinter dem **Chiniak Point** (Cape Chiniak), einem beliebten Surfspot, geht es zwar noch weiter, aber die Straße wird nicht gepflegt. Die Weiterfahrt bis **Cape Greville** geschieht somit auf eigenes Risiko. Dort kann man das Auto abstellen und nicht nur weitere Bunkeranlagen besichtigen, sondern hat mit Glück auch unglaubliche Ausblicke auf Wale und Seelöwen.

■ **Pasagshak Bay Road** ➲ *Mile K 30.4*

Wenn es auf Kodiak mal Stau gibt, dann nicht wegen zu vieler Autos. Vor allem auf der Pasagshak Bay Road blockieren öfter mal Pferde, Rinder und sogar Bisons die 16,4 Meilen lange Fahrbahn. Die Straße geht an der Kalsin Bay vom Chiniak Highway nach Süden ab und endet am Fossil Beach. Nach 8,8 Meilen erreicht man die **Pasagshak River State Recreation Site**. Für 15 US-Dollar kann man dort sein Zelt aufschlagen und den Strand nutzen. Angeln ist ebenfalls möglich. Bei Meile 13,1 befindet sich der Raketenstartplatz **Pacific Spaceport Complex Alaska** (PSCA). Am Ende der Straße, die im Verlauf immer schlechter wird, erreicht man den menschenleeren Fossil Beach. In den Klippen zur linken Seite befinden sich viele Fossilien. Der Strand kann nur bei Ebbe betreten werden.

Am Lilly Lake in Kodiak City

Anton Larsen Bay Road

➔ *Mile K 4.8*

Die Anton Larsen Bay Road geht südlich von Kodiak City vom Chiniak Highway nach Norden ab. Nur die ersten drei Meilen der 11,7 Meilen langen Strecke sind asphaltiert, danach geht es auf Schotter und mit Schlaglöchern weiter. Entlang der Straße bieten sich viele landschaftlich reizvolle Fotoperspektiven. Im Winter ist die Straße meistens geschlossen. An Meile 5,7 beginnt der Wanderweg zum **Pyramid Mountain**, der nur im Sommer geöffnet ist. Wenn man bis Meile 7,5 weiterfährt, erreicht man den Wandereinstieg zum **Sharatin Mountain**. Am Ende der Straße gibt es eine Wendemöglichkeit und ein paar Parkplätze. In der Anton Larsen Bay selbst kann auch gewandert werden.

Port Lions

Der Name leitet sich vom Lions Club her, welcher nach dem großen Erdbeben 1964 den Wiederaufbau der Ortschaft mitfinanzierte. Die knapp 200 Einwohner zählende Siedlung am nördlichen Ende von Kodiak Island unterhält mehrere Lodges, und es gibt einige Touranbieter. Port Lions ist nur auf dem Luft- und Seeweg zu erreichen. Der Anschluss an das **Alaska Marine Highway** System ermöglicht es, von Kodiak, Homer und auch Unalaska (Aleuten) anzureisen.

Raspberry Island

Zwischen Kodiak und Afognak Island liegt das 192 Quadratkilometer große Raspberry Island. Ihren Namen verdankt die Insel den hier weit verbreiteten Büschen der Lachsbeere. Sie ist 28 Kilometer lang und 12 Kilometer breit. Einst von Ureinwohnern besiedelt, später von Russen geplündert, die auch den Seeotter so gut wie ausgerottet haben, leben heute noch vier Menschen auf Raspberry Island. Dichte Fichtenwälder, Erlenbestände, Beerensträucher, darunter auch Blau- und Kranbeeren, und viele Wildblumen überwuchern die Insel, die zugleich Heimat von Kodiakbären, Rotfüchsen, Sitka-Hirschen und Roosevelt-Wapitis (Elk) ist.

In den 1930er Jahren zog es Lee Howard Wakefield auf die Insel. Er eröffnete eine Fischkonservenfabrik, die zunächst Hering und Lachs verarbeitete. Seine Söhne Lavern und Lowell übernahmen das Geschäft und spezialisierten sich ab 1939 auf die Alaska-Königskrabbe. Lowell Wakefield gilt bis heute als Begründer der alaskanischen Krabbenindustrie. Als das Karfreitagsbeben 1964 auch Port Wakefield und die Fabriken stark beschädigte, siedelte man nach Port Lions auf Kodiak Island um. Port Wakefield ist heute eine Geisterstadt.

Auf Raspberry Island gibt es eine Lodge für Besucher. Die Insel ist von Kodiak City in knapp zwei Stunden per Boot und in einer halben Stunde per Flugzeug zu erreichen.

Kodiak Area Stateparks

Es gibt sechs State Parks im Archipel, die über Cabins oder Campingbereiche verfügen. Fort Abercrombie State Historical Park, Buskin River State Recreation Site und Pasagshak River State Recreation Site sind an das Straßennetz angeschlossen. Shuyak Island State Park, Afognak Island State Park und Woody Island State Recreation Site können nur per Boot oder Flugzeug erreicht werden. Sofern es ein Straßennetz und Parkplätze gibt, sind fünf US-Dollar Parkgebühren pro Tag zu zahlen. Hinzu kommen die Kosten für Camping. Tierbeobachtungen, Wanderungen und Wassersport sind nur einige der Aktivitäten, die man entweder organisiert oder auf eigene Faust unternehmen kann. Für die abge-

▸ Karte S. 196

legenen Regionen gilt wie immer, sich genauestens auf sein Vorhaben vorzubereiten. Das Alaska Department of Natural Resources stellt detaillierte Informationen bereit:
www.dnr.alaska.gov/parks/units/kodiak

Afognak Island State Park

Der heute 300 Quadratkilometer große State Park ist eine der ältesten Schutzzonen der USA. Bereits 1892 wurde das einzigartige Vorkommen von Wildtieren und Lachsen unter Schutz gestellt. Die zweitgrößte Insel des Archipels liegt im Norden und ist 69 Kilometer lang, 37 Kilometer breit und misst an der höchsten Stelle 776 Meter.
Kodiakbären, Roosevelt-Wapitis und Sitka-Hirsche teilen sich die Insel mit den 37 Einwohnern des Dorfes **Aleneva**, die von Subsistenzwirtschaft leben. Die Insel ist beliebt bei Anglern und Jägern. Wanderungen sind auf Afognak ebenfalls möglich, das Gelände ist allerdings weglos. Besucher können entweder die **Pillar Lake Cabin** am südöstlichen Ende oder die **Laura Lake Cabin** am nördlichen Ende der Insel mieten. Ein Flug von Kodiak City dauert rund 20 Minuten.

Shuyak Island State Park

Auf der gerade einmal 190 Quadratkilometer großen Nachbarinsel von Afognak gedeiht nur eine Baumart, die Sitka-Fichte. Die 19 Kilometer lange und 17 Kilometer breite Insel am nördlichsten Ende des Archipels ist Heimat von Kodiakbären, einigen Sitka-Hirschen, Seeottern und Stellerschen Seelöwen. Es gibt mehrere Campingmöglichkeiten und vier öffentliche Cabins, die vermietet werden. Der dichte Wald und der Bewuchs mit Igelkraftwurz erschweren das Vorankommen auf der Insel. An der schroffen Küste kann man nur während Ebbe entlangwandern. Das Wetter ist unberechenbar mit teils starken Winden und hohen Wellen. Das beeinflusst unter Umständen die An- und Abreise im Boot, so dass man für den Aufenthalt immer ein paar Tage mehr einplanen sollte.

Old Harbor

Old Harbor hat sich trotz der gewaltsamen Übernahme durch Grigorii Shelikhov 1784 und des zerstörerischen Tsunamis 1792 gehalten und ist heute ein malerischer Ort. Man lebt vom Tourismus und der Fischerei. Old Harbor, das an der südlichen Ostküste von Kodiak Island gegenüber von Sitkalidak Island liegt, erreicht man am besten per Flugzeug oder Boot. Viele Lodges bieten auch Angelausflüge an. Zudem gibt es optimale Möglichkeiten der Tierbeobachtung, da die Küsten und Gewässer stark von großen Meeressäugern und Seevögeln frequentiert werden.

i Kodiak Island

Postleitzahl: AK 99615
Discover Kodiak, 100 E Marine Way, Tel. +1/907/4864782; Mo–Fr 8–16 Uhr. Auf der Website gibt es einen *Visitor Guide* zum Download. https://kodiak.org
Kodiak Wildlife Refuge Visitor Center, 402 Center St, Tel. +1/907/4872626; Sommer tgl. 9–17, Winter Di, Fr, Sa 12–17, Mi, Do 10–17 Uhr. Infozentrum über das Schutzgebiet auf Kodiak. www.fws.gov/refuge/kodiak
Taxi: Kodiak City Cab, 10891 Chiniak Dr, Tel. +1/907/4865555
Autovermietung: Kodiak Car Rentals, 3641 Puffin Dr, Tel. +1/907/6547356, www.kodiakcarrentals.com
Entlang des Rezanof Drive und der Mill Bay Road finden sich die meisten Geschäfte.
Supermarkt: Safeway, 2685 Mill Bay Rd, Kodiak, Tel. +1/907/4811500
Apotheke: Safeway Pharmacy, 2685 Mill Bay Rd, Tel. +1/907/4811560

Krankenhaus: Providence Kodiak Island Medical Center, 1915 E Rezanof Dr, Tel. +1/907/4863281, https://alaska.providence.org
Zahnärzte: Bridgeview Dental Group, 413 E Rezanof Dr, Tel. +1/907/4863257, www.bridgeviewdentalgroup.com

Kodiak Area Transit System (KATS) Der Bus fährt nur innerhalb von Kodiak City, Ticket 2 US-Dollar. www.katsbus.org

Anchorage–Kodiak: Flugzeit rund eine Stunde, 150–350 US-Dollar (einfach). www.ravnalaska.com, www.alaskaair.com
Lokale Fluganbieter:
Island Air Service, 1420 Airport Way, Tel. +1/907/4874596, www.flyadq.com
Andrew Airways, 500 Trident Way, Tel. +1/907/4872566, www.andrewairways.com

Fährverbindung Homer–Kodiak, Alaska Marine Highway System, Tel. +1/800/6420066; Fahrtzeit 9–10 Std.
Kodiak Water Taxi, 1515 Mill Bay Rd, Tel. +1/907/9423400. Wassertaxi für den Archipel. www.kodiakwatertaxi.com

Entweder schlägt man in der **Wildnis** sein Zelt auf oder nutzt einen der drei ausgewiesenen Campingplätze in den **State Parks:** **Buskin und Pasagshak River State Recreation Site,** 15 US-Dollar/Zelt, 5 US-Dollar/Auto
Fort Abercrombie State Historical Park, 20 US-Dollar/Zelt, 5 US-Dollar/Autoa www.dnr.alaska.gov

Kodiak Raspberry Island Remote Lodge, Tel. +1/701/5261677; 4 Nächte ab 3964 US-Dollar/Pers. Man bucht eines der vielen Arrangements, wunderschön gelegen. www.raspberryisland.com/lodge

Larsen Bay Lodge, 101 Beach Front Dr, Larsen Bay, AK 99624, Tel. +1/800/7482238; 5 Nächte ab 3900 US-Dollar/Pers. Auch hier sind diverse Arrangements im Angebot. Anreise per Flugzeug. www.larsenbaylodge.com
Best Western Kodiak Inn and Convention Center, 236 W Rezanof Dr, Tel. +1/907/4865712; DZ ab 120 US-Dollar. Klassische Hotelkette mit guter Lage. www.bestwestern.com
Cranky Crow B & B, 1713 17th Ave, Tel. +1/907/6547356; DZ ab 100 US-Dollar. Sehr stylish und modern eingerichtet mit sehr gutem Essen. www.crankycrowbnb.com
A Channel View Bed and Breakfast 1010 Steller Way, Tel. +1/907/4862470; DZ ab 94 US-Dollar. Liebevoll familiengeführte Unterkunft. www.kodiakchannelview.com

Henry's Great Alaskan Restaurant, 512 E Marine Way, Tel. +1/907/4868844. Alaskanische Küche und traditionelle Einkehrmöglichkeit. Es gibt gutes Bier vom Zapfhahn. www.henrysgreatalaskan.com
Kodiak Hana Restaurant, 516 E Marine Way, Tel. +1/907/4811088. Asiatische Küche mit gutem Sushi. www.kodiakhana.com

Harborside Coffee and Goods, 210 Shelikof St, Tel. +1/907/4865862, www.harborsidecoffeekodiak.com

B & B Bar, 326 Shelikof St, Tel. +1/907/4863575. Die älteste lizensierte Bar Alaskas mit vollbärtigen Seemännern am Tresen. Hier trifft man die Locals.
Kodiak Island Brewing Co., 117 Lower Mill Bay Rd, Tel. +1/907/4862537. Entspannte und stylishe Lokalität, verschiedene Biere zur Verkostung. www.kodiakbrewery.com

▶ Karte S. 196

Alutiiq Museum, 215 Mission Rd, Tel. +1/844/4258844; Di–Fr 10–16, Sa 12–16 Uhr. Das Museum stellt anhand vieler Artefakten die 7000-jährige Geschichte der Ureinwohner dar.
www.alutiiqmuseum.org

Kodiak History Museum (ehem. Baranov Museum), 101 W Marine Way, Tel. +1/907/4865920; Mi–Sa 10–16 Uhr, 10 US-Dollar. Untergebracht im alten Otterpelzlager von Alexander Baranov, werden viele Ausstellungsstücke zur Geschichte des Archipels, der russischen und US-amerikanischen Besiedlung und Kunsthandwerk der Aleüten, darunter sogar ein altes Hautboot, präsentiert. Es gibt auch eine Bibliothek.
www.kodiakhistorymuseum.org

Kodiak Fisheries Research Center, 301 Research Ct, Tel. +1/907/4811800; Sommer Mo–Sa 8–16.30, Winter Mo–Fr 8–16.30 Uhr. 13 000-Liter-Aquarium, beliebt bei Kindern. www.kodiakak.us

Kodiak Maritime Museum Tel. +1/907/4860384. Das Museum zur Geschichte der Fischerei auf Kodiak hat zwar noch kein eigenes Haus, organisiert aber Führungen und Performances und hat am Hafen an der Shelikof Street Infotafeln aufgestellt.
www.kodiakmaritimemuseum.org

ComFish Alaska (Ende März) Alaskas größte Fisch- und Fischereimesse in Kodiak City.

Whale Fest Kodiak (2 Wochen im April) Alljährlich wird die Rückkehr der Grauwale gefeiert, mit täglichen Ansagen, wo Wale gesichtet wurden, und vielen Veranstaltungen.

Kodiak Crab Festival (letztes Maiwochenende) Familienfest mit Rummel, Veranstaltungen etc.

Kodiak Harbor Lights Festival (Mitte Dez.) Die Boote im kleinen Hafen leuchten festlich der Weihnachtszeit entgegen. Dazu Entertainment, heiße Getränke und Snacks.

Fish N' Chips Charters, 301 Cope St, Tel. +1/907/5396135. Die Nr. 1 der Angeltouranbieter. www.fishingkodiak.net

Salmoncrazy Adventures, 993 Hilltop Dr, Tel. +1/907/9422506. Anbieter verschiedener Angeltouren.
www.salmoncrazyadventures.com

Galley Gourmet, 1223 Kouskov St, Tel. +1/907/4865079. Ausflugsfahrten per Boot mit tollen Fotomöglichkeiten. www.kodiak-wildlife-viewing-dinner-cruises.com

Der Archipel bietet vielfältige **Wandermöglichkeiten.** Der Barometer Mountain Trail, Sharatin Mountain Trail, Near Island South End Trail und der Pillar Mountain Trail sind nur einige davon. Viele Wanderungen kann man hier einsehen:
www.alaska.org/destination/kodiak/trails

Kodiak Brownbear Center, 194 Alimaq Dr, Tel. +1/877/3352327. Die Nr. 1 mit verschiedenen Beobachtungsstandorten und Unterkunft mit Blick auf den Karluk River. www.kodiakbearcenter.com

Kodiak Treks, Harry & Brigid Dodge, 11754 S. Russian Cr. Rd, Tel. +1/907/6549180. Spezialisiert auf Wanderungen, Camping und Bärenbeobachtung in der Wildnis. www.kodiaktreks.com

ReiseAgentur brander, Salierstr. 24, 70736 Fellbach, Tel. +49/(0)711/579889. Fotoreise mit Bärenbeobachtung im Kodiak Wildlife National Refuge.
www.reiseagentur-brander.de

Kayak Kodiak, 1231 Mill Bay Rd, Tel. +1/907/5125112. Kajakausrüstung und -touren. www.kayakingkodiak.com

Bear Valley Golf Course, 2.8 Anton Larsen Rd, Tel. +1/907/4875323. Der einzige Golfplatz der Insel, 9 Löcher.
www.kodiakmwr.com/golf.shtml

Es gibt rund 100 000 Gletscher in Alaska,
aber nur 600 von ihnen tragen einen Namen.

PRINCE WILLIAM SOUND UND WRANGELL-ST. ELIAS NATIONAL PARK

Der Columbia Glacier ist einer der eindrucksvollsten Gletscher am Prince William Sound

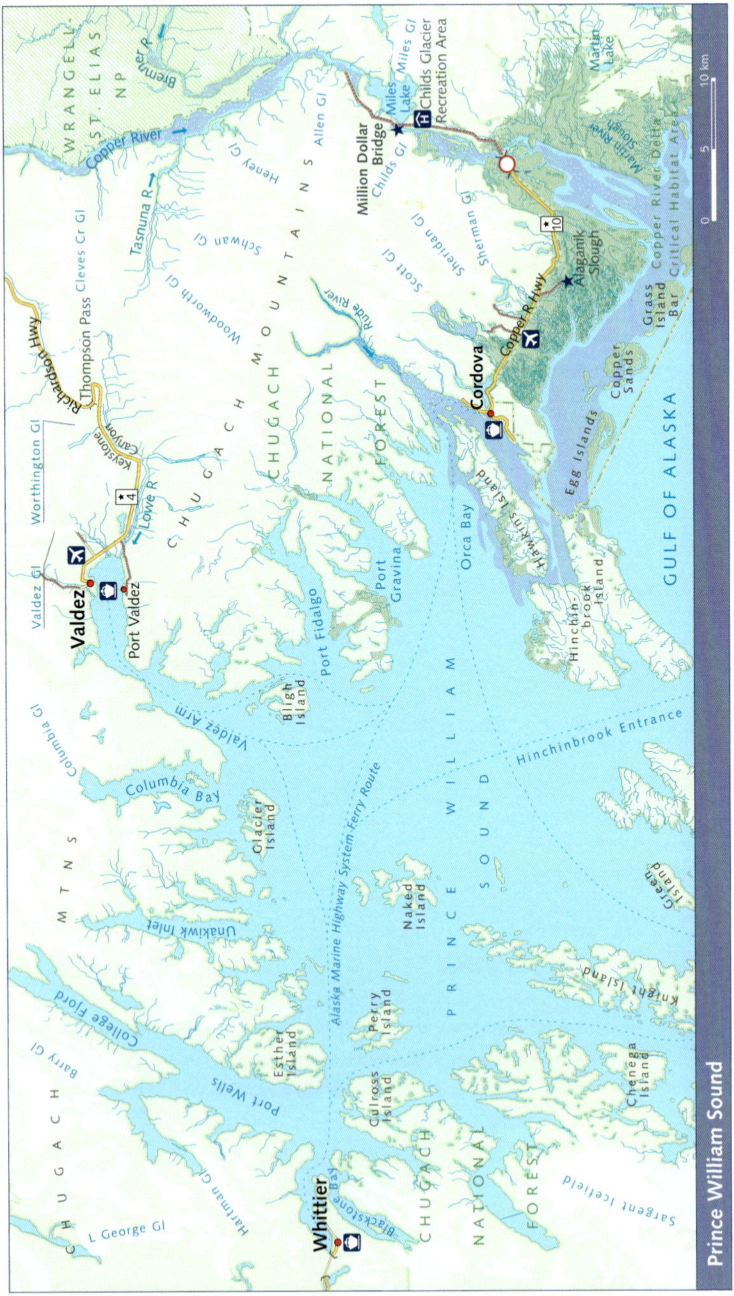
Prince William Sound
WRANGELL-ST. ELIAS NP
Bremner R
Copper River
Tasnuna R
Cleves Cr Gl
Thompson Pass
Richardson Hwy
Worthington Gl
Keystone Canyon
4
Lowe R
Valdez Gl
Valdez
Port Valdez
Heney Gl
Allen Gl
Schwan Gl
Woodworth Gl
CHUGACH MOUNTAINS
CHUGACH NATIONAL FOREST
Rude River
Million Dollar Bridge
Childs Gl
Miles Gl
Miles Lake
Childs Glacier Recreation Area
Sheridan Gl
Scott Gl
Sherman Gl
10
Alaganik Slough
Copper R Hwy
Cordova
Martin Lake
Martin River Slough
Copper River Delta Critical Habitat Area
Grass Island Bar
Copper Sands
Egg Islands
Hawkins Island
Orca Bay
Port Gravina
Port Fidalgo
Bligh Island
Hinchinbrook Island
GULF OF ALASKA
Hinchinbrook Entrance
Valdez Arm
Columbia Gl
Columbia Bay
Glacier Island
PRINCE WILLIAM SOUND
Alaska Marine Highway System Ferry Route
Naked Island
Green Island
Unakwik Inlet
Knight Island
CHUGACH MTNS
College Fiord
Barry Gl
Perry Island
Esther Island
Port Wells
Culross Island
Chenega Island
Hartman Gl
L George Gl
Whittier
Blackstone Bay
Sargent Icefield
0 5 10 km

Prince William Sound

Der Prince William Sound östlich von Anchorage umfasst mehr als 4800 Kilometer Küstenlinie und 200 Inseln. Im Osten und Norden erstrecken sich die Chugach Mountains, im Westen liegt die Kenai Peninsula. Von den 150 umgebenden Gletschern kalben 17, wie der majestätische Columbia Glacier, als Gezeitengletscher direkt in den Prince William Sound. Und so treiben in den Fjorden große und kleine Eisberge still vor sich hin.

Im gesamten Gebiet des 38 000 Quadratkilometer großen Prince William Sound leben ganzjährig 220 Vogelarten. 200 000 Seevögel nisten jeden Sommer in der gewaltigen Bucht. 30 Arten von Säugetieren, darunter Elche, Bären und Bergziegen, bevölkern die Inseln und die weitläufigen Küstenregenwälder mit ihren Sitka-Fichten und Hemlocktannen. Noch artenreicher präsentiert sich das marine Leben mit Robben, Seelöwen, Seeottern, Buckelwalen, Orcas, Mink- und Finnwalen.

Im Westen befindet sich das Örtchen Whittier, das Tor zum Prince William Sound. Im Osten markiert Valdez nicht nur das Ende der Alaska-Pipeline, sondern ist auch ein wichtiger Hafenort, genauso wie das südöstlich davon gelegene kleine Cordova. Zusammen bilden sie das lokale Dreieck des Alaska Marine Highway System, das die Orte auch mit dem Südosten des Bundesstaates und der Hauptstadt Juneau verbindet.

Benannt wurde die Bucht nach Prince William Henry, dem späteren König Wilhelm IV. von Großbritannien, Irland und dem Haus Hannover. Wilhelm selbst hatte mit der Namensgebung wenig zu tun: Zuerst hatte James Cook 1778 die Bucht »Sandwich Sound« getauft, bis später im selben Jahr George Vancouver die endgültige Namensgebung vollzog. 1790 tauchten die ersten spanischen Schiffe in der Bucht auf, nur drei Jahre später die russischen Entdecker unter Alexander Baranov (→ S. 162).

Zwei große Katastrophen erschütterten den Prince William Sound im 20. Jahrhundert: 1964 lag das Epizentrum des Karfreitagsbebens (→ S. 55) – mit einer

Unterwegs mit dem Wassertaxi auf dem Prince William Sound

Whittier ist auf dem Landweg nur durch einen Tunnel zu erreichen

Stärke von 9,2 auf der Richterskala das schwerste Beben Nordamerikas – in der Nähe des College-Fjords. In dem Fjord im Nordwesten des Prince William Sound wurde eine monströse Tsunamiwelle ausgelöst, die über 100 Menschenleben forderte und viele Orte zerstörte.

1989 ereignete sich dann eine noch viel größere Katastrophe, als der Tanker »Exxon Valdez« am Bligh Riff auf Grund lief. 37 000 Tonnen Rohöl flossen ins Meer und verseuchten 2000 Kilometer Küstenlinie, nicht nur im Prince William Sound. Tausende Seevögel, Hunderte Robben, Otter, Weißkopfseeadler und über 20 Wale starben durch dieses menschengemachte ökologische Desaster. In einem Bericht aus dem Jahr 1990 nannte William S. Hanable es »a dragon's breath of swirling death«. Es wird noch lange dauern, bis die Natur sich vollständig davon erholt haben wird. Doch trotz des Unglücks wurde der marine Highway für Öltanker, Container- und Fährschiffe sowie Ausflugsboote nicht aufgegeben. Heute zählen die wunderschönen Fjorde, Buchten, Inseln und Wasserstraßen des Prince William Sound, die man per Kajak oder SUP erkunden kann, wieder zu den beliebtesten Gegenden Süd-Alaskas.

▶ Karte S. 204

Whittier

Das Eingangstor zum Prince William Sound bildet an der Westküste am Passage Canal die kleine Ortschaft Whittier. Sie ist nur per Zug oder Auto durch den vier Kilometer langen **Anton Anderson Memorial Tunnel** oder auf dem Seeweg zu erreichen. Das verschlafene Kaff wurde während des Zweiten Weltkriegs für militärische Zwecke mit einem Hafen und einer Bahnstation ausgestattet. Der Militärstützpunkt sollte bis 1960 in Whittier bleiben. Durch das Karfreitagsbeben wurde der Ort 1964 schwer beschädigt. Heute ist er ein wichtiger **Hafen** für den Passagierverkehr im Prince William Sound. Auf dem Alaska Marine Highway bestehen Fährverbindungen nach Valdez, Yakutat, Juneau und in weitere Orte in Südostalaska. Zudem gibt es viele **Touranbieter** für Ausflugsfahrten in den College Fjord und die Blackstone Bay sowie für Angeltouren, Kajak- und SUP-Verleihstationen sowie Unterkünfte und ein paar Einkehrmöglichkeiten.

Fast alle der 220 Einwohner von Whittier leben in einem 14-geschossigen Gebäudekomplex. Die **Begich Towers** stammen aus den 1960er Jahren und dienten einst dem Militär. Heute beherbergen sie neben den Wohnungen auch eine Kapelle, einen Lebensmittelladen, die Stadtverwaltung, eine medizinische Station und die Post. Mit der örtlichen Schule ist der sehr lebendige Komplex durch einen Tunnel verbunden.

Ein paar Straßen weiter steht ein zweites riesiges Gebäude. Das Buckner Building diente als Unterkunft für die Soldaten und ihre Familien. Heute steht es leer und wird dem Verfall überlassen.

Am Ende der Reservoir Road beginnt der **Blackstone Bay Vista Trail.** Der rund zehn Kilometer lange und wenig besuchte Wanderweg zählt zu den schönsten um Whittier herum, wird aber aufgrund der Steigung und Distanz als schwierig eingestuft.

Blackstone Bay

Die 29 Kilometer lange, südlich gelegene Blackstone Bay - benannt nach einem Minenarbeiter, der 1896 mit seinen zwei Begleitern in einem Schneesturm starb -ist das beliebteste Kajakgebiet rund um Whittier. Entweder fährt man selbst mit dem Kajak den ganzen Weg von Whittier hierher oder lässt sich vom Wassertaxi bringen.

Sieben Gletscher enden in der Bucht, allen voran der knapp zwölf Kilometer lange Blackstone Glacier. Eine Paddeltour mit dem Kajak oder SUP zwischen kleinen Eisbergen und Eisbrocken zählt sicher zu den Highlights in dieser Gegend. Wer das grandiose Schauspiel eines kalbenden Gletschers beobachten will, sollte sich über die dadurch entstehenden Wellen im Klaren sein und niemals zu nah an einen Gletscher heranpaddeln. Wer sicher gehen möchte, bucht besser eine organisierte Tour mit fachkundiger und erfahrener Reiseleitung.

College Fjord

Im 32 Kilometer langen College Fjord befinden sich fünf Gezeiten-, fünf Tal- und unzählige weitere Gletscher. Die meisten von ihnen wurden nach renommierten Colleges der amerikanischen Ostküste benannt, die nordwestlichen nach Frauencolleges, die südöstlichen nach denen für Männer.

Die Namensgebungen fanden 1899 statt, als der Eisenbahnunternehmer Edward Henry Harriman auf seiner Harriman-Alaska-Expedition den Fjord erreichte. Der Workaholic war zusammen mit seiner Familie, Freunden, 25 Wissenschaftlern, darunter John Muir, und zahlreichem Personal aufgebrochen, um den Naturraum Alaskas zu erforschen. Während der Expedition wurde nicht nur der College-Fjord entdeckt, die Teilnehmer nahmen auch Tausende Fotografien auf und fertigten mehrere Expeditionsberichte an.

Eine Bootsfahrt in den Fjord ist auch heute noch ein magisches Erlebnis, geprägt von schroffen Bergen, grünen Anhöhen und gigantischen Eismassen, die sich bis ins Wasser wälzen.

Whittier

Postleitzahl: AK 99693

Begich Towers Inc., 100 Kenai St, Tel. +1/907/4722484. Hier befinden sich auch ein Shop, die Post, die Stadtverwaltung und Ärzte. www.begichtowers.com

Whittier ist von Anchorage per Auto in rund anderthalb Stunden zu erreichen.

Anchorage–Whittier: rund 100 US-Dollar/Pers. www.alaskarailroad.com

Anchorage Tours and Transfers, 300 King Circle, Anchorage, AK 99518. Anchorage–Whittier ab 40 US-Dollar/Pers. www.whittierbus.com

Whittier Ferry Terminal, 1/4 W Camp Rd, Tel. +1/907/4722378.

June's Whittier Condo Suite, 100 Kenai St #1506, Tel. +1/907/8415102; DZ ab 135 US-Dollar. In den Begich Towers, teilweise mit tollem Blick aufs Wasser. www.juneswhittiercondosuites.com

Anchor Inn, 743 Whittier St, Tel. +1/907/4722354; DZ ab 120 US-Dollar. Keine 10 Fußminuten vom Fährterminal entfernt. Praktische, solide Unterkunft mit Blick auf die Bucht. www.anchorinnwhittier.com

Inn at Whittier, 5A Harbor Loop Rd, Tel. +1/907/4723200; 70 US-Dollar/Pers. (meist Mehrbettzimmer). Super Lage direkt am Hafen. www.innatwhittier.com

Whittier Parking and Camping, Whittier St; 10–20 US-Dollar/Nacht. Öffentlicher Campingplatz.

Varley's Swiftwater Seafood Cafe, Harbor Rd, Tel. +1/907/4722550. Kaffee, Fish and Chips. Beliebter Stopp, bevor es auf die Fähre geht. www.swiftwaterseafoodcafe.com

Wild Catch Cafe, Harbor Loop Rd/Harbor View Dr. Gut für einen Stopp zwischendurch, leckere Snacks.

Sound Ideas Whittier Fudge, 1 Harbor View Dr; tgl. 11–18 Uhr. Kunstgalerie und Geschenkeladen.

Prince William Sound Museum, 743 Whittier St (im Anchor Inn Hotel); tgl. 9–19 Uhr, 5 US-Dollar. Das kleine Museum zeigt sehr anschaulich die Geschichte Whittiers. Die Dokumente, Fotos und Exponate wurden in 16 Jahren zusammengetragen. www.pwsmuseum.org

Tidewater Taxi, 324 Echo Ridge Dr, Girdwood, AK 99587, Tel. +1/907/7271929. Tourenanbieter und Wassertaxi. www.tidewatertaxi.com

Whittier Marine Charters, 35 Harbor Rd, Tel. +1/907/4409510. Angeltouren, Tagesfahrten und Wassertaxi. www.fishwhittier.com

Phillips Cruises & Tours, Whittier Dock, 100 W Camp Rd, Tel. +1/907/2768023, Renommierter Veranstalter von Ausflugsfahrten in den Prince William Sound. www.phillipscruises.com

Lazy Otter Charters, East Boat Ramp, Tel. +1/907/6946887. Ausflugsfahrten, Wassertaxi, Kajakverleih. www.lazyottercharters.com

Die Anbieter von Kajaktouren haben die Blackstone Bay, den College Fjord, den Harriman Fjord, den Barry Arm, den Shotgun Cove oder die Esther Passage im Programm. Diverse Touren kann man auch per SUP unternehmen.

Alaska Sea Kayakers, 1 Harbor View Dr, Tel. +1/907/4722534. Kajaktouren und -verleih. www.alaskaseakayakers.com

Prince William Sound Kayak Center, 101 Billings St, Tel. +1/907/4722452. Kajak-, SUP-Verleih und organisierte Tagestouren per Kajak. www.pwskayakcenter.com

Glacier Jetski Adventures, Billings St, Tel. +1/907/8304001. Jet-Ski-Touren in der Blackstone Bay. www.glacierjetskiadventures.com

Auf dem Richardson Highway nach Valdez

▶ Karte S. 204

■ Thompson Pass ➲ *Mile 30*

30 Meilen vor Valdez erreicht man auf dem Richardson Highway am Thompson Pass eine Höhe von 855 Metern. Bis 1957 war dieser Streckenabschnitt noch eine Schotterstraße und nur im Sommer befahrbar, denn der Pass ist mit durchschnittlich 1400 Zentimetern Schnee im Jahr der schneereichste Pass Alaskas. Der Rekord liegt bei 2500 Zentimetern und

wurde im Winter 1952/53 gemessen. Es war die größte Schneemenge, die je in Alaska registriert wurde.
Auch der Bau der Trans-Alaska-Pipeline, die über den Pass verläuft, musste wegen Schneefalls immer wieder unterbrochen werden. Wegen der Pipeline wird die Straße heute das ganze Jahr über freigehalten und im Winter gestreut. Die Schneemassen sind immer noch enorm und locken eine ganze Reihe von Extremsportlern wie Heli-Skifahrer und Snowboarder an, die hier Kopf und Kragen riskieren.

Worthington Glacier ➲ *Mile V 28*

Im Areal des Thompson Pass liegt der heute noch sechs Kilometer lange Talgletscher. Es gibt einen großen Parkplatzbereich und eine Aussichtsplattform mit Informationstafeln. Hier startet auch eine Wanderung, die zwar nur zwei Meilen lang, aber nicht gerade einfach ist. Weil der Worthington-Gletscher einer der am leichtesten zugänglichen Gletscher Alaskas ist, trifft man hier des Öfteren Busreisegruppen.

Die Bridal Veil Falls

Der Worthington Glacier

Keystone Canyon ➲ *Mile V 16.7*

Der Richardson Highway führt rund 17 Meilen vor Valdez auf drei Meilen durch den Keystone Canyon. Als zwischen 1910 und 1916 in der Gegend um Valdez viel Gold und Kupfer gewonnen und transportiert wurde, entschied man sich, eine Straße durch den Canyon zu bauen. Der damals stark befahrene und umkämpfte Canyon ist heute ein beliebtes Ausflugsziel für Wanderer und Kajakfahrer im Sommer und Eiskletterer im Winter. Wer einfach nur durch den Canyon fährt, für den ist er »das Land der Wasserfälle«. Die bekanntesten unter ihnen sind die über 100 Meter hohen Horsetail Falls sowie die 349 Meter hohen Bridal Veil Falls.

Valdez ➲ *Mile F 362*

Das kleine, malerische Städtchen Valdez wird auch die »Schweiz Alaskas« genannt. Allein die Anreise auf dem Richardson Highway versetzt Reisende in eine Fantasiewelt, wenn zu beiden Seiten tosende Wasserfälle in die Tiefe stürzen.
Die ehemalige Goldgräbersiedlung kann man auch per Fähre erreichen. Ihre Lage am Port Valdez bietet vielfältige Möglichkeiten, die Gegend auf dem Wasserweg

zu erkunden. Der nahegelegene Valdez Glacier, der per Ausflugsboot oder Kajak erreichbare Columbia Glacier und die diversen von Wildblumen gesäumten Wanderwege sind nur einige der lokalen Attraktionen. Egal, ob man den alten Siedlungsbereich erkundet oder am Hafen flaniert, ob man eines der Museen aufsucht oder einfach eine der vielen Einkehrmöglichkeiten ansteuert – Valdez ist zu jeder Jahreszeit einen Besuch wert.

Geschichte

Hatten 1778 James Cook und später auch George Vancouver als erste Nicht-Alaskaner den Prince William Sound erkundet, rückte 1790 der Spanier Salvador Fidalgo mit mehreren Schiffen an und benannte die Bucht nach dem spanischen Admiral Antonio Valdez »Port Valdez«. Die Spanier waren die ersten Europäer, die den Columbia-Gletscher erkundeten.

1897 wurde Valdez mit seinen wenigen Einwohnern durch den Goldrausch aus tiefem Schlaf geweckt. Hunderte Goldsucher kamen, um sich über den Valdez-Gletscher hinweg in Richtung Zentral-Alaska aufzumachen. Andere wollten im Copper-River-Delta ihr Glück versuchen, wieder andere waren auf dem Weg zum Klondike. Ehe man sich versah, wurde Valdez zur Zeltstadt. Ab 1899 gab es einen Weg durch den Keystone Canyon, der auch im Winter über den verschneiten Thompson Pass führte. Der Boom hielt bis 1920 an.

1900 wurde das Militär auf die strategisch günstige Lage von Valdez aufmerksam und errichtete an der Stelle des heutigen Terminals der Trans-Alaska-Pipeline Fort Liscum. Zwar wurde das Fort 1923 wieder aufgegeben, aber während des Zweiten Weltkriegs diente der Ort als Militärhafen.

Das Karfreitagsbeben von 1964 erschütterte auch Valdez, 30 Menschen wurden durch einen Tsunami getötet, fast die gesamte Siedlung zerstört. 1967 baute man Valdez an einer anderer Stelle wieder auf.

Nur wenige Jahre später boomte Valdez aber erneut, denn der ganzjährig eisfreie Hafen wurde zum Endpunkt der Trans-Alaska-Pipeline (→ S. 68) erkoren. 1977 floss das erste Mal Öl durch die Pipleline. Hatten zuvor nur rund 500 Menschen in Valdez gelebt, vergrößerte sich die Stadt bis 1989 auf etwa 3500 Einwohner. Doch 1989 musste

Am Hafen von Valdez

▲ Karte S. 211

die aufstrebende Stadt nochmals einen Rückschlag hinnehmen, als der Öltanker »Exxon Valdez« (→ S. 206) havarierte und das auslaufende Öl die Bucht verseuchte. Heute ist Valdez wieder eine zukunftsorientierte Stadt mit sehr guter Beschäftigungsrate. Ihre 4200 Einwohner profitieren von der Ölindustrie, vom Tourismus, Transportwesen, vom Fischfang und der Lachszucht.

Old Town

Zwischen der Alaska Avenue und der McKinley Street unweit des Flughafens befand sich bis zum verheerenden Karfreitagsbeben das ursprüngliche Valdez. Die durch Tsunamiwellen zerstörten Häuser wurden zusammen mit dem Rest der Stadt rund vier Meilen weiter westlich wiederaufgebaut. Allein 52 Häuser entstanden neu. Die Überreste der alten Gebäude wurden dem Erdboden gleichgemacht.

Heute erinnern einige Informationstafeln und Fundamente an die **Old Town** und man muss seine Vorstellungskraft bemühen, um die Valdez Gospel Chapel, das alte Postamt oder das Gebäude der Valdez Dock Company wiederauferstehen zu lassen. Das **Valdez Museum** informiert über die Siedlungsgeschichte.

Das heutige Zentrum

Heute besticht Valdez – in charmanter Lage am Port Valdez, eingerahmt von einer fantastischen Bergkulisse – mit hochwertiger Hotellerie, erstklassigen Restaurants, einem gemütlichen Hafenbereich und sorgfältig gestalteten Museen. Hinzu kommen wunderschöne Wanderwege und viele Wassersportmöglichkeiten. In den Sommermonaten kann man hier Zeuge des Valdez Salmon Run werden, bei dem Millionen von Lachsen zu ihren Laichgründen ziehen. Die Gegend wird dann zu einem Paradies für Angler und auch für Bären. Am Solomon Gulch Creek tummeln sich öfter Grizzlys und Schwarzbären. Wer vorsichtig ist, kann sie beim Fischen beobachten.

Der Terminalbereich der Trans-Alaska-Pipeline auf der anderen Seite der Bucht ist über die Dayville Road nur bis zum Allison Point befahrbar. Der Bereich der Pipeline und der Docks darf nicht betreten werden. Wenn man auf dem recht kurzen Dock Point Trail abseits der Marina wandert, hat man aber immerhin eine Aussicht auf die riesigen Öltanker.

Valdez Glacier

Valdez' Hausgletscher befindet sich rund sieben Meilen östlich des Stadtzentrums. Der 32 Kilometer lange und 1,4 Kilometer breite Talgletscher beginnt auf einer Höhe von 1800 Metern und hat einen fast zwei Kilometer langen Gletscherrandsee, auf dem häufig dicke Eisbrocken und kleine Eisberge treiben. Die Glacier Campground Road führt direkt zum See, wo man einen tollen Blick auf den Gletscher und den See hat.

Columbia Glacier

Auf 2700 Metern Höhe hat der Columbia Glacier, der bekannteste Gletscher des Prince William Sound, sein Akkumulationsgebiet. Der 48 Kilometer lange Talgletscher bedeckt eine Fläche von über 1000 Quadratkilometern, seine Eiswand ist zwischen 50 und 80 Meter hoch. Das nährstoffreiche Gletscherwasser sorgt im Meer für eine hohe Konzentration von Plankton, was Fische und damit auch viele Seevögel und Robben anlockt.

Der Gletscher hat eine sehr hohe Fließgeschwindigkeit von rund zwei Metern pro Tag und ist auch einer der am schnellsten abschmelzenden in Nordamerika. Von Valdez aus können Tagestouren zum Gletscher unternommen werden.

Inselchen in der Columbia Bay

▲ Karte S. 211

Valdez

Postleitzahl: AK 99686
Valdez Visitor's Bureau, 309 Fairbanks Dr, Tel. +1/907/8352984; Mai–Aug. Mo–Fr 9–17, Sa, So 10–18, Sept.–April Mo–Fr 9–16 Uhr.
www.valdezalaska.org
Bank: First National Bank, 101 Egan Dr
Tankstelle: Captain Joe's Gas, 139 E Pioneer St; Acre Kwik Trip, 1860 Richardson Hwy
Supermarkt: Safeway, 1313 Meals Ave
Apotheke: Village Pharmacy of Valdez, 100 Pioneer St
Ärzte: Providence Valdez Medical Center, 911 Meals Ave, Tel. +1/907/8352249; 24-Std.-Notfallversorung,
https://alaska.providence.org

Von Fairbanks aus erreicht man Valdez in rund 6 Stunden, von Anchorage über den **Glenn Hwy 1** und den **Richardson Hwy 4** via Glennallen in 5–6 Stunden.

Soaring Eagle Transit, Tel. +1/907/8224545. Valdez–Glennallen im Minibus 65 US-Dollar, Valdez–Anchorage rund 130 US-Dollar.
www.gulkanacouncil.org

Ein Flug von Anchorage nach Valdez dauert rund 45 Minuten, ab 99 US-Dollar.
www.ravnalaska.com

Alaska Marine Highway, Tel. +1/800/6420066. Valdez ist per Fähre/Autofähre u. a. von Whittier aus erreichbar.
www.dot.alaska.gov/amhs
Kimberlin's Water Taxi and Freight, 241 N Harbor Dr, Tel. +1/907/8358294,
www.kimberlinswatertaxi.com
Valdez Water Taxi and Charters, Small Boat Harbor Slip M25, N Harbor Dr, Tel. +1/907/2555380,
www.valdezwatertaxiandcharters.com

Alaska Forget Me Not Valdez B & B, 315 Winterpark St, Tel. +1/907/8310081; DZ 250 US-Dollar. Zwei Zimmer mit privatem Bad.
Totem Hotel and Suites, 144 E Egan Dr, Tel. +1/907/8354443; DZ ab 135 US-Dollar. Das neueste Hotel in Valdez mit 65 Zimmern in modernem Buisnessstil.
www.totemhotelandsuites.com
Best Western Valdez Harbor Inn, 100 N Harbor Dr, Tel. +1/907/8353434; DZ ab 110 US-Dollar. Die beste Adresse, direkt am Hafen gelegen. www.bestwestern.com
House on the Rock B & B, 613 S Moraine Dr, Tel. +1/907/8319027; DZ ab 99 US-Dollar. Vier nette Zimmer und viele Annehmlichkeiten wie eine Waschmaschine und ein Wohnzimmer mit Massagestuhl.
www.houseontherockbandb.com

Bear Paw RV Park, 101 N Harbor Dr, Tel. +1/907/8352530. Wohnmobilpark, bestehend aus zwei Anlagen in Downtown.
Allison Point Campground, Dayville Rd, Tel. +1/907/3130243. In der Nähe des Terminals und des Endes der Trans-Alaska-Pipeline, 12 Meilen südl. von Valdez.
www.valdezak.gov
Blueberry Lake State Recreation Site, 23 Richardson Hwy; Zelt 20 US-Dollar/Nacht. 24 Meilen von Valdez entfernt in schöner Lage kurz vor dem Keystone Canyon.

The Fat Mermaid, 143 N Harbor Dr, Tel. +1/907/8353000. Der Klassiker in Valdez. Direkt am Wasser, sehr angesagt und sehr gute Pizza, Burger, Salate, Suppen, Fisch. www.thefatmermaid.com
The Stampmill, Tel. +1/907/8351913. Pizza, Sandwiches und Salate.

The Coffee Co., 130 Kobuk Dr, Tel. +1/907/8353720, Fb. Sehr guter Kaffee, Kuchen und Snacks.

Valdez Museum, 217 Egan Dr, Tel. +1/907/8352764; Di–So 12–17 Uhr, 9 US-Dollar. Ausstellungen zur Geschichte des Prince William Sound, des Goldrausches, der Exxon-Valdez-Katastrophe und der Luftfahrt. www.valdezmuseum.org

Maxine & Jesse Whitney Museum, 303 Lowe St, Tel. +1/907/8341690; Di–Sa 9–17 Uhr, Eintritt frei. Das Museum besitzt die weltweit größte Sammlung an alaskanischer Kunst und Artefakten der Alaskan Natives.
www.mjwhitneymuseum.org

Valdez Gold Rush Days (5 Tage Ende Juli/Anf. Aug.) Das Event lockt viele Besucher nach Valdez. Eine Parade wird abgehalten, es gibt viele Verkaufsstände, und für Unterhaltung ist reichlich gesorgt.
www.valdezgoldrushdays.org

Valdez Seafood Festival (Ende Aug.) Hier dreht sich alles um Fisch und Meeresfrüchte. Restaurants bieten ihre besten Gerichte an, in vielen Locations gibt es Livemusik.

Aurelia Charters, 300 N Harbor Dr, Slip #3, Tel. +1/907/2553042. Segeltouren und Kajakausflüge.
www.schooneraurelia.com

Stan Stephen's Glacier and Wildlife Cruises, 112 N Harbor Dr, Tel. +1/866/8671297. Ausflugsfahrten u. a. zum Columbia-Gletscher, 6-stündige Tour rund 140 US-Dollar inkl. Essen und Getränken.
www.stephenscruises.com

Valdez Saltwater Adventures, 300 N Harbor Dr, Tel. +1/907/3043474. Angeltouren sogar mit Übernachtung an Bord des Schiffes.
www.valdezsaltwateradventures.com

Der **Goat Trail** (7 km) bietet eine einfache Wanderung mit schönen Perspektiven und einem Wasserfall. Ebenfalls beliebt sind der 6 km lange **John Hunter Memorial Trail** und der knapp 3 km lange, nahe der Stadt beginnende **Mineral Creek Trail.** www.valdezalaska.org

Anadyr Adventures Sea Kayaking, 225 N Harbor Dr, Tel. +1/907/8352814. Tages- oder Mehrtagestouren per Kajak zum Valdez- und zum Columbia-Gletscher.
www.anadyradventures.com

Anbieter von **Heli-Skiing-Touren:**

Black Ops Valdez, 5325 Lake View Dr, Tel. +1/907/8312339,
www.blackopsvaldez.com

Valdez Heli-Ski Guides, Mile 35, Richardson Hwy, Thompson Pass, Tel. +1/907/8354528, www.valdezheliskiguides.com

Cordova

▲ Karte S. 216

Friedlich und ein bisschen mystisch liegt das 2200 Einwohner zählende Cordova am Kopfe des Orca Inlet am Prince William Sound. Es ist nur per Flugzeug oder Fähre erreichbar. Umgeben von den Bergketten der Chugach-, der Wrangell-St.-Elias- und der Alaskakette fasziniert die Umgebung des kleinen Ortes Besucher mit von Gletschern geschliffenen Bergen, endlosen Wasserwegen, dichten Wäldern, riesigen Feuchtgebieten und vielen Wildtieren. Fotografen, Wanderer, Skifahrer und Sportfischer – sie alle entdecken hier einen versteckten Schatz. Die Landschaft des mächtigen Copper River Delta mit der zwischen Miles- und Childs-Getscher eingebetteten Million Dollar Bridge hinterlässt nachhaltige Eindrücke. Wer den Copper River Highway nicht befahren will, kann das Forschungszentrum des Prince William Sound oder das lokale Museum besuchen und einen Spaziergang entlang der Marina und der Fischfabriken unternehmen. Kehrt man dann noch in einem der Cafés auf einen richtig guten starken Kaffee ein, stört auch das häufig regnerische Wetter nicht mehr.

Geschichte

1790 erforschte der spanische Seefahrer, Entdecker und Hydrograph Don Salvador Fidalgo die Westküste Alaskas. Den Orca Inlet benannte er nach dem spanischen Admiral Luis de Cordova »Puerto de Cordova«, woraus später der Name für die Siedlung am Südostufer entstand. Zwischen 1800 und 1900 wurden europäische Seeleute auf die fischreichen Gewässer aufmerksam und eröffneten Konservenfabriken, doch durch die Entdeckung von Gold, Kupfer und Öl sollte sich ein noch viel größerer Industriezweig entwickeln. In den 1890er Jahren fand man Gold, 1900 bei Kennicott Kupfer und 1902 Öl, und zwar 47 Meilen südöstlich von Cordova bei Katalla. Der systematische Abbau der Rohstoffe nahm eine rasante Entwicklung, und zwischen den Minen und dem Hafen von Cordova wurde ein Schienennetz gelegt. Zwischen 1911 und 1938 wurden Gold, Kupfer und Silber im Wert von 200 Millionen US-Dollar gefördert, dann waren die Vorkommen erschöpft. Das Katalla-Ölfeld war bis 1933 in Betrieb und wurde dann von einem Feuer zerstört. Und so konzentrierte man sich ab 1940 wieder auf den Fischfang und die Muschelernte. Allerdings zerstörte das Karfreitagsbeben 1964 große Teile der Muschelbänke, und 1989 musste wegen der Ölkatastrophe der »Exxon Valdez« die Herings- und Lachsfischerei für einige Zeit eingestellt werden.

Doch die »Cordovans«, wie sich die Einwohner nennen, dachten nicht ans Aufgeben und kreierten neue Einnahmequellen und Perspektiven für ihren Ort. Museen, Kultureinrichtungen, ein Forschungszentrum, Freizeitaktivitäten, Unterkünfte und Wanderwege wurden neu gebaut oder erweitert. Für Cordova ging es wieder bergauf. Die Erreichbarkeit auf dem Wasser- und Luftweg wurde sichergestellt, und 2016 zählte der kleine Merle K. (Mudhole) Smith Airport rund 16 000 Passagiere. Mit den stetig wachsenden Besucherzahlen erweitert sich auch kontinuierlich das Angebot an feinen Adressen zum Ausgehen und mit guter Küche, an komfortablen Hotels und vielfältigen Outdoor-Aktivitäten. Ein Ende des Wachstums ist dieses Mal nicht in Sicht.

Eyak

In der Gegend um Cordova lebte einst der Stamm der Eyak. Ihr Siedlungsgebiet erstreckte sich über das Copper River Delta hinweg bis nach Yakutat und entlang des Orca Inlet. Als 2008 Marie Smith Jones verstarb, verschwand mit ihr auch die Sprache der Eyak, denn sie war der letzte Häuptling und zugleich die letzte Angehörige dieses kleinen Stammes. Die Ankunft der Europäer im 19. Jahrhundert, die die fischreichen Gewässer entdeckten und Konservenfabriken eröffneten, bedeutete für den Stamm einen tiefgreifenden Einschnitt: Die bis dahin schon von den Tlingit bedrängten und dezimierten Eyak waren nun von ihren Fischgründen getrennt. Ihre traditionelle Fangweise während der jährlichen Lachswanderung mussten sie aufgeben. Sie fanden zunächst Beschäftigung in den Fischfabriken, später in der Mineral- und Erzgewinnung. 1920 zählte der Stamm noch 200 Mitglieder, doch infolge von Krankheiten, Opium- und Alkoholmissbrauch waren es bald nur noch 50. Als Alaska 1959 Bundestaat der USA wurde, verloren alle Ureinwohner ihr Land. Den Eyak half auch der »Alaska Native Claims Settlement Act« von 1971 nicht mehr viel. Marie Smith Jones kämpfte bis zu ihrem Tod gegen die großflächige Abholzung entlang des Eyak River, dem einstigen Siedlungsgebiet ihres Stammes - jedoch vergeblich. Mit den Bäumen verschwand auch das kulturelle Erbe der Eyak.

Sehenswertes

Die 1st und 2nd Street bilden so etwas wie das nicht vorhandene Zentrum von Cordova. Zu sehr sind alle Einrichtungen und Gebäude im Siedlungsbereich verstreut. Aber auf der 1st Street befinden sich im **Cordova Center** die **Cordova Public Library** und das eindrucksvolle **Cordova Historical Museum.** Es informiert über die Geschichte der Ureinwohner, über die Copper River Northwestern Railway, die Geschichte Kennicotts und das Wachstum der lokalen Fischindustrie. Zudem werden verschiedene Kunstwerke präsentiert. Im Cordova Center finden auch Konzerte, Ausstellungen und Events statt. In der übernächsten Parallelstraße, der 2nd Street, steht das Gebäude des U.S. Forestry Department von 1925.

Die Luft des alten Alaska kann man in Cordova noch auf der geschäftigen **Seafood Lane** schnuppern, wo das Herz der Stadt schlägt. Man kann die Industry Road Richtung Norden hinaufgehen und dann die Seafod Lane mit den Verarbeitungshallen der Trident Seafoods Corporation oder der Ocean Beauty Seafoods wieder hinunter. Am Ende der Straße an der Marina lädt das **Prince William Sound Science Center** zu einem Besuch ein. Das Forschungszentrum zur Ökologie des Prince William Sound bietet interessante Einblicke in den lokalen Naturraum und zudem viele Bildungsprogramme, die vor allem Kinder ansprechen.

Auf der gegenüberliegenden Seite der Marina am Nicholoff Way steht das **Fisherman's Memorial** von 1980. Es zeigt einen Fischer am Steuerrad, wie er mit erhobener Faust dem schlechten Wetter trotzt.

In Cordova

Auf dem Copper River Highway

Der rund 48,6 Meilen lange Copper River Highway entlang der Strecke der Copper River and Northwestern Railway zählt heute zu den Panoramastraßen Alaskas. Baubeginn war 1945. Die Straße sollte ursprünglich Kennicott, McCarthy und Cordova verbinden. Im Zuge der Baumaßnahmen wurde auch die berühmte Million Dollar Bridge zur Autobrücke umgebaut. Der Highway war bis kurz hinter der Brücke fertiggestellt, als das Erdbeben von 1964 die Straße samt Brücke stark beschädigte; die Reparaturarbeiten endeten erst 2005. Bis 2018 war die Straße bis zur Childs Glacier Recreation Area nutzbar. Heute ist der Highway nur noch bis Meile 35,8 befahrbar, weil Brücke Nr. 339 von dem sich verändernden Flusslauf stark beschädigt wurde. Ob und wann die Gesamtstrecke wiederhergestellt werden kann, ist derzeit nicht abzusehen. Der noch geöffnete Abschnitt ist trotzdem einen Ausflug wert. Die Schotterstraße ist gut befahrbar, und entlang der Route bieten sich viele Foto- und Wandermöglichkeiten. Bei Wanderungen ist wegen der vielen Bären Wachsamkeit geboten.

Copper River Delta

Die Route führt über Brücken und Dämme immer wieder über das Copper River Delta hinweg, wobei sich fantastische Ausblicke ergeben. Das Delta des 470 Kilometer langen Copper River umfasst 2800 Quadratkilometer und ist damit das größte zusammenhängende Feuchtgebiet entlang der nordamerikanischen Pazifikküste. Jährlich treffen hier 16 Millionen Seevögel zur Nahrungssuche und zum Nisten ein. Im Delta leben die weltweit größten Populationen von Strandläufern und Trompeterschwänen. Zudem ist es der einzige bekannte Nistort für eine Unterart der Kanadagans.

Million Dollar Bridge

Wegen der gesperrten Brücke Nr. 339 ist die Million Dollar Bridge von dort aus bis auf Weiteres nur per Boot erreichbar. Die zwischen 1909 und 1910 erbaute Brücke heißt eigentlich Miles Glacier Bridge, denn in der Nähe befinden sich der Miles- und auch der Childs-Gletscher. Die 470 Meter lange, auf Betonpfeilern ruhende Stahlbrücke wurde wegen der Baukosten von knapp 1,4 Millionen US-Dollar aber als Million Dollar Bridge berühmt. Sie war Teil der Eisen-

Der Hafen von Cordova

Die Million Dollar Bridge vor dem Childs Glacier

bahnlinie zwischen den Kupferminen von Kennicott und dem Hafen von Cordova und leistete bis 1939 treue Dienste. Allein der Blick, wenn zwischen dem recht dichten Baumbestand plötzlich die Brücke zwischen zwei Gletschern auftaucht, ist einmalig. Auch die Aussicht von der Brücke selbst in Richtung Childs-Gletscher ist beeindruckend. Kaum zu glauben, aber die Brücke wurde so konstruiert, dass sie herantreibenden bis zu sechs Meter hohen Eisbergen standhält.

Cordova

Postleitzahl: AK 99574
Visitor Center, 404 1st St, Tel. +1/907/4247260; Mo–Fr 10–15, Do bis 16 Uhr, www.cordovachamber.com
Bank: Wells Fargo Bank, 515 Main St
Post: 502 Railroad Ave
Taxi: Wild Hare Taxi, Tel. +1/907/4243939.
Tankstelle: Shoreside Petroleum, 701 1st St
Supermarkt: AC Value Center, 106 Nicholoff Way
Ärzte/Apotheke: Cordova Community Medical Center, 602 Chase Ave, Tel. +1/907/4248000

Chinook Auto Rentals, Mile 13, Copper River Hwy, Tel. +1/907/4242277. Es gibt zwar keine Straße, die nach Cordova führt, aber man kann vor Ort ein Auto leihen. www.chinookautorentals.com

Merle K. (Mudhole) Smith Airport (IATA: CDV), 13 Meilen südöstlich von Cordova. Flüge nach Anchorage, Juneau, Yakutat und Seattle.

Alaska Airlines, Tel. +1/800/2527522. Anchorage–Cordova, Flugzeit knapp 1 Stunde, rund 150 US-Dollar (einfach). www.alaskaair.com
Ravn Alaska, Tel. +1/907/2668394, www.ravnalaska.com

Alaska Marine Highway, Tel. +1/800/6420066. Cordova ist per Fähre/Autofähre von Seward, Valdez und Whittier aus erreichbar. www.dot.alaska.gov/amhs

Bear Country Lodge, Mile 5, Loop Rd, Tel. +1/907/4245901; DZ 160 US-Dollar. Gut ausgestattete Lodge, ca. 4 Meilen östlich von Cordova. www.bearcountrylodge.net
Cordova Rose Lodge, 1315 Whitshed Rd, Tel. +1/907/4247673; DZ ab 155 US-Dollar. Solide Zimmer, tolle Ausblicke vom Balkon. www.cordovarose.com
Reluctant Fisherman Inn, 407 Railroad Ave, Tel. +1/907/4243272; 100 US-Dollar/Pers. Eine der besten Adressen in Cordova mit sehr gutem Restaurant. www.reluctantfisherman.com

▸ Karte S. 216

Cabin Lake Recreation Area, 12 Meilen östl. von Cordova, Tel. +1/907/4247161. 12 Plätze für Zelte und Wohnmobile. Feuerstellen verfügbar, aber keine Toiletten.
Childs Glacier Recreation Area, Tel. +1/907/4247661; ab 10 US-Dollar/Nacht. Schöne Lage kurz vor der Million Dollar Bridge. Als Ersatz für die Brücke Nr. 339 verkehren Wassertaxis, auch weiter bis zum Campingplatz.
www.recreation.gov

Reluctant Fisherman Inn (s. o).
Powder House, Mile 1.5, Copper River Hwy, Tel. +1/907/4243529. Bar und Restaurant mit deftigen Speisen.
Harborside Pizza, 131 Harbor Loop Rd, Tel. +1/907/4243730, Fb. *Die* Pizzeria in Cordova.

The Little Cordova Bakery, 201–203 Breakwater Ave. Hausgemachtes Gebäck und echt starker Kaffee mit viel Liebe zubereitet. www.tlcbakerycdv.com
How Brewed!, Harbor Loop Rd, Fb. Einfach guter Kaffee.
The Whales Tale, Orca Inlet Rd. Gute Desserts, Kaffee und Bagels, liegt etwas versteckt direkt hinter der Orca Adventure Lodge, ca. 2,5 Meilen nördlich der Marina.

Cordova Historical Museum, 601 1st St, Tel. +1/907/4246665; Sommer Mo–Sa 10–16, So 14–16, Winter Di–Fr 10–17, Sa 13–17 Uhr, www.alaska.org
Prince William Sound Science Center, 300 Breakwater Ave, Tel. +1/907/4245800; Mo–Fr 8.30–17.30 Uhr, www.pwssc.org

Ilanka Cultural Center, 110 Nicholoff Way, Tel. +1/907/4247903; Mo–Fr 10–17 Uhr. Lokales Kunsthandwerk, Souvenirs und Kulturzentrum der Eyak.
www.ilankaculturalcenter.com

Cordova Iceworm Festival (Jan./Feb.) Winterspektakel mit Parade, Tanz und Ernennung des Eiswurm-Königspaares.
Copper River Wild Salmon Festival (Juli) Das große Fest für die Lebensgrundlage sämtlicher Dörfer der Umgebung. Hier dreht sich alles um den Lachs.

Es gibt keine offiziellen Mountainbike-Trails, aber knapp 25 Meilen von Cordova entfernt führt vom Copper River Hwy eine Seitenstraße eine Meile nach Norden. Dort befinden sich der Beginn des **USFS Saddlebag Glacier Trail** und ein Parkplatz. Der drei Meilen lange Trail zum Saddlebag Lake wird gerne von Mountainbikern genutzt.

Entlang des Copper River Hwy bieten sich viele **Wandermöglichkeiten** unterschiedlicher Schwierigkeitsgrade, wie der Alice Smith Intertie Trail, der Power Creek Trail, der Alagnik Slough Trail, der Haystack Trail oder der Crater Lake Trail.
Orca Adventure Lodge, 2500 Orca Rd, Tel. +1/907/4247249. Anbieter von Angeltouren und weiteren Ausflugsmöglichkeiten und Unterkunft.
www.orcaadventurelodge.com
Meals Reservoir Disc Golf Course, Whitshed Rd. Frisbeegolfplatz.

Bob Korn Memorial Swimming, 609 Railroad Ave; Öffnungszeiten siehe Website, So geschl., www.cityofcordova.net

Das kleine Skigebiet **Mount Eyak Ski Area** liegt eine knappe Meile östlich oberhalb des Ortes an der Ski Hill Road.
Points North Heli-Adventures, Tel. +1/907/7876784. Der führende Anbieter für Heli-Skiing auf der Südostseite der Chugach Mountains.
www.alaskaheliski.com

Wrangell-St. Elias National Park and Preserve

Es bedarf schon einer ungeheuren Vorstellungskraft, sich einen Nationalpark vorzustellen, der sich vom Ozean aus über 5000 Meter Höhe auftürmt – mit einer Fläche, so groß wie der Yellowstone National Park, der Yosemite National Park und die Schweiz zusammen! Das Herz des Parks ist ein aktiver Vulkan, der 5000 Quadratkilometer einnimmt. Alleine neun der sechzehn höchsten Berge der USA befinden sich hier, darunter die höchsten Küstenberge der Welt. Manche der Gipfel sind steiler und schroffer als die des Himalaya. Hinzu kommen die größten und längsten Gletscher sowie die höchste Konzentration von Gletschern abseits der polaren Eiskappen. Unzählige Bäche, Flüsse, Seen, ausgedehnte Wälder und Moorgebiete, karge Berghänge und weite Graslandschaften zieren diese natürliche Schönheit. Schon seit Jahrhunderten leben die Menschen hier ihre Traditionen und pflegen heute noch ihr altes Handwerk. Um zu bestehen, müssen sie sich – genau wie die Wildtiere im Park – den Mächten der unzähmbaren Natur fügen. Der Wrangell-St. Elias National Park and Preserve ist Amerikas größter Nationalpark und gleichzeitig das größte Wildnisgebiet im National Wilderness Preservation Program.

Der Park wird wegen seiner Ausmaße und extremen Bedingungen gerne als »wahre Wildnis«, »perfekte Isolation« oder einfach als die »Krone des Kontinents« bezeichnet. Man muss den Nationalpark mit eigenen Augen gesehen haben, um zu verstehen, warum kein Foto, kein Gemälde oder Film diese Naturgewalten wirklich widerspiegeln kann.

Naturraum

Seit 1980 gehört der Nationalpark durch den »Alaska National Interest Lands Conservation Act« zum UNESCO-Welterbe. Mit rund 54 000 Quadratkilometern ist er eines der größten Schutzgebiete der Erde. Knapp 20 000 Quadratkilometer wurden als Preserve eingestuft.

Die Topografie des Parks ist vor rund 200 Millionen Jahre entstanden. Die Landschaft wird von Gebirgen mit Gletschern und Vulkanen und borealem Wald dominiert. Der Vulkan Mount Wrangell (4316 Meter) ist ein Überbleibsel der Eruptionen vor fünf Millionen Jahren,

Auf dem Edgerton Highway Richtung Chitina

▶ Karte S. 222

Gletschertour im Wrangell-St. Elias National Park

als die Nordamerikanische und die Pazifische Kontinentalplatte aufeinander zu drifteten. Die dadurch entstandene Wrangell-Bergkette hat zwar in den letzten 3000 Jahren an vulkanischer Aktivität verloren, aber dennoch herrscht tief im Innern große Hitze. Der Mount Wrangell ist weiterhin aktiv. Die massiven Kräfte der Auffaltung ließen in südöstlicher Richtung das weltweit höchste Küstengebirge entstehen. Die Elias-Kette erreicht ihren höchsten Punkt mit dem Mount St. Elias (5489 Meter). Die Ureinwohner nennen ihn »Berg hinter eisiger Bucht«. Bekannt wurde er in Europa unter anderem 2009 durch den Dokumentarfilm *Mount St. Elias*. Im Südwesten ragen Ausläufer der Chugach Mountains in den Park und vom Norden her Ausläufer der Alaskakette.

Massive Gletscher und Eisfelder bedecken insgesamt knapp 35 Prozent der Parkfläche. Darunter befindet sich das 204 Kilometer lange und rund 900 Meter dicke Bagley Icefield, das mit einer Größe von 5200 Quadratkilometern das zweitgrößte nicht-polare Eisfeld Nordamerikas ist. Der Malaspina Glacier ist 3900 Quadratkilometer groß, 45 Kilometer breit und 80 lang. Der 190 Kilometer lange Bering Glacier ist so mächtig, dass er die Erdkruste niederdrückt, was bei seiner Abschmelzung Erdbeben verursachen kann. Mit dem 85 Kilometer langen Nabesna Glacier befindet sich hier auch der längste Talgletscher der Welt. Gewaltige Flüsse wälzen sich durch das Land, allen voran der Copper River, der vom gleichnamigen Gletscher am Mount Wrangell gespeist wird. Mit seinen 450 Kilometern Länge dient er Mensch und Tier seit 9000 Jahren als Lebensader.

Von den 1535 in Alaska heimischen Pflanzenarten gedeihen 936 im Wrangell-St. Elias National Park and Preserve. Darunter sind 111 Arten der Seggenfamilie, 79 Arten der Gräserfamilie, 86 Arten von Korbblütlern, 13 Baumarten, 27 Arten von Weidengewächsen sowie 131 Arten Lichen (Flechten) und 165 Arten Moos. Auch die Tierwelt ist ungeheuer artenreich. Im Park gibt es den mit über 15 000 Tieren weltweit größten Bestand von Dallschafen. Des Weiteren leben in dieser grenzenlosen Wildnis Schneeziegen, Elche, Karibus, Luchse, Kojoten, Vielfraße, Wölfe, Schwarz- und Grizzly-

Im stetigen Wandel: der Copper River

Wrangell-St. Elias National Park

bären sowie viele kleinere Säugetiere, wie Rotfüchse, Fischotter, Biber, Murmeltiere, Schneeschuhhasen, Ziesel, Pfeifhasen und Lemminge, und Wale, Seeotter, Seehunde und Seelöwen.

Zugänglichkeit und Planung

Im Gegensatz zu anderen Nationalparks in Alaska ist der Wrangell-St. Elias National Park and Perserve relativ gut zugänglich – immerhin führen zwei Straßen in den Park hinein. Die **McCarthy Road** (→ S. 225) und die **Nabesna Road** (→ S. 224) gehen von Asphalt in Schotter über und enden ohne weitere Verbindungen im Park. Die beste und auch einzig mögliche Reisezeit liegt zwischen Ende Mai und Mitte September. Davor und ab Mitte/Ende September liegt Schnee und macht die Gegend unzugänglich. Sämtliche Einrichtungen und Unterkünfte sind in dieser Zeit geschlossen. Die Winter sind extrem kalt. Nur **Copper Center** am Rande des Nationalparks ist weitestgehend ganzjährig erreichbar. **Yakutat** hingegen kann man nur per Boot oder Flugzeug ansteuern. Trotz der relativ guten Zugänglichkeit ist zu beachten, dass die Infrastruktur entlang der Straßen im Nationalpark sehr dünn ist. Für genügend Verpflegung, Ausrüstung und Benzin/Diesel muss vorab gesorgt werden. Der Nationalpark ist ein Paradies für Angler, Wanderer, Backpacker, Bergsteiger und Skifahrer, für Schneeschuhwanderungen, Mountainbike-, Kajak- und Kanutouren sowie Tierbeobachtungen. Er liefert aber auch Einblicke in die Vergangenheit der Ureinwohner, Goldsucher und Kupferminenarbeiter, aber auch in

das Leben der modernen Aussteiger und Selbstversorger.
Für ein tieferes Eindringen in die Wildnis weit abseits der Straßen dienen entweder Buschflugzeuge oder die eigenen Füße. Auch hier sind fundiertes Naturwissen, Outdoor-Erfahrung sowie die Fähigkeit, in der Wildnis zu navigieren, von äußerster Wichtigkeit. Bis im Notfall Rettung eintrifft, können unter Umständen Tage vergehen. Abseits der ausgewiesenen Wanderwege herrscht weglose Wildnis mit extremen Wetterverhältnissen und -umschwüngen und der jahreszeitlich bedingten Gefahr von Lauffeuern. Man muss reißende Flüsse queren und stets mit Wildtieren rechnen. Daher ist es absolut empfehlenswert, sich organisierten Touren anzuschließen, anstatt alleine in die Wildnis aufzubrechen.

Wrangell-St. Elias National Park

Wrangell-St. Elias National Park Visitor Center, Richardson Hwy, Copper Center, AK 99573, Tel. +1/907/8227250; Mitte Mai–Sept. tgl. 9–17 Uhr, www.nps.gov

Chitina Ranger Station, Chitina, AK 99566, Tel. +1/907/8232205; Ende Mai–Anf. Sept. tgl. 9–17 Uhr

Weitere **Ranger-Stationen** befinden sich in Slana (→ S. 225) und Yakutat.

Ärzte/Apotheke: Cross Road Medical Center, 187 Glenn Hwy, Glennallen, AK 99588, Tel. +1/907/8223203; 24-Std.-Notfallversorgung, www.crossroadmc.org

Unterkunft, Restaurants, Guides etc. siehe Infokasten McCarthy und Kennicott, → S. 230.

Wrangell Mountain Air Flüge von Chitina nach McCarthy. www.wrangellmountainair.com

Lee's Air Taxi, Mile 170, Glenn Hwy, Tolsona Lake Rd, Glennallen, AK 99588, Tel. +1/907/8223574. Flugservice für Tagestouren und Transport in den Nationalpark. www.leesairtaxi.com

Copper Valley Air Service, Gulkana Airport, Mile 118, Richardson Hwy, Glennallen, AK 99588, Tel. +1/907/8224200. Diverse Destinationen, Rundflüge und Transport in die Wildnis. www.coppervalleyairservice.com

Der Nationalpark ist von Anchorage aus über den Glenn und den Richardson Highway via Glennallen und Copper Center bis Chitina in fünf bis sechs Stunden inkl. Pausen zu erreichen. Von Anchorage über Glennallen und Slana bis zur Nabesna Road (→ S. 224) ist die Distanz und Fahrtzeit ähnlich.

Expeditions Alaska, Tel. +1/770/9524549. Mehrtägige Ski- und Schneeschuhtouren im Nationapark, inkl. Transfer von Anchorage. Der Guide und Besitzer Carl Donohue ist auch Autor zweier Bücher. www.expeditionsalaska.com

Copper Center *Mile V 101.6*

1898 standen nur zwei Zelte am Valdez Trail. Ihnen sollten bald Raststätten, ein Hotel und eine Post für Reisende und Goldsucher aus aller Herren Länder folgen Und so standen 1910 bereits 50 Häuser an der Stelle, die sich heute Copper Center nennt. Die kleine Siedlung mit 330 Einwohnern am Rande des Nationalparks bietet bis heute Reisenden noch einmal die Möglichkeit, zu rasten, zu tanken oder einzukaufen, bevor man tiefer in den Park vordringt. Das kleine Besucherzentrum informiert nicht nur über den Nationalpark selbst, sondern auch über die vielen Wandermöglichkeiten um Copper Center herum.

→ *Tanken/Einkaufen: Mt. View Gas & Grocery, Bayliss Way, Copper Center, AK 99573*

Nabesna Road

Neben der berühmten McCarthy Road (→ S. 225) ist die 42 Meilen lange Nabesna Road die zweite Straße, die in den Nationalpark führt. Sie wurde 1910 gebaut, um die Erzmine bei Nabesna zu versorgen und das gewonnene Erz abzutransportieren. Die ersten 15,5 Meilen ab **Slana** sind asphaltiert, danach geht auf Schotter weiter. Am besten informiert man sich an der Ranger-Station in Slana nach den aktuellen Straßenverhältnissen. Die Nabesna Road eignet sich nicht für große Wohnmobile. Ab Meile 28 wird der Straßenzustand schlechter, so dass die Strecke nach Regen teilweise nur mit Vierradantrieb befahren werden. Streckenweise gibt es keinen Empfang für Mobiltelefone.

Nach zehn Meilen passiert man das Areal der seit 1000 Jahren genutzten **Tanada Creek Fish Weir:** Die Fischzäune dienen der Versorgung der gesamten Umgebung. Die Bestände des hier vorkommenden Rotlachses werden nicht überfischt, auch wenn im Jahr 2017 beispielsweise 23 849 Lachse gefangen wurden.

Die Fahrt bis zum Ende der Straße dauert rund zwei Stunden und wird mit grandiosen Aussichten auf die lokale Berg- und Gletscherwelt belohnt, zum Beispiel Mount Sandford und Mount Wrangell. Entlang der Straße gibt es einige Unterkünfte und recht simple Campingmöglichkeiten. Die Gegend ist beliebt wegen ihrer diversen Wandermöglichkeiten, wie zum Beispiel den Caribou Creek Trail (s. u.).

Das Ende der Straße markiert die **Nabesna Mine**, von der heute nur noch Ruinen zu sehen sind. Auch wenn die Mine wenig bekannt war, so wurde in ihrer zehnjährigen Geschichte bis 1947 immerhin Gold im Wert von 1,8 Millionen US-Dollar gefördert. Ab hier geht die Straße in Privatbesitz über, welcher respektiert und nicht befahren werden sollte. Man benutzt also denselben Weg auch wieder zurück.

6 Caribou Creek Trail

Länge: 9,6 Kilometer (Hin- und Rückweg/ Caribou Creek Cabin)
Gehzeit: 3 Stunden
Anspruch: einfach
Ausstattung: keine Einkehrmöglichkeiten; Verpflegung und Wasser mitnehmen Man kann aber die **Caribou Creek Cabin** reservieren: Kleine Holzhütte für max. zwei Personen mit Holzofen, Tisch und rustikaler Toilette. Ausrüstung, Toilettenpapier, Verpflegung sind mitzubringen und auch wieder mitzunehmen. Zum Heizen sammelt man totes Holz. Frischwasser gibt es am nahen Caribou Creek. Tel. +1/907/8227253, wrst_tweet@nps.gov; Preise auf Anfrage.
Höhenunterschied: 243 Meter
Beste Jahreszeit: Juni bis September
Start/Ende: Wandereinstieg an Meile 19,5 der Nabesna Road
An-/Abreise: Mit dem Auto, Parken an Meile 18.9
Karte: *Trails Illustrated, Nabesna 1 : 63 360 (C-5)*

Der Weg windet sich nordwestlich in Richtung der Hügel. Er wird auch von Quads genutzt und kann bei schlechtem Wetter sehr schlammig sein. Dann läuft man zeitweise einfach neben dem eigentlichen Weg. Der erste Teil führt durch flache Tundra, bevor immer dichterer Baumbestand den Weg begleitet. Erlen, Fichten, Büsche und Wildblumen bestimmen die Szenerie. Nach gut drei Kilometern kreuzt der Wanderweg den Caribou Creek. Man muss ihn auf der gesamten Wanderung drei- bis viermal durchqueren, was aber einfach ist. Wenn aber nach starkem Regen der Wasserstand deutlich ansteigt, ist erhöhte Aufmerksamkeit gefragt. Am Ende des Weges erreicht man die **Caribou Creek Cabin.** Entweder kehrt man dort wieder um oder man hat vorab die Cabin reserviert, um allein in der Wildnis zu übernachten.

▸ Karte S. 222

Letzter Stopp, bevor es so richtig wild wird: Chitina

Nabesna Road

Postleitzahl: AK 99586
Slana Ranger Station, Mile 0.5, Nabesna Rd, Tel. +1/907/8227401; Ende Mai–Ende Sept. tgl. 9–17 Uhr, www.nps.gov
Post: bei der Hart D Ranch

Die meisten Unterkünfte entlang der Nabesna Rd bieten Einkehrmöglichkeiten und Vollverpflegung. **Hart D Ranch,** Mile 0.5, Nabesna Rd, Tel. +1/907/8223973. Galerie, Lodge und Stellplatz für Wohnmobile. www.hartd.com

Wrangell Mountains Wilderness Lodge, Mile 28, Nabesna Rd, Tel. +1/907/2593557. Sehr ruhig gelegen, typisch alaskanische Ausstattung; Preise auf Anfrage. www.at28mile.com
Devil's Mountain Lodge, Mile 42, Nabesna Rd, Tel. +1/707/4006848; DZ 200 US-Dollar. Die Unterkunft bietet neben einem B & B auch Hilfe bei der Tourenplanung und Jagdausflüge an.

Kendesnii Campground, Mile 28.2, Nabesna Rd, Tel. +1/907/8225234.

McCarthy Road

Egal, ob man von Glennallen hinunter- oder von Valdez hinauffährt, der Richardson Highway 4 bedient aus beiden Richtungen die Zufahrt auf den Edgerton Highway (Alaska Route 10) in Richtung Chitina und zur McCarthy Road. Man sollte vorsorglich tanken. Bereits während der Fahrt auf dem Richardson Highway ergeben sich grandiose Ausblicke auf die Berge, Vulkane und Gletscher des Nationalparks.

Der **Edgerton Highway** ist asphaltiert und führt über 33 Meilen direkt nach **Chitina.** Chitina ist so etwas wie das Tor zur McCarthy Road. Hier gibt es nochmals einen Shop, eine Post und ein Restaurant für einen Zwischenstopp. Danach geht es über den sehr breiten Cooper River mit Blick auf einige historische Fischräder, die einst zum Fang von Lachsen genutzt wurden.

Nach Überquerung der Brücke beginnt langsam der abenteuerliche Teil. An der **Kuskulana Bridge** bietet sich eine tolle Fotoperspektive. Fast die Hälfte der Strecke vom Richardson Highway nach McCarthy ist Schotterpiste, was das Reisetempo enorm verlangsamt. Vorsicht ist geboten wegen der vielen Schlaglöcher. Wer platte Reifen vermeiden möchte, fährt also besser langsam. Im Winter ist die Straße gesperrt. Wenn man mit dem Wohnmobil unterwegs ist, sollte man sich Zeit lassen und langsam fahren. Zudem sind die Stellplätze auf den Campingplätzen stark limitiert.

Während der Fahrt bieten sich fantastische Ausblicke auf das riesige Tal des **Chitina River**. Die McCarthy Road endet am **Kennicott River.** Dort parkt man das Auto (oder wird vom Shuttle rausgelassen) und meldet sich in der **McCarthy Road Information Station.** Im Anschluss geht man über die Fußgängerbrücke und kann mit einem Shuttleservice weiter nach McCarthy oder Kennicott fahren. Wer genug vom Fahren hat, kann die gut sieben Kilometer von McCarthy nach Kennicott auch laufen.

McCarthy

McCarthy war nicht das erste Dorf zur Unterstützung der Minenstadt Kennicott. Zunächst war die Siedlung Blackburn der Ort für hoffnungsvolle Minenarbeiter und Geschäftsleute. Weil Blackburn jedoch

In McCarthy

Spuren von Azurit und Malachit bei der Bonanza Mine

nicht nah genug an der Route der Copper River and Northwestern Railway lag, überlebte das Dorf nicht lange.

Stattdessen entstand McCarthy mit Hotels, Restaurants, Gemischtwarenläden, einer Schule und einem Krankenhaus – ein wahrer Segen für alle, die damals in Kennicott lebten. Die rasante Entwicklung von McCarthy brachte viele Vorzüge für die 800 Siedler in der Umgebung. Da Glücksspiel und Alkohol in Kennicott untersagt waren, wurde McCarthy ab 1911 aber auch zum Mekka der Unterhaltung, mit Bars und Prostituierten. Als die Minen 1938 schlossen, verfiel McCarthy zur Geisterstadt. Nur eine Handvoll Siedler behielten ihre Häuser. Heute leben noch rund 30 Menschen dauerhaft in McCarthy. Die nostalgischen Häuserfassaden, in den Boden einsinkende Trucks und der Wildwuchs um so manches Gebäude versprühen ein ganz besonderes Flair. Wer möchte, kann auch länger bleiben. Es gibt einen Saloon, ein Restaurant und ein paar Unterkünfte. Für Tagesausflügler fahren von hier aus Shuttlebusse nach Kennicott oder zurück zur Fußgängerbrücke.

▸ Karte S. 222

Kennicott

Am Rande des mit Schutt, Geröll und Erde bedeckten Kennicott Glacier, der in den Kennicott River entwässert, befindet sich eine filmreife Kulisse aus verlassenen roten Häusern. Der Name »Kennicott« rührt vom Naturforscher Robert Kennicott (1835–1866) her, der im Rahmen der Western Union Telegraph Expedition 1866 nach Alaska kam. Die Expeditionsteilnehmer für die Fernmelderoute nach Russland ahnten da noch nichts vom Rohstoffreichtum im heutigen Wrangell-St. Elias National Park. Es sollte noch bis 1900 dauern, bis die Prospektoren Jack Smith und Clarence Warner in der Nähe des späteren Stadtgebietes Kupfer entdeckten. Die Analyse des Erzes ergab einen Kupferanteil von 70 Prozent mit Spuren von Gold und Silber. Nachdem die beiden Goldsucher die Abbaurechte lukrativ verkauft hatten, erwies sich das Kupfervorkommen als eines der ergiebigsten der Welt.

1903 gründete man die Kennicott Copper Cooperation, und bis 1911 erlebte die Stadt Kennicott einen gigantischen Boom. Der letzte aus Kupfer gefertigte Nagel wurde beim Bau der 315 Kilometer langen Copper River and Northwestern Railway eingeschlagen. Kennicott entwickelte sich zum Versorgungs- und Verwaltungszentrum der fünf umliegenden Bergwerke Bonanza, Jumbo, Mother

Relikte der einstigen Kupfermine in Kennicott

Lode, Glacier und Erie und hatte rund 800 Einwohner. Bis in die 1920er Jahre wurde Kupfer gefördert – insgesamt rund 4,6 Millionen Tonnen –, dann begann der Niedergang. Der letzte Zug verließ die Siedlung 1938 – auch Kennicott wurde zur Geisterstadt. Um 1960 war das Gebiet gänzlich verlassen.

Erst ab 1980 wurde die alte Minenstadt vom Tourismus entdeckt. Sechs Jahre später wurde Kennicott zur National Historic Landmark erklärt. Zwischen Mai und September ist Kennicott heute der Anlaufpunkt inmitten des größten Nationalparks der USA. Es gibt keine direkte Zufahrt, keinen Supermarkt, kein Handynetz oder Internet, aber dafür die unvergleichliche Natur rundum mit fast 5000 Meter hohen Bergen, dichtem Gestrüpp und einer Gletscherlandschaft, die eher an eine Wüste erinnert als an ewiges Eis. Kennicott bietet vollausgestattete Unterkünfte, ein Besucherzentrum und Wanderwege in der Umgebung.

Die **Minenstadt** kann auch zu Fuß erkundet werden, jedoch sind nicht alle Gebäude öffentlich zugänglich. Die 14-stöckige Concentration Mill, der Maschinenraum und das Kraftwerk können aber auf einem geführten Rundgang besichtigt werden (www.steliasguides.com). Einige Wohnhäuser und den alten General Store kann man ohne Weiteres selbst erkunden. In manchen Gebäuden befinden sich Ausstellungen, die Besuchern die aufregende Geschichte der Stadt näherbringen. Manch einer will vielleicht gar nicht hineingehen, weil das Panorama rundum schon alle Aufmerksamkeit beansprucht.

Wanderungen bei Kennicott und McCarthy

Rund um Kennicott gibt es drei schöne Wanderungen mit spektakulären Aussichten auf Gletscher und Berge. Bevor man sich auf den Weg macht, sollte man sich mit den aktuellen Sicherheitshinweisen vertraut machen. Im gesamten Kennicott-Tal leben Grizzlys und Schwarzbären. Die Gletscher sollten nie alleine und nur mit spezieller Ausrüstung betreten werden. Und zu guter Letzt: Sämtliche Ruinen und Artefakte aus der Zeit der Minenarbeiten sollten nur mit den Augen »angefasst« werden.

Karte: *Wrangell-St. Elias National Park. National Geographic Trails Illustrated Alaska (249)*

⑥ Root Glacier und Erie Mine Trail

Länge: 6,4 Kilometer zum Root Glacier bzw. 12,8 Kilometer zu den Erie Mine Tram Cables (jeweils Hin- und Rückweg)
Gehzeit: 2–3 bzw. 6 Stunden
Anspruch: einfach
Ausstattung: keine Einkehrmöglichkeiten; Verpflegung und Wasser mitnehmen
Max. Höhe: keine nennenswerten Höhenmeter
Beste Jahreszeit: Mai bis September
Start/Ende: Kennicott Visitor Center
An-/Abreise: Shuttle von McCarty nach Kennicott
Karte: https://www.nps.gov/wrst/planyourvisit/upload/Root-Glacier-Erie-Mine-Trail.pdf

Diese einfache und gut ausgeschilderte Wanderung bietet fantastische Aussichten auf die Gletscher- und Bergwelt bei Kennicott. Wie bei allen Wanderungen ist es wegen der Schwarz- und Grizzlybären auch hier wichtig, das Umfeld im Auge zu behalten.

Vom **Kennicott Visitor Center** führt der Weg zunächst durch die Siedlung nach Norden in Richtung Root Glacier. Wenn sich nach etwa 800 Metern der Weg teilt, geht man weiter geradeaus. Der steinige und erdige Untergrund der Kennicott- und Root-Gletschermoränen führt über den Bonanza Creek und Jumbo Creek hinweg. Nach 2,4 Kilometern erreicht man auf

▸ Karte S. 222

Unterwegs auf dem Root Glacier Trail

Höhe einer Campingmöglichkeit mit Bärenboxen den **Root Glacier Access Trail.** Folgt man dem Weg links hinunter, erreicht man den Root-Gletscher direkt. Bei Regen kann der Weg zum Gletscher sehr nass sein, und der Amazon Creek ist nicht überbrückt. Wenn man den Gletscher betreten möchte, ist Vorsicht geboten. Es empfiehlt sich daher, eine geführte Tour zu buchen. Will man weiter in Richtung **Erie Mine Trail**, folgt man dem Wanderweg durch dichtes Buschwerk entlang des Root-Gletscher. Nach weiteren vier Kilometern geht es sanft die Moräne hinauf, so dass der Root-Gletscher nun links weit unten liegt. Der Trail endet rund 900 Meter unterhalb der eigentlichen **Erie Mine** und der Schlafbaracke. Im Anschluss geht man den selben Weg wieder zurück.

Bonanza Mine Trail

Länge: 14,4 Kilometer (Hin- und Rückweg)
Gehzeit: 6–8 Stunden
Anspruch: anstrengend
Ausstattung: keine Einkehrmöglichkeiten; Verpflegung und Wasser mitnehmen
Höhenunterschied: 1158 Meter
Beste Jahreszeit: Mai bis September
Start/Ende: Kennicott Visitor Center
An-/Abreise: Shuttle von McCarty nach Kennicott
Karte: https://www.nps.gov/wrst/planyourvisit/upload/Bonanza-Mine-Trail.pdf

Für diese Wanderung sollte man einen ganzen Tag einplanen. Der Weg geht steil hinauf. An klaren Tagen ist die Silhouette der Chugach Mountains zu sehen, der mächtige Mount Blackburn und der Kennicott Glacier bieten grandiose Ausblicke. Auf dieser Wanderung werden regelmäßig Grizzlybären gesichtet.

Die Wanderung beginnt am **Kennicott Visitor Center** und führt zunächst durch den Ort in Richtung Norden. Nach 800 Metern folgt man der Abzweigung nach rechts und der Beschilderung zur Bonanza Mine. Von nun an geht es bergauf! Am Ende der ersten Serpentine folgt man dem Weg links hinauf. (Nur zur Sicherheit: Sollte man auf Höhe der alten Mühle ankommen, hat man die Abzweigung verpasst.) Jetzt geht es immer steiler hinauf. Nach 1,6 Kilometern folgt ein weiteres Schild, wo man dem Weg nach rechts Richtung Bonanza Mine folgt.

Die alte Straße wurde zwischen 1950 und 1960 erbaut, um das Kupfer aus der Mine abzutransportieren. Mit jedem weiteren Schritt wird die Aussicht auf die Welt aus Eis und Fels noch schöner. Der Weg führt weitere 5,6 Kilometer stetig hinauf, bis man die Reste eines abgebrochenen Turms erreicht. Von dort kann man die Minensiedlung schon sehen. Geht man nun noch hinauf zu den Gebäuden, hat man nicht nur einen fantastischen Ausblick, sondern ahnt auch, wie beschwerlich das Leben und die Arbeit der Menschen hier einst gewesen sein müssen. Die Gebäude sind einsturzgefährdet und sollen nicht betreten werden. Anschließend geht es auf demselben Weg wieder zurück.

Jumbo Mine Trail

Länge: 16 Kilometer (Hin- und Rückweg)
Gehzeit: 6–8 Stunden
Anspruch: anstrengend
Ausstattung: keine Einkehrmöglichkeiten; Verpflegung und Wasser mitnehmen
Höhenunterschied: 1036 Meter
Beste Jahreszeit: Mai bis September
Start/Ende: Kennicott Visitor Center
An-/Abreise: Shuttle von McCarty nach Kennicott
Karte: www.nps.gov/wrst/planyourvisit/upload/Jumbo-Mine-Trail-508-compliant.pdf

Wie die Wanderung zur Bonanza Mine ist auch diese Wanderung anstrengend und geht steil bergauf. Der sonst gut zu begehende Wanderweg wird auf der letzten halben Meile zu einem steinig-felsigen Pfad, welcher aus Resten der alten Straße zur Minensiedlung besteht. Beginnend am **Kennicott Visitor Center** geht der Weg zuerst wieder 800 Meter durch den alten Ort. Dann folgt man der Beschilderung nach rechts hinauf. Am Ende der ersten Serpentine folgt man dem Weg links weiter hinauf. Nach weiteren 1,6 Kilometern gibt es eine weitere Beschilderung, wo man nach links geht und die »Hauptstraße« verlässt. Folgt man dem Weg weiter, erreicht man nach 800 Metern den **Bonanza Creek**. Im Frühsommer kann der Wasserstand höher sein als in der restlichen Saison. Nasse Füße inklusive ist der Bach aber einfach zu durchqueren. Weitere 400 Meter nach dem Bonanza Creek führt ein Weg steil links hinauf zur alten Transfer Station. Man kann diesen Weg wählen oder den nächsten links. Egal wie, von der **Transfer Station** bieten sich dann wunderschöne Aussichten ins Kennicott-Tal und auf die Chugach Range im Süden. Von dort geht es hinauf zur Jumbo Mine selbst. Der Weg wird nun schmaler und kreuzt Geröllfelder, Felsen und sandigen Untergrund. Man folgt ihm bis zum **Jumbo Creek,** den man durchqueren muss. Im Sommer ist er meist ausgetrocknet. Danach ist der Wanderweg schwieriger zu erkennen. Am besten orientiert man sich anhand der alten Türme und Kabel der Tram den Berg hinauf. Es geht über felsigen Untergrund aus Kalk, bis man schließlich die **Jumbo Mine** erreicht. Dort kann man die alten Gebäude, Werkzeuge und Artefakte der Mine bestaunen. Achtung: Die Gebäude sind einsturzgefährdet. Zurück geht es dann auf demselben Weg.

i McCarthy und Kennicott

Kennicott Visitor Center, Tel. +1/907/2057106; Memorial Day–Labor Day. Informationen zu Führungen, Wanderungen, Ausflügen und generell.
www.nps.gov

McCarthy Road Information, Mile 59, McCarthy Rd, Chitina, AK 99566, Tel. +1/907/8225234. Station, Anmeldung, Info, Transfer von der Fußgängerbrücke nach Kennicott.

Shop: Wrangell View Store, Mile 32, Edgerton Hwy, Chitina, AK 99566, Tel. +1/907/8232265

Es gibt **keine Tankstelle** auf der gesamten Strecke zwischen Chitina und McCarthy. In McCarthy und Kennicott gibt es **keine ärztliche Versorgung**

Karte S. 222

Wrangell Mountain Air, Tel. +1/907/5544411. Die kleinen Chesnas bedienen ganz Zentral-Alaska, Rundflüge und spezielle Transferwünsche für die Wildnis sind ebenfalls möglich; Anchorage–McCarthy für 2–3 Pers. rund 1700 US-Dollar. www.wrangellmountainair.com

McCarthy und Kennicott sind nicht direkt zu erreichen. Der Weg führt von Glennallen über Chintina auf der abenteuerlichen **McCarthy Road** nur bis zur **McCarthy Bridge.** Die Fahrtzeit von Chitina aus beträgt 3,5 Stunden. Dort stellt man sein Auto ab und läuft über die Brücke. Auf der anderen Seite fahren Shuttlebusse nach McCarthy und Kennicott. Tickets gibt es beim Fahrer.

Kennicott Shuttle, Tel. +1/907/8225292. Tgl. Transfer ab Glennallen mit diversen Stopps; 89 US-Dollar (einfach), 109 US-Dollar (hin und zurück am selben Tag). www.kennicottshuttle.com

Copper Sike Transport, Mile 59, McCarthy Rd, Glennallen, AK 99588, Tel. +1/907/4069599. Shuttleservice von Anchorage (200 US-Dollar, einfach). www.copperspiketransport.com

▸ **McCarthy**

Shushanna Guesthouse, 10 Shushanna Ave, Tel. +1/907/5541066; 2 Apartments ab 325 US-Dollar. www.mccarthyguesthouse.com

The Ma Jonson's Hotel, 101 Kennicott Ave, Tel. +1/907/5544402; DZ ab 249 US-Dollar. Historisches Hotel, sehr gemütlich. www.mccarthylodge.com

▸ **Kennicott**

Seventeen Silk Stocking Row, Tel. +1/612/7014136; 400 US-Dollar/Nacht (Mindestaufenthalt 2 Nächte). Geräumiges Cottage für bis zu 8 Personen. www.17silkstockingrow.com

Kennicott Glacier Lodge, 15 Kennicott Millsite, Tel. +1/907/2582350; DZ ab 210 US-Dollar. Hauptunterkunft in Kennicott mit toller Aussicht auf Gletscher und Berge. Warme Atmosphäre, tolle Zimmer und gutes Essen. www.kennicottlodge.com

▸ **McCarthy**

Glacier View Campground, McCarthy Rd, 0,5 Meilen vor der Fußgängerbrücke, Tel. +1/907/4415737. Zelte und Wohnmobile (20 US-Dollar/Nacht) oder Cabin (95 US-Dollar/1–2 Pers.).

Basecamp Kennicott, McCarthy Rd, an der Fußgängerbrücke, Tel. +1/907/5541062; 25 US-Dollar/Tag. Für Zelte und Wohnmobile, keine Reservierung nötig. www.basecampkennicott.com

▸ **McCarthy**

The New Golden Saloon Kneipe und Restaurant mitten in McCarthy.

The Potato, Tel. +1/907/5544504. Hausgemachte Speisen, lockere Atmosphäre und schöne Möglichkeit, um draußen zu sitzen. www.theroadsidepotatohead.com

▸ **Kennicott**

Meatza Wagon Tacos, Sandwiches, Reisgerichte u.v.m. www.meatzawagon.com

McCarthy River Tours & Outfitters, McCarthy Rd, McCarthy, AK 99588, Tel. +1/907/3020688. Raftingtouren und sogar SUP in der Gletscherlagune. www.raftthewrangells.com

St. Elias Alpine Guides, Motherlode Powerhouse, Kennicott, AK 99588, Tel. +1/907/5544445. Führungen im Ort Kennicott, geführte Wanderungen, Skitouren, Rafting, Bergsteigen. www.steliasguides.com

Kennicott Wilderness Guides, 9 Kennicott Millsite, Kennicott, AK 99588, Tel. +1/800/6644537. Alle Arten von Aktivitäten rund um Kennicott und in der Wildnis. www.kennicottguides.com

The mountains are calling and I must go.

John Muir (1838–1914),
Naturphilosoph und Naturschützer

In der Nähe des Wonder Lake bieten sich spektakuläre Aussichten auf den Denali

ZENTRAL-ALASKA

Denali Highway

Der Denali Highway (Alaska Route 8), auch »The Wild Road« genannt, ist eine der schönsten Panoramastraßen Alaskas. Die 134 Meilen lange Straße wurde 1957 fertiggestellt, um eine Zufahrt zum Denali National Park zu schaffen. Sie führt von Paxson im Osten bis nach Cantwell im Westen. Allerdings sind nur die ersten 21 Meilen asphaltiert, danach folgen Schotter, Schlaglöcher und Oser, das sind wallartige Geländeerhebungen aus Sand und Kies. Im Winter ist der Highway nicht befahrbar und darum gesperrt. Die Reisegeschwindigkeit wird durch den Straßenzustand enorm verlangsamt – was auch gut ist. Die Ausblicke in die abwechslungsreiche Landschaft von Taiga und Tundra und auf die schneebedeckten Berge der Alaskakette ziehen jeden in ihren Bann. Wenn dann noch Karibus, Weißkopfseeadler, Elche, Bären oder Wölfe auftauchen und zur Krönung der Mount Denali in den Blick kommt, wird die Panoramafahrt zu einem echten Erlebnis. Wer mehr Zeit einplanen möchte, der mietet sich in einer der wenigen Lodges oder Campingplätze ein. Ein bis zwei Tage sollte man dieser abgelegenen und äußerst reizvollen Straße mindestens widmen. Der wichtigste Ausrüstungsgegenstand auf dieser Fahrt ist das Fernglas!

Von Paxson nach Cantwell

Mile V 185.5–A 210

Verlässt man Glennallen gen Norden, hat man zwischendurch Ausblick auf die Trans-Alaska-Pipeline und erreicht nach 71 Meilen **Paxson,** wo sich die Abzweigung auf den Denali Highway befindet. Hinter Paxson passiert die Straße die ersten fünf Meilen noch Baumbestand der Taiga. Die Bäume werden langsam immer weniger, und so eröffnet sich der Blick über endlose Weiten der Tundra, geprägt von Tälern, Flüssen und Seen. Mit jeder gefahrenen Meile rollt man hier auf den Spuren der Ureinwohner, die bereits vor 10 000 Jahren in der Tundra Jagd auf Karibus machten. Dies hat sich bis zum heutigen Tag nicht geändert.

Zu beiden Seiten werden die Berge des Wrangell-St. Elias National Park und der Alaskakette sichtbar. Nach rund 20 Meilen hat man die Region der **Tangle Lakes** erreicht. Die **Amphitheater Mountains,**

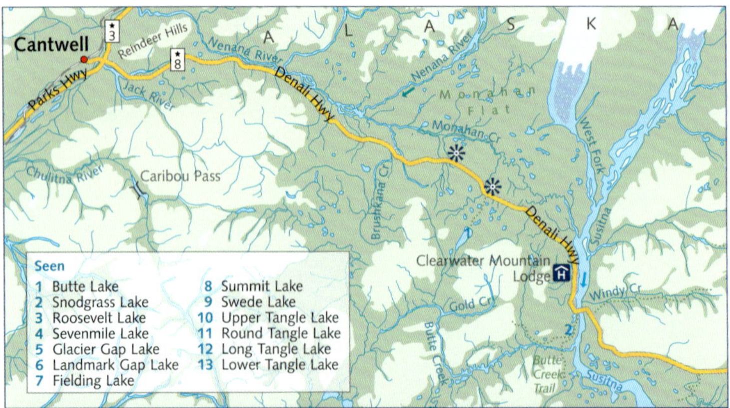

Denali Highway

Wanderer am Mclaren Summit

ein Vorgebirge der Alaskakette, machen ihrem Namen alle Ehre: Ihre Umrahmung der Szenerie vollendet die Seenplatten zu einem der schönsten Landschaftsbilder Nordamerikas. Die Tangle Lakes auf 873 Metern Höhe bilden eine 26 Kilometer lange Seenkette, die den Delta River weiter nördlich speist. In den Seen findet man viele Forellen, Arktische Äschen und Quappen. Doch wie sich 1976 im Rahmen von archäologischen Arbeiten herausstellte, war der Fischreichtum nicht der Grund, warum sich hier 150 frühzeitliche Siedlungsplätze nachweisen ließen. Es war vielmehr das große Karibuvorkommen. Das **Tangle River Inn,** das hier traditionell als einzige Anlaufstelle weit und breit fungierte, steht aktuell zum Verkauf, die Zukunft ist ungewiss. Es war Unterkunft, Café und Equipmentverleih, denn die Seen sind beliebt zum Kajaken und Kanufahren, bei Anglern und Jägern. Und im Spätsommer kommen viele Alaskaner in die Gegend und sammeln Beeren zur Selbstversorgung. Hinter den Tangle Lakes wird es holprig. Die Asphaltstraße endet, und das echte Abenteuer beginnt. An Meile 37 hat man Alaskas zweithöchste Passstraße erreicht, den **Maclaren Summit** auf 1245 Metern

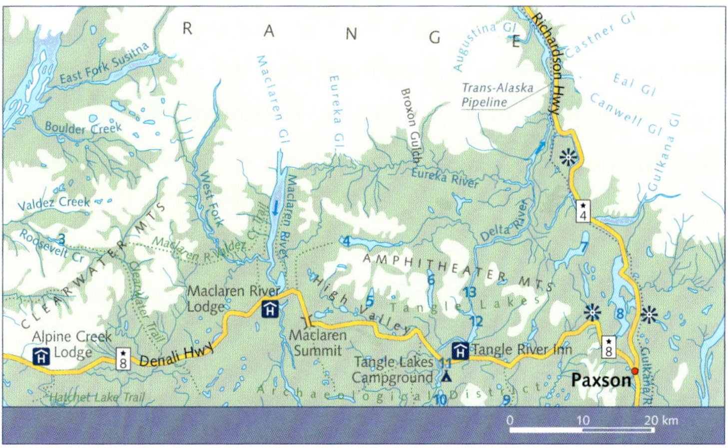

An den Tangle Lakes

Höhe. Von hier aus hat man an klaren Tagen, vor allem im Herbst, einen fantastischen Ausblick hinüber zur Alaskakette mit den vergletscherten Bergmassiven des Mount Deborah (3761 Meter), des Hess Mountain (3639 Meter) und des Mount Hayes (4216 Meter). Letzterer wurde erstmalig 1941 vom legendären Bergsteiger Bradford Washburn bestiegen. Einige Wildblumen verleihen der Landschaft kleine Farbtupfer, und mit etwas Glück sichtet man am Pass Schneehühner oder Karibus. Sie sind der Grund, warum es dennoch Menschen in diese zwar unglaublich schöne, aber auch sehr leere und unendlich weite Tundra zieht.

Vom späten August bis Ende Oktober sieht man hier viele in Tarnfarben gekleidete, mit großen Gewehren ausgestattete Jäger. Mit riesigen Ferngläsern stehen sie manchmal am Fahrbahnrand, um nach den umherziehenden Herden Ausschau zu halten. Haben sie ein Karibu oder einen Elch erlegt, so rollen sie ihre Quads von der Ladefläche des Pick-up-Trucks und ziehen damit das mächtige Tier aus der Tundra heraus. Zwischen September und Oktober verwandelt sich die Gegend zum Indian Summer dann in ein wahres Farbenmeer.

Vom Maclaren Summit bis nach Cantwell zieht sich die Straße für die nächsten 96 Meilen durch endlose Weiten, durchzogen von wilden Flüssen. Es ist der Herrschaftsbereich der Wildtiere. Immer wieder eröffnen sich grandiose Panoramen, bei schönem Wetter zeigt sich sogar der Mount Denali. Ab Meile 103 beginnt das Tal des **Nenana River**, langsam weicht die Leere wieder den borealen Wäldern, und die nördlichen Ausläufer der Talkeetna Mountains werden sichtbar. Auf den letzten Meilen erreicht man den Siedlungsbereich von **Cantwell**, womit wieder ein Hauch von Zivilisation erreicht ist. Hier biegt man auf den Parks Highway (Alaska Route 3) in Richtung Denali-Nationalpark oder fährt gen Süden über Talkeetna nach Anchorage.

Denali Highway

Derzeit gibt es **keine Tankstelle** auf dem gesamten Highway, notfalls kann man sich an die Maclaren River Lodge wenden. Es gibt keine medizinische Einrichtung auf dem Denali Highway.

Der Denali Highway wird klassischerweise von Paxson aus bis Cantwell gefahren. Nur die ersten 21 der insgesamt 134 Meilen sind asphaltiert, man benötigt aber keinen Vierradantrieb für den Highway.

Entlang des Highways gewährleisten nur die Lodges eine Versorgung. Man sollte ausreichend Getränke und Essen mitnehmen, wenn man sich länger auf dem Highway aufhalten möchte.

Tangle River Inn, Mile 20, Denali Hwy, Paxson, AK 99737, Tel. +1/907/8924022. Simple Zimmer und Restaurant, steht zum Verkauf und daher bis auf Weiteres geschlossen. www.tangleriverinn.com

Maclaren River Lodge, Mile 42, Denali Hwy, Paxson, AK 99737, Tel. +1/907/

▶ Karte S. 234/235

Maclaren River Lodge – eine der wenigen Unterkünfte am Denali Highway

3886361; DZ ab 100 US-Dollar. Nicht nur Unterkunft, Campingplatz und Restaurant, sondern auch Jet-Boat-Touren, Kanuverleih und Reifenreparatur.
www.maclarenlodge.com

Alpine Creek Lodge, Mile 68, Denali Hwy, Cantwell, AK 99729, Tel. +1/907/3989673; Preise auf Anfrage. Unterkunft und Tourenanbieter mit All-inclusive-Angeboten im Sommer wie im Winter.
www.alpinecreeklodge.com

Clearwater Mountain Lodge/The Sluice Box, Mile 82.2, Denali Hwy, Cantwell, AK 99729, Tel. +1/907/2031057; DZ ab 185 US-Dollar. Neben Zimmern, Cabins und Camping werden auch Touren angeboten. Außerdem kleine Bar/Café, als Erinnerung hinterlässt man einen Dollarschein an der Wand.
www.clearwatermountainlodge.com

Tangle Lakes Campground, Mile 21.5, Denali Hwy, Paxson, AK 99586, Tel. +1/907/8223217; 6–12 US-Dollar/Nacht. 41 Stellplätze. Zur Jagdsaison lassen sich auch viele Jäger hier nieder.
www.blm.gov

Man kann den Denali Hwy auch mit dem Rad bewältigen. Man sollte sich jedoch auf abenteuerliche Straßen einstellen und neben genügend Flickzeug viel Zeit einplanen.

Swede Lake, Long Tangle Lake, Roosevelt Lake und **Butte Lake** sind gute Spots für Arktische Äschen und Dolly-Varden-Forellen. Angeltouren und Infos bietet z. B. die Maclaren River Lodge (s. o.). Beim Alaska Department of Fish and Game sollte man sich über die aktuellen Angelbestimmungen zu informieren.
www.adfg.alaska.gov

Für kleine Touren auf dem **Round Tangle Lake** verleiht die Maclaren River Lodge Kanus (Kanutrip mit Jetboat-Transport 50 US-Dollar/Std. bzw. 70 US-Dollar/2 Std.). An den Tangle Lakes beginnt auch der 48 Kilometer lange **Delta National Wild and Scenic River,** der unterschiedliche Schwierigkeitsgrade bietet. Infos unter:
www.alaska.org/detail/delta-river

Die Wandermöglichkeiten in der weiten Tundralandschaft sind endlos, ob ausgewiesener Wanderweg oder wegloses Gelände (Infos bei den Lodges). In der **Jagdsaison** wird von Wanderungen dringend abgeraten!

Denali National Park and Preserve

➲ *Mile A 237, F 125*

Im Denali National Park and Preserve 300 Kilometer südlich des Polarkreises, so könnte man meinen, wurde das Wort »Wildnis« überhaupt erst erfunden. Der Denali ist eines der größten geschützten Ökosysteme der Welt – so groß wie Hessen und das Saarland zusammen –, ein Nationalpark der Superlative, dessen Herz der höchste Berg Nordamerikas ist. Ohne einen Ausflug in diesen ganz eigenen Kosmos voll wilder Schönheit gemacht zu haben, darf man Alaska nicht verlassen. Er war und ist Inspiration für Maler und Schriftsteller; eine alte Bekannte und zugleich mystische Fremde für Wissenschaftler; Spielplatz für Helden und Abenteurer; die Lebensgrundlage vieler Jäger; einladend und respekteinflößend zugleich; ein intakter, manchmal lieblicher und oft rauer Lebensraum für viele Wildtiere. Kurz gesagt, der Denali Nationalpark ist einfach »der Park«.

Geschichte

Zwischen 1906 und 1908 hielt sich der Umweltschützer, Naturalist und Jäger Charles Alexander Sheldon im Gebiet des heutigen Nationalparks auf, um Dallschafe zu jagen. Fast zur selben Zeit wurde in Kantishna Gold entdeckt und die Alaska Railroad ausgebaut. So zogen immer mehr Menschen nach Nenana und Fairbanks. Um sie mit Nahrung zu versorgen, wurden binnen kurzer Zeit Tausende Karibus und Dallschafe erlegt. In dieser Ausbeutung der natürlichen Ressourcen sah Sheldon eine Gefahr für die Zukunft des Ökosystems und startete nach seiner Rückkehr in New York eine Schutzkampagne. Seine Bemühungen zahlten sich aus. 1917 unterzeichnete Präsident Woodrow Wilson die Gründungsurkunde des »Mount McKinley National Park«. Bereits vier Jahre zuvor war der Denali-Expedition unter Hudson Stuck (1863–1920) und dem Bergführer Harry Karstens (1878–1955) die Erstbesteigung des Mount McKinley gelungen. Karstens hatte bereits Sheldon bei seinen Reisen durch die Wildnis begleitet, weshalb er von Sheldon für die Leitung des neugeschaffenen Parks empfohlen wurde. Er leitete den Nationalpark von 1921 bis 1928 und setzte sich für den Bau von Straßen im Parkbereich ein. Während dieser Zeit kamen auch die Brüder Adolph (1899–1974) und Olaus Murie (1889–1963) nach Alaska, um als Biologen das Ökosystem des Nationalparks zu studieren.

Karte S. 239

▲ *Auf dem Mount Healy*

Denali National Park

1939 wurde die Straße bis zum Wonder Lake fertig. Der Denali Highway wurde 1958 vollendet, und mit dem Anschluss an den Alaska Highway (Parks Highway) im Jahr 1971 war der Park nicht länger ein Geheimnis. Während Biologen und Botaniker aus aller Welt die unberührte Natur erkundeten, wurde das Schutzgebiet unter US-Präsident Jimmy Carter im Dezember 1980 mit dem »Alaska National Interest Lands Conservation Act« noch einmal erweitert. Zudem wurde der Name in »Denali National Park and Preserve« geändert.

Bis heute steht das intakte Ökosystem als riesiges Laboratorium im Fokus vieler Wissenschaftler und Umweltschützer. Vor allem zwischen Mai und September kommen jährlich auch etwa 400 000 Besucher in den Park. Im Vergleich zu den anderen Nationalparks gibt es ein sehr breitgefächertes Angebot an Shops, Infrastruktur und Führungen.

Naturraum

Auf rund 24 500 Quadratkilometern erstreckt sich die massivste Auffaltung der Alaskakette mit ihrem höchsten Gipfel, dem Mount Denali (6190 Meter) und bildet damit das gewaltige Rückgrat dieses Landes. Die Auffaltung des Bodens infolge plattentektonischer Prozesse hält bis zum heutigen Tag an. Jährlich werden 600 seismische Aktivitäten gemessen, die meisten davon in einer Tiefe von 170 Metern. So »lebendig« der Untergrund ist, so ist auch die Oberfläche stetiger Veränderung unterwo-

Zwei neugierige Dallschafe

fen. Rund 4000 Quadratkilometer sind mit Eis überzogen, vor allem in Form von Hunderten Gletschern, von denen nur 40 einen Namen tragen. Manche Gletscher beginnen auf einer Höhe von knapp 5800 Metern und schlängeln sich hinunter auf gute 240 Meter. Zudem durchziehen mächtige Flüsse den Park, liebliche Seen betupfen die Tundra und ausgedehnte Wälder umsäumen fruchtbare Ebenen.

Im Park sind die »Big Five Alaskas« heimisch: Elche, Bären, Karibus, Wölfe und Dallschafe. Hinzu kommen Luchse, Vielfraße, Füchse, Marder, Eichhörnchen, Schneehasen und Mäuse, insgesamt 39 Arten von Säugetieren, 169 Vogelarten und die hier wohl einsamste Amphibie der Welt, der Waldfrosch. Hinzu kommen unzählige Insekten, Bienen und Schmetterlinge. Rund 1500 Arten von Pflanzen, Moosen und Lichen wurden im Park gezählt. Der Denali-Nationalpark erweist sich als (noch) intaktes Paradies. Zwei Klimazonen treffen hier aufeinander. Aus dem Süden rückt maritimes Klima an, während aus dem Norden der Alaskakette kontinentales Klima Einfluss nimmt. Diese Kombination führt zu kurzen, warmen Sommern und langen, extrem kalten Wintern.

Zugänglichkeit und Planung

Es gibt nur eine Straße, die in den Park führt. Die 92 Meilen lange **Denali Park Road** zweigt 27 Meilen nördlich von Cantwell vom Parks Highway ab und endet in **Kantishna**. Privatautos und Wohnmobile können sie nur bis Meile 15 befahren, im Winter nur bis Meile 3,4. Dieser erste Teil der Straße ist auch asphaltiert. Hier verkehren kostenfreie **Shuttlebusse**, am Anfang und am Ende gibt es Parkplätze. Die Hauptsaison liegt zwischen Mai und September, aber auch danach kann der Park weiterhin besucht werden.

Der Denali-Nationalpark eignet sich sowohl für Tagestouren wie für mehrtägige Aufenthalte. **Lodges** im Park, wie in Kantishna, müssen reserviert werden. Die **Campingplätze** sind bis auf den Riley Creek Campground am Parkeingang nur von Mai bis September geöffnet. Reservierungen für manche Plätze werden nur am Tag der Ankunft entgegengenommen. Wer in die Wildnis gehen möchte, braucht ein **backcountry permit**, das erst einen Tag vor oder am Tag der Ankunft selbst beantragt werden kann. Da die Anzahl der Permits begrenzt ist, erhöht frühes Erscheinen im Visitor Center (8 Uhr) die Chancen. Zudem ist es Pflicht, **bärensichere Nahrungscontainer** mitzunehmen und den Teil *(unit)* des Parks bekanntzugeben, in dem man sich aufhalten wird. Auf diese Weise möchte der Parkservice sicherstellen, dass der angesteuerte Bereich nicht gerade offiziell aus irgendeinem Grund geschlossen ist. Natürlich sind alle sonstigen Sicherheitshinweise zu beachten, wie in anderen Wildnisregionen Alaskas auch. Auch wenn der Nationalpark im Vergleich zu anderen sehr gut zugänglich erscheint, so ist die Wildnis trotzdem immer noch mit großer Vorsicht zu genießen. Die jeweils aktuellen Sicherheitshinweise sind unbedingt ernst zu nehmen.

Die Auswahl an **Wanderungen** ist im Sommer scheinbar unendlich und auch Radfahrer sind anzutreffen. Im **Winter** sind die Möglichkeiten natürlich eingeschränkt, aber man kann trotzdem auf verschiedene Arten aktiv sein. Schneemobil- oder Hundeschlittentouren, Schneeschuhwanderungen und sogar Wintercamping sind möglich. Die Chance, im Winter **Polarlichter** zu sehen, ist enorm hoch, was für viele ein weiterer guter Grund für einen Besuch sein dürfte.

Der Denali ist der höchste Berg Nordamerikas

Mount Denali

In der Sprache der Ureinwohner bedeutet *denali* »der Hohe«. Mit 6190 Metern ist der Granitriese der höchste Berg Nordamerikas und zählt damit zu den Seven Summits, den jeweils höchsten Bergen aller Kontinente. Bis 2015 hieß der Berg noch Mount McKinley, 1896 durch einen Goldsucher nach dem 25. US-Präsidenten William McKinley benannt. Barack Obama gab dem Berg dann seinen eigentlichen Namen zurück.

Von Legenden umrankt, von Bergsteigern und Piloten geliebt wie gefürchtet, ist der wahrscheinlich meistfotografierte Berg Alaskas an klaren Tagen bereits von Anchorage aus zu sehen. Sogar Piloten von Passagierflugzeuge bieten an sonnigen Tagen den Passagieren eine Flugshow über den klimatisch extremen Berg. Schlechtes Wetter, starke Winde, Stürme in Orkanstärke und Temperaturen bis minus 73 Grad Celsius sind hier keine Seltenheit. 70 Prozent des Berges sind konstant mit Schnee bedeckt.

Rund 100 Bergsteiger ließen an ihm schon ihr Leben. 1903 glaubte Frederick Cook, den Gipfel erreicht zu haben – jedoch er irrte. Heute heißt der von ihm erklommene Gipfel daher »Fake Peak«. Am 7. Juni 1913 bestieg die Seilschaft unter Hudson Stuck den Berg dann wirklich zum ersten Mal. Der an der Erstbesteigung beteiligte legendäre Bergsteiger Bradford Washburn fertigte 1960 eine topografische Karte an. 1967 ereignete sich die größte Tragödie in der Geschichte des Denali, als von der zwölf Mann starken Truppe unter Joe Wilcox nur fünf zurückkehrten. Die Mannschaft war für zehn Stunden in einem heftigen Sturm unterhalb des Gipfels gefangen. 1990 bestieg der russische Bergsteiger Anatoli Bourkeev den Berg alleine in nur 10,5 Stunden – Rekord! Bis heute haben insgesamt rund 24 000 Menschen versucht, den Mount Denali zu erklimmen, die Erfolgsrate liegt bei rund 52 Prozent. 2018 stürzte ein Kleinflugzeug am Denali ab. Zwar überlebten alle Passagiere den Absturz, konnten aber nicht mehr rechtzeitig gerettet werden. Bis heute steckt das Flugzeug im Berg fest.

Für die Besteigung muss mindestens 60 Tage vor Beginn der Expedition ein **Permit** (370 US-Dollar) beantragt werden. Den Berg zu besteigen, ist eine enorme Herausforderung. Es erfordert

▸ Karte S. 239

intensive Planung sowie sehr große Bergsteigererfahrung. Am besten sucht man sich einen lokalen Anbieter von Gipfeltouren auf den Denali (www.climbalaska.org).

Busfahrt zum Wonder Lake

Die klassische Variante für die meisten Besucher ist eine Bustour. Für rund 58 US-Dollar kann man eine rund 12-stündige Tour zum Wonder Lake unternehmen. Start und Ende ist das Denali Bus Depot. Für 64 US-Dollar kann man bis nach **Kantishna,** also zum Ende der Denali Park Road fahren. Die ersten Busse starten bereits um 5.15 Uhr. Der Busfahrer ist gleichzeitig Guide und erzählt während der Fahrt viel Interessantes über den Park. Der Bus hält für Fotos an, wann immer die Aussicht gut ist oder ein Tier auftaucht. Es gibt verschiedene feste Stopps, darunter am **Eielson Visitor Center** (Mile 66), wo es nicht nur eine Ausstellung, sondern bei gutem Wetter auch grandiose Aussichten gibt. Wer viel Zeit hat, kann am **Wonder Lake** (Mile 85) auch eine kleine Wanderung in Richtung des **McKinley Bar Trail** (→ S. 246) unternehmen und einen späteren Bus zurück nehmen. Aber Achtung: In der Hochsaison sind viele Busse voll bis unters Dach! Wer auf Nummer sicher gehen will, sollte sich daher an seinen Bus halten. **Verpflegung und Getränke** muss man für den ganzen Tag mitnehmen, da es nur am Visitor Center Einkehrmöglichkeiten gibt. Bärenspray sichtbar zu tragen, ist verboten.

Achtung: Aufgrund eines Erdrutschs (Pretty Rocks Landslide) ist die Straße ab Mile 45 noch bis voraussichtlich 2024 gesperrt. Die Busse fahren daher nur bis Mile 43 zur East Fork Area; das ist eine Halbtagesfahrt (30 US-Dollar). Natürlich können auch in diesem Gebiet diverse Wanderungen unternommen werden.

Der Klassiker im Nationalpark – eine Bustour zum Wonder Lake

Mit dem Fahrrad

Neben den ausgewiesenen Fahrradwegen zwischen Nenana River und Denali Visitor Center ist es erlaubt, die gesamten 92 Meilen auf der **Denali Park Road** bis nach Kantishna zu radeln. Die ersten 15 Meilen sind asphaltiert, ab Meile 31 wird die Straße sehr eng. Entweder man fährt die ganze Strecke selbst oder nimmt (wenn Platz ist) den **Savage River Shuttle** und radelt auf der dort beginnenden Schotterstraße Richtung Osten. Auf der gesamten Strecke nach Kantishna wird man rund 3330 Höhenmeter abradeln.

Wichtige Hinweise für Radfahrer

- Während der Fahrt einen Helm tragen!
- Es gibt keine Reparaturhilfe im Denali National Park. Flickzeug, Ersatzteile und weitere Ausrüstung sollte zur Genüge mitgenommen werden.
- Nur im Sommer kann man am Eielson Visitor Center Frischwasser beziehen. Ansonsten ist man auf die Natur angewiesen. Es wird empfohlen, einen Wasserfilter und Reinigungstabletten sowie ausreichend Verpflegung mitzunehmen.

• Es ist verboten, abseits der Straße zu radeln. Wenn ein fressender Bär die Straße versperrt *(animal closure)*, muss gewartet werden. Zu denken, man könne schnell an dem Bären vorbeiradeln, ist lebensgefährlich!

• Der Nationalpark hat ein eigenes Mikroklima. Auch im Sommer kann es Hagel, Schnee, Sturm und abrupte Temperaturstürze geben, Regen sowieso. Unterkühlung ist die Hauptursache aller Notrufe im Park. Man sollte also ausreichend warme Bekleidung dabeihaben.

• Wenn man mit mehreren Radfahren unterwegs ist, so wird immer rechts und hintereinander gefahren.

• Möchte man zwischendurch entlang der Straße wandern, sollte das Rad mindestens 25 Meter abseits der Straße abgestellt werden.

• Lässt man das Rad über Nacht stehen, sollte man einen Zettel mit Kontaktdaten am Fahrrad hinterlassen, damit die Ranger informiert sind.

• Im Besucherzentrum kann man Bärencontainer für Lebensmittel ausleihen.

Wanderungen im Denali National Park

Horseshoe Lake Trail

Länge: 4,8 Kilometer (Hin- und Rückweg)
Gehzeit: 2 Stunden
Anspruch: einfach
Ausstattung: Einkehrmöglichkeit am Denali Visitor Center
Max. Höhe: 70 Höhenmeter
Beste Jahreszeit: Mai bis September
Start/Ende: Horseshoe Lake Trailhead und Bus Stop
An-/Abreise: Auto, Bus oder Taxi
Karte: *NPS, Getting Around Denali*, gibt es im Denali Visitor Center

Der Horseshoe Lake ist eine kleine Oase, und die Wanderung bietet einen guten ersten Überblick von der Region. Allein wird man hier jedoch nicht sein, der Weg ist stark frequentiert, und Ranger bieten regelmäßig Spaziergänge an.

Die Wanderung beginnt an **Meile 1** der Denali Park Road, dort, wo die Eisenbahnlinie die Straße kreuzt. Zu Beginn führt der Weg für ein kurzes Stück steil hinauf, aber schon nach kurzer Zeit wird man mit tollen Aussichten auf den **Horseshoe Lake** belohnt. Nach diesem Huckel führt der sehr gut ausgebaute und beschilderte Weg einfach hinunter zum See. Dort entscheidet man sich, ob man dem Rundweg folgt oder noch einen Abstecher zum **Nenana River** unternimmt. Am Südende des Sees befindet sich eine **Aussichtsplattform.** Im See leben viele Biber, und selbst wenn man keinen zu Gesicht bekommt, so sieht man deutlich ihre Nagespuren an sämtlichen Bäumen, die sich nahe des Sees befinden. Folgt man dem Rundweg bis zum Ende, ist man wieder am Ausgangspunkt angelangt.

McKinley Station Trail

Länge: 5,1 Kilometer (Rundweg)
Gehzeit: 2 Stunden
Anspruch: einfach
Ausstattung: Einkehrmöglichkeit am Denali Visitor Center
Max. Höhe: 30 Höhenmeter
Beste Jahreszeit: Mai bis September
Start/Ende: Denali Visitor Center
An-/Abreise: Auto, Bus oder Taxi
Karte: *NPS, Getting Around Denali*, gibt es im Denali Visitor Center

Dies ist eine leichte Tour für die ganze Familie. Auf den Spuren des alten Mount McKinley National Park führt diese Wanderung durch die Geschichte und Anfänge des heutigen Denali National Park. Am **Besucherzentrum** beginnt schon der historische Weg und führt vorbei an der **alten Park Road,** dem **ehemaligen Eingang,** dem alten **Mount McKinley Park Hotel** und der **früheren Hauptzentrale** sowie der alten eisernen **Zugbrücke.** Der gut ausgebaute und beschilderte Weg führt ohne Steigung durch dichten Wald am Riley Creek entlang bis zum **Riley Creek Campground.**

▸ Karte S. 239

Hier entscheidet man sich entweder für den **Fahrradweg,** welcher hinter dem Campingplatz und dem Parkplatz wieder zum Denali Visitor Center zurückführt, oder man läuft denselben Weg wieder zurück.

6 Mount Healy Overlook Trail

Länge: 8,6 Kilometer (Hin- und Rückweg)
Gehzeit: 3–4 Stunden
Anspruch: moderat
Ausstattung: Einkehrmöglichkeit am Denali Visitor Center
Max. Höhe: 518 Höhenmeter
Beste Jahreszeit: Mai bis September
Start/Ende: Denali Visitor Center
An-/Abreise: Auto, Bus oder Taxi
Karte: *NPS, Getting Around Denali,* gibt es im Denali Visitor Center

Gleich zu Beginn geht es auf diesem gut ausgebauten Wanderweg bergauf. Während man langsam die Baumgrenze hinter sich lässt, genießt man geniale Aussichten, manchmal sogar bis zum Mount Denali. Am Visitor Center folgt man dem beschilderten **Taiga Trail** für ungefähr 800 Meter. Bereits am Anfang der Wanderung ist auch die Richtung zum **Mount Healy Trail** ausgeschildert. An der deutlichen Abzweigung zum **Mount Healy Overlook Trail** folgt man dieser und geht von dort aus konstant bergauf. Vorwiegend Wald und dichte Vegetation begleiten fast den gesamten Weg. Spindeldürre Schwarzfichten wachsen entlang des Schotterwegs, der sich nach einer Weile langsam in Serpentinen hinaufwindet. Zwischen den saftigen Grüntönen der üppigen Vegetation fällt der Blick immer wieder auf die schneebedeckten Berge in der Ferne. Die Aussicht wird zunehmend grandioser, neben der sandig-schottrigen Piste geht es vereinzelt auch über felsige Treppenstufen. Der Weg schlängelt sich langsam hangaufwärts mit immer mehr Schotter an den Hängen.

Dann hat man die Baumgrenze hinter sich gelassen, und das letzte Stück führt der Weg entlang an Felsen über Schotter und Geröll. Während die letzten kleinen Sträucher und Gräser ums Überleben kämpfen, hat man nach gut 4,3 Kilometern das Ziel erreicht. Das ist nämlich nicht der Gipfel des Mount Healy selbst, sondern eine sich mit einer unvergleichlichen Aussicht öffnende **Anhöhe.** Hier ist es immer windig, entsprechende Kleidung ist zu empfehlen. Von hier führt zwar ein weiterer Weg in Richtung Mount Healy. Dieser ist aber zunehmend gefährlich und nicht das Ziel dieser Wanderung.

Nachdem man die obligatorischen Fotos vom Blick in Richtung McKinley Park, Besucherzentrum, Mount Healy und Denali gemacht hat, führt derselbe Weg zurück, diesmal konstant abwärts.

Auch im Winter gibt es im Nationalpark viele Wandermöglichkeiten

Savage River Loop Trail

Länge: 2,7 Kilometer (Rundweg)
Gehzeit: 1 Stunde
Anspruch: einfach
Ausstattung: keine Einkehrmöglichkeiten; Verpflegung und Wasser mitnehmen
Max. Höhe: keine nennenswerte Steigung
Beste Jahreszeit: Mai bis September
Start/Ende: Parkplatz am Savage River (bei Meile 15 der Denali Park Road)
An-/Abreise: Auto oder Bus (Savage River Shuttle)
Karte: *NPS, Getting Around Denali*, gibt es im Denali Visitor Center

Eher ein Spaziergang, ist diese kleine Wanderung auch bei Familien sehr beliebt. Vom Parkplatz und der Bushaltestelle am Savage River führt der ebenerdige Rundwanderweg immer entlang des **Savage River** vorbei an schroffen Felshängen und spärlicher Vegetation. Deutlich lässt das Flusstal erkennen, welche Gletscherkräfte hier einst am Werk waren – arktische und alpine Struktur, soweit das Auge reicht. Nach der Hälfte des Weges überspannt eine **Brücke** den Fluss, und somit kann der Weg zurück auf der anderen Uferseite mit der umgekehrten Perspektive unternommen werden. Am Ende erreicht man wieder den Ausgangspunkt.

Savage Alpine Trail

Länge: 6,5 Kilometer
Gehzeit: 2 Stunden
Anspruch: anstrengend
Ausstattung: keine Einkehrmöglichkeiten; Verpflegung und Wasser mitnehmen
Max. Höhe: 430 Höhenmeter
Beste Jahreszeit: Mai bis September
Start: Bus Stop/Parkplatz am Savage River (bei Meile 15 der Denali Park Road)
Ende: Denali Park Road, Bus Stop/Parkplatz am Mountain Vista Trailhead
An-/Abreise: Auto oder Bus (Savage River Shuttle)
Karte: *NPS, Getting Around Denali*, gibt es im Denali Visitor Center

Diese Tour ist zwar zu Beginn etwas anstrengend, aber sie liefert unvergessliche Aussichten auf das Bergpanorama des Nationalparks.

Am **Parkplatz** bei Meile 15 beginnt der Savage Alpine Trail. Er führt die ersten 1,6 Kilometer so gut wie nur steil bergauf, häufig über Stufen, die in lose Felsbrocken eingebaut wurden. Man befindet sich hier schon in alpiner Umgebung. Felsen, Geröll und Buschwerk umgeben den Wanderweg. Es ist empfehlenswert, sich Zeit zu lassen und genug zu trinken bei sich zu haben. Der Weg führt zwar gut erkennbar durch das Gelände, und mit jedem weiteren Schritt wird die Aussicht bei gutem Wetter grandioser, aber Achtung! Bei Schnee ist der Weg schlecht auszumachen! Je höher man steigt, desto mehr ist der Schotterpfad mit einzelnen Stufen präpariert. Immer schroffer ragen Steine und Felszacken neben dem Weg empor.

Hat man den Weg hinauf einmal gemeistert und ausreichend Pausen gemacht, führt er dann stetig wieder bergab. Nach einigen Serpentinen kehrt langsam der Baumbestand zurück. Schon fast parallel zum Weg fließt ein Fluss, und man folgt dem Wanderweg einfach wieder hinunter bis zur Denali Park Road. Vor allem wenn der Baumbestand dichter wird, sollte die Aufmerksamkeit wieder auf eine mögliche Begegnung mit Wildtieren gelegt werden.

McKinley Bar Trail

Länge: 7,4 Kilometer (Hin- und Rückweg)
Gehzeit: 3 Stunden
Anspruch: einfach
Ausstattung: keine Einkehrmöglichkeiten; Verpflegung und Wasser mitnehmen
Max. Höhe: keine nennenswerte Steigung
Beste Jahreszeit: Mai bis September
Start/Ende: in der Nähe des Wonder Lake Campground
An-/Abreise: Nationalparkbus
Karte: *Denali National Park, National Geographic Trails Illustrated Alaska (222)*

Diese Wanderung führt auf einem Weg in die wunderschöne Landschaft beim Won-

▸ Karte S. 239

der Lake mit Blick auf den Mount Denali und auf demselben Weg wieder zurück. Nachdem der Nationalparkbus nach rund fünf Stunden Fahrt den **Wonder Lake** erreicht hat, läuft man ungefähr 800 Meter die Straße wieder zurück. Auf der rechten Seite taucht dann sehr markant der Wanderweg auf. Der Weg durch die arktische **Tundra** ist größtenteils als bequemer **Holzsteg** ausgebaut und zieht sich an Beerenbüschen, Gräsern und kleinen Beständen an Schwarzfichten entlang. Besonders an klaren Tagen im Herbst ist nicht nur der Blick zum **Mount Denali** grandios, sondern allein die Färbung der Landschaft durch gelbe, rote und braune Tupfer verleiht der Wanderung eine magische Atmosphäre. Immer wieder schwindet der Baumbestand, und viele Wasserläufe und Moorgebiete beherrschen die Landschaft. Der Pfad führt teilweise über Wurzeln, und Äste hängen in den Weg hinein. Man sollte also trotz der unvergesslichen Aussichten den Blick für den Weg nicht verlieren. Begegnungen mit Rentieren und Elchen sind bei dieser Wanderung obligatorisch. Manchmal halten sie sich in nächster Nähe zum Wanderweg auf, werden aber von den Wanderern, die sich am Mount Denali nicht sattsehen können, kaum wahrgenommen. Der Weg zieht sich hinunter bis zum **McKinley River.** Von dort geht es auf demselben Weg wieder zurück zum Ausgangspunkt.

Mit einer halben Meile Abstand darf auch entlang des Wanderweges gezeltet werden. Doch selbst für Tagesbesucher lohnt sich eine kleine Wanderung auf diesem Weg, um danach den Bus zurück zum Parkeingang zu nehmen.

i Denali National Park and Preserve

Postleitzahl: AK 99755

Eintritt: Tagesticket 15 US-Dollar, Jahresticket 45 US-Dollar

Denali Visitor Center, Mile 1.5, Denali Park Rd, Tel. +1/907/6839532; Mitte Mai–Mitte Sept. tgl. 8–18, Mitte Sept.–Mitte Okt. tgl. 9.30–17 Uhr. Das Hauptinfozentrum mit interessanter Ausstellung rund um den Nationalpark, hier gibt es auch die *backcountry permits.* Zudem werden informative Spaziergänge mit Rangern angeboten.
www.nps.gov

Winter Visitor Center/Murie Science and Learning Center, Mile 1.5, Denali Park Rd, Tel. +1/907/6836432; Juni–Aug. tgl. 13–15, Aug.–Mitte Okt. u. 2. Maihälfte geschl., Mitte Okt.–Mitte Mai tgl. 9.30–17 Uhr. Informiert zum Skifahren, Biking oder Schneeschuhtouren.

Denali Bus Depot, Mile 0.5, Denali Park Rd, Tel. +1/866/7616629; Mitte Mai–Mitte Sept. tgl. 7–19 Uhr. Reservierung von Bustickets, Start aller Bustouren und Shuttles.
www.reservedenali.com

Toklat Rest Stop, Mile 53, Denali Park Rd, Tel. +1/907/6839532; derzeit geschl.

Eielson Visitor Center, Mile 66, Denali Park Rd, Tel. +1/907/6839532; Juni–Mitte Sept. tgl. 9–17.30 Uhr

Post: beim Riley Creek Campground, Mile 0.3, Denali Park Rd

Einkaufen/Restaurants: 3 Meilen nördl. des Parkeingangs am Parks Hwy gibt es einige Läden und Restaurants.

Ärzte: Horizon Medical, 238.8 Parks Hwy, Tel. +1/907/6834433; Mitte Mai–Mitte Sept. Notfallversorgung rund um die Uhr.
www.horizonmedicalak.com

!

Achtung: Aufgrund eines Erdrutschs (Pretty Rocks Landslide, → S. 243) ist die Denali Park Rd bis voraussichtlich 2024 ab Meile 45 gesperrt.

🚗

Von **Anchorage** aus ist der Park über den Parks Highway in vier Stunden zu erreichen. Es gibt lange Streckenabschnitte ohne Tankstelle! Von **Fairbanks** aus sind es gut zwei Stunden.

Zwischen Mai und September wird der Park von Anchorage aus angesteuert, Fahrtzeit rund 6 Std., 100 US-Dollar (einfach). www.alaskatravel.com

Der **Zug** hält direkt am Visitor Center. Anchorage–Denali NP ca. 280 US-Dollar (einfach), Fahrtzeit rund 7 Std. www.alaskarailroad.com

Kantishna Air Taxi, Mile 91, Denali Park Rd, Tel. +1/907/6448222. Rundflüge, aber auch Charterflüge von/nach Anchorage, Fairbanks, Talkeetna. www.katair.com

Denali Transportation, Tel. +1/844/9074387. Taxishuttle von/nach Anchorage und Fairbanks zum Denali NP. www.denalitaxishuttle.com

Camp Denali/The Northface Lodge, Mile 92, Denali Park Rd, Tel. +1/907/6832290; DZ ab 1100 US-Dollar pro Person. 3, 4 oder 7 Nächte sind möglich. Wunderschöne Unterkunft beim Wonder Lake. www.campdenali.com

Kantishna Roadhouse, Mile 92, Denali Park Rd, Tel. +1/800/9427420; DZ ab 1050 US-Dollar pro Person. Gepflegtes Ambiente mit Saloon, Restaurant, Bibliothek, Souvenirshop und vielen weiteren Extras am Ende der Park Rd. www.kantishnaroadhouse.com

Denali Backcountry Lodge, Tel. +1/800/8088068; DZ ab 1650 US-Dollar. Urige Zimmer, sogar mit Wellness und Spa-Bereich am Ende der Park Rd. www.alaskacollection.com

Denali Princess Wilderness Lodge, Mile 238.5, Parks Hwy, Tel. +1/907/6832282. Nahe dem Parkeingang. Mit komfortablen Zimmern, Lounge, Restaurant und schöner Terrasse. www.princesslodges.com

Riley Creek Mercantile, Tel. +1/866/7616629, Mile 0.25; Mitte Mai–Mitte Sept. tgl. 7–23 Uhr. Reservierung und Check-In für alle Campingplätze im Park. www.reservedenali.com

Riley Creek RV & Campground, Mile 0.4, Denali Park Rd; Anf. Mai–Mitte Sept., ab 17 US-Dollar/Nacht.

Savage River RV & Campground, Mile 12.8, Denali Park Rd; Mitte Mai–Mitte Sept., ca. 46 US-Dollar/Nacht.

Teklanika RV & Campground, Mile 29.1, Denali Park Rd; Mitte Mai–Mitte Sept., 29 US-Dollar.

Wonder Lake Campground, Mile 85.9, Denali Park Rd; Anf. Juni–Mitte Sept.16 US-Dollar/Nacht zzgl. 6,50 US-Dollar Reservierungsgebühr.

Morino Grill, Mile 1.5, Denali Park Rd, Tel. +1/907/6839274; Mitte Mai–Mitte Sept. tgl. 8–18 Uhr. Das einzige Restaurant und Café im Nationalpark. www.reservedenali.com

Denali Park Salmon Bake, Mile 238.5 Parks Hwy, Tel. +1/907/6832733. Amerikanische und alaskanische Küche. www.denaliparksalmonbake.com

Moose-AKa's, 238.9 Parks Hwy, Tel. +1/907/6870003. Osteuropäische Küche vom Feinsten mit guten Weinen. www.moose-akas.com

Perky Moose, 238 Parks Hwy. Snacks und Kaffee beim Bluffs Hotel. www.denalialaska.com

Nenana Raft Adventures, Mile 238, Parks Hwy, Tel. +1/907/6837238, www.raftdenali.com

Denali Raft Adventures, Mile 238.6, Parks Hwy, Tel. +1/907/6832234, www.denaliraft.com

Husky Homestead, Mile 238.5 Parks Hwy, Tel. +1/907/6832904. Hundeschlittentouren das ganze Jahr über. www.huskyhomestead.com

Karte S. 239

Healy ➲ *Mile A 248, F 110*

Nur 15 Minuten nördlich des Eingangs zum Denali National Park liegt die 1000 Einwohner zählende Gemeinde Healy. Zu beiden Seiten des Parks Highway erstreckt sich das Örtchen, das Anfang des 20. Jahrhunderts für die Arbeiter der Kohleindustrie und der Alaska Railroad und deren Familien entstand. Heute ist Healy idealer Ausgangspunkt für Besucher des Denali National Park und Zwischenstopp für Reisende auf dem Weg nach Norden. Healy selbst ist wenig attraktiv, doch dank seiner Tankstellen, Unterkünfte, Supermärkte, Restaurants und staatlichen Institutionen sichert es die Grundversorgung für die Bewohner der Umgebung und alle, die auf der Durchreise sind.

In Healy hielt sich auch der nach seinem tragischen Tod berühmt gewordene Christopher McCandless auf (→ S. 251). Es war seine letzte Station, bevor er sich auf dem Stampede Trail in die Wildnis aufmachte. Es war auch das letzte Mal, dass man von ihm hörte. Heute steht ein Nachbau des Magic Bus aus dem Film *Into the Wild* auf dem Gelände der 49th State Brewery.

Stampede Road und Trail

Die heute berühmte **Stampede Road** befindet sich keine fünf Minuten außerhalb von Healy, wenn man den Ort in Richtung Norden auf dem Parks Highway verlässt. Die Straße beginnt auf der linken Seite gleich hinter der Kirche In His Shadow Ministries. Die acht Meilen lange Straße ist zur Hälfte asphaltiert. Auf Höhe der Earth Song Lodge geht sie in Schotter über. In einer guten halben Stunde hat man das Ende der Straße erreicht. Vorher passiert man noch das Stampede Excursions and Backcountry Basecamp, welches Touren in der Wildnis anbietet. Am Beginn des Stampede Trail gibt es einen Wendebereich und Parkmöglichkeiten.

Der **Stampede Trail** markiert den Punkt, wo Christopher McCandless 1992 losmarschierte, um seinen Traum vom einfachen Leben in der Wildnis zu verwirklichen. Für knappe 30 Kilometer wanderte er auf dem Trail und fand schließlich den Magic Bus, in dem er fast vier Monate bis zu seinem Tod lebte. Die Geschichte des jungen Aussteigers wurde weltberühmt durch Jon Krakauers Buch *Into the Wild* von 1996 und den gleichnamigen Film von 2007. Das hatte jedoch auch zur Folge, dass sich viele begeisterte Fans auf den Weg begaben, um den Bus mit eigenen Augen zu sehen. Jedes Jahr versuchten sich neben erprobten Wanderern auch viele Unerfahrene blauäugig an dem Trail. Ständig mussten Rettungsteams ausrücken, um jenen zu helfen, die die Wildnis unterschätzt hatten.

2020 wurde schließlich entschieden, den Magic Bus von seinem Standort zu entfernen, damit nicht noch mehr Men-

In der 49th State Brewing Company

schen ihr Leben riskieren. Mit einem Helikopter wurde der Bus ins Museum of the North in Fairbanks (→ S. 261) gebracht, wo er nun samt seiner Geschichte ausgestellt wird.

Alternativ kann man den originalgetreu nachgebauten Bus aus dem Kinofilm vor der 49th State Brewery bestaunen, ein Foto machen und anschließend auf ein Bier einkehren. Dort ist es angenehm warm, es gibt genug zu essen und keine Moskitos.

Hin- und Rückweg zum einstigen Standort des Busses betragen rund 60 Kilometer, aber dafür sind lediglich 387 Höhenmeter zu überwinden. Es handelt sich um eine alte Straße, die noch relativ deutlich erkennbar ist. Wanderer haben häufig GPS-Geräte dabei. Auch wenn der Weg größtenteils flach bleibt, ist er oft nass und matschig. Im Sommer wird man von Mücken geplagt, im Herbst ist es schon extrem kalt, und im Frühjahr, wenn die Schneeschmelze einsetzt, ist es sehr gefährlich. Die Herausforderung besteht darin, zwei unberechenbare Flüsse zu überqueren. Die Strömung des breiteren der beiden, des Teklanika River, ändert sich häufig. Damit sind auch die Stellen, an denen der Fluss gequert werden kann, nicht vorhersehbar. Spätestens hier sollte der gesunde Menschenverstand einsetzen.

Der Nationalparkservice und die Polizei raten darum dringend davon ab, sich ohne professionelle Führung auf diesen Trail zu begeben. Wer keine Erfahrung mit Wanderungen in der Wildnis und Flussquerungen hat, nimmt sonst ein hohes Risiko auf sich.

Der Nachbau des Magic Bus vor der 49th State Brewing Company

▲ Karte S. 239

Alexander Supertramp und der Magic Bus

Steht man heute am Beginn des Stampede Trail, so werden wohl vielen die Bilder aus Sean Penns Film *Into the Wild* ins Gedächtnis gerufen. Von hier aus ging er also los, »Alexander Supertramp« oder, wie er eigentlich hieß, Christopher Johnson McCandless. Mit minimaler Ausrüstung, ohne gutes Kartenmaterial, Kompass, Axt oder Schneeschuhe - alles Dinge, die ihm nach eigener Ansicht die Natürlichkeit des menschlichen Daseins nehmen würden - machte er sich am 28. April 1992 auf den Weg in Richtung Freiheit. Vier Tagesmärsche vom Dorf Healy, nördlich des Denali National Park, fand er nach eigenen Worten »seine Wildnis«. Gerade einmal 30 Kilometer von dem nach Fairbanks führenden Parks Highway entfernt entdeckte er einen alten, ausgedienten Bus. Er nannte ihn »The Magic Bus« und erklärte ihn zu seinem Zuhause, wie man aus seinem Tagebuch erfährt.

Christopher hatte kurz nach Ende seines Studiums der Geschichte und Anthropologie in Atlanta all seine Ersparnisse gespendet und sich mit wenig Gepäck auf eine zweijährige Wanderschaft in Richtung Westen begeben. Sein Weg führte ihn als Getreidehelfer über South Dakota, in eine kalifornische Hippiegemeinschaft und schließlich nach Alaska, wo er seine Vorstellung von Freiheit zu verwirklichen hoffte.

In der Wildnis lebte er von dem, was das Land hergab. Als Proviant hatte er nur einige Kilo Reis mitgenommen, denn er glaubte fest daran, dass ihm die Natur genug Nahrung bescheren würde. Bücher von Leo Tolstoi, Henry David Thoreau und Jack London hatten wohl eine allzu romantisierte Vorstellung vom einfachen Dasein in der Wildnis in ihm geschürt. Er sammelte Beeren und Pilze, schoss einige Eichhörnchen und sogar einen Elch. Weil er aber nur wenig Fett zu sich nahm, verlor er kontinuierlich an Gewicht und war zunehmend entkräftet. So beschloss er schließlich, in die Zivilisation zurückzukehren. Der Teklanika River, der auf dem Hinweg noch kein großes Hindernis dargestellt hatte, war inzwischen jedoch zu einem reißenden Strom angeschwollen, der sich nicht mehr überqueren ließ. Nur wenige Hundert Meter weiter hätte es eine rettende Seilfähre gegeben - die in Christophers veralteten Karten aber nicht eingezeichnet war. So kehrte er zum Bus zurück, wo er nach 113 Tagen allein in der Wildnis vermutlich am 18. August 1992 im Alter von 24 Jahren starb. Elchjäger fanden seine Leiche rund zwei Wochen später. Die Todesursache - ob einseitige Ernährung oder Vergiftung - konnte nicht endgültig geklärt werden.

Christopher McCandless war ein junger Mann, der seine Freiheit in der Flucht aus der Gesellschaft mit all ihren Ungerechtigkeiten zu finden hoffte. Er war überzeugt, dass der Kern des Lebens aus Erfahrungen gebildet wird: »Wenn wir zugeben, dass das menschliche Leben vom Verstand gelenkt werden kann, zerstören wir die Möglichkeit zu leben.«

Der Journalist Jon Krakauer griff im Jahre 1993 Christophers Geschichte in einem Artikel für das Magazin *Outside* auf. Später veröffentlichte er das Buch *Into the Wild* (auf Deutsch: *In die Wildnis*). Fans und Wanderer pilgerten auf den Spuren des berühmten Aussteigers auf dem Stampede Trail (→ S. 249) und folgten dem Ruf der Wildnis. Vor der 49th State Brewing Company in Healy kann man den für den Kinofilm nachgebauten Bus bestaunen und im Museum of the North in Fairbanks (→ S. 261) das Original sehen.

Healy

Postleitzahl: AK 99743
Post: 9998 Coal St
Bank: First National Bank, 5 Healy Spur Rd, Tel. +1/907/6837750
Tanken/Einkaufen: Three Bears Healy, 248.5 Parks Hwy, Tel. +1/907/6831300, www.threebearsalaska.com
Ärzte: Interior Community Health Center, 5 Healy Spur Rd, Tel. +1/907/6832211, www.interiorhealthalaska.com
Polizei: State Troopers Healy, Mile 349, Parks Hwy, Tel. +1/907/6832232

Von Anchorage aus ist Healy über den Parks Highway in rund 4,5 Stunden, von Fairbanks in rund 2 Stunden zu erreichen.

Alaska Railroad Züge verkehren von Fairbanks über den Denali NP bis nach Seward/Whittier. Vom Park aus kommt man im Taxi nach Healy.

Alaska Tour & Travel, Tel. +1/800/2080200. Der Park Connection Motorcoach verbindet Anchorage, Talkeetna und Seward mit dem Denali NP. Von dort kommt man im Taxi nach Healy. Talkeetna–Denali 70 US-Dollar, Anchorage–Denali 100 US-Dollar, Seward/Whittier–Denali 170 US-Dollar (jeweils einfach).
www.alaskatravel.com

Denali Transportation, Tel. +1/844/9074387. Taxi/Shuttle Denali NP–Healy ca. 45 US-Dollar, Fairbanks–Healy rund 250 US-Dollar. Verbindungen auch nach Anchorage.
www.denalitaxishuttle.com

Denali Dome Home B & B, 137 Healy Spur Rd, Tel. +1/800/6831239; DZ ab 265 US-Dollar. Sehr herzliche und warme Atmosphäre, die Besitzer sind sehr hilfsbereit. www.denalidomehome.com

Healy Heights Family Cabins, Mile 1.5, Hilltop Rd, Tel. +1/907/6832639; DZ ab 199 US-Dollar. Sehr freundliche familiengeführte Unterkunft. Cabins für 2–8 Personen mit Küche, Bad und Grill vor der Tür. www.healycabins.com

Totem Inn, Mile 248.7, Parks Hwy, Tel. +1/907/6836500; DZ je nach Saison 90–160 US-Dollar. Voll ausgestattete Zimmer, außerdem Restaurant, Lounge und Fitnesscenter. www.thetoteminn.com

White Moose Lodge, Mile 248, Parks Hwy, Tel. +1/800/4811232; DZ 95–125 US-Dollar. Abseits des Highway von Bäumen umgeben, von Eichhörnchen regiert und oft von Elchen besucht. Zimmer zur Selbstverpflegung mit Mikrowelle, Kaffeemaschine und Kühlschrank.
www.whitemooselodge.com

49th State Brewing Company, Mile 248, Parks Hwy, Tel. +1/907/6832739. Das Restaurant ist gleichzeitig Brauerei und einfach nur Kult. Vor der Tür steht der Nachbau des Magic Bus aus dem Film *Into the Wild*. Riesenburger, Smoky Ribs, Salate und lokale Biere zum Durchprobieren. Öfter Livemusik, eine der besten Ausgehmöglichkeiten der Gegend.
www.49statebrewing.com

Rose's Cafe, Mile 249, Parks Hwy. Familiengeführtes Café und Bäckerei mit gutem Kaffee, vielerlei Gebäck und Sauerteigbroten, auch Mittag- und Abendessen.
www.rosescafealaska.com

Stampede Excursions and Backcountry Basecamp, Mile 7.5, Stampede Rd, Tel. +1/907/2902191. Wer Fragen zum Stampede Trail hat oder Aktivitäten in der Wildnis unternehmen möchte, wendet sich am besten an diesen Anbieter.
www.stampedeexcursions.com

▶ Karte S. 239

Fairbanks ➲ *Mile A 360*

Im Herzen Zentral-Alaskas am Ufer des Chena River liegt die zweitgrößte Stadt im Bundesstaat, Fairbanks. Nur der Dalton Highway führt von hier aus noch in Richtung des Arktischen Ozeans bis an die Prudhoe Bay. So ist Fairbanks der nördlichste alaskanische Ort mit städtischer Atmosphäre. Auf einer Fläche von rund 85 Quadratkilometern leben heute im Stadtgebiet immerhin rund 31 000 Menschen, im Großraum von Fairbanks etwa 100 000. Die vielen Parks, Grünflächen und der Fluss bieten optimale Sport- und Freizeitmöglichkeiten in der Stadt selbst, ganz zu schweigen von den vielen Optionen in der Umgebung. In Downtown Fairbanks ist der alte Charme der Goldgräberstadt zwar inzwischen verlorengegangen, aber dennoch findet man hier und da noch ein paar Spuren der Vergangenheit. Die Stadt im Herzen Alaskas besitzt viele Museen, Ausgehmöglichkeiten, Restaurants und eine Außenstelle der University of Alaska mit 9300 Studenten. Abenteurern dient Fairbanks als Basislager, bevor sie in die Wildnis vor den Toren der Stadt aufbrechen.

Geschichte

Die Gegend um Fairbanks wurde schon vor Jahrtausenden von athabaskischen Stämmen besiedelt, aber die neuzeitliche Geschichte der heutigen Stadt begann im Jahr 1901. Im August dieses Jahres war Kapitän Elbridge Truman Barnette (1863–1933) mit seinem Dampfschiff auf dem Tanana River unterwegs. Er war auf der Suche nach einem geeigneten Platz, um einen Handelsposten nahe der Goldminen zu errichten. Der Wasserstand des Flusses war allerdings so niedrig, dass eine Weiterfahrt unmöglich war und Güter von Bord gebracht werden mussten. Barnette, der noch näher an das Gold heranwollte, war nicht erfreut über diese Zwangsniederlassung unweit der heutigen First Avenue von Fairbanks. Als jedoch der italienische Einwanderer Felix Pedro mit dem ersten Gold, das er in der Nähe gefunden hatte, im Lager auftauchte, änderte Barnette seine Meinung. Er errichtete eine Siedlung und benannte sie nach dem damaligen Senator von Indiana, Charles W. Fairbanks. Fairbanks sollte später noch Vizepräsident unter Theodor D. Roosevelt werden.

Die Geschichte Alaskas wird im Museum of the North in Fairbanks spannend aufbereitet

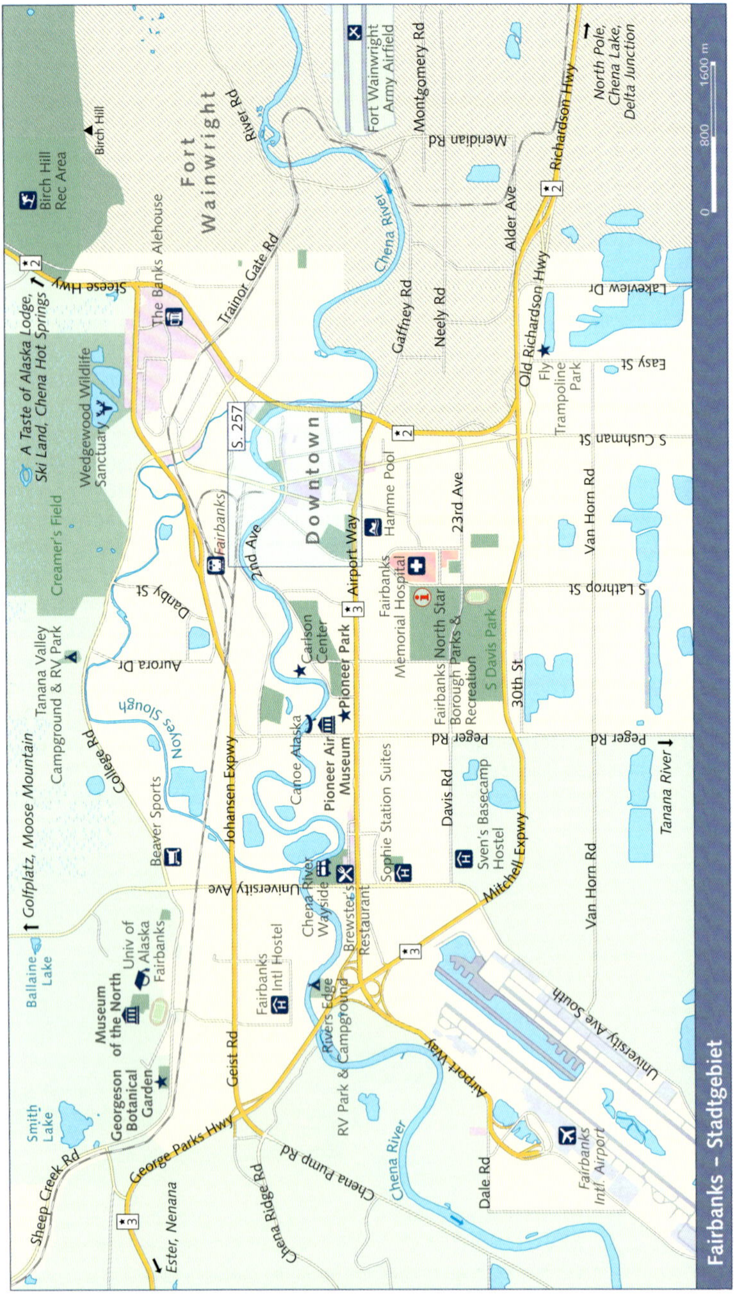
Birch Hill Rec Area
Birch Hill
Fort Wainwright
Fort Wainwright Army Airfield
Montgomery Rd
Meridian Rd
River Rd
Trainor Gate Rd
Chena River
Alder Ave
Richardson Hwy
North Pole, Chena Lake, Delta Junction
0 800 1600 m
Steese Hwy
A Taste of Alaska Lodge, Ski Land, Chena Hot Springs
The Banks Alehouse
Wedgewood Wildlife Sanctuary
Creamer's Field
Gaffney Rd
Neely Rd
Old Richardson Hwy
Lakeview Dr
Easy St
Fly Trampoline Park
S. 257
Downtown
S Cushman St
Fairbanks
2nd Ave
Airport Way
Hamme Pool
23rd Ave
Van Horn Rd
Danby St
Fairbanks Memorial Hospital
S Lathrop St
Tanana Valley Campground & RV Park
Carlson Center
Pioneer Park
Fairbanks North Star Borough Parks & Recreation
S Davis Park
Aurora Dr
30th St
Noyes Slough
Golfplatz, Moose Mountain
College Rd
Canoe Alaska
Pioneer Air Museum
Peger Rd
Johansen Expwy
Beaver Sports
Sophie Station Suites
Davis Rd
Sven's Basecamp Hostel
Mitchell Expwy
Tanana River
Chena River Wayside
Brewster's Restaurant
University Ave
Ballaine Lake
Univ of Alaska Fairbanks
Museum of the North
Fairbanks Intl Hostel
Rivers Edge RV Park & Campground
Geist Rd
Georgeson Botanical Garden
Smith Lake
Sheep Creek Rd
George Parks Hwy
Chena Ridge Rd
Chena Pump Rd
Chena River
Airport Way
University Ave South
Dale Rd
Fairbanks Intl. Airport
Ester, Nenana
Fairbanks – Stadtgebiet

Barnette war nicht nur Stadtgründer, sondern wurde 1903 auch ihr erster Bürgermeister.

Bis 1911 erlebte Fairbanks dank der Goldminen einen Boom und wurde mit seinen 3500 Einwohnern zur größten Stadt Alaskas. Wurde sie 1909 darum noch »Alaska's Golden Heart« genannt, ergab die Ausbeute der Minen ab 1911 nur noch die Hälfte des bisher geförderten Goldes. Langsam kündigte sich der Niedergang der Goldindustrie an. Vorher wurde 1916 aber noch die Universität gegründet, und 1917 begann der Bau der Alaska Railroad im Tanana Valley. 1923 reiste Präsident Warren G. Harding persönlich mit dem Zug nach Fairbanks. Bis 1930 nahm der Flugverkehr zu: Der örtliche Flughafen fungierte als Zwischenstopp für Verbindungen nach New York oder Tokio. Zwischen 1942 und 1950 wurde die militärische Präsenz im Gebiet rund um Fairbanks aufgestockt.

Während die Entwicklung der Stadt weiter voranschritt und man sich 1967 auf die Einhundertjahrfeier des Verkaufes von Alaska an die USA vorbereitete, suchten ungewöhnlich heftige Regenschauer die Region heim. Im Juli verwandelte sich der Chena River dadurch in einen zerstörerischen Strom. Fairbanks wurde überschwemmt, die Schäden lagen im Millionenbereich. Doch Fairbanks wäre keine alaskanische Stadt, wenn sie sich nicht ein Jahr später schon wieder aufgerappelt hätte: Im März 1968 erreichte der Ölboom auch Fairbanks und veränderte das Gesicht der Stadt erneut. Der Bau der Trans-Alaska-Pipeline brachte einen weiteren Bevölkerungsschub. 1974 wurde binnen weniger Monate der Dalton Highway in Richtung Norden angelegt. Das Öl spülte Geld in die Taschen der Bewohner von Fairbanks. Die Nachfrage nach Gütern, Versorgungseinrichtungen und einem höheren Lebensstandard wuchs unaufhaltsam. Das McDonalds-Restaurant war zu dieser Zeit das meistbesuchte der Welt. Natürlich war aber nicht alles Gold, was glänzt. Der Ölboom brachte auch höhere Kriminalitätsraten und Prostitution mit sich.

Auch wenn die Geschichte ihre Spuren in der Stadt hinterlassen hat und die militärische Präsenz bis heute relativ groß ist, so hat sich Fairbanks in den letzten Jahren doch touristisch gewandelt.

Denkmal für den Lend-Lease Act in Fairbanks

Der Pioneer Park ist ein ganzjährig beliebtes Ausflugsziel

Zwischen 2014 und 2018 verzeichnete man ein Wachstum von 26 Prozent für Flugpassagiere und 13 Prozent bei Übernachtungen. Im Jahr 2016 wurde erstmals eine Million Besucher – allerdings inklusive Pendlern – in der Stadt gezählt. Genau wie früher zählt Fairbanks heute immer noch zum Herzen Alaskas.

Sehenswertes

Downtown

Die etwas zusammengewürfelt wirkende Altstadt hat noch heute einige repräsentative Ecken, die den Charme vergangener Epochen versprühen. Andere Straßen zeigen die praktische Seite der Stadt, bei der Geschmack und Pflege in den Hintergrund geraten.

Am besten erkundet man die Altstadt zu Fuß auf einem der diversen **Mottowege**, auf denen man eine Zeitreise unternehmen kann: Die »Downtown History Tour«, der »Gold Rush Town Walk« oder die »Fairbanks Pioneer Neighborhoods Walking Tour« zählen dabei zu Klassikern, für die man auch gerne einen halben Tag einplanen kann. Karten und Infos gibt es bei Explore Fairbanks oder unter www.alaska.org/destination/fairbanks/walking-tours.

Das **Northward Building** in der 555 3rd Avenue wurde zwischen 1950 und 1952 als erstes Hochhaus gebaut. Heute beherbergt es Apartments und ist immer noch eines der höchsten Gebäude der Stadt.

2006 wurde an der Ecke Wendell/Noble Street feierlich ein **Monument zur Erinnerung an den Lend-Lease Act** von 1941 eingeweiht. Es zeigt einen russischen und einen amerikanischen Piloten. Sie symbolisieren die Großaktion der Überstellung von 8000 Flugzeugen, Ausrüstung und anderen Materialien in Richtung Ostfront während des Zweiten Weltkriegs. Die Transportwege verliefen auch durch Alaska, was die militärische und strategische Bedeutung des Bundesstaates deutlich machte.

Georgeson Botanical Garden

Zwischen der Universität und dem Parks Highway liegt der wunderschöne botanische Garten mit über 3000 Arten von Pflanzen, wie Wildblumen, Gemüse und Kräuter. Die kleine Oase auf dem Campus der Universität lädt nicht nur Studenten zu einem Besuch ein, sondern auch Familien, die einen Nachmittag in bunter Pflanzenvielfalt verbringen möchten.

Entspannung versprechen die Chena Hot Springs

▲ Karte S. 254 und 257

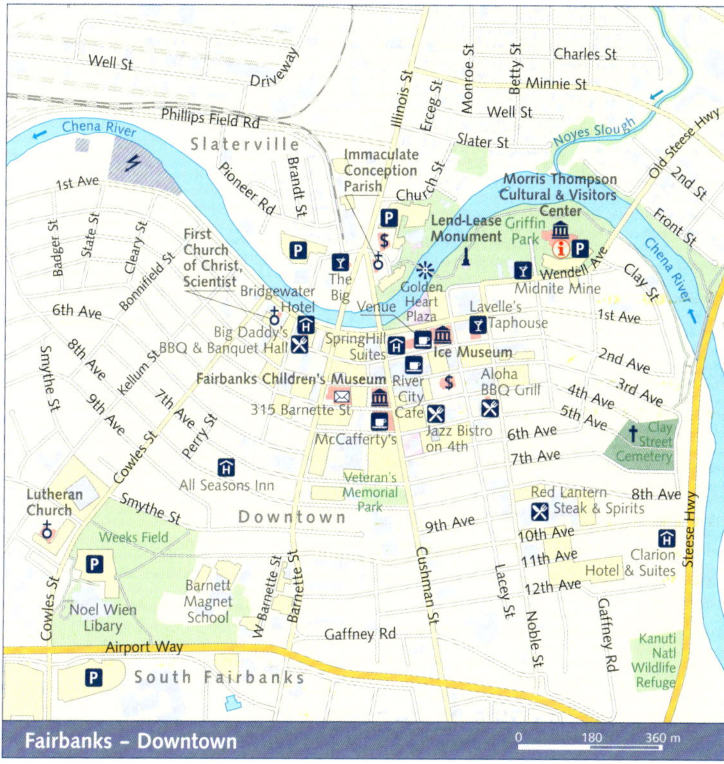

Fairbanks – Downtown

Creamer's Field

Das ehemalige Gelände einer Milchwirtschaft ist heute ein Schutzgebiet für über 100 Säugetier- und Vogelarten. Die gemeinnützige Organisation Friends of Creamer's Field betreibt ein kleines Besucherzentrum und bietet geführte Spaziergänge auf dem mit Hunderten von Wegen durchzogenen Gelände an.

Pioneer Park

Der Park wurde 1967 zur Einhundertjahrfeier des Verkaufs von Alaska an die USA eröffnet und ist bis heute, egal zu welcher Jahreszeit, ein Besuchermagnet. Früher hieß der Park »Alaska 67« und später dann »Alaskaland«. Der Parkkomplex erinnert an ein riesiges historisches Dorf. Es gibt Karussells, Kinderspielplätze, diverse Läden und gute Einkehrmöglichkeiten. Das Pioneer House zeigt lokale Kunst und eine historische Ausstellung, und es gibt ein riesiges Dampfschiff zu sehen. Eine alte Dampflok fährt Besucher durch den Park, und sogar den Originalwaggon von Präsident Harding kann man bestaunen.

In der Umgebung von Fairbanks

Chena Hot Springs und Aurora Ice Museum

Die **Chena Hot Springs** befinden sich circa eine Stunde Autofahrt von Fairbanks entfernt. Obwohl gleich ein ganzes Resort rund um die 41 Grad heißen Quellen angelegt worden ist, so können auch Tagesgäste sie für 13 US-Dollar zur Entspannung nutzen. Vor allem im Winter ist dies eine schöne Abwechslung in den bitterkalten Tagen. Im selben Komplex befindet sich das **Aurora Ice Museum** mit Eissklupturen. Es wurde 2005 aus 1000 Tonnen Eis gefertigt.

▸ *Mile 56.5, Chena Hot Springs Rd, Fairbanks, AK 99711, Tel. +1/907/4518104; tgl. 11–19 Uhr. www.chenahotsprings.com*

Northpole

Wer das ganze Jahr über Weihnachten feiern möchte, ist in der kleinen Ortschaft North Pole 13 Meilen südöstlich von Fairbanks gut aufgehoben. Auch wenn sich nicht alles nur um Weihnachten dreht, so kann man im Santa Claus House jederzeit seinen Wunschzettel abgeben. Seit 1952 ist es ein internationaler Besuchermagnet. Während der Sprechstunde kann man auch mit Santa persönlich reden, wenn er denn Zeit hat. Zu den Feiertagen ist mit Wartezeiten von drei Stunden zu rechnen.

▸ *101 St Nicholas Dr, North Pole, AK 99705, www.santaclaushouse.com*

Delta Junction

Dort, wo der Alaska Highway auf den Richardson Highway trifft, liegt Delta Junction. Das ehemalige Baucamp des Richardson Highway ist heute bekannt durch seinen im Sommer stattfindenden Markt: Der **Highway's End Farmer's Market** wird hinter dem Sullivan Roadhouse Museum abgehalten, welches die Geschichte der Pioniere zeigt. 38 Meilen südlich der Ortschaft befinden sich am Delta River die Pumpstation Nr. 9 der Trans-Alaska-Pipeline sowie The **Lodge at Black Rapids**. Die heute restaurierte, aber bereits seit 1904 bestehende Lodge ist das älteste Roadhouse in Zentral-Alaska.

▸ *The Lodge at Black Rapids, Mile 227.4, Richardson Hwy, Delta Junction, AK 99737, Tel. +1/907/3888391. www.lodgeatblackrapids.com*

Umgebung von Fairbanks

Fairbanks-Informationen

Allgemeine Informationen

Explore Fairbanks, 101 Dunkel St #111, Tel. +1/907/4565774; tgl. 8–17 Uhr. Allgemeine Touristeninfo. www.explorefairbanks.com

Fairbanks North Star Borough Parks & Recreation, 1920 Lathrop St, Tel. +1/907/4591070; Mo–Fr 8–17 Uhr. Viele Informationen zu Familienaktivitäten in Fairbanks. http://fairbanksak.myrec.com

Post und Banken

Banken: Mt Mc Kinley Bank, 500 4th Ave; Denali State Bank, 119 N Cushman St

Post: 315 Barnette St

Medizinische Hilfe

Krankenhaus: Fairbanks Memorial Hospital, 1650 Cowles St, Tel. +1/907/4528181, www.foundationhealth.org

Zahnarzt: Alaska Dental Arts Fairbanks, 570 Riverstone Way #1, Tel. +1/907/4554350

Apotheke: Fred Meyer Pharmacy, 3755 Airport Way

An- und Abreise

■ Flugzeug

Fairbanks International Airport (IATA: FAI), 6450 Airport Way, Tel. +1/907/4742500. Der Flughafen von Fairbanks liegt knapp sechs Meilen außerhalb des Zentrums. www.dot.state.ak.us

Diverse Airlines steuern Fairbanks an. Die Flugzeit von Anchorage nach Fairbanks liegt bei rund einer Stunde, ab 80 US-Dollar. www.ravnalaska.com, www.alaskaair.com, www.flyairnorth.com, www.condor.com

■ Bus und Shuttle

Airlink's Alaska/Yukon Trails, 1213 Dolphin Way, Tel. +1/907/4523337. Anchorage–Fairbanks 165 US-Dollar, Fairbanks–Denali NP 70 US-Dollar (jeweils einfach). www.alaskashuttle.com

Interior Alaska Bus Line, Tel. +1/800/7706652. Mo, Mi, Fr von Anchorage via Tok nach Fairbanks, 160 US-Dollar, Fahrtzeit ca. 12 Std., max. zwei Gepäckstücke (insg. max. 23 kg). www.interioralaskabusline.com

Alaska Tour & Travel, Tel. +1/800/2080200. Zwischen Mai und September verkehren die Busse der Park Connection auch nach Fairbanks. www.alaskatravel.com

■ Zug

Alaska Railroad Anchorage–Fairbanks ab 200 US-Dollar (einfach), Fahrtzeit ca. 12 Std. www.alaskarailroad.com

Alaska Gray Line, Tel. +1/800/4729546. Bietet diverse Reisen von und nach Fairbanks an, z. B. per Zug. Eine 2-tägige Tour von Anchorage nach Fairbanks mit Übernachtung in dern Nähe des Denali NP kostet im DZ ca. 549 US-Dollar. www.grayline.com

■ Auto

Mit dem Auto erreicht man Fairbanks von Anchorage aus über den Parks Highway in rund sechs Stunden, vom Denali NP in gut zwei Stunden.

Stadtverkehr

■ Bus

MACS Das lokale Bussystem in und um Fairbanks. Eine einfache Fahrt (ohne Umsteigen) kostet 1,50 US-Dollar. Die Yellow Line fährt zum Flughafen, die Red Line bedient das Zentrum und Downtown. Man sollte den Busfahrer informieren, wenn man in einen anderen Bus umsteigen muss. www.fnsb.us

■ Taxi und Shuttle

King Cab and Alaska Cab, Tel. +1/907/4522222, www.kingalaskacab.com

Arctic Taxi, Tel. +1/907/4550000

Greatland Taxi & Tours Service, Tel. +1/907/4902405

Moose Cab, Tel. +1/907/9780536. Fahrten zu den Chena Hot Springs, zum Polarkreis, zu den Polarlichtern und auch zum Flughafen. www.moosecabandtours.com

Autovermietung

Am Flughafen sind diverse Autovermietungen ansässig:

Thrifty Car Rental, Tel. +1/907/4511048, www.thrifty.com

Budget Car Rental, Tel. +1/907/4740855, www.budget.com

Enterprise Rent a Car, Tel. +1/833/8235646, www.enterprise.com

Stadtführungen, Bootstouren, Ausflüge

1st Alaska Outdoor School, 2240 Hanson Rd, Tel. +1/907/5905900. Viele verschiedene Touren; ab 115 US-Dollar/Pers. www.1stalaskatours.com

Riverboat Discovery, 1975 Discovery Dr, Tel. +1/907/4796673. Ausgezeichnet als die beste Bootstour in Nordamerika. Die dreistündigen Touren mit dem Schaufelraddampfer besuchen das Chena Indian Village, ein Buschflugzeug startet und landet direkt neben dem Boot, und vielleicht winkt Susan Butcher Kennel, ehemaliger Iditarod-Champion vom Ufer aus; rund 70 US-Dollar. www.riverboatdiscovery.com

Northern Alaska Tour Company, 3820 University Ave S, Tel. +1/907/4748600. Ein Spezialist, wenn es um Ausflüge Richtung Polarkreis und die Jagd auf Polarlichter geht. www.northernalaska.com

Unterkunft

Hotels und B & B

▶ Karte S. 254 und 257

A Taste of Alaska Lodge, 551 Eberhardt Rd, Tel. +1/907/4887855; DZ im Haupthaus ab 195 US-Dollar. Die Unterkunft ist sehr authentisch ausgestattet und äußerst beliebt, private Cabins sind auch möglich. www.atasteofalaska.com

SpringHill Suites by Marriott Fairbanks, 575 1st Ave, Tel. +1/907/4516552; DZ ab 160 US-Dollar. Gute, zentrale Lage, geräumige Zimmer, mit Shuttle zum Flughafen. www.marriott.com

All Seasons Inn, 763 7th Ave, Tel. +1/907/4516649; DZ ab 100 US-Dollar. Mitten in Downtown, recht kleine Zimmer, aber in Ordnung.

Sophie Station Suites, 1717 University Ave S, Tel. +1/907/4793650; DZ ab 80 US-Dollar. Komfortable und saubere Zimmer, 3,6 Meilen außerhalb von Downtown in Flughafennähe. www.fountainheadhotels.com

Bridgewater Hotel, 723 1st Ave, Tel. +1/907/4526661; DZ ab 75 US-Dollar. Gute Lage unweit des Chena River. www.bridgewaterhotel.net

Clarion Hotel & Suites Fairbanks, 95 10th Ave, Tel. +1/907/8917231; DZ ab 75 US-Dollar. Nah am Zentrum, aber ruhig, Frühstück ist in Ordnung. www.choicehotels.com

Hostels und Camping

Fairbanks International Hostel, 4318 Birch Ln, Tel. +1/907/4797300; Mehrbettzimmer ab 40 US-Dollar, DZ ab 50 US-Dollar. www.fairbankshostel.com

Sven's Basecamp Hostel, 3505 Davis Rd, Tel. +1/907/4567836; Zelt ab 18 US-Dollar/Nacht, Baumhaus 100 US-Dollar/Nacht, Cabin ab 70 US-Dollar/Nacht. www.svenshostel.com

Chena River Wayside, 3530 Geraghty Ave, Tel. +1/907/4527275; Stellplatz ohne Anschlüsse ab 20 US-Dollar/Nacht. 60 Stellplätze, unweit des Zentrums in schöner Lage, mit Picknickmöglichkeiten.

Rivers Edge RV Park & Campground, 4140 Boat St, Tel. +1/907/4740286; Womo-Stellplatz ab 49 US-Dollar, Zelte ab 31 US-Dollar. Campingplatz mit Restaurant. www.riversedge.net

Tanana Valley Campground & RV Park, 1800 College Rd, Tel. +1/907/4567956; ab 21 US-Dollar/Nacht. 53 Plätze für Womo und Zelte, schöne Lage, sehr ordentlich und sauber gehalten. www.tananavalleycampgroundandrv.com

Gastronomie

Restaurants

Aloha BBQ Grill, 402 5th Ave, Tel. +1/907/4797770. Gutes hawaiianisches Grillrestaurant.

Brewster's, 3578 Airport Way, Tel. +1/907/4562538. Burgerrestaurant.

Big Daddy's BBQ & Banquet Hall, 107 Wickersham St, Tel. +1/907/4522501. Für den großen Hunger.

Red Lantern Steak and Spirits, 813 Noble St, Tel. +1/907/4597725. Solide Adresse, allerdings etwas hochpreisig.

Jazz Bistro on 4th, 527 4th Ave, Tel. +1/907/3283663. Leckeres Essen und Live-Entertainment. www.jazzbistroon4th.com

■ Cafés

McCafferty's, 408 N Cushman St, Tel. +1/907/4566853

River City Cafe, 535 2nd Ave, Tel. +1/907/4566242

Venue, 514 2nd Ave, Tel. +1/907/3743044

■ Pubs und Bars

Lavelle's Taphouse, 535 2nd Ave Suite 101, Tel. +1/907/4566242. *Die* Adresse für Bierliebhaber.
www.lavellestaphouse.com

Midnite Mine, 308 Wendell Ave, Tel. +1/907/4565348. Vollgekritzelte Wände, Dollarscheine über dem Tresen, Bier und Dart – eine typische Bar in Downtown.

Im Museum of the North

The Big, 122 N Turner St, Tel. +1/907/4566437. Alternatives, junges Publikum.

The Banks Alehouse, 1243 Old Steese Hwy, Tel. +1/907/3743265, Fb. Hier dreht sich alles um Bier.

Museen und Parks

Museum of the North, 1962 Yukon Dr, Tel. +1/907/4747505; Mo–Sa 9–17 Uhr; 16 US-Dollar, Kinder 9 US-Dollar. Vielfach ausgezeichnet, ist es das beste Museum, um die Geschichte Alaskas und der Gegend um Fairbanks anschaulich zu erleben. Seit 2020 ist auch der »Magic Bus« (→ S. 251) Teil der Ausstellung. www.uaf.edu/museum

Morris Thompson Cultural & Visitor Center, 101 Dunkel St, Tel. +1/907/4593700; Sommer tgl. 8–21, Winter tgl. 8–17 Uhr. Ausstellungen und Infos rund um die Geschichte und Natur Alaskas sowie die Kultur der Ureinwohner, zudem Workshops, z. B. zur Herstellung von traditionellem Schmuck oder Kleidung aus Fell.
www.morristhompsoncenter.org

Fairbanks Children's Museum, 302 Cushman St #101, Tel. +1/907/3746873; Di–Sa 10–17, So 11–17 Uhr, 8 US-Dollar. Das Museum für Kinder und alle, die die Welt mit den Augen eines Kindes entdecken wollen. www.fairbankschildrensmuseum.com

Fairbanks Ice Museum, 500 2nd Ave, Tel. +1/907/4518222; Mitte Mai–Anf. Okt. tgl. 10–18 Uhr, Erw. 15 US-Dollar, Kinder 10 US-Dollar. Hier findet man wahre Kunstwerke aus Eis, und zwar im Sommer.
www.icemuseum.com

Pioneer Air Museum, 2300 Airport Way, Tel. +1/907/4510037; Do–Sa 12–17 Uhr, 4 US-Dollar. Im Pioneer Park, wird hier die Geschichte der lokalen Luftfahrt lebendig dargestellt. www.pioneerairmuseum.org

Georgeson Botanical Garden, 2178 W Tanana Dr; Juni–Anf. Sept. tgl. 8–20 Uhr, öffentl. Führung Fr 14 Uhr, 5 US-Dollar, www.georgesonbotanicalgarden.org

Creamer's Field, 1300 College Rd, Tel. +1 907/4597307; Juni–Aug. tgl. 9.30–17, Sept.–Mai Sa 12–16 Uhr, www.friendsof creamersfield.org

Aktivitäten

Tourenanbieter

Alaska Wildlife Guide, 3740 Lyle Ave, North Pole, AK 99705, Tel. +1/907/7124529. Geführte Wanderungen in die nähere Umgebung, z. B. auf dem Angle Rocks Trail, zum Table Top Mountain oder die 6- bis 8-stündige Tour zum Wickersham Dome. www.alaska-wildlife-guide.com

Alaska Fishing and Raft Adventures, 525 Halvorson Rd, Tel. +1/800/8190737. Angel-, Hundeschlitten- und viele weitere Tagestouren und Kombipakete. www.akrivertours.com

Black Spruce Dog Sledding, 3820 University Ave S, Tel. +1/907/4748600. Die Profis für Hundeschlittentouren, das ganze Jahr über. Das Paar Kate und Jeff ist mit seinen Hunden über Alaska hinaus bekannt und beliebt. www.blacksprucedogsledding.com

Arctic Wild, Tel. +1/907/4798203. Vielseitiger Tourenveranstalter: Kanu, Kajak, Rafting, Outdoor-Reisen. www.arcticwild.com

Arctic Treks, 1412 Leta St, Tel. +1/907/4556502. Spektakuläre Raftingtouren von Fairbanks bis in den rauen Norden Alaskas. www.arctictreksadventures.com

Arctic River Guides, 4661 Dusty Trail, Tel. +1/907/4880814. Rafting, Wandern und Familienausflüge im Sommer, im Winter Schneeschuhwanderungen, Hundeschlitten- und Skitouren. www.arcticriverguides.com

Equipmentverleih

Beaver Sports, 3480 College Rd, Tel. +1/907/4792494. Verleih von Outdoor-Equipment, im Winter auch Fat-Tire-Bikes, Skier, Schneeschuhe etc. www.beaversports.com

Canoe Alaska, 1101 Peger Rd, Tel. +1/907/4572453. Verleih von Fahrrädern, Kanus, Kajaks, SUP. www.canoealaska.com

Schwimmen

Hamme Pool, 901 Airport Way. Beliebtes Schwimmbad für Familien mit Kindern.

Chena Lake Recreation Area, 3780 Laurance Rd, North Pole, AK 99705. Am Chena Lake (auch Lake Park genannt) gibt es

Hundeschlittentour bei Fairbanks

zwei ausgezeichnete Schwimmbereiche im See mit kleinem Strandabschnitt. Der über 100 ha große See hat zudem einen Campingplatz mit 45 Stellplätzen (Reservierungen nicht möglich). Außerdem gibt es einen Bootsanleger und öffentliche Toiletten.

Trampolin

Fly Trampoline Park, 747 Old Richardson Hwy, Tel. +1/907/4575867. Der Renner bei allen Familien, 11 US-Dollar/Std. www.flytrampolinepark.com

Wintersport

Ski Land Ski Resort and ATV Tours, 2315 Skiland Rd, Tel. +1/907/3892314. Skigebiet sowie Anbieter von Ski- und Nordlichttouren; Skipass 40 US-Dollar/Tag. www.skilandfairbanks.com

Moose Mountain Ski and Snowboard Resort, 3450 Moose Mountain Rd, Tel. +1/907/4598132. Größtes Skigebiet von Zentral-Alaska, mit Equipmentverleih; Skipass 40 US-Dollar/Tag. www.shredthemoose.com

Birch Hill Ski and Snowboard Area, Old Birch Hill Rd. Gutes Skigebiet für Anfänger wie Fortgeschrittene.

Carlson Center, 2010 2nd Ave, Tel. +1/907/4517800. Eishockeyspiele und viele weitere Veranstaltungen. www.carlson-center.com

▶ Karte S. 254 und 257

Talkeetna

Wo die von Gletschern gespeisten Flüsse Chulitna, Susitna und Talkeetna aufeinandertreffen, begegnen sich auch die unterschiedlichsten Menschen. Tagesausflügler, Bergsteiger und alternative Zeltnomaden kommen dort zusammen, wo die Welt noch in Ordnung scheint, in Talkeetna. Hier wohnen nur rund 900 Menschen, aber jedes Jahr kommen mehr als 250 000 Besucher in das kleine Städtchen.

Talkeetna fungiert zum einen als Basecamp für Bergsteiger, die sie zum Mount Denali aufbrechen wollen. Andere besuchen den Ort nur für einen Tag. Junge Leute schlagen ihr Zelt auf, um vielleicht das »Leben unterwegs« zu zelebrieren, indem sie im Denali Brewhouse einkehren oder mit den legalen berauschenden Substanzen Entspannung finden. Für wieder andere ist es ein Ort, um in die Vergangenheit zu reisen. Denn wenn die Straßen sich leeren, wird hier die Zeit der Goldgräber, Entdecker und ersten Siedler lebendig. Egal, mit welcher Motivation man Talkeetna besucht, dieser Ort gehört zu Zentral-Alaska wie kein anderer.

Geschichte

Schon die halbnomadischen Dena'ina wussten den Reichtum an Fisch und Wild der hiesigen Flüsse und Wälder zu schätzen. Der Name »Talkeetna« stammt von dem athabaskischen Wort *K'Dalkitnu*, was in etwa »wo Flüsse sich treffen« bedeutet. Als im Jahr 1896 am Susitna River Gold entdeckt wurde, lockte das eine Vielzahl neuer Siedler, Entdecker und Goldsucher in die Gegend. Der Umkreis des heutigen Ortes wurde per Boot auf dem Susitna River erschlossen, und schon zu Zeiten der ersten Goldförderung am Yentna-Cache Creek Mining District war das heutige Talkeetna ein bevorzugter Landeplatz für die Boote. Als die US-Regierung 1914 entschied, eine Bahnstrecke von Seward durch Zentral-Alaska zu bauen, wuchs Talkeetna zu einer Zeltstand heran. Während der Bauarbeiten in der Zeit um 1916 lebten mehr als 400 Menschen um Talkeetna herum. Damals gab es im Ort bereits eine Mühle, zwei Gaststätten, ein Hotel, Cafés und Shops. Die Bevölkerung wuchs schnell auf über 1000 Menschen

Talkeetna ist ein munteres Städtchen

an. Im selben Jahr eröffnete das Postamt. Bis 1918 waren Bauplätze und Grundstücke stark gefragt und wurden für einen Preis von jeweils 14,25 US-Dollar verkauft. Damit war die Entstehung der Ortschaft besiegelt.

Zwischen 1918 und 1928 war Talkeetna als Versorgungsposten an der Bahnstrecke stark frequentiert von Minenarbeitern und Durchreisenden. Immer mehr von ihnen verbrachten eine oder mehrere Nächte in der neu entstandenen Siedlung. Minenarbeiter blieben im Sommer, und Trapper kamen im Winter. Bis heute sind viele Hotels aus dieser Anfangszeit der Besiedelung im Zentrum noch erhalten.

Als 1964 die Talkeetna Spur Road gebaut wurde, kamen immer mehr Besucher und auch neue Einwohner nach Talkeetna, angelockt von den hiesigen Freizeitmöglichkeiten, vor allem dem Bergsteigen. Die Alteingesessenen und im Durchschnitt über 70-Jährigen wurden schnell von jungen, zukunftsorientierten neuen Bewohnern überrannt. Bis in die 1990er Jahre hinein wurde nicht nur der Highway um die Talkeetna Spur Road ausgebaut, auch die ersten Kreuzfahrtpassagiere entdeckten Alaska und Talkeetna. Ein Ende der Besucherströme ist nicht in Sicht.

Sehenswertes

Bereits auf der 14 Meilen langen **Talkeetna Spur Road** passiert man die ersten Shops, Cafés, Bäckereien und Hinweisschilder auf qualitativ hochwertige Unterkünfte. Das eigentliche Zentrum von Talkeetna liegt an der East Main Street. Gegen eine Gebühr kann man direkt im Zentrum auf einem Schotterplatz das Auto abstellen, oder man läuft vom Bahnhof ein kurzes Stück bis ins Zentrum.

Der Ort ist sehr touristisch. Talkeetna ist beliebt und stark besucht. Am besten lässt man sich einfach im Getümmel treiben, schaut in einem der Souvenirshops vorbei, gönnt sich einen Kaffee oder ein kühles Blondes auf der Terrasse des Denali Brewpub. Ein Rundgang über die Hauptstraße und entlang des Flusses lohnt allemal. Immerhin ist man hier in einem geschichtsträchtigen und einem der berühmtesten Orte Alaskas, wenn es um Unterhaltung, Souvenirs und Bahn-

Traditionsreicher Laden in Talkeetna

Karte S. 239

fahren geht. Talkeetna ist ein klassischer Stop von Bahnreisenden, im Winter sieht man hier besonders asiatische Touristen. Wer länger bleiben will, kann eines der vielen Museen besuchen und im **Susitna Salmon Center** oder bei der **Talkeetna Historical Society** interessante Einblicke in den Naturraum und die Geschichte der einstigen Zeltstadt bekommen.

Der **Talkeetna River and Town Loop Walk** ist ein netter Spaziergang entlang des Susitna River und wieder zurück ins Zentrum. Auch am Beginn der Runde, am Riverfront Park, nimmt das bunte Treiben kein Ende. Selbst im Wald vor dem Fluss schlagen Abenteuerhungrige ihre Zelte auf, während andere einen der vielen Verkaufsstände ansteuern. Am Park folgt man dem Weg stromabwärts bis zur dörflichen Landebahn und läuft von dort aus auf der D Street wieder ins Zentrum zurück.

Talkeetna

Postleitzahl: AK 99676

Walter Harper Talkeetna Ranger Station, 22241 B St; Jan.–Mitte April, Okt. Mo–Fr 10–16, Mitte April–Sept. tgl. 8–16.30 Uhr, www.nps.gov

Tankstelle: Tesoro, 43721 S Parks Hwy

Post: 13707 E 1st St

Geldautomat: 13605 N Main St

Supermarkt: Cubby's Marketplace, 42751 S Parks Hwy

Ärzte: Sunshine Community Health Center, 34300 Talkeetna Spur Rd, Tel. +1/907/7332273, www.sunshineclinic.org

Mit dem Auto fährt man von Anchorage oder Fairbanks über den Parks Highway. Bei Meile A 98,7 biegt man auf die asphaltierte Talkeetna Spur Road ab und fährt noch rund 14 Meilen bis ins Ortszentrum.

Alaska Tour & Travel Die Park Connection verbindet auch Talkeetna und Anchorage, rund 70 US-Dollar (einfach), Fahrtzeit rund 2,5 Std.

Alaska Railroad Anchorage–Talkeetna ca. 100 US-Dollar (einfach), Fahrtzeit ca. 3 Std. www.alaskarailroad.com

Talkeetna Air Taxi, 14212 E 2nd St, Tel. +1/907/7332218. Rundflüge um den Denali, Gletscherlandungen und viele weitere spektakuläre Flightseeings. Die Nr. 1, wenn es um Rundflüge geht. www.talkeetnaair.com

Sheldon Air Service, 22703 S Terminal Ave, Tel. +1/907/7332321. Dieser Anbieter bedient auch das Denali Basecamp; ab 285 US-Dollar/Pers. www.sheldonairservice.com

K2 Aviation, 14052 E 2nd St, Tel. +1/907/7332291. Rundflüge um den Denali ab 235 US-Dollar/Pers. www.flyk2.com

Talkeetna Trip, 13765 E 2nd St, Tel. +1/907/2031381. Anchorage–Talkeetna 265 US-Dollar/1–3 Pers., Talkeetna–Denali NP 300 US-Dollar/1–3 Pers. www.talkeetnatrip.com

Denali Fairview Inn, 101 N Main St, Tel. +1/907/7332423, Fb; Preise auf Anfrage. Sehr zentrale Lage, der authentische alaskanische Charme zieht eine Menge Publikum an.

Talkeetna Cabins, 22137 C St, Tel. +1/907/7332227; DZ ab 150 US-Dollar. Familiengeführte Unterkunft mit 40 Jahren Erfahrung. Sehr komfortabel und sauber.

Susitna River Lodging, 23094 Talkeetna Spur Rd, Tel. +1/907/7330505; DZ ab 139 US-Dollar. Voll ausgestattete Lodges. Für einen längeren Aufenthalt zu empfehlen. www.susitnariverlodge.com

Talkeetna Hideaways, 21842 S H St, Tel. +1/907/2327944; DZ ab 120 US-Dollar. Sauber, standardgemäße Einrichtung.

Tee, Kaffee und kleine Snacks inklusive, mit Kochmöglichkeit.
www.talkeetnahideaway.com
Talkeetna Inn, 22328 B St, Tel. +1/907/7332323; DZ ab 104 US-Dollar. Klassische Adresse mit typisch alaskanischer Einrichtung. Zimmer mit Mikrowelle und Kühlschrank. www.talkeetnainn.com
Trapper John's Cabin, 22611 D St, Tel. +1/907/7331351; DZ ab 90 US-Dollar. Sehr authentisch, dunkles Holz und alte Möbel geben dem Ganzen eine besondere Atmosphäre. www.trapperjohnscabins.com
Latitude 62, 22687 Talkeetna Spur Rd, Tel. +1/907/7332262; DZ ab 80 US-Dollar. Spartanisch, aber zweckmäßig eingerichtet und günstig. Mit Restaurant und Bar. www.latitude62.com
Talkeetna Roadhouse, 13550 E Main St, Tel. +1/907/7331351; Mehrbettzimmer ab 26 US-Dollar. Zentrale Lage, mit Restaurant und Bäckerei.
www.talkeetnaroadhouse.com

Talkeetna Camper Park, 22763 S Talkeetna Spur, Tel. +1/907/7332693; Stellplatz mit Wasser und Strom ab 43 US-Dollar/Nacht. 35 Stellplätze in zentrumsnaher Lage. www.talkeetnacamper.com
Talkeetna RV and Boat Lunch, 21889 F St, Tel. +1/907/7332604; ab 25 US-Dollar/Tag. Camping, Parkplatz und Bootsanleger. www.talkeetna-rv.com
Montana Creek Campground, Mile 96.3, Parks Hwy, Tel. +1/907/7338255; ab 25 US-Dollar/Nacht. Sehr groß, einige Stellplätze auch direkt am Fluss. Familienfreundlich, Haustiere sind willkommen.
www.montanacreekcampground.com

Denali Brewpub, 13605 E Main St, Tel. +1/907/7332537. Sehr beliebte Adresse für gutes Essen, lokales Bier und gute Musik. Einladende Atmosphäre.
www.denalibrewpub.com
Talkeetna Spinach Bread, 13487 E Main St, Tel. +1/907/6713287. Der kleine Foodtruck bietet leckere vegetarische Gerichte und ebenso köstliche Limonade. https://talkeetna-spinach-bread.business.site
Mountain High Pizza Pie, 22165 C St, Tel. +1/907/7331234. Die beste Pizza in Talkeetna.
www.pizzapietalkeetna.com
West Rib Pub & Grill, 13650 E Main St, Tel. +1/907/7333354. Klassisches amerikanisches Restaurant mit Burger und Fritten. Die beliebteste Location für alle Bergsteiger, die ihren Triumph über den Mount Denali zelebrieren, egal, ob sie ihn bestiegen haben oder nicht.
www.westribpubandgrill.com
Kahiltna Bistro, 22383 Talkeetna Spur Rd, Tel. +1/907/7333356. Mit Blick auf die Alaska Railroad lässt man sich hier frischen Lachs, Salate und andere Speisen schmecken.

Talkeetna Waffle Tops, 13500 E Main St. Waffeln in allen Variationen. Der Foodtruck ist etwas für alle, die Süßes mögen und keine Angst vor Kalorien haben.
Flying Squirrel Bakery Cafe, Mile 11, 26205 Talkeetna Spur, Tel. +1/907/7336887. Das beste Brot und leckerste Gebäck der gesamten Umgebung. Das *cheese filled bread*, das *country sourdough* oder das *Alaska barley bread* sind ein Gedicht! Des Öfteren auch Veranstaltungen.
www.flyingsquirrelcafe.com

Denali Brewing Company, 37083 Talkeetna Spur Rd, Tel. +1/907/7332536. Die Brauerei bietet auch Verkostungen und Besichtigungen an und macht gutes Bier.
www.denalibrewing.com

Talkeetna Historical Society, 22248 D St, Tel. +1/907/7332487; Sommer tgl. 10–18, Winter Sa, So 11–16 Uhr, 5 US-Dollar. Eingerichtet im Schulgebäude von 1936, wird die Geschichte Talkeetnas von ihren Anfängen anschaulich dargestellt, zu-

Karte S. 239

dem Ausstellung über den Mount Denali. www.talkeetnahistoricalsociety.org

Susitna Salmon Center, 13512 E 1st St, Tel. +1/907/7333474; tgl. 10–18 Uhr. Das Museum und zugleich Souvenirgeschäft. Paradies für Kinder: heimische Fische in den Aquarien, zudem werden Spaziergänge am nahen Fluss angeboten.

Dancing Leaf Gallery, 13618 E Main St, Tel. +1/907/7335323; tgl. 10–20 Uhr. Zeichnungen, Gemälde und andere Werke lokaler Künstler. Wer echte alaskanische Kunst sehen möchte, ist hier richtig. www.thedancingleafgallery.com

Mahay's Jet Boat Adventures, 22333 Talkeetna Spur Rd, Tel. +1/907/7332223. Professionell organisierte und ebenso begleitete Jet-Boat-Touren wie die »Wilderness Excursion«, die »Chulitna Gorge Journey« oder das »Devil's Canyon Adventure«; ab 75 US-Dollar/2 Std. www.mahaysriverboat.com

Talkeetna Bike Rental, 22911 Talkeetna Spur Rd, Tel. +1/907/3541222

Talkeetna Sundog Kennel, Tel. +1/907/7333355. Hundeschlittentouren das ganze Jahr über. www.sundogkennel.com

Denali View Raft Adventures, 22831 Talkeetna Spur Rd, Tel. +1/907/9571319. Die Raftingprofis bieten Fahrten und Touren in verschiedenen Kategorien an; 2-stündiger »Float Trip« rund 85 US-Dollar. www.denaliviewraft.com

Talkeetna River Guides & Rafters, 13529 E Main St, Tel. +1/800/3532677. Eindrucksvolle Aussichten auf den Denali und unfassbar schöne Einblicke in die Natur bieten die Ausflüge dieses langjährigen Veranstalters; 2-stündige Raftingtour rund 89 US-Dollar. www.talkeetnariverguides.com

Denali Southside River Guides, 34996 S Hopper Dr, Tel. +1/907 7337238. Wunderschöne Touren im Kajak oder Kanu, auch auf dem Byers Lake (→ S. 268). www.denaliriverguides.com

Phantom Tri River Charters, 22228 Talkeetna Spur Rd, Tel. +1/907/7332400. Angelausflüge für die ganze Familie, auch ohne Reservierung, wenn man einfach vorbeischaut. www.phantomsalmoncharters.com

Fishbone Charters, 13764 E 2nd St, Tel. +1/907/8413963. In Begleitung von Angelprofis eine Halbtages- oder Tagestour zu unternehmen, zählt zu den besonderen Erlebnissen auf den Flüssen um Talkeetna; Halbtagestour 175 US-Dollar. www.akfishbonecharters.com

Christiansen Lake Der lokale Badesee, 3,6 Meilen vom Zentrum entfernt. Mit einer Fläche von 72 Hektar und einer Uferlänge von sieben Kilometern ist er im Sommer ein beliebter Ort, um die Sonne zu genießen und ein Bad im bis zu 15 Grad »warmen« Wasser zu nehmen.

Oosik Classic (17. März) Klassisches Skirennen über 25 bis 50 km.

Live at Five (Mai–Sept.) Jeden Freitag Konzerte im Talkeetna Village Park.

Parade of Lights (Dez.) Eine motorisierte Lichtparade durch die Ortschaft.

Wilderness Women Contest (Dez.) Frauen aus aller Welt messen sich im Fischen, Schießen, Holzspalten und vielem mehr.

High Expedition, 13465 E Main St, Tel. +1/907/7330911. In diesem Shop geht es nicht nur um Rauchwaren, sondern auch um Heilmethoden durch Cannabis. Hier werden diverse Produkte angeboten, die nicht nur den bekannten Marihuana-Effekt bedienen. www.thehighexpedition.com

Byers Lake

➲ *Mile 147*

45 Kilometer nördlich von Talkeetna liegt der 132 Hektar große, zwei Kilometer lange und bis zu 49 Meter tiefe Byers Lake. Umrahmt von Fichten- und Birkenwald war er in den 1950er Jahren ein beliebtes Ziel eines Anglers namens Byer. Heute ist das Angeln hier jedoch verboten. Im See leben Quappen, ein paar wenige Forellen, und saisonal fühlen sich auch Lachse wohl. Mit einer Uferlänge von insgesamt 6,4 Kilometern ist der Byers Lake ein schönes Ausflugsziel für eine gemütliche Wanderung oder Bootstour im Denali State Park. Und wer etwas länger bleiben will, der kann sich auf dem Campingplatz in der Nähe niederlassen oder dort eine der ufernahen einfachen Hütten buchen.

An der Ausfahrt zum See befindet sich das Veterans Memorial von 1983. Es wurde zu Ehren der Veteranen der alaskanischen Streitkräfte errichtet. An klaren Tagen kann man von dort den Mount Denali sehen.

Byers Lake Loop Trail

Länge: 7,7 Kilometer (Rundweg)
Gehzeit: 3–4 Stunden
Anspruch: einfache
Ausstattung: Keine Einkehrmöglichkeiten; Verpflegung und Wasser mitnehmen.
Max. Höhe: keine Höhenmeter
Beste Jahreszeit: Mai bis Oktober
Start/Ende: Parkplatz am Byers Lake (Gebühr 5 US-Dollar)
An-/Abreise: mit dem Auto oder Shuttle von Talkeetna
Karte: Eine Wanderkarte hängt am Parkplatz.

Am Parkplatz gibt es öffentliche Toiletten und eine Übersichtskarte für diverse Wanderungen. Der Byers Lake Loop Trail beginnt direkt hier, man folgt der Beschilderung auf dem asphaltierten Weg in Richtung der Hütten. Hat man sie erreicht, geht es am Ufer weiter Richtung Süden. Zwischen Juli und September kann man mit etwas Glück schon hier die ersten Lachse sehen. Wie überall in Alaska kann jederzeit ein Bär auftauchen!

Folgt man dem Uferweg eine Weile, erreicht man eine **Brücke,** die auf die andere Seeseite führt. Von der Brücke kann man ebenfalls Lachsströme entdecken und vielleicht in der Ferne auch einen Elch, denn man hat einen weiten Blick entlang des Flusslaufes. Nach der Brücke geht der Weg auf Holzplanken weiter entlang vieler Büsche und Farne. Der Untergrund kann bei

Auf dem Byers Lake lassen sich gemütliche Kanutouren unternehmen

▲ Karte S. 239

Regen sehr schlammig sein. Die Wanderung führt immer am Ufer entlang. An klaren Tagen erblickt man nun jenseits des Sees den majestätisch thronenden **Mount Denali.**

Der Weg führt kurz vor Ende des Sees wieder tiefer in den Wald hinein. Die Beschilderungen helfen hier, auf dem Loop Trail zu bleiben. Auf der Nordseite des Sees überquert man erneut eine **Brücke** und folgt dem Weg weiter, bis man die **Beeman's Cabin** erreicht. Die alte Trapperhütte war von 1959 bis 1970 bewohnt. Die heruntergekommene Behausung ist ein Original, aber einsturzgefährdet. Man sollte daher besser nur einen Blick hineinwerfen und sie nicht betreten.

Der Weg führt dann noch zehn Minuten weiter am See entlang, bevor man wieder die Asphaltstraße erreicht, die zum Campingplatz oder zurück zum Parkplatz führt. Es gibt noch weitere Wanderwege am Byers Lake, zum Beispiel hinauf zur **Kesugi Ridge**. Dafür wählt man kurz vor der Norduferbrücke die Abzweigung in die ausgeschilderte Richtung. Auf dieser Tour sind einige Höhenmeter zu bewältigen, und sie führt über die Baumgrenze hinaus.

Byers Lake

Von Anchorage aus erreicht man den See auf dem Parks Highway in rund 2,5 Stunden an Meile 147.

Ein **Taxi** von Talkeetna aus zu nehmen ist möglich, aber viel zu teuer.

Denali Southside Guides, Tel. +1/907/7337238. Shuttleservice von Talkeetna zum Campingplatz; Preise auf Anfrage. www.denaliriverguides.com

Byers Lake Campground, Mile 146.5, Parks Hwy, Trapper Creek, AK 99683; 15–100 US-Dollar/Nacht. Plätze für Zelte, Womo-Stellplätze und einfache Hütten (ohne Toilette oder Kühlschrank) mit Aufenthaltsraum und Schlafplattformen für max. 6 Pers. direkt am See.

Denali Southside Guides, im Sommer auf dem Campground. Kanu- und Kajakverleih. www.denaliriverguides.com

Petersville und Peters Hills

Mile A 114.9

Das heutige Gebiet um die Petersville Road umfasst rund 160 600 Hektar. Es wird im Westen vom Susitna River am Fuße der Alaskakette, im Norden vom Denali State Park, im Süden von den Susitna Lowlands und im Osten von der Talkeetna-Region eingerahmt. Bis auf einige wenige Parzellen ist das Gebiet Im Besitz des Bundesstaates oder der Gemeinde.

Die Landschaft ist relativ flach und durchzogen von etlichen Flüssen, Seen, Feuchtgebieten und vor allem Wald. Die 28 327 Hektar Baumbestand sind nicht nur eine willkommene Ressource, sondern auch wichtiges und beliebtes Jagdgebiet. Schwarz- und Braunbären und vor allem Elche in großer Zahl durchstreifen die Gegend. Menschen hingegen wohnen hier nur vereinzelt. Die letzte Volkszählung im Jahr 2010 ergab 27 Einwohner auf einer Fläche von 910 Quadratkilometern. Um Petersville herum leben heute nur noch vier Menschen dauerhaft, die anderen zieht es nur saisonal oder für einen Wochenendausflug hierher.

Geschichte

Als die ersten Goldsucher 1898 im heutigen Yentna-Cache Creek Mining District nordöstlich von Talkeetna fündig wurden, folgten ihnen schnell weitere Abenteuer-

Wanderung in den Peters Hills

lustige auf der Suche nach dem schnellen Reichtum. Bis 1906 teilten sie sich das Gebiet um die Dutch Hills auf und förderten rund 6,2 Tonnen Gold. Eine Straße in das Gebiet wurde unerlässlich, und so baute man 1928 die heutige Petersville Road von Talkeetna nach Petersville. Das Glück der Goldsucher sollte noch einige Jahre andauern.

Im Jahr 1939 zeigte der Maler Sydney Mortimer Laurence (→ S. 78) in seinen Bildern dann noch eine andere Seite dieser Gegend: die unvergleichliche Schönheit der Natur.

Petersville Road

Die Petersville Road ist 34 Meilen lang, aber nur die ersten 9,4 Meilen sind asphaltiert. Danach folgt bis zur Höhe des Fork's Roadhouse Schotter. Auf dem Weg dorthin lichtet sich der Baumbestand immer wieder, und weite Blicke in Richtung des Denali State Park eröffnen sich. Dennoch sollte man wie üblich seine Aufmerksamkeit auf die Fahrbahn richten, denn auch hier kreuzen unter Umständen Wildtiere den Weg.

Das **Fork's Roadhouse** an der Abzweigung Richtung Petersville war in den 1930er Jahren Treffpunkt der Goldsucher und Anwohner. Im Jahr 2012 zerstörte ein Feuer das historische Gebäude. Heute ist es aber wieder geöffnet und fungiert als Restaurant. Biegt man hier rechts ab, werden die Straßenverhältnisse immer ungemütlicher. Tiefe Schlaglöcher, schlammiger Untergrund, Wasserläufe und Bodenwellen erschweren das Vorankommen. Ein Fahrzeug mit Vierradantrieb ist daher unbedingt empfehlenswert. So erkämpft man sich langsam den Weg entlang des Peters Creek Canyon und erblickt bei guter Sicht die Alaskakette mit dem Mount Denali.

Petersville

In Petersville setzt man seinen Fuß dann auf goldreichen Grund. Die einstige Minensiedlung verbreitet noch einen Hauch der alten Zeit des Goldrausches. Wer sich für eine Minentour interessiert, kann hier der Beschilderung zur **Blue Ribbon Mine** folgen. Man sollte die Tour allerdings schon im Voraus gebucht haben (Tel. 1/907/3558664).

Im Hintergrund erheben sich die Peters Hills, während die Straßen hinter Petersville in Richtung des Denali State Park und weiter zu den Cache Creek Cabins und zum Cache Creek führen.

▶ Karte S. 239

Aber Achtung: Die Fahrt dorthin kann sehr beschwerlich sein. Unterwegs wird man immer wieder kleine Pfade und von Quads geschaffene Wege entdecken, die in die Wildnis führen.

Peters Hills

Die Peters Hills eignen sich wunderbar für Wanderungen und bieten gigantische Aussichten auf den Mount Denali höchstpersönlich. Die Hügel sind ein Überbleibsel der letzten Eiszeit vor rund 25 000 Jahren. Zwei dicke Eiskappen bedeckten und schliffen bis vor 9500 Jahren die Peters und die Dutch Hills auf eine Höhe von heute rund 1030 Metern. Die Eismassen zermalmten auf ihrem Weg Gestein, Schmelzwasser ließ Wasserläufe entstehen – und Gold und Platin wurden freigespült.

Bis zum heutigen Tag sind Goldsucher hier auf der Jagd nach dem gelben Edelmetall, das in kurzer Zeit zu großem Reichtum führen kann. Andere jagen zwischen August und Oktober lieber Elche. Wanderungen sind in dieser Zeit weniger zu empfehlen, da man unversehens in die Schusslinie geraten könnte. Wer aber hier wandert, den wird die Aussicht auf den König der alaskanischen Berge und die wilde Schönheit der Gegend verzaubern, so wie einst Sydney Laurence. Sofern das Auto auf dem Weg zurück zum Parks Highway nicht im Schlamm steckenbleibt, wird man mit viel größerem Reichtum zurückkehren, als irgendein Goldklumpen bescheren könnte. Nur gut, dass die Petersville Road vom allgemeinen Tourismus nicht angesteuert wird. Und das ist auch gut so.

Petersville und Peters Hills

Bei den **Gate Creek Cabins** (s. u.) erhält man verlässliche Informationen zu Petersville und Umgebung. Oder man wendet sich an das **Alaska Public Lands Information Center** in Anchorage (→ S. 106).

Nächste Einkaufsmöglichkeit: Cubby's Marketplace, 42751 S Parks Hwy, Talkeetna, AK 99676

In der **Jagdsaison** (Aug.–Okt.) kann es Straßensperrungen geben, wenn viele Jäger in der Gegend sind. Mehr Informationen unter www.adfg.alaska.gov.

Vom Parks Highway an Meile 114,9 biegt man links in die Petersville Road ab. Die ersten zehn Meilen sind asphaltiert, dann folgt Schotter mit vielen Schlaglöchern. Ab Fork's Roadhouse (s. u.) ist ein **Geländewagen mit Vierradantrieb** empfohlen, denn ab hier kann es sehr schlammig sein mit tiefen Schlaglöchern. Zudem sind einige Flussläufe zu durchfahren.

Talkeetna Trip, 13765 E 2nd St, Talkeetna, AK 99676, Tel. +1/907/2031381. Auch wenn es aufgrund der Straßenverhältnisse keinen öffentlichen Verkehr in Richtung Petersville gibt, so kann man versuchen, bei Talkeetna Taxi eine Fahrt zu buchen. www.talkeetnatrip.com

Nimmt man die Abzweigung links am Fork's Roadhouse, erreicht man nach kurzer Zeit einen Campingbereich ohne Ausstattung. In der Gegend gibt es generell keine festen Campingplätze.

Gate Creek Cabins, 21800 Towns Pl, Willow, AK 99688, Tel. +1/907/2808140; je nach Saison DZ ab 200 US-Dollar. Direkte Lage am Gate Creek, an klaren Tagen mit Sicht auf den Denali. Die Cabins sind komplett und modern ausgestattet und sehr gepflegt. Äußerst hilfsbereites Personal. Auf dem Grundstück schauen öfter Elche und Bären vorbei. www.gatecreekcabins.com

Alaska's Northland Inn, Petersville Rd, Trapper Creek, AK 99683, Tel. +1/907/7337371; DZ 160 US-Dollar. Neben der warmen Atmosphäre und gutem Frühstück bietet der Besitzer im Winter auch Schneemobiltouren an. Gleich am Beginn der Petersville Road gelegen. www.alaskasnorthlandinn.com

North Country B&B, Mile 2.7, Petersville Rd, Trapper Creek, AK 99683, Tel. +1/907/7338301; DZ ab 105 US-Dollar. Schöne Lage am Scotty Lake. Es gibt auch eine kleine Bar mit Billardtisch und Bärenfellen an den Wänden. www.northcountrybnb.com

Cache Creek Cabins, 36401 W Petersville Rd, Trapper Creek, AK 99683, Tel. +1/907/7335200; DZ ab 55 US-Dollar. Die Cabins sind simpel ausgestattet. Es wird auch Goldwaschen angeboten. www.cachecreekcabins.com

The Fork's Roadhouse, Mile 19, Petersville Rd, 99683 Petersville, Tel. +1/907/3510226. Pizza, Sandwiches und Snacks.

Zwischen Meile 28 und 30 erstreckt sich der **Peters Creek Canyon** mit spektakulären Aussichten. Viele wilde Wege laden zum Off-Road-Mountainbiking ein.

Gate Lake und **Peters Creek** sind gute Angelgewässer für Rot-, Silber-, Königslachs, Regenbogenforelle und Arktischen Saibling. Zu Angelmöglichkeiten, Ausrüstung und Lizenzen informieren die **Gate Creek Cabins** (s. o.).

Eine **topografische Detailkarte** *(Talkeetna C2)* findet man unter: www.usgs.gov

Denali Gold Tours, 9228 Petersville Rd, Trapper Creek, AK 99683, Tel. +1/907/7337660. Zwischen Mai und September bietet Richard Humphrey zweimal tgl. einen Ausflug in die Cache-Creek-Gegend an, um nach Gold zu suchen; 125 US-Dollar/Pers. www.denaligoldtours.com

Blue Ribbon Mine, Tel. +1/907/3558664 Anfragen für Besichtigungen der Mine.

Ausblick von der Petersville Road

▲ Karte S. 239

Reisetipps von A bis Z

Alkohol

Man muss **mindestens 21 Jahre** alt sein, um Alkohol kaufen zu dürfen. Diesen gibt es in den (staatlichen) **Liquor Stores**, in abgetrennten Bereichen im Supermarkt oder an Bars. Zur Alterskontrolle zeigt man üblicherweise an der Kasse den Reisepass vor. Vorsicht: Wenn man in einer Gruppe reist, dann empfiehlt es sich, getrennt voneinander Alkohol kaufen zu gehen. Wenn man gemeinsam an der Kasse steht, wird von jedem der Reisepass verlangt. Wenn dann nicht jeder seinen Pass sofort griffbereit hat, kann der Verkauf verweigert werden. Alkohol ist um ein Vielfaches teurer als in Deutschland. Zudem gilt absolutes **Alkoholverbot in der Öffentlichkeit**.

Siehe auch »Autofahren« (→ S. 274).

Erst ab 21 Jahren erlaubt

Angeln

Alaska ist ein Paradies für Angler. Das riesige Land bietet mit seinen 12 000 Flüssen, drei Millionen Seen und der Tausende Kilometer langen Küstenlinie einen großen Fischreichtum und somit ideale Möglichkeiten zu angeln. Wer angeln möchte, braucht eine **Lizenz**. Die Lizenz kostet 15 US-Dollar (1 Tag), 30 US-Dollar (3 Tage), 45 US-Dollar (7 Tage) bzw. 75 US-Dollar (14 Tage). Diese, sowie **Ausrüstung**, kann man problemlos in vielen Supermärkten, Sportgeschäften oder auch online beim Alaska Department of Fish and Game kaufen.

Alaska Department of Fish and Game, P.O. Box 115526, 1255 W 8th St, Juneau, AK 99811-5526, www.adfg.alaska.gov

Anreise und Einreise

■ ESTA-Genehmigung

Im Rahmen des **Visa Waiver Program** können sich Bürger aus Deutschland, Österreich und der Schweiz bis zu 90 Tage visumfrei in Alaska (USA) aufhalten. Für die Einreise benötigen Erwachsene wie auch Kinder einen maschinenlesbaren Reisepass (seit 25. Oktober 2006 mit einem Chip mit biometrischen Daten) und eine ESTA-Reisegenehmigung, welche nur online unter beantragt werden kann:
https://de.usembassy.gov/de/visa/esta/
Die zwei Jahre gültige ESTA-Genehmigung kostet derzeit 21 US-Dollar, wird mit Kreditkarte bezahlt und sollte spätestens 72 Stunden vor Abreise beantragt werden. Dabei muss die erste Übernachtung mit Anschrift der Unterkunft angegeben werden. Auf dem Hinflug füllt man ein Zollformular aus. Bei der Passkontrolle in den USA werden dann einige Fragen zum Aufenthalt gestellt, Fingerabdrücke gescannt sowie ein Foto des Gesichts aufgenommen.

■ Flug

Aus Europa fliegen verschiedene Airlines nach Anchorage (ANC). Zu den schnellsten Verbindungen zählt ein **Direktflug** mit Condor (www.condor.de) von Frankfurt/M. aus in rund zehn Stunden (Mai–Okt. viermal wöchentlich). Auch die Lufthansa bzw. Eurowings Discover bietet im Sommer Direktflüge an. Icelandair fliegt zwischen Mai und September **mit Umstieg** in Reykjavik zweimal wöchentlich nach Anchorage. Weitere Airlines wie KLM, Delta, British Airways und United fliegen von Deutschland, Österreich und der Schweiz mit mehreren

Stopps (häufig in Seattle) nach Anchorage und von den USA aus auch weiter nach Fairbanks. Auch Alaska Airlines bietet eine Reihe von Zielen in Alaska an.

■ Fähre

Wer mit der Fähre anreisen möchte, wählt am besten die Route über den **Alaska Marine Highway**. Das 3500 Meilen lange Netz aus Fährverbindungen verbindet 35 Orte. Allerdings gibt es keine direkte Verbindung nach Anchorage, sondern nur nach Whittier oder Homer. Von Bellingham in den USA, südlich von Vancouver, steuert die Fähre über Ketchikan und Juneau schließlich Yakutat an, wo man dann die Fähre »MS Kennicott« nimmt und entlang der Südküste weiterreist (nur im Sommer). Von Yakutat sind es nochmal 22 Std. nach Whittier und von dort anderthalb Tage nach Homer.
Alaska Marine Highway, 7559 N Tongass Hwy, Ketchikan, AK 99901, Tel. +1/907/ 4653941 oder +1/800/6420066, www.dot.alaska.gov/amhs

■ Kreuzfahrten

Kreuzfahrten bringen die meisten Touristen nach Alaska. Die Holland America Line bietet ab Vancouver, Kanada, eine 14-tägige Kreuzfahrt nach Whittier oder Seward an. Auch Princess Cruises fährt bis Whittier, und von dort geht es auf dem Landweg weiter nach Anchorage. Beide Kreuzfahrtunternehmen haben einen hohen Ausstattungsstandard, qualitativ hochwertiges Essen und Getränke sowie sehr viel Unterhaltung und Landgänge im Angebot und sind entsprechend kostspielig.
Holland America Line
www.hollandamerica.com
Princess Cruises, www.princess.com
Alaska Tour & Travel
www.alaskatravel.com

Apotheken

Apotheken (*pharmacy*) finden sich in den großen Städten wie auch in den kleineren Ortschaften. Oftmals sind Apotheken auch in Drugstores und Supermärkten, wie in Seward im Safeway oder in Healy im Three Bears Alaska, integriert bzw. bieten diese freiverkäufliche Medikamente an.

Ärztliche Versorgung

Die ärztliche Versorgung in Alaska ist gut, aber sehr teuer. Eine ärztliche Behandlung muss in bar oder mit Kreditkarte bezahlt werden. Wenn man sich diese nicht leisten kann, wird nur die Erstversorgung geboten. Darum ist es wichtig, eine **Auslandskrankenversicherung** abzuschließen und alle Belege zur späteren Einreichung aufzuheben. Weitere Informationen siehe »Versicherungen« (→ S. 294).

Ausrüstung und Gepäck

Generell empfiehlt es sich, **robuste und strapazierfähige Bekleidung und Gepäckstücke** bei sich zu haben. Festes, wasserdichtes Schuhwerk, verschiedene, atmungsaktive Schichten von Kleidung und **Schutz vor Regen, Sonne** und im Sommer speziell **vor Mücken** sind die Standardausrüstung einer jeden Alaskareise. Moskitonetze (auch für den Kopf!), Insektenschutzmittel und Manuka-Honig haben sich bewährt. Für Reisen im **Winter** sind extrem warme Kleidung, Moonboots, Fausthandschuhe und wasserfreie Kältecreme unerlässlich.
Für detaillierte Tipps zur **Wanderausrüstung** siehe »Wandern in Alaska – nützliche Hinweise« (→ S. 30).

Autofahren

The Milepost, der jährlich neu aufgelegte offizielle Reisekatalog, informiert im Detail über jede Meile auf Alaskas Highways: www.themilepost.com/highways
Für Aufenthalte unter einem Jahr ist in Alaska (USA) der nationale deutsche (schweizerische, österreichische) **Führerschein** gültig, um einen Mietwagen zu fahren. Ein internationaler Führerschein (*driver's license*) wird empfohlen, ist aber nur in Zusammenhang mit dem nationalen Führerschein gültig.
In Alaska herrscht Rechtsverkehr. Die **Höchstgeschwindigkeiten** betragen innerorts 25–35 miles per hour/mph (40–

Whittier ist an den Alaska Marine Highway angebunden

48 km/h), außerorts 55 mph (89 km/h) bzw. 65 mph (105 km/h). Für alle Insassen gilt Anschnallpflicht!

Die **Promillegrenze** liegt bei 0,8.

Bei **Polizeikontrollen** unbedingt im Fahrzeug sitzenbleiben, das Fenster öffnen, die Hände am Lenkrad lassen und den Anweisungen des Polizisten Folge leisten. Nie unaufgefordert aussteigen, da dies als Bedrohung wahrgenommen werden könnte. Siehe auch »Reisen im Land/Mietwagen und Wohnmobile« (→ S. 284).

■ Wichtige Verkehrsregeln

Rechts überholen ist auf mehrspurigen Straßen erlaubt.

Das **Wenden** auf ein- und doppelspurigen Straßen ist verboten.

Gelbe Mittellinien auf der Straße trennen die beiden Fahrtrichtungen.

Farbig markierte Bordsteine: Rot (Halteverbot), Blau (Behindertenparkplatz), Weiß (5 Min. Parken erlaubt), Grün (10 Min. Parken erlaubt), Schwarz/Gelb (Ladezone für Lkw).

Schulbusse mit gesetztem Blinklicht dürfen nicht überholt werden. Auch der Gegenverkehr muss warten.

Das **Abbiegen an einer roten Ampel** ist erlaubt, sofern der Wagen vorher zum Halten gekommen ist und kein Fußgänger oder Verkehr von links kommt.

Four way stop: Alle Verkehrsteilnehmer müssen anhalten. Wer als Erster angehalten hat, darf auch als Erster wieder losfahren. Bei gleichzeitigem Anhalten gilt rechts vor links und Geradeausfahren vor Abbiegen.

■ Straßenzustand

Die Straßen in Zentral-Alaska sind **vom Wetter stark beansprucht**. Oft gibt es streckenweise **Baustellen** mit Sicherheitsfahrzeugen, denen man durch die mächtigen Baustellen folgt. Man sollte grundsätzlich mehr Zeit einplanen, als der Routenplaner angibt. Bei **Regen** sammeln sich häufig große Mengen Wasser auf den Straßen, z.B. auf dem Parks Highway (Nr. 3) auf Höhe von Trappercreek.

Neben den asphaltierten Straßen gibt es auch **Schotterstraßen** (*loose gravel*). Dazu zählen in Zentral-Alaska vor allem der Denali Highway (Nr. 8), die Petersville Road und die McCarthy Road (Nr. 10). Grundsätzlich sollte auf solchen Pisten immer mit erhöhter Vorsicht und vor allem langsam (max. 25 mph) gefahren werden. Die Straßenwindungen sind oft echt eng, und aufgewirbelte Steine können die Frontscheibe beschädigen. Zudem gibt es viele **Schlaglöcher**, die das Risiko auf einen platten Reifen erhöhen. Außerdem lautet die Devise: Auch **tagsüber Licht an** beim Autofahren!

Tanken

Neben dem Internet bietet der *Alaska Travel Planner The Milepost*, (www.themilepost.com, jährliche neue Auflage) eine detaillierte **Auflistung aller Tankstellen** im gesamten Bundesstaat.

Wie man tankt: Zapfsäule anfahren und Kreditkarte in den vorgesehenen Apparat stecken, Instruktionen folgen und gewünschten Geldbetrag/Menge *(gallons)* angeben. Es gibt Benzin (*regular*), Super (*premium*) und Diesel (*diesel*). Wenn die Tasten zur Wahl des Treibstoffs aufleuchten, die jeweilige Taste drücken. Falls vorhanden, den schwarzen Henkel an der Seite herunterdrücken. Manchmal werden Post-

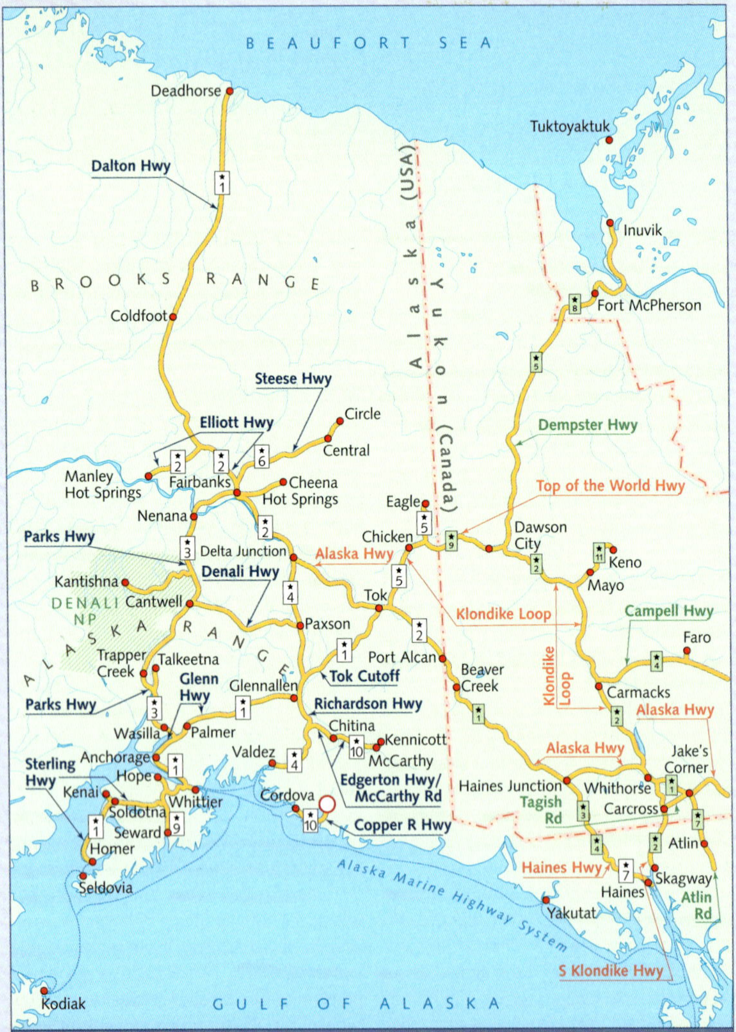

Das Straßennetz von Alaska

0 125 250 km

leitzahlen abgefragt. Sollte man keine PLZ in den USA oder Kanada besitzen, sucht man den Tankwart auf, gibt die Nummer der Tanksäule an und für welchen Betrag man tanken möchte. Man zahlt zuerst, dann schaltet der Tankwart die Säule frei. Sollte am Ende des Tankvorgangs kein Beleg aus dem Automaten kommen, kann dieser vom Tankwart ausgedruckt werden.

Barrierefreiheit

Alaskas **Wildnis** und auch der **Winter** stellen für Menschen mit besonderen Bedürfnissen eine Herausforderung dar, eine genussvolle Reise zu unternehmen. Zu anderen Jahreszeiten jedoch gibt es viele Sehenswürdigkeiten, die auch mit eingeschränkten Möglichkeiten leicht zu erreichen sind. **Öffentliche Verkehrsmittel** und **Taxis** sind rollstuhlgerecht. **Hotels,** öffentliche Toiletten, Besucherzentren und Supermärkte sind auf Menschen mit Behinderungen eingestellt.

Botschaften und diplomatische Vertretungen

■ In Deutschland, Österreich, Schweiz

Deutschland:

Konsularabteilung der US-Botschaft, Clayallee 170, 14191 Berlin, Tel. +49/(0)30/83050, consberlin@state.gov

US-Generalkonsulat, Gießener Str. 30, 60435 Frankfurt/M., Tel. +49/(0)69/75350, Fax +49/(0)69/75352277

US-Generalkonsulat, Königinstr. 5, 80539 München, Tel. +49/(0)89/28880, Fax +49/(0)89/2809998, https://de.usembassy.gov

Österreich:

Botschaft der USA, Parkring 12 a, A-1010 Wien, Tel. +43/(0)720116000 (Mo–Fr 8–20 Uhr); Besuch nur mit Termin; Postanschrift: US-Botschaft, Abt. für Nichteinwanderungsvisa, Boltzmanngasse 16, A-1090 Wien, https://at.usembassy.gov

Schweiz:

Botschaft der USA, Sulgeneckstr. 19, CH-3007 Bern, Postanschrift: Embassy of the United States, Nonimmigrant Visa Unit, P.O. Box, CH-3001 Bern, https://ch.usembassy.gov

■ In Alaska/USA

Deutsches Honorarkonsulat, Postanschrift: 3350 Midtown Place, Anchorage, AK 99503, Tel. +1/907/3379915, www.germany.info

Österreich und die Schweiz unterhalten keine Konsulate in Alaska, zuständig sind die Generalkonsulate:

Consulate General of Austria, 11859 Wilshire Blvd, Suite 501, Los Angeles, CA 90025, Tel. +1/310/4449310; Mo–Fr 9–13, 13.40–17 Uhr, www.bmeia.gv.at

Consulate General of Switzerland, Pier 17, Suite 600, San Francisco, CA 94111, Tel. +1/415/7882272 (Mo–Fr 9–12 Uhr), www.eda.admin.ch

Camping

Um der Natur so nah wie möglich zu sein, kann man auf einem der vielen **Campingplätze** sein Zelt aufschlagen oder sich mit dem **Wohnmobil** einen Stellplatz sichern. In Alaska unterscheidet man zwischen privaten und öffentlichen Campingplätzen. Letztere bieten häufig großräumige Stellplätze, aber dafür wenig Komfort. Zudem sind Reservierungen nicht immer üblich. Es gilt, so früh wie möglich vor Ort zu sein, um einen guten Stellplatz zu bekommen. Es gibt aber auch **staatliche Campingplätze** mit Parkangeboten, Picknicktischen und Grillmöglichkeiten. Die meisten öffentlichen Campingplätze sind von Mitte Mai bis Anfang September geöffnet und kosten zwischen 0 und 15 US-Dollar. **Private Campingplätze** hingegen sind oft besser gelegen, haben eine ansprechendere Ausstattung und sind mit 15 bis 30 US-Dollar etwas teurer.

Wer zeltet, kann nach der Regel vorgehen: Zelten ist überall dort erlaubt, wo es nicht verboten ist. Dennoch ist **wildes Camping** in den ganzen USA bis auf wenige Ausnahmen untersagt.

Beim Camping

Von Aufenthalten auf **private property,** also Privatbesitz, ist Abstand zu nehmen. Niemals sollte man in der Nähe von Städten und Dörfern der Alaskan Natives zelten. Es geht dabei nicht nur um die eigene Sicherheit, sondern auch um Respekt.
Alle **Informationen** zum Camping bietet das Alaska Public Lands Information Center (APLIC): www.alaskacenters.gov

Drogen

Alaska gehört zu jenen US-Bundesstaaten, wo **Cannabis** legalisiert wurde. 1998 wurde Cannabis bereits zu medizinischen Zwecken verwendet. Heute ist der Besitz von kleinen Mengen ab 21 Jahren erlaubt, solange es nur in privater Atmosphäre und nicht in der Öffentlichkeit konsumiert wird. **Autofahren** nach dem Konsum von Cannabis ist strafbar. Für den Kauf gibt es *Cannabis stores*. Auch wenn Oregon und Washington ebenfalls die Legalisierung vorgenommen haben, ist es verboten, Cannabis von Alaska aus in einen anderen Bundesstaat mitzunehmen.
Der Besitz, Konsum und die Einfuhr von jeglichen anderen Drogen sind verboten und strafbar.

Elektrizität

Die Netzspannung in Alaska liegt bei 110/120 Volt (Wechselstrom). Es wird ein Adapter für die USA benötigt.

ESTA-Genehmigung

Siehe »Anreise und Einreise« (→ S. 273).

Feiertage

Die gesetzlichen Feiertage in Zentral-Alaska sind:

1. Januar: New Years Day
Dritter Montag im Januar: Martin Luther King Day
Dritter Montag im Februar: President's Day
Letzter Montag im März: Seward's Day
Letzter Montag im Mai: Memorial Day
1. Juli: Independence Day
Erster Montag im September: Labor Day
18. Oktober: Alaska Day
11. November: Veterans Day
Vierter Donnerstag im November: Thanksgiving Day
25. Dezember: Christmas Day

Fotografieren

Alaskas Natur ist ein Paradies für Fotografen. Verboten sind hingegen Aufnahmen von Flughäfen, Bahnhöfen, staatlichen Gebäuden, der Polizei und besonders vom Militär.

Frauen alleine unterwegs

Das Risiko für alleinreisende Frauen ist in Alaska gering, solange die üblichen Sicherheitshinweise beachtet werden.

Alaska bietet verlockende Fotomotive ohne Ende

Die Ein-Dollar-Note

Geld und Währung

Die Währung der USA ist der US-Dollar. Ein Dollar entspricht 0,92 Euro (Stand: Feb. 2023). Unterteilt wird in Dollar und Cent. Die **Banknoten** sind aufgeteilt in 1-, 5-, 10-, 20-, 50- und 100-Dollarscheine. In der Regel werden gegenüber 50- und 100-Dollarnoten bevorzugt kleinere Scheine angenommen. Als **Münzen** gibt es 1 (*penny*), 5 (*nickel*), 10 (*dime*), 25 (*quarter*) Cents und 1 US-Dollar. **Geldautomaten** (ATMs) stehen in fast allen Banken, Tankstellen, Supermärkten (auch in kleinen Ortschaften und Dörfern) rund um die Uhr zur Verfügung. Am weitesten verbreitet sind die Bank of Amercia und Wells Fargo. Die **Öffnungszeiten** der Banken variieren von 9 oder 10 bis 17 oder 18 Uhr, außer an Wochenenden. Eine Auflistung verfügbarer Geldautomaten findet sich unter www.alaskausa.org (Suchbegriff »ATM«).

In Alaska sind **Kredit- und Debitkarten** die üblichen Zahlungsmittel. VISA, MasterCard, American Express und Diners Club werden so gut wie überall akzeptiert. Auch kleinere und Kleinstbeträge werden mit der Kreditkarte beglichen. Auch Debitkarten (girocard) mit dem Maestro-Logo werden häufig akzeptiert. Auch wenn der Gebrauch von Kredit- und Debitkarten üblich ist, lohnt sich die Mitnahme einiger Banknoten und Münzen für den Einkauf von Briefmarken sowie für Trinkgelder oder Fahrten mit den öffentlichen Verkehrsmitteln und Taxis. Da der **Geldumtausch in Bankfilialen** zwar möglich, aber mit schlechten Kursen versehen ist, lohnt es eher, eine größere Summe am Automaten abzuheben.

Haustiere

Wer seinen Hund mitnehmen möchte, braucht einen auf Englisch übersetzten Nachweis einer **Tollwutimpfung**. Wenn keine Tollwutimpfung vorhanden ist, muss diese spätestens 30 Tage vor Abreise verabreicht werden. Auf Campingplätzen sind Hunde stets an der Leine zu halten.

Grundsätzlich benötigen alle Haustiere einen Nachweis darüber, dass sie keine auf den Menschen übertragbaren Krankheiten haben. Dieser Nachweis heißt auf Englisch **Certificate of Veterinary Inspection** (CVI) oder einfach »Health Certificate«.

Hundeschlittentouren

Das ganze Jahr hindurch, ob mit oder ohne Schnee, sind Hundeschlittenfahrten im Angebot. Von wenigen Stunden bis zu mehreren Tagen, gibt es diverse Ausflugspakete im Angebot verschiedener Anbieter. Dabei bekommt man direkten Kontakt zum Hundeteam und zu den Mushern (den Führern des Hundeschlittengespanns), lernt vieles über die Geschichte des legendären Transportmittels und kann

Beim Ceremonial Start des Iditarod Race in Anchorage können Gäste mitfahren

als Mitfahrer oder selbst als Musher aktiv teilnehmen.

Für entsprechende Spezialanbieter siehe »Reiseveranstalter in Alaska« (→ S. 286).

Impfungen

Seit Oktober 2021 kann man in die USA nur noch mit vollständiger **Covid-19-Impfung** einreisen. Sämtliche Informationen dazu und mögliche Ausnahmen zur Einreise finden sich beim Center vor Disease Control and Prevention (CDC): www.cdc.gov. Zudem sollten die **Standardimpfungen** (Diphtherie, Tetanus, Hepatites B, evtl. Tollwut) vorhanden sein. Informationen vor Reiseantritt erteilen die Fremdenverkehrsvertretungen:

Deutschland:
Auswärtiges Amt (Zentrale Berlin), Tel. +49/(0)30/18170, www.auswaertiges-amt.de

Österreich:
Bundesministerium für Europa, Integration und Äußeres, Tel. für Reiseinformationen: +43/(0)50/11503775, www.bmeia.gv.at

Schweiz:
Eidgenössisches Departement für auswärtige Angelegenheiten (EDA), Tel. +41/800/247365, www.eda.admin.ch

Klima und Reisezeit

Alaska kann in drei Klimazonen eingeteilt werden: Der **Süden und Südwesten** sind geprägt von recht regnerischen, auch im Sommer kühlen Tagen mit max. 15° C, während im **Norden** des Landes arktisches Klima regiert, mit wenig Niederschlag und im Sommer nicht mehr als 5° C warmen Phasen. Im Winter hingegen gibt es Temperaturen bis zu -30° C.

Zentral-Alaska aber ist von kontinentalem Klima beherrscht, und die feuchte Pazifikluft wird von hohen Bergen abgehalten. Im kurzen Sommer können die Temperaturen auf bis zu 30° C klettern, im Winter dafür auf extrem kalte -50° C fallen. Wegen der durch die Berge abgeschirmten Lage fällt relativ wenig Niederschlag. Jedoch regnet es im Hochsommer in Zentral-Alaska deutlich mehr als im Frühjahr oder Herbst. Grundsätzlich git zu beachten, dass sich die Wetterlage überall innerhalb weniger Minuten ändern kann.

Die **beste Reisezeit** für Zentral-Alaska liegt zwischen Mai und September. Zwar regnet es zwischen Juli und Anfang September häufig, aber in dieser Zeitspanne sind die Nationalparks und Straßen geöffnet und Aktivitäten wie Wandern, Kajak- und Kanufahren, Radfahren und Mountainbiken möglich. Ab Oktober sind die Tage zwar in der Regel noch schön, allerdings schließen viele Hotels, Gästehäuser und andere Einrichtungen langsam die Pforten. Jedoch erfreut sich auch die dunkle und kalte Winterzeit mit Aktivitäten wie Hundeschlitten-, Schneemobil-, oder Skifahren wachsender Beliebtheit bei den Touristen. Zudem ist es die Zeit der Polarlichter, welche ein unvergessliches Schauspiel am Himmel darbieten.

Kriminalität

Alaska weist eine recht hohe Kriminalitätsrate auf, es ist sogar die höchste der USA. Trotzdem ist Alaska in großen Städten und kleineren Ortschaften ein sicheres Reiseziel für Touristen, wenn man **einige Verhaltensregeln** beachtet: Man sollte nie viel Bargeld dabeihaben und die Geldbörse nicht in der Gesäßtasche tragen. Handtaschen und Kameras sind vor der Brust zu positionieren, nicht hinten auf dem Rücken. Wertsachen sollten nicht sichtbar im Auto liegen, weder bei einem Wandereinstieg noch in einer Ortschaft. Städte können nachts unsicher sein. Schwierige Straßenviertel sollten gemieden werden. Auch nächtliche Spaziergänge sollte man nicht alleine unternehmen.

Maßeinheiten

Alle Entfernungen sind in **Meilen** angegeben. Die im Reiseführer verwendeten Kürzel bei den Meilenangaben geben die Stadt an, auf die sich die jeweilige Entfernungsangabe bezieht:

A - Anchorage, F - Fairbanks, S - Seward, G - Glennallen, V - Valdez

Umrechnung von US-amerikanischen Maßeinheiten:

1 mile (m) = 1,6 km
1 yard (yd) = 0,9 km
1 foot (ft) = 30,48 cm
1 inch (in) = 2,54 cm
0 degrees Fahrenheit (° F) = -17,78° C
32 ° F = 0 ° C
1 US gallon (gal) = 3,758 l
1 US pint (pt) = 0,437 l
1 acre (ac) = 0,40 ha
2,47 ac = 1 ha
1 US barrel of oil (bbl) = 158,99 l

Medien

Anchorage Daily News (*ADN*) ist die größte **Tageszeitung** Alaskas. 1946 gegründet, gibt es sie heute auch als App. Weitere Tageszeitungen sind *Mat-Su Frontiersman* oder *Fairbanks New-Miner*. Andere US-amerikanische Zeitungen wie die *New York Times* oder *USA Today* können natürlich ebenfalls in Zeitungs- oder Buchläden gekauft werden.

Es gibt viele **Radiosender** in Alaska. Angesagt in Zentral-Alaska sind u. a.:

Anchorage: *650 AM* und *700 AM* für Nachrichten, *96,3 FM The Moose* für Country, *101,3 FM* für Pop.

Fairbanks: *970 AM* für Nachrichten, *102,5 FM* für Country, *820 AM* für Sport.

Homer: *980 AM* ist ein öffentliches Radio Die meisten **Hotels** und Unterkünfte haben einen Kabel-/Satellitenanschluss und die Senderauswahl ist groß, teilweise mit Select-Video- bzw. Pay-TV-Bereich. Manche Lodges haben kein TV-Gerät.

Notrufnummern

Notrufe (Polizei, Feuerwehr, Kankenwagen): 911 (kostenfrei)

Rufnummer ohne Notfall (Anchorage): 311 Damit soll die eigentliche Rufnummer für Notfälle freigehalten werden. Die 311 verbindet den Anrufer mit verschiedenen Einrichtungen der Stadt, z.B. bei Beschlagnahme des Autos, mit dem Ordnungsamt, bei Fragen zu Steuern und Gebühren oder Verkehrsangelegenheiten. Aber auch bei Diebstahl ist diese Rufnummer der 911 vorzuziehen.

Bei Erdbeben oder Vulkanausbruch (Informationen zu Schutzvorrichtungen, Evakuierungen, aktueller Situation): 211

Alaska Tsunami Warning Center, Palmer: Tel. +1/907/7454212

Krankenhäuser:

Alaska Regional Hospital, Anchorage, Tel. +1/907/2761131

Fairbanks Memorial Hospital, Fairbanks, Tel. +1/907/4528181

South Peninsula Hospital, Homer, Tel. +1/907/2358101

Providence Seward Medical Center, Seward, Tel. +1/907/2245205

Central Peninsula General Hospital, Soldotna, Tel. +1/907/7144404

Mücken und Moskitos

Zwischen Juni und August werden Alaskaner und Besucher des Landes von Tornados von Moskitos verfolgt und gestochen. Daher empfiehlt es sich, ein **Kopfnetz** und gängige **Mückensprays** (Anti-Brumm Forte) schon vor der Anreise zu kaufen. Wer zelten geht und es anders nicht aushält, kann sich leichte **Stoffhandschuhe** zulegen. Die gute Nachricht: Bei der kleinsten Brise oder Regen sind die Mücken verschwunden.

Polizei

Die staatliche Polizeibehörde in Alaska nennt sich **Divison of Alaska State Troopers** mit Zentrale in Anchorage. In Zusammenarbeit mit den lokalen Polizeibehörden ist sie für die alaskaweite Verfolgung von Straftaten, die Aufrechterhaltung der öffentlichen Sicherheit und Ordnung, Verkehrsüberwachung und die Kontrolle von Jagd- und Naturschutzvorschriften zuständig. Unterteilt werden die Alaska State Troopers in verschiedene Abteilungen, teilweise mit Spezialisierungen.

Weite Teile Alaskas sind nur per Bushplane erreichbar

Rufnummern der Alaska State Troopers:
Anchorage: +1/907/2695511
Fairbanks: +1/907/4515100
Kodiak: +1/907/4864121
Seward: +1/907/2243346

Post

Die Postämter des **United States Postal Service** haben in der Regel Mo–Fr 10–17.30 und Sa 9–12 Uhr geöffnet. Die Zeiten können aber auch je nach Ortschaft abweichen. **Briefmarken** *(stamps)* für einen Standardbrief oder eine Postkarte nach Europa kosten 1,20 US-Dollar. Innerhalb der USA beträgt das Porto rund 0,36 US-Dollar.

Preise

Alaska ist im Vergleich mit anderen US-Bundesstaaten in fast allen Bereichen hochpreisig, weshalb man ein **höheres Reisebudget** veranschlagen muss. Durchschnittspreise für einen Hauptgang im Restaurant liegen bei umgerechnet 25 Euro, ein großes Bier bei 7 Euro. Dafür ist Benzin mit 4,83 Euro pro Gallone (3,78 l) relativ günstig. Weil es in Alaska im Gegensatz zu anderen Bundesstaaten **keine Mehrwertsteuer** (VAT) gibt, ist es ein beliebtes Shoppingziel.

Rauchen

Rauchen ist in allen öffentlichen Gebäuden, Läden und Verkehrsmitteln **verboten**. Auch in Restaurants, Bars und vielen Unterkünften ist das Rauchen nicht gestattet.

Reisen im Land

Das Verkehrsnetz Zentral-Alaskas ist im zugänglichen Teil des Landes gut ausgebaut und bietet viele Möglichkeiten, sich fortzubewegen.

■ Inlandsflüge

Die schnellste Art der Fortbewegung sind Inlandsflüge. Es lohnt sich, die Preise online zu vergleichen und früh zu buchen. Dabei kann das eine oder andere günstige Angebot auftauchen. Dabei muss man auch die **Gepäckbestimmungen** beachten, da in kleinen Flugzeugen andere Gewichtsvorgaben herrschen. Zahlreiche Angebote bietet die Fluggesellschaft Alaska Airlines (www.alaskaair.com), aber auch andere Airlines, wie Ravn Alaska (www.ravnalaska.com) oder Grant Aviation (www.flygrant.com) bedienen den zentralen Bereich des Landes.

■ Buschflüge

Auch wenn Alaska endlos groß erscheint, so ist das Straßennetz sehr überschaubar. Der unzugängliche Teil des Landes wird **The Bush** (→ S. 27) genannt und ist nur mit Booten, Helikoptern oder Buschflugzeugen erreichbar. Buschpiloten sind stolz auf ihre Arbeit und ihre Flugzeuge. Sie versorgen die Menschen in entlegenen Gebieten und abgeschiedenen Dörfern mit Material und Vorräten und fliegen auch Touristen und Sportler in die Wildnis. Wer sich zum Backpacking in die wilde Einsamkeit Alaskas fliegen lassen will, der sollte bedenken, dass **Gepäckstücke** nicht zu groß und schwer sein dürfen. Die jeweilige Fluggesellschaft kann dafür zu Rate gezogen werden. Bei viel Ausrüstung muss mehrmals geflogen werden. Preise, Routen und auch die **Abholung** müssen vorab besprochen werden. Es ist ratsam, in der Wildnis immer ein paar Tage mehr Wartezeit einzuplanen. Es kann vorkommen, dass die Buschflugzeuge den Abholpunkt aufgrund von schlechtem Wetter nicht am vereinbarten Tag erreichen können. Außerdem gilt: Einmal in der Wildnis abgesetzt, ist es schwierig, schnelle Hilfe anzufordern. Viele Fluggesellschaften bieten auch Tagesflüge, sogenanntes **Flightseeing** an, zum Mount Denali oder zur Bärenbeobachtung.

Große Anbieter für Buschflüge und Flightseeing sind:

Rust's Flying Service, 4525 Enstrom Circle, Anchorage Tel. +1/907/2431595, www.flyrusts.com

Wrangel Mountain Air, End of McCarthy Rd, Tel. +1/907/5544411, www.wrangellmountainair.com

Talkeetna Air Taxi, 14212 E 2nd St, Talkeetna, Tel. +1/907/7332218, www.talkeetnaair.com

Zwischen Seward und Fairbanks verkehrt die Alaska Railroad

Alaska Railroad

Ein historischer Klassiker und zugleich entspanntes Reisevehikel ist die Alaska Railroad. Es gibt tägliche Verbindungen zwischen Seward, Anchorage und Fairbanks, außer nachts. Die Waggons haben unterschiedliche Kategorien – von Reservierungen für Kreuzfahrtgäste über Luxuswaggons bis hin zu gewöhnlichen Sitzbereichen. Für **Ticketbuchung und aktuelle Infos** benutzt man am besten das Internet: www.alaskarailroad.com

Überlandbusse

Überlandbusse sind in Alaska teils saisonal und teils ganzjährig unterwegs. In Zentral-Alaska hat man zwischen Anchorage, dem Denali National Park, Fairbanks und der Kenai Peninsula ganzjährige und regelmäßige Verbindungen.

Bekannte **Busunternehmen** sind:

Alaska Park Connection Motorcoach: www.alaskatravel.com

Interior Alaska Bus Line: www.interioralaskabusline.com

Mietwagen und Wohnmobile

Ein Mietwagen kann entweder direkt am Flughafen in Anchorage oder im Zentrum reserviert werden. Ein internationaler **Führerschein** ist zwar keine Pflicht, aber zu empfehlen. Beachten sollte man das **Mindestalter von 20 Jahren** und vorab bei der Buchung schon die **Versicherungskonditionen** im Schadensfall sowie die **freien Kilometer/Meilen**. Der Versicherungsschutz sollte auch die ungeteerten Straßen (z. B. McCarthy Road, Denali Highway) einschließen. Die Kaution wird via Kreditkarte geblockt. Die Rückgabe an einer anderen Station als dem Abholort bringt einen Aufpreis mit sich. Autoverleihfirmen sind unter anderem Avis, Budget, Hertz, Sunnycars, Thrifty und Enterprise.

Die Reise im **Wohnmobil** *(RV, recreational vehicle)* ist zwar sehr bequem, je nach Ausstattung jedoch sehr kostspielig. Auch hier sollten vorab die freien Kilometer beachtet werden; zusätzliche Kilometer kosten extra. Die bekanntesten Anbieter für Wohnmobile sind Cruise America (www.cruiseamerica.com), Great Alaskan Holidays (www.greatalaskanholidays.com) und ABC Motorhome Rentals (www.abcmotorhome.com).

Siehe auch die Tipps unter »Autofahren« (→ S. 274).

Fähren und Autofähren

Wer das Fährsystem des **Alaska Marine Highway** benutzen möchte, findet regelmäßige, wenn auch hochpreisige Verbindungen für Südwestalaska, Whittier, Cor-

dova, Valdez, den Prince William Sound, Homer, entlang der Alaska Peninsula und Kodiak Island. Bei jeder Fährfahrt sollte immer etwas Zeitpuffer eingeplant werden, da die Fahrpläne häufig etwas von der angegebenen Zeiten abweichen.
Informationen findet man unter: www.dot.state.ak.us/amhs

■ Öffentlicher Nahverkehr

In **Anchorage** ist der Busservice des People Mover (Mo–Fr 6–22 Uhr, am Wochenende begrenzt!) für Downtown und die umliegenden Gebiete bis Eagle River zuständig. Von dort übernimmt der Mat-Su-Community Transit (www.matsutransit.com) weiter bis nach Wasilla und Palmer.
Auch **Fairbanks** hat einen öffentlichen Busverkehr (MACS): www.fnsb.us
Auf **Kodiak Island** gibt es das Kodiak Area Transit System: www.katsbus.org

■ Taxi

Das Internet bietet Auskunft über die Taxiunternehmen der jeweiligen Ortschaften und Städte in Zentral-Alaska. Der **Grundpreis** liegt in Anchorage z. B. zwischen 2,75 und 3,50 US-Dollar. Um auf der Straße ein Taxi anzuhalten, hebt man vom Bürgersteig aus deutlich die Hand. Einfacher ist es, sich ein Taxi per Telefon zu bestellen oder die Hotelrezeption um die Reservierung zu bitten. Taxifahrer erwarten durchschnittlich 15 % Trinkgeld.

Reiseveranstalter in Deutschland

Canusa Touristik, Nebendahlstr. 16, 22041 Hamburg, Tel. +49/(0)40/2272530. Spezialveranstalter für alle Arten von Reisen in den USA, so auch in Alaska.
www.canusa.de
Diamir Erlebnisreisen, Berthold-Haupt-Str. 2, 01257 Dresden, Tel. +49/(0)351/312070. Abwechslungsreiche Wanderreisen. www.diamir.de
Gebeco, Holzkoppelweg 19, 24118 Kiel Tel. +49/(0)431/54460. Studienreiseveranstalter auf hohem Niveau, vorwiegend Busreisen. www.gebeco.de
Hauser Exkursionen, Spiegelstr. 9, 81241 München, Tel. +49/(0)89/2350060. Ein Klassiker für Abenteuerreisen mit hohem Outdoorfaktor, direkter Nähe zur Natur, den Menschen und dem Land. Mit etwas Glück reist man mit der langjährigen Reiseleiterin Ruth Zeller.
www.hauser-exkursionen.de
Murkl, Puchheimer Weg 12, 82223 Eichenau, Tel. +49/(0)163/2955684. Sehr exklusive Reiseerlebnisse, z. B. ein Holzhaus bauen, auf einem kommerziellen Fischerboot Lachse fangen, und diverse Aktivtouren mit Eisklettern, Heli-Skiing, Quad- oder Fatbike-Fahren. www.murkl.com

Wohnmobilstellplatz in Seward – gut besucht in der Hochsaison

reiseAgentur brandner, Salierstr. 24, 70736 Fellbach, Tel. +49/(0)711/579889. Sehr professionelle Agentur für Kleingruppen oder Selbstfahrer, Fotoreisen mit Fotograf Kai Glomp, Outdoorreisen. www.reiseagentur-brandner.de

Trails Natur- und Erlebnisreisen, Bahnhofstr. 47, 87435 Kempten, Tel. +49/(0)831/15359. Enge Zusammenarbeit mit reiseAgentur brandner. Reisen sehr nah an der Natur, Gruppen- oder Individualreisen. www.trails-reisen.de

Travel To Life, Schreiberstr. 32, 70199 Stuttgart, Tel. +49/(0)711/65838080. Die perfekte Mischung aus Erlebnis, Entspannung, Begegnung und Abenteuer. www.traveltolife.de

Wigwam Naturreisen und Expeditionen, Lerchenweg 2, 87448 Waltenhofen, Tel. +49/(0)8379/92060. Langjähriger Reiseveranstalter für Abenteuer und Outdoorerlebnisse. www.wigwam-tours.de

Wikinger Reisen, Kölner Str. 20, 58135 Hagen, Tel. +49/(0)2331/9046. Gute Kombination aus Aktivurlaub mit schönen Hotelübernachtungen. www.wikingerreisen.de

Reiseveranstalter in Alaska

Die Möglichkeiten für Freizeitaktivitäten in Zentral-Alaska sind unzählbar. Egal ob zu Fuß, zu Pferd, auf dem Wasser oder in der Luft, jeder Reisende wird eine oder in Kombination mehrere für sich passende Aktivitäten und den geeigneten Anbieter vor Ort finden. Adressen stehen in den Infokästen bei den jeweiligen Orten in diesem Reiseführer, und hier folgt eine kleine Auswahl guter lokaler Spezialanbieter.

Allgemein

Alaska Wildland Adventures, 109 Wildland Dr, Girdwood, AK 99587, Tel. +1/800/3348730. Organisierte mehrtägige Rundreisen mit verschiedenen Aktivitäten wie Wandern, Reiten, Hundeschlittenfahrten und Kajaktouren zwischen Juni und September. Die Preise haben es in sich. Dafür wird der Besucher bei keinem anderen Veranstalter näher am Land sein. www.alaskawildland.com

Salmon Berry Travel and Tours, 515 W 4th Ave, Anchorage, AK 99501, Tel. +1/907/2783572. Vielfach ausgezeichnet, moderate Preise. Winters wie sommers werden Aktivitäten und Tagesausflüge wie Hundeschlittenfahrten, Wildtiersafaris, Gletscherwanderungen und Polarlichtertouren bei Fairbanks angeboten. www.salmonberrytours.com

Wandern und Bergsteigen

Alaska Mounteneering School, 13765 3rd St, Talkeetna, AK 99676, Tel. +1/907/7331016. Wer auf die richtig hohen Berge, wie den Mount Denali, möchte, ist hier richtig. Für Bergsteiger und solche, die es werden wollen. www.climbalaska.org

St. Elias Alpine Guides, Wrangell-St. Elias National Park, Motherlode Powerhouse, Box MXY #10, McCarthy, AK 99588, Tel. +1/907/5544445. Sehr guter Anbieter für Wildnis- und Wandertouren, Bergsteigen, Skifahrten, Rafting. www.steliasguides.com

Radfahren und Mountainbiken

Alaskabike, 3511 E 84th Ave, Achorage, AK 99507, Tel. +1/907/2452175. Die

Touranbieter in Seward

Bei einer Bootstour kommt man den Gletschern ganz nah

Nr. 1, wenn es um Radtouren in Alaska geht, mehrtägige Touren möglich. www.alaskabike.com

Kajak, Kanu, Rafting

Alaska Sea Kayakers, 1 Harbor View Dr, Whittier, AK 99693, Tel. +1/907/4722534. Guter Anbieter für Kajaktouren, Tagesvarianten und sogar lange Touren mit Bootsbegleitung sind möglich. www.alaskaseakayakers.com

Canoe Alaska, 1101 Peger Rd, Fairbanks, AK 99709, Tel. +1/907/4572453. Gutes Angebot an Kajaks, Kanus, Surfborads und Fahrrädern zum Verleih. www.canoealaska.com

Kayak Adventures Worldwide, 328 3rd Ave, Seward, AK 99664, Tel. +1/907/2243960. Vielfältiges Angebot von Tages- und Mehrtagestouren, privat und für Familien. www.kayakak.com

Nova Alaska Guides, 38100 W Glenn Hwy, Glacier View, AK 99674, Tel. +1/907/7465753. Tages- und Mehrtagestouren auf Alaskas wildesten Flüssen. www.novalaska.com/river-rafting

True North Adventures, 4308 Homer Spit Rd, Homer, AK 99603, Tel. +1/907/2350708. Tages- und Mehrtagestouren sowie Kajakverleih und Wassertaxi. www.truenorthkayak.com

Surfen und SUP

Alaska Surf Guides, 334 4th Ave, Seward, AK 99664, Tel. +1/907/5190407. Surftrips per Boot tief in die Wildnis, auf Anfrage sogar per Helikopter oder Buschflugzeug. www.alaskasurfguides.com

TA Surf Company, 27957 Seward Hwy, Indian, AK 99540, Tel. +1/907/9033870, Fb. Einer der wenigen Anbieter von Surfunterricht, Surfcamps und Bore-Tide-Surftrips.

Hundeschlittentouren

Ididaride Dog Sled Tours, 12820 Old Exit Glacier Rd, Seward, AK 99664, Tel. +1/907/2248607. Der vom *Alaska Magazine* mit »Best Sled Dog Tour in Alaska« ausgezeichneter Veranstalter bietet abenteuerlich gestaltete Ausflüge. Der dreimalige Iditarod-Gewinner Mitch Seavy gibt Einblicke in das Zusammenleben von Mensch und Hund. www.ididaride.com

Black Spruce Dog Sledding, 3850 Errol Ave, Fairbanks, AK 99709, Tel. +1/907/3713647. Sehr gutes Angebot an Hundeschlittentouren im Winter wie Sommer. www.blacksprucedogsledding.com

Ob Kanu, Kajak oder Rafting – die Möglichkeiten sind endlos

Reiten

Alaska Horse Adventures, 18810 E Walling Rd, Palmer, AK 99645, Tel. +1/907/2294445. Die 1,5- und 3-stündigen Reittouren im Knick River Valley sind gut organisiert und für die ganze Familie ausgelegt. www.alaskahorseadventures.com

Alaska Horsemen Trail Adventures, 35090 Quartz Creek Rd, Cooper Landing, AK 99572, Tel. +1/907/5951806. Tagesausritte und mehrtägige Touren im Chugach National Forest und Kenai National Wildlife Refuge werden zu einem unvergesslichen Erlebnis. Von Familien- bis Extremtouren wird alles angeboten. www.alaskahorsemen.com

Schulferien

Die Schulen in Alaska sind nach Regionen *(districts)* aufgeteilt, und die Schulferien variieren je nach Region ein wenig. Die **Sommerferien** sind drei Monate lang und beginnen Mitte Mai und enden meist Mitte/Ende August. Die **Winterferien** sind in der Regel zwei Wochen lang und beginnen häufig am 23.12.

Sicherheit

In der Wildnis

Wer in die Wildnis aufbrechen will, muss sich unbedingt mit den diesbezüglichen Sicherheitshinweisen vertraut machen. **Plötzliche Wetterveränderungen** mit ungeahnten Wintereinbrüchen, überraschend aufziehenden Stürme und extremen Temperaturgefällen gehören ebenso zum Bild wie die **Begegnung mit wilden Tieren** wie Elchen oder Bären (→ S. 36). Die **Reiseroute** muss immer genauestens geplant sein. Beim Eindringen in die Wildnis muss bei der letzten Unterkunft oder an einem Informationshaus eine **Nachricht hinterlassen** werden, wo genau man hingehen möchte und wie lange man schätzungsweise unterwegs sein wird. Eine wohlüberlegte **Ausrüstung** (→ S. 30) ist ebenso überlebenswichtig wie entsprechendes **Kartenmaterial** und ein **Kompass**. Bevor man sich tief in die Wälder oder Berge begibt, informiert man sich über das Wetter und die Vorhersage der nächsten Tage und erfragt aktuelle Informationen zum Zielgebiet. Auch **Warnschilder und Verhaltensregeln** für die Begegnung mit Wildtieren sind unbedingt ernst zu nehmen.

Mit dem Auto unterwegs

Alaskas Weite spricht schon für sich. So begegnet man oft für Stunden keinem anderen Fahrzeug. Hat man eine **Panne**, kann Hilfe somit sehr lange auf sich warten lassen. Es ist immer von Vorteil, einen

Extrakanister Benzin und ausreichend Getränke und Essen mit sich zu führen, damit man im Notfall bei **langen Wartezeiten** versorgt ist.

Souvenirs

Die **klassischen Souvenirs** sind Kleidung mit Alaska-Logo, Baseballcaps, Aufnäher, Magnete oder Autoschilder aus dem Bundesstaat. Auch die berühmten Warnschilder vor Elchen und Bären dürfen nicht fehlen. Die beste Adresse dafür findet sich auf dem West Parks Highway an Mile 114.8 bei Wal Mikes. Antiquitäten und Ramsch in unendlicher Auswahl finden sich direkt am Straßenrand – ein Paradies für Sammler. Wer jedoch ein echtes Souvenir aus Alaska haben möchte, sollte beim Kauf auf die Herkunft achten: »Made in Alaska« ist das Stichwort. **Lokales Kunsthandwerk**, z. B. das *Ulu* (Arbeitsmesser), *Muklus* (Stiefel der Ureinwohner) oder handgeschnitzte Figuren lokaler Künstler, sind im Trend, aber kostspielig. Alaskanisches Bier und Schokolade gelten ebenfalls als beliebte Mitbringsel.

Sportliche Aktivitäten

Spezialanbieter für sämtliche Aktivitäten siehe »Reiseveranstalter in Alaska« (→ S. 286).

Aufgepasst!

Wandern

Alaska ist ein traumhaftes Ziel für jeden Wanderfan. Das Spektrum der Wandermöglichkeiten ist vielfältig. Egal ob Spaziergänge, Tagestouren, Expeditionen oder Fernwanderungen – in Alaska kommt jeder auf seine Kosten. Schon am **Stadtrand von Anchorage** beginnen spannende Wandermöglichkeiten. Der **Denali National Park** bietet eine Vielzahl an Wanderwegen. Bereits im Eingangsbereich des Parks beginnen die ersten Trails, und wer mit dem öffentlichen Bus bis zum Wonder Lake fährt, kann von dort aus (mit Genehmigung) zu mehrtägigen Touren aufbrechen. Auch im **Chugach State Park**, bei den **Peters Hills** und bei **Kennicott** beginnen Wanderrouten verschiedenster Länge. Viele der Wanderungen können selbst und ohne lizenzierten Wanderführer unternommen werden. Siehe auch die Informationen zur Ausrüstung (→ S. 30) und Hinweise für Begegnungen mit Wildtieren (→ S. 36).

Bergsteigen

Bergsteigen ist eine der legendären Sportarten in Alaska. Manch einer träumt von einer Besteigung des Mount Blackburn, des Mount Hunter oder des Denali (früher Mt. McKinley). Zudem sind viele Gipfel auch noch unbestiegen. Es ist ratsam, immer **organisierte Touren** (→ S. 285, 286) zu unternehmen. Das bietet nicht nur mehr Sicherheit, sondern die Anbieter kümmern sich auch gleich um die richtige Ausrüstung und den Papierkram wie Anmeldungen, Permits usw.

Fahrrad- und Mountainbikefahren

Mit dem Fahrrad oder Mountainbike in Alaska unterwegs zu sein, erfreut sich immer größerer Beliebtheit. Von Anchorage bis in den Denali National Park zu radeln, auf den Schotterpisten des Denali Highway oder der McCarthy Road zu biken, bietet grandiose Aussichten, erfordert aber ein gutes **Reifenprofil** sowie entsprechende **Ausrüstung**. Stets zu beachten sind die **Schlaglöcher** in den Straßen und Pisten und dass zu jeder Zeit **wilde Tiere** (→ S. 36) auftauchen können. Wer es nicht ganz so abenteuerlich braucht, findet bereits in und um **Anchorage** ein breites Streckennetz an Radelmöglichkeiten (→ S. 104).

Kajak, Kanu, Rafting

Nicht nur der berühmte Yukon bietet Nervenkitzel bei Wildwassersportarten, auch Flüsse wie der Eagle River bei Anchorage, der Copper River, der Matanuska oder der Chickaloon River sind bekannte **Raftinggebiete** in Zentral-Alaska. Wer entspannter unterwegs sein möchte, kann sich in Fairbanks ein **Kanu** leihen und den Chena River hinunterpaddeln oder auf einem See zum **Angeln** treiben lassen. Entlang der **Küstenbereiche,** u. a. von Homer, Seward oder Whittier aus, kann man mit dem Kajak hinausfahren, sowohl organisiert mit Guide (→ S. 287) als auch individuell. Auch der Prinz William Sound sowie der Kenai Fjords National Park in Richtung Bear-Gletscher und Fox Island bieten spektakuläre Küstenabschnitte, einsame Strände und Buchten und die Chance, Meeressäuger zu sehen. Siehe auch »Sicherheitshinweise für Paddelausflüge« (→ S. 174).

Surfen und SUP

Noch kaum jemand kennt die Buchten und Küstenabschnitte mit surfbarem Wellengang und die einsam gelegenen Seen und Flüsse zum Paddeln. Ganz unbekannt ist Wellenreiten in Alaska zwar nicht, aber nur Wenige wissen über die Möglichkeiten Bescheid. Das liegt nicht etwa an mangelnden Wellen im Ozean, sondern vielmehr an den niedrigen Wassertemperaturen, die oft abschreckend wirken. Nur Hartgesottene wagen sich daher in die Fluten und versuchen sich im **Surfen** und **Stand-up-Paddeln** (SUP). Wer in Alaskas Gewässern surft oder paddelt, zählt definitiv zu einer kleinen Gruppe Abenteuerlustiger, die ein noch unentdecktes Potenzial des Bundesstaates erleben. Es gibt einige lokale **Veranstalter**, die Ausflüge anbieten und **Ausrüstung** wie Surfboards und Neoprenanzüge verleihen (→ S. 287).

Reiten

Das Land zu Pferd zu erkunden, hat einen ganz besonderen Charme. Fast fühlt man sich wie einst die Pioniere, wenn man auf dem Rücken eines Pferdes durch die endlose Wildnis trottet. Dieses Cowboygefühl bieten **geführte Touren**, die von stundenweisen Ausflügen bis hin zu Wochenausritten angeboten werden (→ S. 288).

Wintersport

Wintersport ist in Alaska zwar bekannt, aber durchaus noch ausbaufähig. Und dabei gilt zu beachten, dass er nicht unbedingt

Wanderung im Valley of Ten Thousand Smokes

im Winter stattfinden muss. In Zentral-Alaska gibt es ganzjährig wunderbare Möglichkeiten für **Abfahrtski, Langlauf oder Skitouren.** Das beliebteste Skigebiet befindet sich in Girdwood. Für Extremsportler bieten zahlreiche Veranstalter **Heli-Skiing** in den Weiten der Wildnis oder im Rahmen von organisierten Touren an. Auch **Schneeschuhwanderungen** sind im Kommen. Sie werden vermehrt auch geführt angeboten, sei es um Fairbanks herum oder im winterlichen Denali National Park. Zudem kann man mit **Schneemobilen** durch die gefrorene Tundra fahren.
Die wohl abenteuerlichste, historische und fast schon heroische Wintersportart ist nach wie vor das **Hundeschlittenfahren** (→ S. 287). Egal, ob auf den Spuren des Iditarod, auf den alten Pfaden der Ureinwohner oder einfach nur als genussvoller Ausflug – eine Hundeschlittenfahrt ist immer noch die winterliche Hauptattraktion.

Tanken

Siehe »Autofahren« (→ S. 274).

Telefon und Internet

Vorwahl USA: 001 (+1)
Vorwahl für Alaska (area code): 907
Bei Anrufen nach Deutschland, Österreich und in die Schweiz muss der Ländervorwahl 011 vorangestellt werden. Im Anschluss wählt man dann die eigentliche Rufnummer ohne 0:
Vorwahl Deutschland: 011/49
Vorwahl Österreich: 011/43
Vorwahl Schweiz: 011/41
Mobiltelefone heißen nicht »Handy«, sondern *mobile phone* oder *cell phone*. Die meisten deutschen Provider haben **Flatrates und Datenpakete** für einen USA-Aufenthalt im Angebot. Lokale **Prepaid-Karten** kann man in vielen Wal Mart, Best Buy, Safeway oder Tankstellen kaufen. Größter und bester Anbieter ist AT&T mit Prepaid-Angeboten wie »AT&T Prepaid« und »Gophone«. In Alaska gibt es in den größeren Städten ein gutes **Mobilnetz**. In abgelegenen Gebieten wie bei Kennicott oder auch bei

Radfahrer im Denali National Park

Tangle River auf dem Denali Highway ist so gut wie kein Netz verfügbar. Und je weiter man in die Wildnis vordringt, desto geringer wird auch der Mobilempfang.

Toiletten

Öffentliche Toiletten finden sich an vielen Tankstellen und Diners (bitte Toilette erfragen) entlang der Highways. Auch an vielen Parkplätzen für Wandereinstiege finden sich (in der Saison geöffnet) in der Regel kostenfreie öffentliche Toiletten.

Trampen

Trampen (*hitchhiking*) ist in Alaska zwar erlaubt, jedoch immer mit **Vorsicht** zu genießen. Beachtet werden sollte immer zuerst die eigene Sicherheit und dass die Wartezeiten auf eine Mitfahrgelegenheit in der Wildnis oft sehr lang werden können. Des Öfteren hört man von Fahrern, die zwar ihr Land kennen, aber trotzdem unter Alkoholeinfluss am Steuer sitzen.

Trinkgeld

In den USA generell und auch in Alaska ist es üblich, auf die Rechnung ein Trinkgeld von **15–20 %** aufzuschlagen. Der **Dollar-Schein** ist auch hier hoch angesehen. Es ist unüblich, Münzen als Trinkgeld zu geben. Dies gilt vor allem für Zimmermädchen in Hotels oder die Bedienung im Restaurant.

Bei den World Ice Art Championships in Fairbanks

Auch Taxifahrer, Busfahrer für Touren und lokale Reiseleitungen freuen sich über ein wenig Trinkgeld.

Umgangsformen

Generell sind die Alaskaner ein sehr offenes und herzliches Volk. Die Menschen sind sehr höflich und hilfsbereit, und jeder Besucher ist herzlich willkommen. Es empfiehlt sich – wie überall auf der Welt –, die üblichen Umgangsformen zu beachten. Vor allem Angehörigen der **indigenen Völker** sollte mit Respekt gegenübergetreten werden. Vermeiden sollte man **Alkohol** als Gastgeschenk. Will man **Menschen fotografieren,** sollte man stets um Erlaubnis fragen. Der **Dresscode** ist generell leger, auch in Restaurants tragen viele Menschen eine Cap, Wollpullover und Jeans. Im **Restaurant** wartet man, bis man platziert wird. Man sollte nie einfach grundlos auf das **private Grundstück** einer Farm oder eines Landsitzes fahren. Besser erkundigt man sich vorher, ob Besucher überhaupt erwünscht sind. Heikle **Gesprächsthemen** sind die negativen Aspekte der Öl-Pipeline, die sozialen Probleme der Ureinwohner oder die Politik der US-Regierung. Wer hitzige politische Debatten vermeiden will, sollte derartige Themen gar nicht erst ansprechen.

Unterkunft

Die **Auswahl** an Unterkünften in Zentral- und Südalaska ist grenzenlos. Von luxuriösen Hotels bis zur einsamen Hütte im Wald (*cabin*), vom Campingplatz über vollausgestattete Lodges bis hin zum Bed & Breakfast eröffnet sich eine ungeahnte Vielfalt an Möglichkeiten. Alaskas Unterkünfte leben fast ausschließlich vom **Saisongeschäft.** Zwischen Juni und August sind die Preise generell hoch, während man im Mai, September und Oktober noch Schnäppchen ergattern kann. Von Ende September bis Mai schließen viele Unterkünfte ihre Pforten. Auch in dieser Zeit kann man bei den verbleibenden Angeboten noch Glück mit dem Preis haben.

Große Hotels und Hotelketten verfügen häufig über ein Restaurant, während Hütten und Lodges eine separate, vollständig eingerichtete Küche/Grill zur Selbstversorgung bieten. Manche Lodges verfügen auch nur über Kühlschrank, Kaffeemaschine und Mikrowelle. Der Preis für eine vollausgestattete Lodge in der Wildnis beinhaltet auch Vollverpflegung, lokale Reiseleitung und gegebenenfalls verschiedene Programmpunkte. Grundsätzlich empfiehlt es sich, so früh wie möglich zu **reservieren,** egal, welche Art von Unterkunft es am Ende sein soll.

Veranstaltungen und Festivals

Januar

Anchorage Folk Festival: Livemusik und Workshops in verschiedenen Ecken der Stadt. www.anchoragefolkfestival.org

Polar Bear Jump-Off: Am dritten Wochenende springt man verkleidet in Seward in die eiskalte Resurrection Bay. www.seward.com

Februar

Yukon Quest International Sled Dog Race: Anfang Februar verläuft das spektakuläre Hundeschlittenrennen von Fairbanks nach Whitehorse oder umgekehrt. www.yukonquest.com

Anchorage Fur Rendezvous: Ende Februar bis Anfang März findet das Festival seit 1935 mit lustigen Events in Downtown Anchorage statt. Entweder man zieht verkleidet von Bar zu Bar oder nimmt am legendären »Running of the Reindeer« teil. Dies ist die entspannte Version zum Stierlauf, den man aus Spanien kennt. www.furrondy.net

März

Iditarod Trail Sled Dog Race: Anfang März findet das härteste Hundeschlittenrennen der Welt von Anchorage nach Nome statt. www.iditarod.com

World Ice Art Championships: Künstler aus verschiedenen Ländern finden sich in Fairbanks zum Eisskulpturen-Wettbewerb ein. www.icealaska.org

April

Alaska Spring Carnival: In Girdwood wird das Ende der Skisaison eingeleitet. Dieses Frühlingsfest bietet eine Menge Spaß und lustige Wettbewerbe für die ganze Familie.

Mai

Copper River Delta Shorebird Festival: Drei Tage lang wird die Rückkehr der Vögel ins Copper River Delta zelebriert. www.coppershorebird.com

Kachemak Bay Shorebird Festival: Am ersten Wochenende wird in Homer zu Ehren der rund 100 000 Vögel der Kachemak Bay ein Fest mit Wanderungen, Musik und anderen Aktivitäten veranstaltet. www.kachemakshorebird.org

Kodiak Crab Festival: Über das Memorial-Day-Wochenende wird 5 Tage lang auf Kodiak das Ende der Krebssaison mit einem großen Fest und Musik gefeiert. www.kodiakchamber.org

Juni

Copper River Wild Salmon Festival: Marathon, Tanz und viel Fisch auf den Menüs der Restaurants bietet das Fest zu Ehren des Rotlachses in Cordova.

Juli

Mount Marathon Race: Am 4. Juli findet in Seward das traditionelle Rennen auf den Mount Marathon statt. http://mmr.seward.com

Bear Paw Festival: Am Eagle River in Anchorage dreht sich alles ums Thema »Bär«. Man feiert mit Wettläufen, Miss-Bear-Wahl und einer Parade. www.bearpawfestival.com

World Eskimo-Indian Olympics (WEIO): Mitte Juli wird Fairbanks zur Arena, wenn Wettkämpfe in traditionellen indianischen Sportarten ausgetragen werden. www.weio.org

August

Valdez Gold Rush Days: Ende Juli/Anfang August findet ein 5-tägiges Festival zur Feier der Vergangenheit, Gegenwart und Zukunft von Valdez statt. Von Triathlon bis Livemusik ist alles dabei. www.valdezgoldrushdays.org

Seward Silver Salmon Derby: Der berühmte Wettbewerb im Silberlachsangeln in Seward lockt Mitte August Tausende Besucher an. Als Hauptgewinn winkt eine Prämie von 10 000 US-Dollar. http://salmon.seward.com

September

Alaska State Fair: Die wohl berühmteste Veranstaltung in ganz Alaska lockt jedes

Jahr Tausende Besucher nach Palmer. Neben einem riesigen Rummel finden Viehauktionen und die Ausstellung der berühmten Riesengemüse statt. Konzerte, Theateraufführungen und Marktstände mit Kunstwerk und Essen geben dem Event den letzten Schliff (→ S. 122).
www.alaskastatefair.org

Kodiak State Fair and Rodeo: Rodeo, Stock-Car-Rennen und Livemusik sind die Highlights des kleinen Jahrmarktes am ersten Wochenende im September.
www.kodiakrodeostatefair.com

■ Oktober

Alaska Day: Am 18. Oktober 1867 wurde das Land offiziell an die USA übertragen. In Gedenken an diesen Tag wird in ganz Alaska gefeiert. www.alaskadayfestival.org

■ November

Athabascan Fiddle Festival: Mitte November in Fairbanks, mit viel traditionellem Tanz und Livemusik.

■ Dezember

Colony Christmas: In Erinnerung an die Matanuska Valley Colony gibt es in Palmer am zweiten Wochenende im Dezember ein Weihnachtsfest.
www.palmerchamber.org

Versicherungen

Neben einer privaten **Auslandskrankenversicherung** (z. B. von der gesetzlichen Krankenkasse) wird ein weiterführender, umfassender **Reiseversicherungsschutz** dringend empfohlen. Dieser sollte einen Rücktransport im Krankheitsfall, Bergungskosten und zahnärztliche Versorgung beinhalten.

Visum

Für touristische Aufenthalte in Alaska von **mehr als 90 Tagen** wird ein Visum (B Visitor Visa) benötigt. Dieses muss bei der jeweiligen US-amerikanischen Botschaft des Heimatlandes beantragt werden (→ S. 277). Für Geschäftsreisen, zum Studium oder Praktikum etc. sind gesonderte Visa nötig.

Zeitzone

In Alaska gilt die **Alaska Standard Time** (AKST), nur auf den westlichen Aleuten die Hawaii-Aleutian Standard Time (HST). Gegenüber der MEZ beträgt die AKST **minus zehn Stunden,** die HST minus elf Stunden. Vom zweiten Sonntag im März bis zum ersten Sonntag im November werden in Alaska die Uhren auf **Sommerzeit** umgestellt.

Zollbestimmungen

Pro Person dürfen folgende **Freimengen** zollfrei nach Alaska eingeführt werden:

- 200 Zigaretten oder 50 Zigarren oder 2 kg Tabak
- 1 l Spirituosen (ab 21 Jahre)
- Geschenke im Wert von 100 US-Dollar
- Geldbeträge und Fremdwährung bis max. 10 000 US-Dollar

Verboten ist hingegen die Einfuhr von:

- Fleisch, Obst, Gemüse und landwirtschaftlichen Produkten
- Rauschmitteln aller Art

Des Weiteren sollte man bei der Einfuhr von **Medikamenten** immer die Beipackzettel mit sich führen. Bei Medikamenten mit Suchtpotenzial (Hustensaft, Beruhigungsmittel etc.) ist eine Information darüber vom Hausarzt auf Englisch dringend empfohlen.

Die Einfuhr von **Waffen** ist nur mit gültigem Jagd-/Sportschein und nach Antragstellung in Alaska möglich.

Es ist erlaubt, bis zu 20 kg **Fisch** auszuführen. Auch selbstgefangener Fisch darf exportiert werden. Er wird vor Ort geräuchert, verpackt und dann an die Heimatadresse verschifft. Bei der Ausfuhr von **Fellen, Pelzen und Trophäen** ist Vorsicht geboten. Hierzu kann der U.S. Fish and Wildlife Service Auskunft geben.

Detaillierte und aktuelle Informationen bieten die Websites der jeweiligen **Zollbehörden:**
Deutschland: www.zoll.de
Österreich: www.bmf.gv.at
Schweiz: www.ch.ch/de/schweizer-zoll

Sprachführer

Deutsch	Englisch
Zahlen	
0	zero
1	one
2	two
3	three
4	four
5	five
6	six
7	seven
8	eight
9	nine
10	ten
11	eleven
12	twelve
13	thirteen
14	fourteen
15	fifteen
16	sixteen
17	seventeen
18	eighteen
19	nineteen
20	twenty
21	twenty-one
22	twenty-two
23	twenty-three
24	twenty-four
25	twenty-five
26	twenty-six
27	twenty-seven
28	twenty-eight
29	twenty-nine
30	thirty
40	fourty
50	fifty
60	sixty

Deutsch	Englisch
70	seventy
80	eighty
90	ninety
100	hundred
200	two hundred
300	three hundred
400	four hundred
500	five hundred
1000	thousand
2000	two thousand
3000	three thousand
Allgemeine Redewendungen	
Hallo!	Hello!
Guten Morgen!	Good morning!
Guten Abend!	Good evening!
Gute Nacht!	Good night!
Auf Wiedersehen!	Goodbye!
Tschüs!	Bye-bye!
Wie geht's?	How are you?
Wie bitte?	Pardon?/Sorry?
gut/besser/am besten	good/better/best
schlecht/schlechter/am schlechtesten	bad/worse/worst
Danke!	Thank you!/Thanks!
bitte	please
ja	yes
nein	no
vielleicht	maybe
Hilfe	help
Können Sie mir bitte helfen?	Can you help me, please?
Entschuldigung!	Excuse me!
Macht nichts!	Never mind!
Sprechen Sie Deutsch?	Do you speak German?
Ich verstehe nicht.	I don't understand.
Ich spreche nur ein wenig Englisch.	I only speak little English.
Ich spreche kein Englisch.	I don't speak English.
Mein Name ist ...	My name is ...

Deutsch	Englisch
Wie ist dein/Ihr Name?	What's your name?
Ich möchte ...	I'd like ...
Haben Sie ...?	Do you have ...?
Wie viel kostet das?	How much is this?
Wie viel Uhr ist es?	What time is it?
Ich weiß (es) nicht.	I don't know.
Können Sie es bitte aufschreiben?	Can you write it down, please?
Wo ist die Toilette?	Where can I find a restroom, please?
Unterwegs und Orientierung	
Westen	west
Osten	east
Norden	north
Süden	south
links	left
rechts	right
geradeaus	straight ahead
hinter	behind
nah	close
weit	far
Wie weit ist es nach ...?	How far is it to ...?
Wo ist der Weg nach ...?	Where is the way to ...?
Bahnhof	train station
Bushaltestelle	bus stop
Hafen	port
Flughafen	airport
Straßenverkehr	
Ich möchte ein Auto mieten.	I'd like to rent a car.
Wohnmobil	RV (recreational vehicle)
Werkstatt	service station
Ich habe eine Panne.	My car is broken down.
Wo ist die nächste Tankstelle?	Where is the next gas station?
Liter/Gallonen	liters/gallons
Benzin	regular gasoline
Super	premium
Diesel	diesel
bleifrei	unleaded

Deutsch	Englisch
verbleit	leaded
Krankenwagen	ambulance
Polizei	police
Bodenwelle	bump
Umgehungsstraße	bypass
Damm	causeway
Achtung/Vorsicht!	Caution!
Bauarbeiten	construction works
Kreuzung/Überweg	crossing (xing)
Sackgasse	dead end
Einbahnstraße	one way
Umleitung	detour
Straße mit Mittelstreifen	divided highway
Einfahrt verboten.	Do not enter.
Ausfahrt	exit
Abzweig	junction
Ladezone	loading zone
Parken verboten	No parking
Überholen verboten	No passing
Bei Rot Rechtsabbiegen verboten	No turn on red
Wenden verboten	No U-turn
Fußgängerüberweg	ped xing (crossing)
Zeitlich begrenztes Parken erlaubt	restricted parking zone
Vorfahrt	right of way
Straßenbauarbeiten	road works/construction
Schleudergefahr bei Nässe	Slippery when wet
Langsam fahren	Slow
Aufs Anhalten vorbereiten	Prepare to stop
Fahnen	Flagger
Autobahnpflege	Highway maintenance
Straßenränder nicht befestigt	Soft shoulders
Geschwindigkeitsbegrenzung	Speed limit
Maut	toll
Schotterstraße	gravel road
Kreuzung mit 4 Stopp-Schildern	4-way stop
Straßenschäden	rough surface break

Deutsch	Englisch
Vorfahrt beachten	Yield
Elche auf der Straße	Moose on road/High crossing area
Bären auf der Straße	Bear xing
Übernachtung/Unterkunft	
Hotel/Motel	hotel/motel
Hütte	lodge
Zeltplatz	campground
Wohnmobilstellplatz	RV parking
Ich habe ein Zimmer reserviert.	I've reserved a room.
Was kostet das Zimmer?	How much is the room?
Einzelzimmer	single room
Doppelzimmer	double room
Einzelbetten	single beds
Doppelbett	double bed
Bett mit Übergröße	king-size bed
Heizung	heating
Licht	lights
Mikrowelle	microwave
Wasserkocher	electric kettle
Kühlschrank	fridge
Kaffeemaschine	coffee maker
Fön	hair-dryer
Frühstück	breakfast
Mittagessen	lunch
Abendessen	dinner
Öffentliche Einrichtungen	
Post	post office
Bank	bank
Geldautomat	ATM
Konsulat	consulate
Botschaft	embassy
Geschäft	store
Einkaufszentrum	(shopping) mall
Baumarkt	DIY (Do it yourself)
Krankenhaus	hospital
Apotheke	pharmacy

Deutsch	Englisch
Arzt	doctor
Zahnarzt	dentist
Polizei	police
Im Restaurant	
Die Speisekarte bitte.	The menu, please.
Ich möchte zahlen, bitte.	The check, please.
Zum Wohl!	Cheers!
Gabel	fork
Messer	knife
Löffel	spoon
Besteck	cutlery
Serviette	napkin
Teller	plate
Glas	glass
Salz	salt
Pfeffer	pepper
Zucker	sugar
Vorspeise	starter
Suppe	soup
Hauptgang	main course
Fleisch/Geflügel	meat/poultry
Fisch/Meeresfrüchte	fish/seafood
Nachspeise	dessert
Frühstück	
Kaffee (mit Sahne/Milch)	coffee (with cream/milk)
koffeinfreier Kaffee	decaffeinated coffee
Tee (mit Milch/Zitrone)	tea (with milk/lemon)
Rühreier	scrambled eggs
pochierte Eier	poached eggs
Eier mit Speck	bacon and eggs
Spiegeleier	fried eggs
harte/weiche Eier	hard-boiled/soft-boiled eggs
Pfannkuchen	pancake
Würstchen	sausages
Brot/Brötchen/Toast	bread/rolls/toast
Butter	butter
Honig	honey

Deutsch	Englisch
Sirup	syrup
Marmelade	jam/marmelade
Obst	fruit
Vorspeisen und Suppen	
Fleischbrühe	broth
Gemüsesuppe	vegetable soup
gemischter/grüner salat	mixed/green salad
Garnelen-/Krabbencocktail	shrimp/prawn cocktail
Räucherlachs	smoked salmon
Hühnchenflügel	chicken wings
Fleisch und Geflügel	
Geflügel	poultry
Hähnchen	chicken
Truthahn	turkey
Rindfleisch	beef
Schweinefleisch	pork
Kalbfleisch	veal
Rentier	reindeer
Lamm	lamb
Hackfleisch vom Rind	ground/minced beef
Salami	pepperoni
Kochschinken	ham
Fisch und Meeresfrüchte	
Kabeljau	cod
Heilbutt	halibut
Lachs	salmon
Seezunge	sole
Forelle	trout
Thunfisch	tuna
Scholle	plaice
Barsch	perch
Krebs/Krabbe	crab
Hummer	lobster
Muscheln	mussels
Austern	oysters
Jakobsmuscheln	scallops

Deutsch	Englisch
Gemüse und Salat	
Karotten	carrots
Blumenkohl	cauliflower
Kürbis	pumpkin
Kohl	cabbage
Maiskolben	corn on the cob
Mais	sweet corn
Bohnen	beans
Spinat	spinach
Pilze	mushrooms
Zwiebeln	onions
Gurke	cucumber
Paprika	peppers
Tomaten	tomatoes
Kartoffeln	potatoes
Pommes frites	french fries
Bratkartoffeln	hash browns
Backkartoffeln	baked potatoes
Obst	
Apfel	apple
Banane	banana
Orange	orange
Grapefruit	grapefruit
Weintrauben	grapes
Ananas	pineapple
Himbeeren	raspberries
Blaubeeren	blueberries
Erdbeeren	strawberries
Getränke	
Wasser (mit/ohne Kohlensäure)	water (sparkling/still)
alkoholfreie Getränke	soft drinks
Fruchtsaft	fruit juice
Rotwein/Weißwein	red wine/white wine
trocken/lieblich	dry/sweet
Sekt	sparkling wine
Bier (vom Fass)	beer (on tap)
Milch	milk

Glossar

Alaska Permanent Fund (APF) Staatlich eingerichteter Fonds, der die Gewinne aus der lokalen Ölförderung Alaskas verwaltet.

Alëuten Die Ureinwohner der gleichnamigen Inselgruppe.

Alutiiq Ureinwohner, deren Siedlungsgebiet sich von der Alaska Peninsula bis zum Prince William Sound erstreckt.

Athabasken Sammelbezeichnung der in Alaska und besonders Zentral-Alaska verstreut lebenden Ureinwohner.

Bush Jener Teil Alaskas, welcher nicht über eine Straße erreichbar ist. Um die Siedlungen und Dörfer in dieser Region zu erreichen, muss auf alternative Transportmöglichkeiten wie Flugzeuge und Boote und im Winter Schneemobile umgestiegen werden.

Cabin fever Depressiver Effekt, der während der langen dunklen und kalten Winterzeit auftreten kann.

Cheechako Ein anderes Wort für »Greenhorn«, es bedeutet so viel wie »Anfänger«. Die Ureinwohner nannten so die ersten weißen Neuankömmlinge zu Zeiten des Goldrausches.

Chinook Warmer Winterwind.

Duct Tape Auch Panzerband genannt, findet vor allem im Outdoorbereich viele Verwendungsmöglichkeiten und gehört zur Grundausrüstung für jeden, der in Alaska wandern gehen möchte.

Fish wheel Das »Fischrad« ist eine alte Konstruktion der Athabasken. Angetrieben wird es, wie ein Mühlrad, vom fließenden Wasser. Es schöpft mit Keschern die vorbeischwimmenden Fische aus dem Fluss.

Fish wire Ein zum Fischefangen von Flussufer zu Flussufer gespannter Zaun.

Fumarole Austrittsstelle von Dampf in vulkanisch aktiven Zonen, meist von Wasser, aber auch von vulkanischen Gasen.

Furt Flachstelle in einem Bach- oder Flusslauf, wo man diesen zu Fuß, zu Pferd oder mit Fahrzeugen durchqueren kann.

Great Land »Großes Land« – Spitzname für Alaska.

Haida Indianervolk mit Siedlungsgebiet vom westlichen Kanada bis ins südöstliche Alaska.

Inuit Die direkte Übersetzung lautet »Mensch«. Bezeichnet wird damit die Kultur und Sprache der Inupiaq-Ureinwohner. Diese siedelten in frühster Zeit in den arktischen Regionen Alaskas, Kanadas und Grönlands.

Lower 48 Bezeichnung für alle südlich von Alaska gelegenen US-Bundestaaten.

Musher Der Mensch, der das Hundeschlittengespann lenkt.

Muskeg Bodenart der mooshaltigen Moore, die große Teile von Alaska bedecken. Abgestorbene Pflanzen bilden eine schwammartige Oberfläche, die den darunterliegenden Permafrostboden schützt und im Sommer auftaut.

Nunatak Aus der Sprache der Inuit, bezeichnet einen isolierten, über der Oberfläche von Gletschern und Inlandeismassen aufragenden Felsen oder Berg.

Permafrost Ein Großteil der Landesfläche Alaskas besteht aus ganzjährig gefrorenem Erdreich, dem Permafrostboden.

Pomoren Name einer Untergruppe der russischen Ethnie im Norden Russlands. Als Pomoren werden die Siedler bezeichnet, die sich im 12. Jahrhundert an den Küsten des Weißen Meeres niederließen, sowie deren heutige Nachkommen.

Pyroklastischer Strom Eine vom Vulkan ausgehende Lawine, bestehend aus heißer Asche, Gasen und Gesteinsbrocken. Die Ströme können eine Fließgeschwindigkeit von über 100 Kilometern pro Stunde erreichen.

Sourdough »Sauerteig« – Menschen, die sich sehr gut in Alaska auskennen und gelernt haben, in der rauen Natur zu überleben.

Tenderfoot »Weichsole« – anderes Wort für einen Anfänger (→ Cheechako) in der Wildnis.

Tlingit Eine Gruppe der Ureinwohner (rund 11 000 Menschen), die bis zum heutigen Tag im Südwesten Alaskas lebt.

Trapper Fallensteller, von engl. *trap* = Falle

Tundra Baumlose Steppe mit Gräsern und Buschwerk. Der Name »Tundra« ist für

Alaskaner aber auch das Einsteigermodell bei den Ski-Doo-Schneemobilen des kanadischen Herstellers Bombardier.

Ulu (Oo-loo) Traditionelles Messer der Inupiaq und Yup'ik, das noch heute für viele Arbeiten genutzt wird – vom Filetieren von Fisch bis zum Schneiden von Karotten. Früher als »Frauenmesser« bezeichnet, zählt das Ulu heute zu den meistgefragten Mitbringseln aus Alaska.

Yup'ik Ist eine Bezeichnung der drei großen Sprachvarianten der Ureinwohner Alaskas: Siberian Yup'ik, Central Yup'ik und Pacific Yup'ik.

Literatur

Alaska Travel Planner: The Milepost (jährlich neue Auflage). Detaillierter Reiseplaner für Selbstfahrer im Auto oder Wohnmobil.

Bittner, David: Unter Bären in Alaska. AT Verlag 2015. Auge in Auge mit wilden Bären präsentiert der langjährige Bärenkenner tiefe Einblicke in die Welt der majestätischen Tiere.

Chester, Sharon: The Arctic Guide. Wildlife of the Far North. Princeton University Press 2016. Das Standardwerk über den Naturraum der Arktis.

Cropp, Wolf-Ulrich: Alaska-Fieber. Malik Verlag 2009. Erstklassige Reiseberichte.

Grieve, Guy: Eine Büroklammer in Alaska. Wie ich meinen Schreibtisch gegen die Wildnis eintauschte. Ankerherz Verlag 2016. Humorvolle Beschreibung des Selbstversuchs, in der Wildnis Alaskas zu überleben.

Hatfield, Fred: Nördlich der Sonne. Allein in den Wäldern Alaskas. Ein Trapperleben. Oesch Verlag 2002. Sehr spannender Lebensbericht eines Trappers in Alaska.

Hay, Theresa: Bären, Wölfe und große Fische. Reiseerzählungen aus Alaska. Telescope Verlag 2011. Wunderschöne Eindrücke verschiedener Reisen.

Ivey, Eowyn: Das Leuchten am Rand der Welt. Rororo Taschenbuchverlag 2016. Eine fiktive Entdeckungreise nach Alaska im Jahr 1885, erzählt in Briefen und Tagebucheinträgen.

Krakauer, Jon: In die Wildnis. Alleine nach Alaska. Piper Verlag 2008. Über das Leben des Aussteigers Christopher McCandless und seinen Magic Bus – eines der berühmtesten Bücher über Alaska (→ S. 251).

Kreuzkamp, Dieter: Das Blockhaus am Denali. Leben in Alaska. National Geographic 2007. Interessante Einblicke in das Leben in der Wildnis.

Michener, James A.: Alaska. A Novel. The Dial Press 2014. Die Geschichte Alaskas, halbdokumentarisch aufbereitet – ein Klassiker.

Murie, Margaret E.: Two in the far North. Alaska Northwest Books 2003. Autobiografisches Werk – ein Bestseller.

Proenneke, Richard/Keith, Sam: One Man's Wilderness. An Alaskan Odysee. Alaska Northwest Books 2013. Packende Geschichte eine Aussteigers, der 30 Jahre lang in der Wildnis des Lake Clark National Park lebte.

Rohrbach, Dirk: Gebrauchsanweisung für Alaska. Piper Verlag 2015. Humorvoll und sehr hilfreich für jede Alaskareise.

Steller, Georg Wilhelm: Die Entdeckung Alaskas mit Kapitän Bering. Von Sibirien nach Alaska. Edition Erdmann Verlag 2015. Historischer Bericht – spannend!

Streever, Bill: Cold. Adventures in the world's frozen places. Back Bay Books 2010. Hier dreht sich alles um das Leben in der Kälte.

The Nature of Alaska: An Introduction to Familiar Plants, Animals and Outstanding Natural Attractions. NBN Press 2018. Naturführer für Alaska.

Wallis, Velma: Zwei alte Frauen. Eine Legende von Verrat und Tapferkeit. Piper Verlag 2009. Eine klassische Geschichte der Ureinwohner Alaskas.

Alaska im Internet

Alaska ist staatlich, behördlich wie auch touristisch sehr vielfältig im Internet aufgestellt. Hier einige Hinweise auf offizielle englischsprachige Seiten sowie Seiten aus Deutschland, die über den Bundesstaat informieren.

www.alaska.gov Offizielle Seite des US-Bundesstaates Alaska.

www.alaskacenters.gov Informationen über staatlich und bundestaatlich verwaltete öffentliche Gebiete sowie Hilfe bei Genehmigungen und Reservierungen für Hütten in der Wildnis.

www.auswaertiges-amt.de Aktuelle Reise- und Sicherheitshinweise zu Alaska/USA.

www.travelalaska.com Offizielle Reiseinformationen des State of Alaska.

www.alaskamagazine.com Das Onlinemagazin mit allen Neuigkeiten aus Alaska, auch als App erhältlich.

www.alaska.org Tourangebote, Tagesausflüge und detaillierte Informationen zu Alaska.

www.alaska-info.de Informationen zu Alaska auf Deutsch mit Forum und Reiseberichten.

www.adn.com Website der Tageszeitung Anchorage Daily News,auch als App.

www.explorefairbanks.com Offizielle Tourismusseite von Fairbanks.

www.muni.org Kommunale Informationsplattform für die Stadt Anchorage.

www.kenaipeninsula.org Detaillierte Informationen zur Kenai Halbinsel

https://kodiak.org Offizielle Tourismusseite von Kodiak Island.

www.nps.gov Umfassende Informationen zu allen Nationalparks der USA.

www.humpback.de Website des Reiseleiters und Fotografen Kai Glomp mit tollen Alaska-Bildern.

Über den Autor

Dennis Hartke, Jahrgang 1983, war über ein Jahrzehnt als Reiseleiter, Wanderführer, Outdoorguide und Seminarleiter tätig. Nach Hunderten von geleiteten Reisen, oft monatelang in Gebieten wie Grönland, Alaska, Kamtschatka und Spitzbergen, ließ ihn die ungezähmte, menschenleere Wildnis Alaskas nicht mehr los. Nur dort findet man seiner Erfahrung nach die Verbindung von einzigartiger Natur und ebensolchen Menschen. Auf ausgedehnten Reisen fand er die Inspiration, seine Gedanken und Gefühle in diversen Magazinen, Blogs und Büchern als Autor niederzuschreiben.

Danksagung

Ich danke meiner Familie und meinen Freunden für ihre Unterstützung und die Bestärkung, meinen Lebensweg zu gehen und dieses Buch zu schreiben. Mein ausdrücklicher Dank richtet sich an Jutta Haas für ihre Korrekturhilfe, Stefan Brandner, Wolfgang Rüger und Freddy Hipp für ihre Hilfe an diesem Werk. Ebenso möchte ich meinem Autorenkollegen Christian Sefrin danken, der mir mit vielen Tipps zur Realisierung dieses Reiseführers zur Seite stand. Des Weiteren gilt mein besonderer Dank Ruth Zeller, Anja und Ralf Ulrich, Kai Glomp, Gabriele Wagner, Visit Anchorage, Explore Fairbanks und Your Alaska Tour für die vielen wunderschönen Fotos. Zum Schluss möchte ich Alaska für die Inspiration danken, die in der Landschaft dieses wilden Landes liegt. Möge es für immer wild bleiben!

Register

Bildnachweis

Anchorage Museum 18/19, 78
Andy Morse (CC BY-SA 3.0) 263
Anja Ulrich 153, 273
Bettina von Oppeln 103, 275
Dennis Hartke 24, 132, 168, 226u., 227, 238
Discover Fairbanks: Andy Witteman 33; Sherman Houge 13u., 77, 245, 292
Frank Kovalchek (CC BY-SA 2.0) 280
Gabriele Wagner 29, 36, 38, 146, 155, 185o., 221o., 236, 243, 249, 250, 286, 288
Gemeinfrei: 41, 43, 46, 49, 51, 52, 54, 55, 58, 59, 62, 63, 79, 80, 81, 82, 197o., 242, 278u., 279, 289, 291
Kai Glomp 20, 39, 71, 287, hintere Umschlagklappe
Lisa Polizzi 28
Ruth Zeller 12o., 26, 30, 40, 66, 84, 161, 164o., 176/177, 184, 187, 190, 191, 217o., 217u., 218, 225, 235, 237, 264, 268, 270, 278o., 282, 284, 290
shutterstock.com: akphotoc 104; Amanda Mortimer 118, 185u.; Andrew F. Kazmierski 110; Anne08 128; Bartosz Koszowski 148; BILD LLC 86/87; Bildagentur Zoonar GmbH 14; BlueBarronPhoto 178; Bob Pool 272, Titelbild; Chansak Joe 10; CSNafzger 144/145, 159; Danita Delimont 180o.; David Gonzalez Rebollo 212; davidhoffmann photography 34, 172; DCrane vordere Umschlagklappe; Earl D. Walker 69; EQRoy 94, 96, 97, 107, 109, 121; FloridaStock 232/233; Gail Johnson 202/203; Howard Foster 193; inEthos Design 226o.; Iuliia Sheliepova 12u.; Jacob Boomsma 16, 75; JacobLoyacano 240; Jake Lange 194; James Farrow 133; Jay Juno 91, 112, 139; Jay Yuan 137; jet 67 192; Jon Manjeot 116o., 119; Jordan Feeg 209u.; Joseph Sohm 53; JT Fisherman 134; Katelyn Wells 143; Kit Leong 253; lembi 72; Linda Burek 180u.; Mathias Berlin 140; melissamn 22; Milan Sommer 285; Nickolas warner 123; Ovidiu Hrubaru 152o.; Paolo Trovo 92; Parker Everett 101; Pecold 13M., 261, 229; Raisa Nastukova 164u.; Rini Kools 61; RUBEN M RAMOS 195, 197u.; rybarmarekk 126; Santiparp Wattanaporn 210; Scott J. Carson 209u.; stellamc 124; syc011 206; Tada Images 262; Tomasz Wozniak 93, 220, 221u., 255o., 255u.; Uwe Bergwitz 13o.; Vineyard Perspective 31; VMKphotos 108; WebGuNet 73; Wildnerdpix 179; Wirestock Creators 115; z-l e x 152u.
Susanne Grulich Zier 44, 162, 256
Visit Anchorage: Cathryn Posey 98; Kathleen Bonnar 89, 100; Rebecca Coolidge 106; Roy Neese 88, 95, 102, 116u.
VJAnderson (CC BY-SA 4.0) 50

Kartenregister

Stadtpläne

Übersichtskarten

GEFÜHRTE BERGWANDERUNGEN • GIPFELSKITOUREN • FLÜGE BIS INS BASECAMP
ERKLIMMEN SIE 6
DER ZEHN HÖCHSTEN GIPFEL DER USA
IM GRÖßTEN NATIONALPARK DER VEREINIGTEN STAATEN.
ST. ELIAS
ALPINE GUIDES
JETZT BUCHEN UNTER
WWW.STELIASGUIDES.COM

Alaska & Yukon
Gletscher, Gold
& Grizzlys
naturreisen
WIGWAM
expeditionen
Naturreisen & Expeditionen
Wander- & Trekkingreisen
In kleiner Gruppe mit erfahrener, deutschsprachiger Reiseleitung entdecken Sie die Natur Alaskas und Kanadas in allen Facetten.
- Grizzlys am Fuße des Mount Denali
- Goldgräbergeschichte in Dawson City
- Bootsexkursion am Kenai-Fjords Gletscher
- Wandern im Wrangell-St. Elias Nationalpark
- Rundflug über den Kluane Gletscher
- Fährfahrt im Prince-William-Sound
- Auf dem Alaska-Highway durch die Tundra
- Walbeobachtungen im Glacier Bay NP
- Bärenbeobachtungen im Katmai NP
Fragen Sie nach Ihrer Traumreise!
Info: Tel +49 (0)8379 920 60 www.wigwam-tours.de

TRESCHER VERLAG
MEHR WISSEN. BESSER REISEN.
REISEFÜHRER AUS DEM TRESCHER VERLAG
TRESCHER VERLAG
KREUZFAHRTEN NORDMEER UND ARKTIS
Norwegen, Spitzbergen, Island, Grönland, Kanada, Alaska und russische Arktis
Alfred Diebold
trescher-verlag.de

MEHR WISSEN. BESSER REISEN.
REISEFÜHRER AUS DEM TRESCHER VERLAG
TRESCHER VERLAG
MEHR WISSEN. BESSER REISEN.
NEPAL
Mit Kathmandu, Annapurna, Mount Everest und den schönsten Trekkingrouten
Ray Hartung

TRESCHER VERLAG
TRESCHER VERLAG
ISRAEL PALÄSTINA
Kultur, Geschichte, Gegenwart
Jerusalem, Tel Aviv, Haifa, Westbank, Negev, Jordantal
Jens Wiegand
TRESCHER VERLAG
MEHR WISSEN. BESSER REISEN.
OMAN
Unterwegs zwischen Muscat und Salalah
Mit Seeb, Nakhl, Sohar, Musandam, Nizwa, Sur, Wahiba-Wüste und Rub al-Khali
TRESCHER VERLAG
Irina und Bodo Thöns
USBEKISTAN
Entlang der Seidenstraße nach Taschkent, Samarkand, Buchara und Chiwa
Mit herausnehmbarer Faltkarte
TRESCHER VERLAG
MEHR WISSEN. BESSER REISEN.
MONGOLEI
Ulan-Bator, Altai-Gebirge und Wüste Gobi
Marion Wisotzki, Erna Käppeli, Ernst von Waldenfels
TRESCHER VERLAG
Andreas von Heßberg
BHUTAN
Unterwegs im Himalaya-Königreich

Kartenlegende

- Aquarium
- Autofähre
- Bahnhof
- Bar
- Brunnen
- Burg/Festung
- Burgruine
- Busbahnhof
- Café
- Campingplatz
- Fahrradweg, -verleih
- Fährhafen
- Flughafen
- Freibad
- Hafen
- Hallenbad
- Höhle
- Hotel
- Jüdischer Friedhof
- Jugendherberge
- Kino
- Kloster
- Klosterruine
- Krankenhaus
- Leuchtturm
- Markt
- Moschee
- Museum
- Naturschutzgebiet
- Oper, Konzerthaus
- Parken
- Pension
- Post
- Restaurant
- Ruine/Ausgrabungen
- Segeln
- Seilbahn
- Strand
- Supermarkt
- Synagoge
- Theater
- Tor
- Weinbar, Weinladen
- Windsurfen
- Wildgehege
- Wohnmobilstellplatz
- Zoo
- Aussichtspunkt
- Berggipfel
- Burg
- Denkmal
- Friedhof
- Kirche
- Kirchenruine
- Kloster
- Sehenswürdigkeit
- Seilbahn
- Touristeninformation
- Turm
- Zeltplatz
- Personenfähre

- Hauptstadt
- Stadt/Ortschaft
- Grenzübergang
- E 65 Europastraße
- A 65 Autobahn
- 243 Bundesstraße
- Autobahn
- Schnellstraße
- Bundesstraße
- Hauptstraße
- sonstige Straßen
- Eisenbahn
- Staatsgrenze

Zeichenlegende

- Tourist-Information
- Parkplatz
- Fährverbindung, Schiffstour
- Seilbahn
- Unterkunft
- Wohnmobilstellplatz
- Campingplatz
- Restaurant
- Café
- Bar, Kneipe
- Museum, Gedenkstätte
- Festival, Veranstaltung, Kino, Theater
- Einkaufsmöglichkeit
- Segelschule, Segelbootverleih
- Bootsverleih
- Strandbad, Badestelle
- Schwimmbad, Thermalbad
- Angelmöglichkeit
- Reitmöglichkeit
- Spielplatz, Freizeitanlage
- Golfplatz
- Skigebiet
- Sonstige Sportmöglichkeit
- Fahrradtour, Fahrradverleih
- Wanderung
- Wildpark, Naturerlebnis